Cities of Power
The Urban, the National, the Popular, the Global

城市的权力
城市、国家、民众和全球

［瑞典］戈兰·瑟伯恩 著

孙若红 陈玥 译

CITIES OF POWER: THE URBAN, THE NATIONAL, THE POPULAR, THE GLOBAL
First published by Verso 2017
© Göran Therborn 2017
All rights reserved.
The moral rights of the author have been asserted.
本书中文简体翻译版授权由商务印书馆有限公司独家出版并发行销售。未经出版者书面许可，不得以任何方式复制或发行本书的任何部分。

城市……是某一社团权力和文化最集中的所在。

——刘易斯·芒福德,《城市文化》(1938)

建筑是权力在形式上的一种生动表达——时而表达劝说,甚至奉承;时而只是表达命令。

——弗里德里希·尼采,《一个不合时宜者的漫游》(1888)

目 录

引言：城市、国家、民众和全球 …………………………… 1

第一章 城市、权力与现代性 …………………………………… 6

第二章 形成国家的基础：欧洲——改变王城 ………………… 30

第三章 形成国家的基础：脱离宗主国 ………………………… 65

第四章 形成国家的基础：国家化的殖民主义 ………………… 102

第五章 形成国家的基础：被动现代化 ………………………… 142

第六章 人民的崛起：现代城市历史中的民众时刻 …………… 160

第七章 权力的神化：法西斯主义和类似的独裁统治 ………… 213

第八章 共产主义与城市发展 …………………………………… 237

第九章 民族城市中的全球时刻 ………………………………… 276

第十章 完结篇：全球资本，民族首都及其人民的未来 ……… 336

注 释 ……………………………………………………………… 345

引言：城市、国家、民众和全球

本书讲述城市、国家、民众和全球这四种社会力量的相遇和它们之间的关系。我们将关注这四种力量如何共存，以及它们在国民的一生中如何改变城市的生活环境。城市历史悠久，已经存在了几千年，但就在两个多世纪以前，民族国家的建立改变了城市。民族国家对城市的改变集中于其中心地区，也就是民族国家的都城，这也是本研究的对象。民族国家出现之后，大多数不同类型的城市都被改造为国家城市，但有时民族国家也为自己建造新的城市。历史上，民族国家沿着不同的路径到达他们选定的都城，他们的旅程或漫长或短暂，或艰辛或顺利，这些历史经历在每个都城都留下了永久的印迹。

现代性的崛起标志着一个新的历史时期的开始，民族主义和民族国家是这个更大的划时代变革的一部分。现代性抛弃了过去的权威和制度（首先是内心世界的），试图创造新的社会、新的文化、新的世界。在这种背景下，国家和全球首先相遇，并成为全球民族主义。它们的相遇之处主要是在国家的首都，而且这些都城必须要按照全球公认的都城模式来发展，以使其与"一国首都"的声名和地位相匹配，如街道要像巴黎法兰西第二帝国的大道，基础设施要像伦敦，还要在一些地方建购物中心和诸如"华盛顿国会大厦"般的楼宇。

随着民族国家的发展变化，民族国家的精英们面临着来自原本属于低级阶层、种族和性别群体的优势的挑战。有时这些挑战非常强大，足以成功地创造独特的权力时期，并在城市的历史中有所体现。在民族国家中，争夺权力的斗争可能会采取极端和暴力的形式，但不仅仅是破坏性的、短暂的战争和骚乱，而是在一段时间内一直存在于都城中，这种权利争夺所采取的不同形式也是我们要关注的问题。

在当代，全球力量首先以全球性的跨国资本主义形式登上了舞台的中心。对于不少当代作家而言，国家即将成为一种灭绝物种，特别是在大城市。我们将审慎而又认真地研究这些主张，尝试从全球都市生活、垂直性、新颖性、排他性等方面以新的方式厘清全球、国家和地方之间错综复杂的关系和相互作用的方式。最后，我们将预测城市、国家、民众和全球这四种力量的未来。

过去，我的研究兴趣在于分析权力的各种形式和权力之间的关系，以及意义、意识形态和符号形式。现在，我对城市、国家、民众和全球四种力量之间关系的兴趣与过去的研究是分不开的。城市通过其社会关系的空间结构和提供社会生活的意义来影响我们，这可以视为城市的力量，但在民族国家时代，城市的力量与国家、民众和全球力量相比是存在差距的。现在，我们最好将城市视为权力的表征和代表。关于这一点，我们要研究的主要问题是：我们正在调查的都城表征和代表什么样的权力？

这项研究是全球性和历史性的，从最初的民族国家的首都——革命的巴黎和华盛顿特区，直到今天的都城和新兴的哈萨克斯坦首都阿斯塔纳。但这项研究既不是世界首都的百科全书，也不是世界权力的历史。该研究主要包括以下内容：一系列关于世界上四种主要民族国家和国家首都形成的重要事例，一些权力变迁的历史时刻，以及不同类型的首都如何面对全球重要时刻的挑战。

1996年，我在布达佩斯的罗兰大学担任"欧洲社会政策"临时主席，当时有很多空闲时间，这项研究起因于此，但多次被表面上看来更加紧迫的职责打断，迟迟未能进行。最初的灵感来自这座城市的"英雄广场"的戏剧史。① 在欧洲的几个主要朝代，人们居住的城市变成了首都，我的第一部作品分析了导致这种改变的过程和标志性的变革。由于一些编辑失误，它在2002年才得以出版。1 然后，我设法获得了一些资助（来自瑞典的两

---

① 安德拉斯·格罗，《正在形成的现代匈牙利社会》（布达佩斯，1995年），第11章。广场及其千禧年纪念碑位于城市主干道的尽头，我经常到这里散步。

个公共研究基金和一个欧盟的旨在推进科学家之间合作的国际协会,这些基金现已停止运作),并与来自世界各地的不同学科的都市主义者同人建立了联系,共同出版了一系列具有区域性特征的书籍等作品。① 像往常一样,我的研究是个人的,而不是与研究助理共同完成的。

这本书已成为全球研究四部曲的一部分,这超出了我最初的研究意图。第一部是 2004 年出版的《性别与权力:世界上的家庭,1900—2000》,第二部是 2011 年出版的《世界:初学者指南》,第三部是 2013 年出版的《不平等的杀戮场》。

对我来说,这本书的写作是令人感到无比兴奋和充实的学习经历,访问书中研究的城市也是同样的感觉。对权力进行批判性的分析总是让人感到气愤,而不是开心,但我的确希望在研究城市及其时空多样性时,能够传达令人兴奋的情感。

---

① 作为这项研究的一部分而开展的区域性项目如下:关于东欧首都的项目是以赫尔辛基会议的形式组织起来的,在马尔库·基维宁和安妮·海拉的鼎力支持下,该项目的成果在《国际社会学评论》(第 16 卷,第 2 期,2006 年)的特别专题部分发表,题目为《东方戏剧:19 世纪 30 年代—2006 年的东欧首都》;另一个东欧项目得到了欧盟的资助,合作者为明斯克大学的拉里莎·季塔连科、维尔纽斯的艾米莉·沃西里特和巴库的阿夫·阿卜杜勒拉耶夫。项目以巴库、明斯克和维尔纽斯为重点,季塔连科主编的俄文书《后苏联时期的首都:明斯克、维尔纽斯、巴库》(2009 年)对项目进行了报告;2007 年,与智利圣地亚哥天主教大学的费尔南多·佩雷斯·奥雅兹合作举办了一次拉丁美洲-美国专题会议,该会议虽然没有出版任何作品,但会议本身富有成果;2008 年,与新加坡国立大学的 K.C. 何共同在曼谷举办了一次东南亚国家首都研讨会,成果发表于《城市》(第 13 卷,第 1 期,2009 年)。在波尔多大学劳伦特·福查德和南非斯泰伦博斯大学西蒙·贝克的帮助下,我得以参加法国非洲主义研讨会,正是因为参加了这次研讨会,我和贝克才能够于 2010 年在达喀尔组织了一次关于首都城市的专题会议。会议与一个名为"非洲社会科学研究发展理事会"的非洲研究网联合出版了一本书:《权力与无力:非洲的首都城市》(开普敦:人文科学研究理事会出版社,2012 年),主编为贝克和瑟伯恩。最后,我努力进行了全球性的总体研究。朴银权教授和《国际城市科学杂志》请我客座编辑了一期关于城市与权力的专刊,该专刊于 2015 年 3 月出刊(第 19 卷第 1 期)。2016 年,劳特利奇出版社将该期专刊出版成书:主编为 G. 瑟伯恩,书名为《城市与权力》。

除了集体合作项目外,我在城市权力方面的研究还包括一些个人的论文:《外高加索三部曲》(《新左派评论》第 73 卷,2007 年)主要研究第比利斯、埃里温和巴库;《身份与首都城市:欧洲国家与欧盟》刊登于 F. 塞鲁蒂和 S. 卢卡雷利主编的《欧洲身份探索》(2008 年),该论文研究布鲁塞尔以及争夺欧盟首都的竞争;《现代纪念性建筑:欧洲经验》发表于 J. 奥斯本主编的《走进考古学中的纪念碑性》(2014 年)。

在漫长的研究过程中，我得到了很多人的帮助与支持。首先，我非常感谢我的夫人索尼亚·瑟伯恩。在她不再从事临床心理学之后，她陪同我一起考察了我要研究的大部分城市（之前也经常如此），她将敏锐的心理学眼光转移到城市人类学，使我这个缺乏远见的宏观社会学家深受启发。

在我第一次尝试城市研究时，佩里·安德森给了我仁慈和慷慨的鼓励，他的鼓励非常与众不同，让我有勇气和动力将研究继续下去。安妮·海拉把我带入了致力于"城市科学"研究的学者当中，他们为欧洲科学基金会工作，而且这个由研究城市的学者们组成的社交网络是令人鼓舞的。在我第一次举行区域研讨会时，赫尔辛基亚历山大研究所所长马尔库·基维宁提供了至关重要的支持，他还帮我找到了同往阿斯塔纳的翻译。在我即将卸任瑞典社会科学高级研究委员会联合主任的职务时，我的同事比约恩·威特罗克给了我一次机会，让一组杰出的研究城市的学者作为研究员参加一年或一学期的研究。与西蒙·贝克、斯瓦蒂·查托帕迪、藤田久美子、K.C.何、劳拉·科尔波、阿比丁·库斯诺、费尔南多·佩雷斯·奥雅兹和卡尔·施莱格尔一起工作是非常令人振奋的一段时间，在此期间，我们建立了持久的个人友谊，并开始了上述合作。

与我一起组织这些不同的联合区域项目的学者有西蒙·贝克、K.C.何、费尔南多·佩雷斯·奥雅兹和拉里莎·季塔连科，他们工作高效、慷慨、有趣，还有一大批令人钦佩的学者参加了我们的项目。

很多人通过分享他们对自己城市的了解来帮助我。经过这么多年，我不得不道歉，因为我无法列出为我提供帮助的人员的完整名单。我在脚注中列出了几位提供信息者，并在这里公开表示感谢，感谢他们的善意。有几个人甚至为我安排向导或提供短期的研究帮助。布达佩斯的朱迪思·博德纳尔向我介绍了许多事情，并帮我联系了尤迪特·维勒斯和张京燮，张京燮曾几次亲自陪同我在首尔考察。德里的阿南德·库马尔、比勒陀利亚的艾伦·马宾、雅加达的乔·桑托索和墨西哥的艾丽西亚·齐卡迪都曾帮助我，恩佐·明尼昂帮我与罗马的阿尔贝托·维奥兰特建立了联系。瑞典驻开罗、哈拉雷、卢布尔雅那和新加坡的使馆为我提供了帮助，挪威驻利隆圭和马普托的使馆也是如此。在我第一次前往阿斯塔纳时，塔帕尼·卡库里尼米为我提供了特别的俄语帮助并陪同我参观大学,在我第二次前往时,拉里莎·季塔连科提供了上述帮助。在巴黎,埃德蒙·普雷塞尔既是一位乐于助人的同事,也是我考察郊区的向导。帕特里克·勒加尔曾与我一起撰写了一篇关于欧洲城市的文章,[2] 他一向是严谨、向上、学识渊博的学者典范。

戈兰·瑟伯恩
瑞典,永比霍尔姆
2016 年仲夏前夜

第一章 城市、权力与现代性

城市与权力

大约五千年前,城市开始兴起,而且一出现就成为权力和财富的中心。刘易斯·芒福德曾将城市定义为"社会权利和文化最为集中的所在"[1],后来,在他列举"城市的主要功能"时,他认为"将权力转化为形式"[2]是城市的第一主要功能。现在,城市容纳了一半以上的人类,在全球范围内,权力和财富正在达到前所未有的集中程度。在行星级城市化的初期(行星即城市,城市即行星),了解现有城市环境中的权力铭文不仅在学术上至关重要,对于普通公民也是如此。

尽管芒福德认为权力对于城市来说十分重要,但是主流城市历史和社会科学却没有给予权力足够的关注,或者他们关注的只是过去的权力。在巴洛克时期之后,芒福德自己的兴趣也转向了技术和经济的变革。有关权力的比较新、也比较好的著作是一本合著作品,书名为《权力的体现》,但该书书名虽诱人,内容却仅涉及巴洛克时期[3]。莱昂纳多·贝内沃罗的不朽之作《城市历史》将1848年的欧洲革命作为"自由主义"和"后自由主义"城市之间的分界,但贝内沃罗却对1848年之后的权力失去了兴趣[4]。彼得·霍尔在《文明的城市》一书中呈现了文化轴线,但他关于"城市秩序"的第四本书却没有十分关注政治秩序[5]。

伟大的历史学家、社会学家查尔斯·蒂利是一位敏锐的权力分析家,但他也是一位坚定的唯物主义网络结构主义者,对有意义的形式几乎没有兴趣。在他看来,无论是城市还是国家,都是资本集中的地方,他从未领会巴洛克时期的国家、绝对主义国家、王朝国家和有自己首都的民族国家之间的区别[6],而且他认为这种区别无关紧要。因为1557年查理五世退位之后,"民族国家开始取得优势地位",特别是在1700年之后[7]。

政治理论或政治历史与城市主义的协同作用很少,而且非常脆弱,足以让已故的伟大城市学家彼得·霍尔爵士对都城的分类侥幸成功两三次。第一次是在1993年,然后是2006年,2010年的平装本中又重复了他对都城的分类[8],具体如下:

1. 多功能首都
2. 国际性的首都
3. 政治首都
4. 前首都
5. 前帝国首都
6. 省会城市
7. 超级首都

恕我直言,霍尔爵士对都城的上述分类使我想起了一种动物的分类,米歇尔·福柯在没有引文的情况下声称,这种分类是豪尔赫·路易斯·博尔赫斯从一本中国古代的百科全书中挖掘出来的,根据该百科全书,动物王国包括以下类型的动物:

a. 属于皇帝的动物
b. 经过防腐处理的动物
c. 驯养的……
d. 海妖
e. 想象中的……
f. 数不清的……
g. 从远处看像苍蝇一样的动物[9]

在当前流行的城市话语中,权力被淹没在经济节点的概念中,当然这本身就是一个合理而重要的研究课题。但是,城市的权力却是由大公司和(或)商业服务公司的邮政编码来衡量的[10]。尽管这种衡量方法有许多优点,并且理所当然地受到了称赞,但在城市和权力的背景下,这种方法有两个局限性。首先，它的经济主义排除了城市已建成环境的权力表现，即使是最容易想象的资本主义城市，也不仅仅意味着营业部，以及不同地区营业部之间的联系。其次，世界性（或全球性）城市的政治经济观念严重低估了国家的权力。① 在最新一任美国总统（巴拉克·奥巴马）的两个任期内，美国一直在与世界上七个不同的国家交战，美国历史上的任何一位总统都没有像奥巴马这样长期处于与他国交战的状态中。②

这里所展示的分析框架似乎以前没有使用过，主要包括三个维度：国家形成的形式及其影响；从结构和符号相结合的视角研究城市；识别和探索全球城市发生重要历史性变化的时刻。但是，在研究当代城市的权力维度方面，并没有人声称自己具有独创性。除了下文将反复提及的大量专题文献之外，还有很多引人注目的比较研究文献。由于这不是学术论文，不需要文献综述，所以我仅仅回顾了其中的小部分文献。

现代城市权力领域研究的"门户"之作是劳伦斯·瓦尔的《建筑、权力和国家认同》一书。他在广泛的国家背景下，对建筑和首都设计进行了精辟的研究，重点研究政府建筑中的"国会大厦"，他的研究具有批判性的政治意识和城市规划师的专业眼光[11]。当代超越洲际范围对城市进行的研究是沃尔夫冈·索恩的教授资格论文《代表国家》[12]，该论文研究了20世纪初期一些都城的设计，从华盛顿到新德里，具有深度和瑞士风格。同类研究还有大卫·戈登编辑的《规划二十世纪的都城》[13]，这是一本概述性质的书籍。与本书同时面世的还有瓦迪姆·罗斯曼的《都城：它们的发展与迁移》一书，该书对都城的迁移进行了全球性的研究，给人留下了深刻的印象[14]。

对当代城市权力深刻而全面的分析，不仅来自研究城市历史和社会科

---

① 《范式的终结：当前的危机与无国籍城市的概念》刊载于《环境与规划》A 第43卷，272—285页。在文中，我批评了运用政治经济学方法进行城市研究的主张，我认为这样的主张是极端且站不住脚的。但我想补充一点，我认为萨斯基亚·萨森和彼得·泰勒是杰出的城市学者，我从他们那里学到了很多东西。

② 奥巴马政府在阿富汗、伊拉克、利比亚、巴基斯坦、索马里、叙利亚和也门进行了军事干预，参见2016年5月16日《纽约时报》第一版和第四版。诚然，发动战争并不是奥巴马唯一关注的问题，但对于诺贝尔和平奖获得者而言，战争行为具有令人意想不到的重要性。

学的学术界,而且来自学术界之外的建筑和建筑批评。迪安·苏迪克所著的《大厦建筑群》[15]和罗恩·摩尔的《我们为什么要建造》[16],都聚焦于建筑师和他们的赞助人,这两部作品开辟了建筑和建筑批评进行城市权力分析的道路。类似的著作还有欧文·哈瑟利的杰作《共产主义景观》[17]。

人类聚居区的所有建筑环境都是居民之间权力关系的表现,这本书强调了权力的两个来源和几个不同的种类,但其目的不是对权力进行总体论述。由于其关注的焦点是民族国家的都城,政治权力自然是该书的核心内容。但政治权力是通过强制或劝说的方式得到的,而强制或劝说的依据是政府的制度和程序,所以我们感兴趣的是全世界的都城中政治权力的性质和运作方式。

现代城市权力的运作过程形成了一个由参与者和权势类型构成的四边形,参与者之间是竞争的关系。四边形的一个角是国家和(或)城市的政治权威,这种权威体现为多变的权力及其设计和监管资源,确定政治权威的特征是本研究的一个主要目标;四边形的第二个角是都城,无论是国家的都城还是全球性的都城,都具有经济实力以及进行规划和"发展"的资源;四边形的第三个角是特权阶级,他们有自己的愿望、恐惧和资源;四边形的最后一个角是大众阶级,他们对现实有不满意之处,也有进行抵制和改变的能力。

我们首先来看民族精英们的政治权力,他们的这种权力源于民族国家形成时期的混乱。在进行宏观的全球分析时,我们将从两个方面分析民族精英:一是民族国家建立时的具体背景;二是民族国家的建立与盛行的资本主义之间的关系。

然后,我们将研究历史民族精英面临的两种类型和两个时代的挑战。一个是普遍的挑战,来自曾被排除在国家建立过程之外的社会和政治力量的崛起。另一个是来自非本国力量和问题的全球性挑战。前者显然是一种不同的政治力量,而后者可以设定经济力量至高无上的地位。

当然,政治权力可以采取许多不同的形式,来自相同或相似的社会根源。这里,我们将探讨民族精英的权力在面临普遍威胁下的神化,即在法西斯主义和类似的军事独裁统治下,民族精英权力的神化。再者,我们将分析城市共产主义对历史精英统治造成的长期存在的、激进的挑战，并将其作为一种新的政治力量纳入后共产主义。

第二次世界大战后，民主与非民主建筑和城市设计受到了关注，特别是在西德[18]。本书考虑了这一事实，但这种区别并非十分重要，因为本书所研究的225年中的大多数民族国家都是非民主国家。

大众的政治权力已经以不同的方式得到了体现：在获得制度权力方面，大众的政治权力体现在"市政社会主义"中，体现在福利国家的城市中。最近，在欧洲以外，体现在中产阶级与城市穷人联合组成的城市政府中。大众的政治权力还体现在抗议成功的时刻：19世纪50年代末到70年代，大众的抗议阻止了"汽车城"对北大西洋的破坏。近来，大众的政治权力体现在一系列的城市革命中，但鉴于这些革命的社会性质基本上是模糊不清的（但始终是非工人阶级的），称之为超越宪法的政权更迭或者更确切一些。在一些城市中，公众可以参与讨论城市的规划和发展，这时他们的政治权利也可以成为他们讨价还价的力量。

根据定义，都城是政治权力的所在地。但是，都城也常常是抵抗、相反政治力量、抗议集会发生的场所，是反对派运动、各种政党和工会总部的所在地，这些都是都城普遍面临的挑战。

大多数民族精英都是资本主义者或亲资本主义者，应该充分考虑他们对国家和国家资本的深刻影响。但是，政治渠道之外，资本和财富的原始经济力量也是不容忽视的，这是我们必须关注的第二种权力的来源。我们认为，经济权力主要以两种方式运作：一是凭借摩天大楼影响空间布局和建筑物的造型；二是指城市对财富和经济繁荣的排他性，主要体现为一些城市并非对所有人开放，而是设置了很高的进入门槛。

在某种程度上，一切政治权力体系都需要体现出来，即公开展示，公开展示的权力才能得到认可、尊重、敬畏或赞赏，才能被遵守和服从。因此，新的政权总是公开而隆重地举行就职典礼。第二，现代民族国家尤其需要彰显权力，只有这样，才能引导公民的自我认同感，引导他们的思想、信仰、记忆、希望和志向。纪念性仪式、旗帜、帽章、具有象征意义的别针、公共标语口号以及辞藻华丽的全国性演说的第二个功能也是如此。

类似的经济权力则不需要任何展示，金钱本身就足够强大。很多时候，让经济权力在暗中而不是在光天化日之下运作是更明智的。①然而，公司和资本家往往希望展示他们的财富，并享受对人们对公司建筑的赞美。

"权力的展示"都是有意图的，但对于我们正在尝试做的事情来说，这是一个过于狭隘的视角。从根本上来说，我们的兴趣在于权力的表现，展示是权力表现的重要组成部分，但是权力也可以通过其他方式表现，如不理睬、忽视或拒绝某些地区或部分人口也是权力的表现形式。当然，权力的表现还存在有序与无序、胜任与不胜任之分。

解读城市文本

权力以两种不同的方式塑造城市。首先，城市的社会关系是通过城市空间的构成建构的，而城市空间的构成则体现了分隔与连接、中心与边缘、等级与平等，以及舒适与不适或痛苦这样的对立关系。其次，权力构建了城市生活的意义：城市生活中的机遇与局限性、理性与优先要务，城市中人们的身份，城市以及国家的过去、现在和未来的含义。我们可以沿着上述两条线来解读城市权力的文本，所以，我们接下来要探讨的关键变量通常既构建社会结构，又传达城市生活的意义。

空间布局

亨利·列斐伏尔认为城市布局是社会空间的产物，他的这个说法极为恰当[19]。在古代的伟大文明中，如印度和中国，城市布局是城市与宇宙秩序之间联系的宇宙哲学表征。后来，在欧洲和现代历史上，人们所创造的

---

① 高盛集团总部位于纽约巴特利公园城西街200号，总部大楼的确是一座令人难以忘怀但绝非壮观的摩天大楼。尽管如此，警卫们还是得到了保护总部大楼的指示，这就是货币自由裁量权的一个滑稽的例子。如果你走向任何一个警卫，无论是打扮成平民样子的，还是穿着制服的，当你问他们这是什么楼，你得到的答案是"办公楼"；如果你再问是什么办公楼，他们会回答"哦，只是一栋办公楼。"；如果你继续说"我以为高盛集团应该在这里的某个地方，你知道它在哪儿吗？"警卫会回答"不知道"。（对话记录于2016年4月13日）有趣的是，这座建筑在官方的城市地图上有明确的标示，而且很容易在谷歌上搜索到它的地址。

空间通常是一种地球上各种力量之间的关系。空间设计的基本要素主要包括：道路或街道系统；建筑地块大小的分配；某一空间在城市内的"边缘"或边界，以及该空间相对于非城市地区或其他城市的边界（目前，这种边界经常是模糊的）；该空间内的空地；流通的节点；划定的区域、区或街区；以及人们确定方向的模式，即人们的中心—边缘概念，使用特定地形的方式，例如：人们如何使用海拔高度不同的地形。①

我们在这里讨论的不是权力的可测量变量，也不是权利明确的、普遍性的分类，而且我们的分析又只能是试验性的和情境化的，所以，应该说明我们的研究从哪里开始，以及这样做的重要原则。

是什么构成了城市的中心？或者，在大城市中，是什么构成了它的多个中心？从历史上看，有两种截然不同的情况。一是开放的公共空间构成了城市的中心，如雅典共和国和罗马共和国的市场或公开讨论的广场。另一种情况正好相反，在北京、江户（现在的东京）和君主制欧洲，城堡或宫殿构成了城市的中心；在特诺奇提兰（阿兹台克帝国首都，今墨西哥城城址），寺庙构成了城市的中心。那么，城市中心的职能是什么呢？城市中心是如何与城市的其他部分连接起来的？从古代流传下来的方法主要是结构线性轴或同心，也就是说，利用直线型的干道将城市中心与其他部分连接起来，如古代的长安和现代的巴西利亚、伊斯兰堡、阿布贾；或者是通过放射形的街道将城市中心与其他部分连接起来，例如：在约鲁巴群岛，有一个类似印度坛场的地方，城市的街道均以此处为中心向外辐射；在欧洲，巴洛克式的凡尔赛、卡尔斯鲁厄和圣彼得堡等城市也是如此。如果城市的中心性没有得到鲜明的体现，则表明该城市的权力结构更加复杂。

中心与外围的隔离是社会排他性力量的一种表现。当然，一个引人注目的例子是从前的种族隔离城市社，那里的工人和仆人阶级被隔离在远离城市中心的"小镇"，就像在比勒陀利亚那样，由没有任何建筑物的荒地

---

① 尽管权力并不是下面两本书的主要关注点，这里，我还是主要参考了这两本书和其中的部分章节：一本是凯文·林奇写的《城市形象》（波士顿：麻省理工学院出版社，1960年）第3章，另一本是斯皮罗·科斯托夫写的《城市的形成》（纽约：布尔芬奇出版社，1991年），尤其是第3章和第4章。

隔开。巴黎的市区和郊区之间也一直保留着清晰的边界，其界限就是在被拆毁的城墙旧址上建的一条高速公路。

街道系统的规则性，例如网格状的街道，以及沿街建筑的统一性或协调性，展示了一种关注城市结构并有能力实施其设计的权力，伊斯兰统治者在历史上就没有这种权力。街道的宽度，有时也包括长度，往往是权力的蓄意表现。华盛顿特区的设计师皮埃尔·朗方主张："华盛顿的街道应与其作为一个强大帝国首都的荣耀相匹配"[20]。19世纪中期，第二帝国时期的巴黎将宽阔的大道作为首都和所有雄心勃勃的城市必须达到的标准。

长期以来，考古学家一直把建筑地块的规模作为等级和不平等的标志来研究，当代内罗毕提供了一个空间密度差异的极端例子。1999年，克伦每平方公里居住360名居民，而基贝拉为8万名居民，居民数量的这一巨大差距清楚地表明少数人的权力大于多数人。用来衡量不平等权力的另一个类似指标是建筑物密集的非生产空间的存在和扩展，用简单的话语来说，就是位于未开发土地上的贫民窟，这些贫民窟没有预先建好的街道、供水系统或下水道供居民使用。

丘陵和平原兼有的地形常被用来展示权力的差异。例如，在阿比让和达喀尔，高原首先是殖民地，然后是国家精英的所在地。布鲁塞尔或基辅的"高城"在历史上是政治和宗教权力之城，而"低城"则是拥有下一级权力的商人居住的地方。但是，这样的地形也可以作为一种将不同的阶层融合在一起的工具。在前现代江户和亚的斯亚贝巴，领主们住在山上，他们的随从住在附近的山下。在今天的亚的斯亚贝巴，虽然这种情况正在迅速消失，但在穷人居住区和现代高楼大厦的毗连处，我们还是可以看到这样的情景。

城市空间布局的另一个重要变量是空间的可用性。这里，我们可以将空间区分为官方空间、私人空间和公共空间。第一种空间只对有关当局开放，第二种空间只有其所有者可以使用，公共空间对所有人开放。这三种空间的相对规模和重要性分别显示了具有排他性的政府、私有财产和公民的相对权力。最近，后共产主义意味着减少官方空间，扩大私人专用空间，这与大多数其他资本主义城市的做法类似，扩大私人专用空间的方法是私有购物中心取代公共市场（或百货公司），以及用私人门控分割城市空间。

我们不应忘记，"公共空间"曾被性别化①和（或）种族化，而且在某些城市，事实仍然是这样的。公共区域的种族排斥已经被禁止，但在阿拉伯和西亚伊斯兰城市以及印度北部的印度教城市，女性是否应出入公共场所仍存在争议。

功能

城市的功能体现在两个方面，即提供机会和各种服务，最重要的是提供赚钱和就业的机会。在这项研究中，尽管我们有理由注意城市社会经济结构的变化，我们对政治资本的关注还是部分地涵盖了城市提供机会的功能。另一方面，城市服务的范围和分布是城市权力的直接表现。

许多必要的城市服务的提供和可利用情况在很大程度上决定了城市生活的结构。首先，城市是否为每个人提供了充分的供水、卫生、电力、垃圾收集和废物管理服务？城市是否提供了街道照明、人行道、安全和治安、邮递等服务？住房、食品和就业往往由市场决定：它们在多大程度上保持正常运转并受到适当监管？公共交通在多大程度上能够满足需求？市区道路是否得到了妥善保养？是否所有地区都有学校、诊所和商店，是否每个人都可以获得这些服务？

在今天的北大西洋地区，人们基本上认为获得这些服务是理所当然的，但即使在这里，这些服务的历史也相当短。我在对非洲各国首都进行总体研究时，充分认识到了这些服务的重要性。在大多数非洲国家的首都，都存在公共服务严重不足的情况。[21] 在亚的斯亚贝巴和金沙萨，只有三分之一的家庭（截至2005年左右）屋内有自来水。在阿布贾，这个比例为4%。在金沙萨，只有一半的人口能够用上下水道或厕所，而在亚的斯亚贝巴，这个比例不到十分之一。

---

① 直到近代，"公共空间"和"公共领域"也一直是男人的天下，只有少数有头脑的女强人和欧洲沙龙的女主人能够在这里拥有一席之地。但是，在现代性的起步阶段，女性在欧洲历史上的两个决定性事件中扮演了至关重要的角色：1789年10月，一群愤怒的巴黎妇女把国王从凡尔赛带回巴黎；1917年，在彼得格勒，妇女为面包举行的示威活动点燃了二月革命。

贫穷和欠发达是造成这种情况的一个原因，即使是非洲强国也无力解决这些问题。但在墨索里尼曾经称为"必要的"任务和"伟大的"任务之间，也存在着优先完成哪种任务的问题。从历史上看，拿破仑三世的巴黎及其行政长官豪斯曼因巴黎的壮丽宏伟成了世界的典范，与此同时，维多利亚时代的伦敦既是欧洲的领跑者，也是世界水和卫生服务的主要输出城市。

目前，城市服务的运作是许多城市的一个主要政治问题，例如：华盛顿的地铁、波哥大的公共交通以及德里的水电供应。城市权力的排他性或包容性可以依据城市的功能来衡量。

建筑的格局

建筑的格局可以看作是空间布局的一个特殊方面，它指的是建筑物的相对位置和大小，尤其是在市中心。什么样的建筑占据最中心的位置？占据中心位置的建筑之间是如何相互联系的？

例如，在整个拉丁美洲，除了蒙得维的亚、波哥大和巴西利亚，总统府是压倒一切或占主导地位的中心建筑，国会显然处于越位的位置，就像在球赛中一样。在墨西哥，直到最近，参议院大楼几乎还是不为人知，而在智利，参议院大楼被降级使用，翻新后用作瓦尔帕莱索的一所医院。另一方面，在渥太华、华盛顿、蒙得维的亚和巴西利亚，国会大厦或议会大厦占据着最中心的位置。在马来西亚的新首都"布城"，占主导地位的建筑是总理办公室。市政厅在美国的任何一个首府城市都没有突出的地位，但它们却是东京、首尔和哥本哈根的主要建筑。这些建筑虽然逊色于维也纳的国家建筑，但显然也能够与之一较高下。当比利时人在19世纪中期建立他们的国家首都时，皇宫比对面的议会要大，但是最大的建筑是正义宫。政府的主要建筑，无论它是什么，通常都受到各种规则的保护，高度和距离能够在允许的范围内得到保证，不受建筑竞争的影响（例如华盛顿特区）。但在东京，首相办公楼却被一家不起眼的保险公司毫无特色的大楼所遮蔽。有些城市，例如巴黎，根本就没有典型的、位于中心位置的政府建筑，这又意味着什么呢？

建筑的格局也有其他的重要表现形式，如表现为主街建筑的统一性和协调性或不相关的异质性，也可以表现为主街建筑与偏僻街道或周边建筑的对比程度。此外，还有一个值得注意的时间维度。当一个政权开始进行建设规划时，都要考虑给予哪些代表性的建筑优先权，如何设定代表性建筑、实用性建筑、服务性基础设施或住房建设在时间和资金方面的优先顺序？是否应该有明显的代表性建筑群？

这些仅仅是几个例子，它们以及其他类似的例子为我们提出了问题，并激励我们深入探究历史和现实，以便得出具有解释力的结论。

建筑风格

当人们考察一座城市时，首先关注的就是它的建筑风格。建筑风格体现在两个方面：一是美学方面，以历史风格或当代相似性表达建筑之美。选择哪种风格是富有含义的，这是任何一个城市学者都必须注意的。然而，其含义与历史路径相关，取决于实权派的历史经验。威斯敏斯特议会的欧洲哥特式建筑是"英国自由民"的风格，斯特拉斯堡大教堂或科隆大教堂的哥特式建筑是真正的德意志风格，维也纳市政厅是佛兰德传统中的自治城市风格。新古典主义在华盛顿体现为共和主义，在巴黎和圣彼得堡体现为帝国主义。

体现建筑风格的第二个方面是政治性的，挪威建筑理论家托马斯·蒂伊斯-伊文森将建筑形式视为一种表达他称之为"权力语法"的方法。[22]我发现他对"权力语法"的概述是非常实用的，他列出了六个有关建筑的变量及其权力含义：

- 封闭性：越封闭，越难以接近
- 重量：越来越重
- 规模：越来越大
- 距离：离周围环境更远
- 对称性：更加对称
- 垂直性：建筑物越高，建造者的权力就可能越集中、越专制[①]

---

① 查尔斯·古德塞尔也对议会和市政厅等室内市政空间进行了类似的极具洞察力的分析，参见《市政空间的社会意义》，劳伦斯市：堪萨斯大学出版社，1988年。

六个变量中的五个可能给建筑物增添了令人敬畏、浮华、傲慢甚至嚣张的感觉，而对称性是秩序的表达，是对整体的中心控制。

从规模上看，现代的权力往往被古代的权力所掩盖，呈现出某种流行的权力近似值。凡尔赛宫占地 16 英亩，莫斯科的克里姆林宫占地 68 英亩，梵蒂冈建筑群占地约 110 英亩，这样的规模可与建筑所代表的古代权力相媲美。北京的紫禁城占地 175 英亩，德里红堡占地 255 英亩，公元前 200 年长安的阿房宫建筑群占地 1200 英亩。但罗马的圣彼得大教堂比特诺奇提兰的主寺庙大得多，甚至比库斯科大教堂还要大。就垂直度而言，公元前 2500 年的吉萨大金字塔高达 146 米，在 20 世纪的摩天大楼拔地而起之前，它一直是天空的主宰。[23]

该"语法"不会用于拉丁语学校式的词形变化练习，也不会用于进行任何分类。这是一个变量列表，当你看着建筑物并思考它们的含义时，需要记住这个列表。

纪念碑性

纪念碑性与建筑物含义的产生直接相关。拉丁文"monere"的意思是"提醒"。城市中具有纪念意义的纪念物，如建筑群、雕像、牌匾和博物馆试图让我们回想起重要的事件和人物，并传达城市和（或）国家特有的历史叙事。已建成的地标也可以构成一座纪念碑，虽然它没有内在的叙事功能，但却在提醒我们一个地方的身份。北京的天安门是一个巨大的地标，也是中国国徽的组成元素之一。勃兰登堡门和埃菲尔铁塔虽然没有出现在国家的纹章中，但在确认柏林和巴黎（或柏林人和巴黎人）的身份时扮演着类似的角色。

在务实的城市社会科学中，纪念碑性被忽视并不鲜见，它也被两次世界大战之间的现代主义建筑和都市先锋所摒弃。然而，1943 年，三名国际现代建筑协会（建筑先锋运动）的领军人物发表了"纪念碑性的九个要点"，呼吁现代主义者重新思考这一问题。这三位领军人物是即将成为国际现代建筑协会主席的约瑟夫·劳伊斯·塞特，长期担任国际现代建筑协会秘书的西格弗里德·吉迪安和画家弗尔南多·莱热。

> 纪念碑是人类创造的地标，象征着他们的理想、目标和行动……纪念碑是人类最高文化需求的表达……它们必须满足人们将集体力量转化为符号的永恒的要求……因此，只有在存在统一意识和统一文化的时期，纪念碑才有可能存在。

从他们的第六个要点出发，三位作者继续论证一种新的、现代主义的纪念碑性，虽然不是很具体，但他们也没有为"现代材料和新技术""移动元素"和色彩投射辩护。① 他们回避回答自己暗示的问题，即是否存在一种"统一的意识、统一的文化"。我们不需要在这里回答这个问题，因为纪念碑性也可以在分裂的意识和文化中得到发展。

2014年底的马德里就是一个很好的例子。2014年10月15日，西班牙国王在马德里为18世纪海军上将布拉斯·德莱佐的一座巨大雕像举行落成典礼。它最初只是一项私人倡议，但很快得到了马德里右翼市长的热情支持。这种情况发生在加泰罗尼亚危机的酝酿阶段，而且博学的加泰罗尼亚民族主义者很快指出，德莱佐在1714年参与了对巴塞罗那的轰炸（西班牙最终占领巴塞罗那）。巴塞罗那市政委员会正式要求收回这座雕像，但马德里市长宣称在任何情况下她都不会这样做。[24]

在2014年同一个秋天的布达佩斯，一个新的雕塑组合颠覆了自由的观点。这个雕塑是为了纪念"德国占领"（从1944年3月到第二次世界大战结束）而建的，雕塑的造型是一只巨大的鸟降落在天使般的匈牙利。确切地说，人们认为这座雕像是在粉饰反动的反犹太政权，该政权在20世纪20年代后统治匈牙利，并在第二次世界大战爆发时与纳粹德国结盟。[25]

纪念碑性实际上也可能是国家分裂的一个确切的标志。2013年秋天，基辅爆发抗议集会时，列宁的雕像在这个国家基辅以西的地方已经被拆除，

---

① J.L.塞特，F.莱热和齐格弗雷德·基迪翁，《纪念碑性的九个要点》，转载于琼·奥克曼主编的《建筑文化1943—1968年》，纽约：里佐利出版社，1993年，第29—30页。《建筑评论》(1948年，第104卷，第117—28页) 组织了关于纪念碑性的高层次现代主义专题研讨，卢西奥·科斯塔、齐格弗雷德·基迪翁、亨利·罗素·希区柯克等人参加了研讨，瑞典功能主义设计发起人、艺术史学家格里戈尔·鲍尔森是唯一的反纪念碑主义者，他认为："情感目标应该是亲密而不是纪念碑性"。

首都基辅保留下来的列宁雕像鼻子遭到了破坏。但在第聂夫河以东的每个重要城市的主要广场上，列宁的雕像都巍然屹立。在成功的政权更迭之后，列宁的雕像现在仅限于在顿巴斯地区存在。①

现代纪念碑性狭义上表现为雕像、凯旋门、寓言和其他雕塑群、万神殿和纪念柱，这些表现形式源于受希腊和罗马影响的欧洲，而列队行进的肖像则源于基督教欧洲。纪念碑性曾有过它的黄金时代——罗马帝国和19世纪的巴黎，但它现在仍然与我们同在，能够激发公民的热情。在现代，这些具有象征意义的纪念碑性表现形式已经全部传入了其他文明中，但在东亚等地这些表现形式却并不常见，这种情况应该从该地区的异化角度加以解释。换句话说，陵墓和象征性的墓葬是所有亚洲文化遗产的一部分。

地名研究

城市所代表的各种意义还可以通过依据地名学对街道、地点、建筑和机构进行命名来构建。对街道进行正式的命名是欧洲中世纪后的一种做法。最初，人们用方言命名街道，命名时参考街道上工匠的名字和商店的名称，也参考街道自然位置的特征或附近有趣的居民的特征。对集中的国家和城市政府进行命名时，主要考虑的是其代表性。

第一条著名的此类街道可能是罗马的朱利亚大道，以16世纪早期伟大的罗马规划师教皇朱利奥二世命名。在伦敦，从亨利八世开始，设计了好几条国王街，但没有一条非常宏伟。1765年通过了一项法律，规定所有的街道和广场都应该有名字和刻有名字的碑或牌匾。[26]在巴黎，对街道的正式命名出现于17世纪。街道的名称最初来源于皇室成员，但很快也用政治家和国王的高级仆人的名字为街道命名，如科尔伯特、马扎林、黎塞留。到了18世纪，在法国大革命之前，人们也会用行会头目和城市领袖的名字命名一些街道。1728年之后，一项警察条例规定巴黎的所有街道都应该有一个名字牌匾。[27]在17世纪30年代，对街道进行正式命名的观念传到了新的（短暂的）大国首都斯德哥尔摩，当时的摄政政府以纪念自己的方式

---

① 2016年冬天，在顿涅茨克，有人企图在夜间破坏列宁纪念像，但未获成功。

开始对街道进行命名，所以第一条被命名的街道名称为政府街。

这种做法后来传播到了整个欧洲的帝国地区和中国的北京地区，[28] 但从未在日本扎根，日本一直保持着基于区块的地址系统。在20世纪90年代，世界银行发布了一份街道命名手册，主要是针对非洲。

华盛顿特区的主要街道以美国各州的名字命名，宾夕法尼亚大街连接国会山和白宫，比其他所有街道都要引人注目，其次是纽约大道。现在，美国人对机场、医院、大学建筑等地名的喜爱似乎并不久远。美国的城市开创了一种非常实用的街道编号方式，或者像在华盛顿一样，使用字母表中的字母命名街道。

一些方法论问题

无论城市规划专家的洞察力多么敏锐，仅凭现有的城市景观都无法完全把握城市表达的意义。大多数城市都是古老的，这就意味着它们的空间布局是在不同的时间形成的，城市表达的意义也因时间的不同而不同。在大多数特定的时间点上，必须以历时的方式来解读城市。你必须深入了解城市的历史和城市的规划，包括已经实现的规划和未付诸实施的规划。一般来说，我们必须要从文化地质学的角度来研究当代的城市，利用历史学家相对于考古学家的特权，依据档案的记载来破解城市文本中的秘密。

奥斯陆提供了一个很好的例子，说明在解读当代城市景观时，牢记历史的层次是必要的。在现代奥斯陆，居于中心和主导地位的建筑是皇家城堡，这个城堡是19世纪为瑞典国王的副总督建造的，但目前的权力中心是城堡下方主街上的议会大楼。这两座建筑的结构给我们讲述了从瑞典皇家统治过渡到挪威议会统治的一些趣事，但如果将其作为理解当代挪威权力的指南，这将是一种误导。

我们已经注意到了建筑风格的多方面相关性。但是，按照建筑的一般原则，即使是从政治视角分析的建筑形式有时也是无法理解的。例如，透明度目前被认为是民主政府的一个特征，因此也是体现民主精神建筑的一个特征，欧盟议会建筑群就自我展示了这样的特征。然而，意大利法西斯现代主义的一个有名的例子就是吉塞皮·特拉尼设计的位于科摩的法西斯大厦。这是一座四层的轻型建筑，该建筑巨大的玻璃门通往广场，窗户也非常大，旨在以一座"玻璃房子"来传达法西斯主义的透明度，以表明"在政治领导人和人民之间没有任何障碍"。[29]

国家权力与现代民族国家之路

如果从政治文化的视角看世界历史，国家权力和民族国家的崛起似乎是一个重要的历史分水岭，是现代性的关键政治维度。直到1700年，世界上没有一个国家声称自己是一个民族的主权国家。为此，16世纪，英国大胆地提出了自己的国家主张。[30] 在经历了一段短暂的共和制过渡期后，英国再次成为一个王朝式的君主政体，而1688年以革命的方式解决政体问题，是两种前国家君主制原则之间的妥协。托利党认为"国王拥有所有的权力，包括司法权"，而占有优势的辉格党认为"国王詹姆斯二世打破了国王和人民之间的原有契约，因此他已经放弃了政府，离开了王位"。[31] 荷兰是由城镇和当地社区组成的联邦，分为七个联合省。

今天，除沙特阿拉伯和海湾酋长国外，所有国家都以民族国家的身份出现。这一全球性的政治权力转变，并没有随着民族国家宣告成立而停止，这对城市和城市权力的表现意味着什么？这正是本书的中心主题。

国家权力、民族国家和国家首都是有特色的现象，不同于研究较多、争议较大的民族认同和民族主义问题。民族身份认同是"他者化"这一广阔领域的一部分，它将"我们"与"其他人"区别开来，因此具有古老的根源。民族主义属于法国大革命后在欧洲兴起的"各种主义"的世俗意识形态领域。①

国家权力是一种合法权力的概念，它打破了以前的"上帝的恩典""天命""血统"等概念，无论是高贵的王朝血统，还是寡头政治的军团家族血

---

① 关于这些话题的文献数量非常巨大，本尼迪克特·安德森、欧内斯特·盖尔纳、埃里克·霍布斯鲍姆和安东尼·史密斯（按姓氏字母顺序排列）的主要文稿是对这些文献的总结。

统（在瑞士的城市行政区，人们称之为"适合统治的家族"），或是年龄和血统的概念，如部落长老。大约在两个世纪前，摆脱帝国的统治并获得民族独立从美洲开始，并成为20世纪历史的一个主要特征。正是在这种意义上，国家权力才是我们称之为"现代性"的巨大文化变革的政治核心。从根本上说，国民是一块领土上的人口；国家权力、国家主权，是它的统治权。在很长一段时间内，人口仅仅是指一个民族的成年、非奴隶男性，他们为后来确立民族身份的斗争奠定了基础。民族国家是国家权力的实际制度化。从城市的角度来看，争取国家权力的斗争的焦点是将君主居住的城市、寡头商业城市、宗教中心（如罗马）或帝国和殖民地的权力中心转变为国家首都。在大英帝国的"白人自治领"中，国家首都是作为殖民地的政治替代品而建立的。

现代性、民族国家及其四大历史路径

"现代性"可以用作当前或近期文化的简写。在艺术中，现代性已经确立了一种风格或立场的主导地位，那就是"现代主义"。社会学已引入现代性来标记一个（基本上是预先定义的）社会过程，那就是"现代化"。在后古典拉丁语中，"现代性"的意思只不过是"现在的，今天的"。在我看来，概念不仅仅是为事物提供一个标签，它们应该激发好奇心，引出新的研究问题，概念应该得到充分的利用。

那么，利用"现代的"和"现代性"这两个概念就意味着要提出问题：现代意味着什么？一个社会时期如何以及何时才能被理解为具有现代性？这些时期应该按照社会文化领域和（或）领土范围来规定吗？

在我看来，对"现代"最好的、最正常的定义就是不受传统的束缚、不受我们祖先智慧的影响、不拘泥于大师的技能、不受任何古代权威的束缚。现代就是一种文化的时间取向，它面向现在和未来，不多也不少。

那么，现代文化就是一种时间取向占主导地位的文化，现代性就是一个时间取向占主导地位的时代。因此，我们不能仅仅为我们正在观察和书写的东西贴上一个标签，我们将面临许多问题，而且这些问题没有任何不言而喻的答案：现代性是什么时候发生的？现代性在不同的文化领域、在

科学领域、在不同的艺术领域发生的时间是否都不相同？现代性在历史、政治、经济和家庭生活的概念中是否有不同的体现？现代性是不是以不同的方式，在不同的时间出现在世界上的？如果答案是肯定的，那么通往现代性的不同道路是否会影响当今的社会和文化生活呢？

现代性不是从17世纪开始在欧洲出现的"社会生活方式"[32]，我们要对其进行探讨和具体的说明。如果我们能这样认识现代性，希望这种认识的优势是来自上面列出的问题。在这里，我们必须集中讨论三个问题。第一，如果我们接受如下观点：现代性在不同时期的不同社会文化领域都有突破，那么，从全球比较的视角来看，是否有任何一个领域的突破可以被视为比其他突破更重要，并可用作衡量突破的基准？我认为政治权力的现代性和政体的现代性是决定性的变量，因为该变量具有影响所有其他社会文化领域的内在能力。然而，现代政治权力对社会的传统主义或现代性的影响可大可小，可快可慢。另外还有一个实际的原因：政治变革往往是伴随很多事件发生的，因此与经济变革相比，我们更容易确定政治变革的情况和发生的年代。

第二，什么是现代政体呢？出于分析而非意识形态的目的，答案最好不要被某些特定的制度特征干扰，而这些特定的制度特征通常源于学者的祖国或其他理想的国家。一个简单、直接、非先验的答案就是民族国家。诚然，各民族经常提到他们的过去，但国家的政纲在出现时维护的就是现在的权力，而不是过去的权力。民族国家是一个民族自决的政治实体，它声称要通过自治的方式为国家开创开放、自由的未来，不受过去的优先权的限制，废除或边缘化君主的权利，无论是以什么名义获得的权力，拒绝殖民势力，并超越部落长老或世袭城市寡头的传统权利和权力。

第三，政治现代性的到来能否在全球范围内进行类型化，而且类型化的方法能否做到分析时可控，并且可用实验验证？答案是肯定的。当我在进行选举权发展的全球性研究时，[33]我意识到主要有四条通往现代国家公民身份的道路，也就是主要有四条进入现代性的路径，而且这些路径是相互矛盾的：支持还是反对新生事物、现代和传统之间以及现代性反现代性之间的矛盾。我们可以用一般的分析性术语来区分这些路径，因此它们不仅可以用来对国家集团进行分类,而且也可以作为理想的政治现代性类型,一个国家可以采取两种或两种以上的理想类型。

新的政治文化是如何产生的呢?是在特定的社会内部产生的,还是外部强加的,或是从外部引进的?谁是新的力量?是特定社会中的新阶层,还是外部力量?抑或是内部旧精英的一部分?反现代性、传统权威和服从的主要力量在哪里?在内部还是在外部?

按照这个脉络,我们可以区分世界上的四种主要冲突形态。它们是以经验概括的形式出现的,但它们也可以作为理想类型使用,特别是当它们位于条理分明的特征空间时。① 这种可能性首先在俄罗斯和中国这两个巨大的混合案例中发挥了作用。但是,通往现代性的四条主要的、实际的道路是通过以下方式开启的。

表1 通过力量和文化的定位开启/完成现代性的道路:赞成或反对

前现代性力量/反现代性力量	亲现代性力量		
内部的	内部的	外部的	外部的
	欧洲	被迫的殖民区	引进的和学习的被动现代化
外部的	"新世界"(移民国家)		

注:被动或外部诱导的现代化国家包括日本、中国清朝、奥斯曼帝国(土耳其)、伊朗和暹罗(泰国)。

在过去的几个世纪中,这种新的"未来取向"首先出现在欧洲,不是作为欧洲文明的自然产物,而是出自欧洲内部的冲突,主要是欧洲西北部的冲突,包括因欧洲的海外帝国引起的战争。换句话说,欧洲的"现代性"之路是暴力的或非暴力的内战,这些战争导致了各种力量之间的对立:理性主义、启蒙运动、民族(或人民)、创新和变化与教会权力、古代哲学

---

① 并非所有符合逻辑的组合都具有实际意义。

和艺术的崇高智慧和美丽、君王的神圣权利、贵族的特权、祖先的习俗相互抗衡。当然，这一切都与建立在海外殖民积累基础上的商业、资本和工业的崛起密切相关。

从全球的角度来看，欧洲国家在两个方面非常突出。一是它在公众和区域历史中的锚地有别于王权的土地财产。另一个是其以口语为核心的厚重而独特的文化负荷。使一种国家语言标准化、同质化是国家政治计划的核心部分，即"让意大利人是意大利人"，"把法国农民变成法国人"，尤金·韦伯（Eugene Weber）在其优美的著作中就是这样说的。[34] 19世纪，从巴尔干半岛到挪威，欧洲小国知识分子的一项主要任务就是创造一种民族语言，其方法是通过选择方言并进行语法和正字法编纂。在可能的情况下，少数民族语言被赶出了民族文化。

美洲移民不得不创造新的国家，当然，在这个过程中，他们借鉴了历史上的神话和具有象征意义的符号作为他们的象征性资源，美国借鉴了古代欧洲的共和主义，拉丁美洲借鉴了天主教的历史经历和哥伦布发现美洲大陆前（例如印加和阿兹特克）的高雅文化，但是这些国家没有民族文化的区域历史，他们与殖民的大都市共享他们的语言。

新世界最显著的特点是它把国家看作一个可以招募并应该招募理想成员的俱乐部，有针对性地招募欧洲移民是国家形成的一个主要方面。19世纪中叶，著名的阿根廷政治家和政治学家胡安·包蒂斯塔·阿尔贝迪说："统治就是填充人口"。[35] 特别是在拉丁美洲，如巴西和阿根廷的话语中，这种俱乐部成员的招募被明确地称为民族的"白人化"或"教化"。[36] 长期以来，只有外来的有欧洲血统的人才能被视为美洲和澳洲这些新国家的正式公民。

殖民地地区的国家构成了第三种类型，这些国家被认定为前殖民地，没有历史领土，没有单一的历史民族，只有殖民边界。非洲的民族主义领导人做出了一个极其明智的决定，他们决定接受所有这些边界，无论这些边界的划分是多么武断和具有文化分裂性。阿里真纳没有接受这样的边界，所以比印度任何前殖民国家都大的英属印度，通过可怕的大屠杀和分裂战争，分裂成了尼赫鲁拒绝称之为"印度斯坦"的印度、巴基斯坦和孟加拉国。

在殖民地走向现代性的道路上，最值得夸耀的遗产可以说是保留了殖民地的语言，随后而来的就是民族和文化之间复杂的、分等级的关系。保留多种语言在多语国家也是务实和实际的，根据不同的估算，尼日利亚有400到500种语言，[37]最近的一项语言普查分析显示，印度至少有122种语言。①

欧洲人认为一个国家是由其语言来定义的，这种观念在前殖民地是行不通的。当这种观念被用于巴基斯坦时，产生了灾难性的后果。从1952年开始，残酷地分裂了西巴基斯坦东部的孟加拉人。西巴基斯坦提倡使用乌尔都语，而在其东部，乌尔都语和莫卧儿语的混合语也不是大多数人的母语。[38]

反殖民主义的一般遗产是一种强烈的民族主义，它已经成为具有决定性的现代大众政治。后殖民文化也倾向于在精英文化和大众文化之间进行明显的划分。精英文化通常是用前殖民大国的语言表现的，而这种语言大多数人都不懂。在首都，殖民地时期的分裂通常会重现，后殖民地的精英们接管了殖民者的办公楼、私人宅邸和别墅，殖民地时期的行政管理方法往往会被保留，尽管经常会因腐败和（或）缺乏国家资源而被颠覆。

传统的权威和习俗往往会延续下去，这既得益于它们在殖民地时期已被制度化，也得益于国民的认可。尽管殖民地的间接统治使用了传统的领导人，但他们往往会接受现代反殖民民族主义。例如，1948年以来，激进的加纳人民代表大会党就将"加纳人民及其传统统治者的独立"作为其建党纲领的首要目标。[39]根据位于吉隆坡的国家博物馆——东古·阿卜杜勒·拉赫曼纪念博物馆的讲解，现代马来民族主义是在第二次世界大战后

---

① 林肯·米切尔，《颜色革命》，费城：宾夕法尼亚大学出版社，2012年，第7章。唯一的例外情况出现在前殖民地时期语际贸易发达的地区。在印度尼西亚群岛，马来语的混合语得到了发展。20世纪中叶，民族主义者将其重新命名为印度尼西亚语（见本尼迪克特·安德森，《语言与权力》，伊萨卡市，康奈尔大学出版社，1990年，第二部分）。在东非的坦桑尼亚和肯尼亚，属于班图语支的斯瓦希里语从阿拉伯贸易中发展起来，并与英语和当地方言一起被作为国语使用。（切吉·吉泰奥拉，《肯尼亚：语言与统一的民族认同求索》，F.托潘，《坦桑尼亚：斯瓦希里语作为国语和官方语言的发展》，这两篇文章均刊登于安德鲁·辛普森主编的《非洲的语言和民族认同》，牛津：牛津大学出版社，2008年）。

开始的，其目的是抗议英国计划削弱传统统治者的权力，并为马来人、中国人和泰米尔人建立平等的殖民地公民身份。另一方面，独立的印度废除了印度的君主国家。

被动现代化国家是前现代王国，其特点是服从君主、皇帝、国王或苏丹的政令。日本明治时期成功的现代化主义者持有这样的观点，暹罗和阿比西尼亚不太成功的统治者也持有相同的观点，李氏朝鲜、中国清朝和奥斯曼帝国的现代化主义者很快就失败了，但他们也是这样看待被动现代化国家的。它的统治是历史遗留下来的，与它的统治王朝密不可分，而且王国的日常名称也是由统治王朝确定的（但日本不是这样）。在这里，现代化的任务不是民族解放，而是要把王国建设成现代国家。在日本，高度的种族同质性和错综复杂的宗教的低显著性极大地促成了其现代国家建设。日本最重要的统一国家的措施就是废除封建的大名领地，把土地"还给天皇"。明治时期的现代化主义者利用天皇的象征作用和神秘感建立了一个现代日本民族。随着现代化进程的推进，天皇的地位（而非他的权力）越来越高，在 20 世纪 30 年代和太平洋战争期间，天皇的地位达到了顶峰。

在 21 世纪的日本和泰国，君主是崇高的国家象征，与之相比，即使是英国对君主的尊重和礼遇也显得逊色，就像是对待一个城市的名人，但君主仍是国家的象征，却不是土地的所有者。暹罗伟大的现代化主义者朱拉隆功国王（拉玛五世）甚至成了宗教信仰的代表人物，2007 年我在曼谷看到他的骑马雕像时注意到了这一点。

民族语言和文化不是主要问题。当土耳其民族继承了失败的奥斯曼帝国时，他们成了主要的民族。

从殖民主义和从被动的现代化解放出来的国家首都具有一种必然的二元性，它们突然将来自不同文明的城市主义元素并列在一起。然而，霸权的组合是不同的。殖民地城市的中心是由征服者建造的，然后被前殖民者接管，实际上是复制了殖民地城市特有的二元性。被动现代化的中心通常是国君的宫殿和周围的环境，它们的"现代化"虽然是通过引进外国风格和设施实现的，但仍然掌握在当地人手中。套用社会主义现实主义的学说，我们可以说它的形式是外来的，内容是本土的。

两个伟大的混合体

学术上理想的现代性类型很少能充分体现现实历史的曲折。在现代性的历史上，有两个对20世纪和21世纪的世界有巨大影响的伟大混合体：俄罗斯和中国。当欧洲仍处于基督教世界观统领下时，俄罗斯是欧洲的一部分，而且一直是欧洲的一部分。在15世纪，一位莫斯科王子娶了一位拜占庭公主，并邀请意大利建筑师到克里姆林宫，以证明自己是第三个罗马。彼得一世在荷兰了解了现代世界，在18世纪后期，凯瑟琳二世的宫廷是法语启蒙运动的一部分，丹尼斯·狄德罗作为宫廷启蒙哲学家居住在宫中。在19世纪，沙皇俄国成了全球冷战时期美国的欧洲先驱，是对抗任何反抗现状叛乱的最后手段，是最后可以求助的宪兵。在俄罗斯国内也出现了强大的欧洲劳工运动潮流，即马克思主义的社会民主。

然而，俄罗斯还是欧洲欠发达的一部分，其统治精英们都自觉地意识到了这一点，从彼得一世到列宁都是如此。为了追赶足智多谋的敌人而进行的被动现代化，是俄罗斯现代化道路上的另一个关键部分，从彼得利用他的绝对权力建造圣彼得堡，而不是凡尔赛宫的复制品彼得宫，到列宁和斯大林分别将社会主义构想为电气化和危险的工业化。

清朝末年，中国确实尝试了一些被动的现代化，但没有取得多大成功。然而，中国从未被完全殖民化，从来没有外国总督统治过中国，但它在一定程度上是殖民地：它的主要港口大部分是外国帝国主义的"租界"，它的海关由一个帝国主义之间的联盟控制，而海关是当时的一个主要的财政收入来源。

中国通往现代性的混杂路径包括了又一个不可忽视的组成部分，即欧洲的阶级结构化和阶级动员的一个分支。中国共产党经历了多次变革，但它作为马克思主义阶级组织最成功的特征源自欧洲和欧洲的劳工运动，欧洲的劳工运动是20世纪20年代通过共产国际传播的。

尽管后奥斯曼时代的土耳其可以被视为被动现代化的晚期案例，但在半心半意的苏丹尝试现代化失败之后，埃及这个帝国中重要的自治地区，不得不经历从不切实际的总督式现代化向半殖民地奴役的转变。

小结

民族国家构成了现代性的转折点。无论一个民族是否认为自己植根于祖先的领土和文化，民族国家都为其具有远见的行动创造了政治空间。作为民族观念和宪法的核心，民族国家产生于历史发展过程中不同类型的权力集团。它们的都城也因此发生了变化，但其变化方式却从未得到系统的探索，即使有人进行过此类研究。

通往民族国家地位的道路主要有四条：

1. 欧洲之路：由外部多因素决定的内部改革或革命；
2. 欧洲移民脱离祖国建立的"新世界"：超越欧洲传统；
3. 殖民地的独立之路：利用殖民地的现代性反抗殖民者；
4. 自上而下的被动现代化：以一种新的方式保卫王国，以应对新的挑战。

这些路径也可以看作是通往现代性的理想轨迹，可以在一个特定的国家组合起来。20世纪共产主义的两个主要中心，俄罗斯和中国，就是通过混合路径建立现代国家的。我的假设是，这种民族或现代性的混合对共产主义在俄罗斯和中国的胜利至关重要，但那是另一回事了。

此外，新的国家首都不仅见证了民族国家形成的背景，而且见证了其政治进程，无论是破裂式的还是渐进式的政治进程。民族国家是由一场破裂式的暴力冲突、一场革命、一场内战、一场独立战争产生的？还是通过权力的逐渐转移积累到一定程度而形成的？或是通过商定的移交形成的？

在下一章中，我们将沿着民族国家形成的四条主要路线，探讨重要都城的构成和建立。然后，我们将探讨在具有不同历史渊源的国家首都，民族精英面临民众和全球挑战的时刻是如何出现的。

第二章　形成国家的基础：
欧洲——改变王城

欧洲是现代主义与过去的权威、智慧和美学准则决裂的世界先锋。然而，在全球范围内，欧洲民族国家及其首都最引人注目的方面是其历史的延续性，以及其领土、语言、宗教、艺术、建筑和城市布局的延续性。欧洲帝国主义可以解释这种悖论，即先锋现代主义与事实上的保守主义相结合的悖论。在欧洲，前现代性没有被征服、粉碎或受到致命的威胁和羞辱，这种情况仅在欧洲存在。因此，对于欧洲国家的首都来说，其前国家、前现代背景和遗产非常重要，而对于以其他路径建立的国家来说，其首都的前国家、前现代背景和遗产就不是十分重要。就城市本身而言，这一背景具有两个主要特征：一是特定的城市体系和城市主义形式，二是建筑语言和具有象征意义的符号形式的历史演变。

具体地说，欧洲文明的核心是城市文明，这一点是独具特色的。欧洲文明在城邦（主权城市）中发展起来，而这些城邦是区域性交换、对抗、竞争、战争和联盟体系的一部分。城邦也在其他大陆得到了发展，但它们在其他任何地方都没有构成堪与欧洲城邦相比的政治和文化制度。古希腊就是这样，之后的城市帝国古罗马、拥有帝国的城市拜占庭都是如此。在地中海颇具古风的城市权力崩溃之后，古代文明在佛罗伦萨和文艺复兴时期的其他城邦复兴。

欧洲城市是独特的法律政治实体，其特点是自由人的公民权利，在日耳曼语言中，公民一词为"Bürger"。① 即使不是主权国家，欧洲城市和城

---

① 在马克斯·韦伯的《经济与社会》一书中，有很长一部分对欧洲独特的自治城市进行了经典的研究。

镇中大而富裕的那些也常常拥有集体自治制度，宏伟的市政厅就是其代表。这些城市有自己的法律体系，他们的法律体系从某些节点出发扩散到多个城市网络。例如，马格德堡法向东延伸到了基辅及其他城市，吕贝克法向北延伸到了波罗的海城镇。欧洲城市形态的一个关键要素是中央公共空间，例如：希腊广场、罗马广场、意大利广场、罗曼斯广场、德国广场、俄罗斯广场。

希腊和罗马建筑的古迹定义了欧洲建筑中的古典主义。古典主义是一种形式语言，尽管在审美的循环中起起落落，但从未离开过欧洲和从海外引入欧洲的建筑，直到20世纪中期现代主义运动取得了胜利。它甚至可以与现代主义融合在一起，这体现在意大利法西斯主义的一些最好的建筑中。例如，欧洲展览中心，它是在罗马为世界博览会而建造的综合展览中心，但它举办的却从来不是世界博览会。事实上，现代民族主义，首先是法国大革命和拿破仑式的象征主义，比之前的旧政权更注重利用古典遗产，利用它们的华丽、绘画、命名法，如理性之庙、战神场、万神殿；纪念性建筑也是如此的，如凡多姆柱和凯旋门。新诞生的美国在很大程度上是19世纪早期所谓的希腊复兴的一部分，华盛顿特区的公共建筑就是很好的证明。前现代欧洲建筑开发了一整套建筑风格，在19世纪，这些风格常常被融合成历史相对论或折中主义。除了古典主义之外，这一整套建筑风格最重要的元素是来自法国"大教堂时代"的中世纪哥特式建筑，它在民族主义时代强势回归。

民族国家之前的历史

典型的欧洲民族国家起源于当时已有的前民族国家，其首都也是从前民族国家发展而来，经历了漫长的历史过程。尽管我们的研究从民族国家和国家首都开始，但是之前的历史可能会有所帮助，因为欧洲大部分地区拥有强大的前民族国家遗产。

教堂、土地、城市和国王概述了民族国家和他们的首都的史前史。在黑暗时代，教堂是古典遗产的决定性通道。古典的万神殿是基督教时代之前由阿格里帕主持建造的，约公元 130 年由哈德良重建，公元 609 年被宣布为献给圣母玛利亚与诸殉道者的教堂。14 世纪末，教皇们从阿维尼翁返回罗马后开始重建罗马，他们的贡献之一就是在帝国的纪功柱上增加了基督教雕像和（或）他们自己的铭文。两个著名的例子是图拉真柱和马库斯·奥勒利乌斯·安东尼奥斯柱（现位于科隆纳广场），在其顶部分别有圣彼得和圣保罗的雕像，以及纪念教皇西克斯图斯五世贡献的铭文。

教堂是中世纪时期建筑的不朽之作，在后来的一段时间内也是如此，即从文艺复兴和巴洛克时期的罗马到大火灾后 17 世纪的伦敦这一时期。圣母院大教堂、威斯敏斯特大教堂和后来的圣保罗大教堂、圣斯蒂芬大教堂以及圣彼得大教堂分别是巴黎、伦敦、维也纳和罗马无与伦比的前现代建筑，布达佩斯的马修·科维努斯教堂也是如此。马德里城外的埃尔斯科里亚既是一座修道院，也是最令人敬畏的皇家宫殿。只有莫斯科沙皇的克里姆林宫和守旧的布鲁塞尔富商和制造商的市政厅显示出压倒性的世俗权力或财富。① 柏林不是一个具有重要意义的中世纪城市，其建筑在 18 世纪的下半叶才变得宏大起来。换句话说，柏林没有重要的前现代的纪念性中心，但那里却有霍亨佐伦城堡，霍亨佐伦家族是勃兰登堡－普鲁士的统治者。②

教堂组织集体性的仪式，从弥撒到皇家的加冕礼和葬礼，教堂建筑是向世俗人物表达敬意和怀念的重要场所，这里有皇室的、贵族的，有时甚至是诗人的坟墓、雕像和半身像。③ 自都铎时代以来，伦敦的威斯敏斯特大教堂和圣保罗大教堂似乎比欧洲的大多数主要教堂容纳了更多的纪念物，更确切地说，是纪念物的范围更加广泛。④ 总体而言，古墓在王朝的纪念性建筑中占有非常重要的地位，最有名的可能是在圣德尼修道院、威斯敏斯

---

① 巨大的克里姆林宫内有数个教堂。
② 在瑞典，乌普萨拉是宗教中心，位于斯德哥尔摩以北，相距约80公里，加冕礼大教堂坐落于此。因此，皇家城堡主导着这里的政治中心。
③ 早在1556年，人们就在威斯敏斯特大教堂的诗人之角为杰弗里·乔叟立了墓碑，但事实上，诗人之角是在 18 世纪命名的，并从此制度化（尼古拉斯·佩夫斯纳，《伦敦Ⅰ：伦敦金融城》，《佩夫斯纳建筑指南》，康涅狄格州纽黑文市：耶鲁大学出版社，1957 年，383 页及其后）。
④ 这是我将自己的肤浅印象与尼古拉斯·佩夫斯纳的彻底调查相比较而得出的初步结论（同上书，122 页及其后，360 页及其后）。

特修道院，维也纳哈布斯堡家族的皇家墓穴也非常著名。

偶尔，在教皇统治的罗马，城市景观也装点着神圣的雕像和人们供奉的纪念碑，比如18世纪早期维也纳和布达（现在布达佩斯的一部分）的鼠疫纪念柱，或者维也纳的查尔斯教堂，也是人们在鼠疫消除之后，为了表达感激之情而建造的。[①] 17世纪后在伦敦，克里斯多夫·雷恩不仅建造了新的圣保罗大教堂，而且还在城市中建造了其他五十座教堂。[1]

教皇统治的罗马，在其鼎盛时期和鼎盛时期结束时，为城市的纪念性增加了除圣彼得大教堂之外的另外两个特征。其一是1561年至1562年间修建的一条笔直的轴向道路，从奎里纳勒宫到皮亚门，沿路的城市景观狭长。这条道路早于比它更宽的涅夫斯基大道、香榭丽舍大道和所有其他道路。[2] 第二个是圣彼得大教堂前面宏伟的广场，它能够以盛大的方式接待成千上万来罗马朝圣的朝圣者。1660年前后，贝尔尼尼的柱廊定格了广场最终形态，这个广场可以说是世界上最优雅的纪念性公共空间。

领土所属国家首都的崛起

在任何中心城市的纪念碑性出现之前，必须要有一个都城。欧洲中世纪开始时，社会和政治生活大规模再农村化，建立都城的想法消失了[3]。即使是中世纪早期最伟大的统治者查理曼大帝也不需要都城，虽然亚琛是他统治后期的首选居所。巴黎是在14世纪上半叶才成为统治中心的，[4] 而且这不是不可逆转的。在路易十四长而有力的统治的最后几十年里，巴黎成为凡尔赛的一个巨大的郊区。在他最后的22年里，路易只去过巴黎4次。[5] 在大革命之前，巴黎和凡尔赛的关系从来都不是很清楚的。

到12世纪，伦敦已成为永久的首都。在此之前，温彻斯特可以算是英格兰的政治中心，这里存放着王室的徽章和财宝，《末日审判书》的调查结果也是在这里汇总的。[6] 然而，首都的职能集中在威斯敏斯特周围，也就是

---

① 伦敦为纪念1666年大火而建的纪念碑在性质上也与此相似，尽管官方称其为非宗教建筑。1681年，它被刻上了反天主教铭文，指责是"天主教的疯狂"引起了这场大火。铭文在1831年被移除（温勒布和希伯特主编，《伦敦百科全书》，第541页）。

说，围绕着皇宫和国王加冕的威斯敏斯特大教堂。有一段时间，伦敦市仍是沿泰晤士河向东数公里的威斯敏斯特的双子城。

17世纪，维也纳成为哈布斯堡王朝的永久首都，确切地说，是在1683年。[7] 当时，在围攻维也纳失败之后，奥斯曼帝国开始溃退。俄罗斯从莫斯科崛起，但彼得一世在18世纪初将首都从莫斯科迁移到了圣彼得堡，这发生在1709年他在波尔塔瓦的北方战争中取得决定性胜利之后。十月革命后，莫斯科再次成为主要的首都：因为在沙俄、苏联和后共产主义时期的俄罗斯，这两个城市都有作为都城的特殊的地位，所以我们说莫斯科是"主要"的首都。

自14世纪40年代以来，柏林一直是勃兰登堡霍亨佐勒家族的主要居住地，但这意味着它更像是一座封建庄园，而非国家中心。18世纪，勃兰登堡-普鲁士正在成为一个大国，波茨坦和柏林一起成为"官邸城市"，但弗雷德里克二世（腓特烈大帝）更喜欢波茨坦。在霍亨佐勒家族看来，波茨坦甚至可能是德意志帝国的首都，因此，俾斯麦不得不对新的德国皇帝施加压力，使其接受柏林。[8]

1560年，西班牙王室搬到了马德里，王室及其需求很快就在这个城市占据了支配地位，但王室在此后的半个多世纪里一直过着流动的生活，距马德里不远的埃斯科里亚尔王宫是王室的另一个居所。17世纪30年代，王室建造了一座永久性的皇宫，布恩雷迪洛宫，它实际上就在马德里城外。所以，才会有新国王或王后通过阿尔卡拉门进入马德里的仪式，该仪式具有象征意义，而且非常正式。[9]

1848年革命失败后，奥芬（又称布达）聚集了匈牙利大部分的首都功能。1848年革命开始时，匈牙利议会在波若尼集会，也就是现在的伯拉第斯拉瓦。直到1873年，传统上的德国城市布达（奥芬）、多瑙河对岸快速发展的经济中心佩斯和北边一点的古布达三座城市合并在一起形成了布达佩斯，这里曾经是罗马的阿肯库姆。最后，布鲁塞尔成了布拉班特公国以及哈布斯堡皇室全权代表的所在地，直到1830年，布鲁塞尔才成为国家的首都。

民族国家之前的城市

从首府城市发展为国家首都不可能不经历波折。从某种意义上说,城市也是国家史前历史的一部分。从意大利半岛穿过瑞士阿尔卑斯山口,再到莱茵兰和北海这一城市带,是欧洲反对领土所属国家形成的最重要的部分。[10] 波罗的海南部海岸的城市早前就被征服了,但只要可能,汉萨同盟的城市就一直在反抗主权领土国家的崛起。在从中世纪到新时代的过渡时期,领土所属国家的中心是城市,这些城市通常是权力和财富的所在地,领土所属国家也会定期地成为权力和财富的中心:佛罗伦萨、威尼斯、热那亚、吕贝克、奥格斯堡、纽伦堡、安特卫普、阿姆斯特丹也许是最著名的例子。

在今天欧洲各国的首都中,伦敦是与众不同的,它的独特之处在于:它既是古罗马的贸易中心,又是一个王朝统治的领土所属国家的中世纪古都。所以,伦敦的两个部分(伦敦市和威斯敏斯特)花了一些时间才合并也就不足为奇了。

从欧洲黑暗时代走出来的富裕而强大的贸易城市,有它们自己的前民族国家纪念碑性。宏伟的市政厅和行会会馆(其中最华丽的是佛兰德布商建造的)、壮丽的城门,有时还有著名的秤房和(或)交易所,它们代表着一种特定的城市风格:自治、自豪、资本主义和富有。城市的主要建筑和商业一般都安排在主广场或其周围,在日耳曼欧洲这里一般被称为"大市场",在"大市场"中通常也有主教堂,但并不总是这样。

阿姆斯特丹在加尔文式的简朴中显得很特别,这种简朴隐藏了它的巨大财富,但是,位于主广场的 17 世纪中期的巨大市政厅很好地凸显了它的前民族国家纪念碑性。阿姆斯特丹是当时荷兰共和国的首都,也是其主要部分荷兰省的首府。这座城市仍然是荷兰的官方首都,尽管海牙是王室和政府的所在地。现在,已正式成为皇宫的市政厅才是阿姆斯特丹最具有纪念意义的建筑。

布鲁塞尔是城市带的另一部分,现在的布鲁塞尔就像是一幅肖像画,仍然能够非常清晰地呈现前民族国家时期该城市的风貌。尽管 1830 年之后,国家对这个城市进行了修整(下面还会谈到这个话题),布鲁塞尔具有象征意义的城市中心仍然是"大广场"。广场上最引人注目的建筑是15世纪中期的哥特式市政厅，广场周围矗立着各种各样的行会会馆，除了一个重建的哥特式会馆外，其他会馆都是佛兰德巴洛克式建筑，所有会馆都有源于城市俚语的昵称。拓扑城市中心布鲁奥克塞拉广场，是以一位市长的名字命名的。

1713年缔结的《乌得勒支条约》，认可了尼德兰联省共和国作为英国附庸的地位，标志着这个城市共和国灭亡的开始，法国大革命、拿破仑战争和维也纳会议则最终促成了它的灭亡。联省在奥兰治王朝的统治下重新组成荷兰王国，威尼斯作为一揽子计划的一部分移交给了哈普斯堡王朝。只有现在相当边缘的瑞士城市行政区保留了大部分自治权，并持续了35到60年。吕贝克仍然艰难地维持着自由城邦的地位，直到德国统一。

君主专制主义

在民族国家之前的欧洲权力结构通常是王朝的领土所属国家，由君主专制统治。然而，除了正在衰败的城邦由封闭的商业寡头统治外，还有一个不符合这一普遍规律的例外，这就是正在崛起的、后专制主义的大不列颠王国，由拥有土地的贵族以国王的名义统治国家。同时，大不列颠王国控制着世界贸易，并开始了一场工业革命。然而，当时主要的统治形式仍然是专制主义，从路易十四时期的凡尔赛开始，一直传播到哈布斯堡王朝和专制主义欧洲的边缘地区。

总的来说，最具吸引力的皇家建筑和纪念碑性建筑是皇宫。在东欧，皇宫最初是作为防御城堡或宫殿群建造的，然后它们渐渐发展成为冬宫和夏宫。凡尔赛和仿照凡尔赛而建的卡尔斯鲁厄都是径向布局的城市，以皇宫为中心向外辐射。在17世纪，巨大的、雕刻精美的公园是真正的皇家宫殿所在地的重要特征，也是位于市中心外的宫殿的必要条件。此外，可能还有其他一些象征皇家权力和慷慨的宫殿以及战争组织的宫殿，可能是铸币厂，也可能是退伍军人医院或疗养院，如巴黎的荣军院或格林威治皇家海员医院。欧洲的专制君主既不是人间的神，也不是漂浮在地球之上的某种权力，只是站在贵族金字塔顶端的人。[11] 贵族的府第对皇城的景观也做出了很大的贡献，比如圣彼得堡。

皇家仪式的节奏在王朝都城的生活中发挥着重要的作用，王室成员的出生、生日、婚礼、加冕和葬礼都有相应的仪式：公开的仪式、大众庆祝活动、宫廷礼仪以及加冕礼和王室婚礼上的拱门、讲坛等临时纪念物。也可以举行阅兵式，一些城市，如柏林、波茨坦和圣彼得堡，都有地处中心位置的阅兵场。

除了宫殿以外，人们很少想到或建设其他具有纪念碑性的建筑，但这样的建筑确实存在。虽然没有皇宫重要，但骑马的雕像也是古罗马的纪念碑。当查理曼大帝在拉文纳看到狄奥多里克的雕像时，他被迷住了，并将雕像带回了亚琛，但它似乎已经消失在了中世纪的黑暗中。建造雕像这一习俗随着意大利的文艺复兴而复兴，并由17世纪法国的专制主义发展起来。1614年，巴黎的新桥旁边建立了一座亨利四世的雕像。在法国，路易十四的雕像非常多，还有几座是在巴黎。[12] 在伦敦，查理二世的雕像矗立在国王广场（现在的苏豪区）和切尔西医院外面。在被剥夺王位之前，白厅耸立着詹姆斯二世的雕像。[13] 在维也纳，最古老的骑马雕像（或者至少是现存最古老的雕像）只能追溯到18世纪晚期，它塑造的是弗朗茨·斯蒂芬皇帝（1708—1765年），于1781年建成，1797年首次展示。现在，我们仍然能在城堡花园看到这座雕像。[14]

具有纪念碑性的建筑还有皇家广场，其名称参考了一些王室成员的名字或王室的功绩，广场上通常还有一尊雕像，亨利四世统治时期的巴黎就是一个很好的例子。位于西堤岛上的王储广场就在国王雕像的旁边，皇家广场（现在的孚日广场）上也有一尊路易十三的雕像，这个广场一建成，就成功地变成了城镇优雅生活的中心。尽管路易十四自己搬到了凡尔赛，但他也确实为巴黎的皇家气派做出了贡献。胜利广场是由一位富有的路易十四的仰慕者个人出资建造的，广场上的路易十四雕像是为庆祝胜利而建，而且极具炫耀性，但这个广场存在的时间比较短暂。与胜利广场几乎同时落成的另外一个广场是路易大帝广场（现在的旺多姆广场，以旺多姆公爵的旧宫殿命名），广场上的"太阳之王"骑马雕像的象征意义相对有所收敛。路易十四进入巴黎时曾在"御座广场"设立了临时的宝座，该广场也因此得名。现在人们所知道的协和广场是在18世纪最后30年中建造的，初建时名为路易十五广场，那里也有一座皇家雕像。[15]

圣彼得堡是一个卓越的专制主义城市，是民族国家出现之前君主制度的华丽体现，也是从皇室衍生出来的宫廷贵族的财富和意志的华丽体现。圣彼得堡由引进的意大利建筑师按照俄罗斯人的品位建造，战争、宗教、君主制和贵族制度在这座城市留下了最初的印记。沙皇的冬宫和它对面的总参谋部大楼决定了冬宫广场的形状，在广场后面不远处，是参议院和教会法院的庞大建筑，这里是平民和教会行政机构首脑的所在地。宏伟的涅夫斯基大道从海军部一直延伸到涅夫斯基修道院。

与圣彼得堡相比，莫斯科的帝国化和贵族化程度相对较低，而且随着19世纪末20世纪初纺织工业的兴起，莫斯科实现了资产阶级化，但它保持了前现代俄罗斯的核心地位。沙皇们在克里姆林宫的圣母升天大教堂加冕，1812年拿破仑入侵莫斯科后，这座城市变成了原国家象征，因为为了抵抗拿破仑的入侵，这座城市被燃烧殆尽，正是莫斯科的牺牲迫使拿破仑称之为"大军"的军队进行了灾难性的撤退。

民族与君王

欧洲各民族国家的首都都是以民族国家出现之前的传统为基础建立的，如希腊罗马时代的古迹、中世纪的教堂、市政厅和行会的会馆以及君主和贵族的宫殿，这些都是体现现代民族国家城市历史的不同层面，而且依然清晰可见。除了冰岛的雷克雅未克，欧洲没有建立任何新的首都，只有冰岛没有任何前现代城市。雅典不得不重建，巴尔干半岛的其他一些首都又小又质朴。欧洲的城市传统的确包括建立独立的城市政府，但在皇权结束时，大多数都城已经丧失了大部分的公民自治权。现代伦敦根本没有统一的市政府，伦敦和巴黎都是在20世纪70年代才有了通过充分选举产生的市政府。

欧洲国家出现了四次国民进入都城的浪潮，其中两次规模较大，另外两次规模相对较小。第一次浪潮以法国大革命为中心，它的兴衰及影响（主要是拿破仑一世时期）波及了整个欧洲大陆，从发生重大变化较早的不列颠群岛到俄罗斯，从挪威到西班牙和巴尔干半岛，中世纪传统、城市寡头政治和皇权的保护壳要么突然爆裂，要么悄然裂开。第二次浪潮从19世纪中期开始，包括1848年的"欧洲之春"革命（但它不是本次浪潮的顶峰），直到第一次世界大战前阿尔巴尼亚独立。这次浪潮导致了一些城邦的诞生，如贝尔格莱德、布鲁塞尔、布加勒斯特、布达佩斯、哥本哈根、罗马、索菲亚和地拉那，而柏林既是城邦又是帝国。在欧洲，国民与君王的冲突融入了一系列大规模的社会变化、城乡关系转变、人口增长、铁路连接和工业化的进程，也融入了欧洲大陆大国之间复杂的地缘政治权力博弈之中。

此后，在1919年和1920年，在俄罗斯和德国之间的中东部地带出现了第三次短暂的移民潮，当时欧洲所有尚存的前民族国家政权——俄罗斯的罗门诺夫政权、德国的霍亨索伦政权和奥匈帝国的哈布斯堡政权，都最终解体。就在第一次世界大战之前，奥斯曼帝国的巴尔干半岛已经出现了民族国家。最后，第四次浪潮在20世纪90年代爆发，苏联和南斯拉夫的多民族共产主义国家解体。英国也受到了影响，政府将权力下放给苏格兰和威尔士，他们相应地建立了新的属于自己的机构和建筑。在21世纪的前十年，随着苏格兰公投和2014年乌克兰东部的半独立、佛兰德斯地区的持续动荡和加泰罗尼亚主权主张的兴起，民族问题再度升温，在写这部书时，未来会发生什么还不清楚。

前三次浪潮都是围绕各民族人民和君主权力之间的冲突发生的，人民要建立他们自己的民族国家。在荷兰和瑞士，人们反对世袭的摄政王或法希根家族军团。第四次浪潮却是反对多民族国家。

在这里，我们既不是要建立关于民族国家崛起的理论，也不是要解释民族国家兴起的原因。我们的任务是及时地找出这些国家，并掌握它们对都城的影响。然而，我们确实需要一些明确的标准。首先，我们在这里讨论的不是民族主义和民族认同的问题，而是国家权力的组成问题。

当一个国家宣称它的主权和权力来自一个民族（或人民）时，它就是一个民族国家。虽然建立国家的要求往往是从对过去的解释衍生出来的，在欧洲更是如此，但主权国家的权力是向未来开放的，不受血统和习俗的限制，国家的主权是现代的。由于国家的权力辐射到它所统治的整个社会，民族国家的建立可以看作是一个国家走向现代性的转折点。[16]与之相反的两极是通过"王权神授论"或"天命论"来拥有国家并成为君主，或通过合法继承或征服而拥有国家。这两个极端并没有穷尽人类历史上出现的政体的类型，但它们的对立在很大程度上界定了民族国家必须建立自己地位的领域。然而，在欧洲，很早就形成了领地的概念，属于一个或另一个君王，但作为一个地理概念与统治家族是分开的。

一个国家何时成为一个民族国家？欧洲国家历史的连续性使这一问题复杂化，往往需要指出一个长度可变的时间间隔。这种连续性的一个非常重要的方面是独特的欧洲进程，即君王统治逐渐演变成纯粹的象征性君主制的进程，即使是法国的情况也并非没有其他可能的选择。显然，从1789年开始的大革命使法国成了一个民族国家，但其成为民族国家的关键日期，甚至是年份，一直存在争议。例如，1880年，当国民议会决定国庆日时，他们面临的选择至少有11个。[17]他们所考虑的备选日期中包括我认为最合适的日期，即1789年6月20日，当时，三级会议中的第三等级成立了国民制宪议会。最后选定的日期是1789年7月14日（攻占巴士底狱的日期），这可以说是一个明智的妥协，是纪念巴黎革命人民的一种温和的方式。

巴黎的肖像研究表明，在旧制度的君主霸权之下，已经可以看到一种萌芽的民族色彩。17世纪，当主要街道开始正式命名时，一些街道以非王室政治家的名字命名，如黎塞留、科尔伯特和马扎林，后来，又以商人领袖和市议会长老议员的名字命名街道。最后，在18世纪80年代，著名作家的名字也被用来命名街道，如拉辛、莫里哀等。[18]

法国革命对城市最初的征服之一就是结束了巴黎和皇宫所在地凡尔赛之间的二元对立。三级会议是在凡尔赛召开的，法兰西民族同样也是在那里建立起来的。在凡尔赛皇家城堡周围的建筑中，第三等级在小欢乐厅自行成立了国民议会，并在网球场进行了"网球场宣誓"：不制定和通过宪法，决不解散。1789年10月，这种空间上的二元对立突然结束了。当时，巴黎集市上愤怒的妇女举行了游行，稍微温和一点的巴黎国民卫队也进行了游行，他们迫使国王和宫廷回到了巴黎，回到了杜伊勒里宫。国民议会紧随其后回到了巴黎，并在同一皇宫中的骑楼安顿下来。

这场革命掀起了大规模的反传统运动①。虽然在1815年至1830年发生了短暂的反革命复辟，但这场革命的确结束了法国的旧制度，革命之前的地名和纪念碑性没有恢复，这与后共产主义时期欧洲的一些地方截然不同，但革命的推力也没有持续下去。路易十五广场变成了革命广场，这里设置了断头台，路易十六就是在这里被处决的。1795年，督政府为这个广场起了现在的名字——协和广场，但其间也受到了复辟的短暂干扰。御座广场成了被推翻的御座广场，最后命名为民族广场。皇家广场失去了路易十三的雕像，在军队和国民卫队短暂地使用了一段时间之后，变成了沉静的孚日广场，广场的更名是为了纪念第一个为1799年的军事行动做出贡献的省份。当然，复辟时期这个广场恢复了君主主义的原貌，但随后就失败了。路易大帝广场最终成为旺多姆广场，路易十四的雕像被奥斯特里茨圆柱所取代，这个圆柱是模仿古罗马的特拉真柱建造的。在复辟时期，指挥奥斯特里茨战役取得胜利的指挥官拿破仑的雕像被从圆柱上面撤了下来，但后来又恢复了原貌。巴士底狱被拆毁，取而代之的是巴士底广场，广场上的7月圆柱顶部矗立着自由神像。这个圆柱建于19世纪30年代，是为了纪念在7月革命中牺牲的烈士。

1830年革命结束后诞生的君主立宪制奥尔良王朝曾试图沐浴在拿破仑的荣耀中，凯旋门的建成记录了法兰西帝国在三大洲的胜利。拿破仑取得胜利的战场遍布巴黎市中心的街道：阿布基尔、奥斯特里茨、埃劳、弗里德兰、耶拿、金字塔、乌尔姆、瓦格拉姆等，这些街道得到了三个共和国和第二帝国的纪念。第二帝国的早期胜利和两次世界大战，为巴黎市中心的街道增添了非凡的战争色彩。

---

① 这样的过程在罗马被称为"除忆诅咒"，是指销毁（已经死亡或被推翻的）"坏皇帝"的肖像和雕像，并将他们从历史记录中删除（参见埃里克·瓦纳，《从卡利古拉到君士坦丁：罗马肖像画中的暴政和转变》，亚特兰大：迈克尔·C.卡洛斯博物馆，2000年）。

在19世纪中叶的法兰西第二帝国，塞纳区行政长官乔治-欧仁·奥斯曼领导并设计了巴黎的改建，之后巴黎在很大程度上获得了新的空间布局。长而宽阔的林荫大道两旁的建筑类型相同，熟铁阳台形成了长长的水平线，所有这一切都向世人展示了一个富有的独裁政权，它不受任何议会或个人主义财产权的限制。沃尔特·本杰明称改建后的巴黎为"十九世纪的首都"，戴维·哈维称其为"具有现代性的首都"，而对于拉丁美洲来说，巴黎则是一个横贯大陆的首都典范。[19]

法国实现政治现代化和建立民族国家的道路是革命，在这个过程中，首都重要而持久的作用如下：尽管从革命一开始就有宏伟的计划，但巴黎从来没有时间和（或）资金来建造具有纪念性的建筑作为国家机构。[20] 爱丽舍宫，即总统府，位于塞纳河右岸的一条小街上，它曾是一座普通的贵族宅邸，曾经属于最臭名昭著的皇室情妇蓬帕杜尔夫人。国民议会在河边有一个很好的位置，但它只不过是一个波旁王朝小皇族的前宫殿。在1871年巴黎公社期间，它不得不迁往凡尔赛，并在1875年决定将这个古代政权的主要部位作为它的永久位置（四年后这一决定被推翻）。直到1946年，法国才有正式的总理（当时称为部长会议主席），但这个职位实际上从1934年起就存在了，官邸为在马提翁宫，这是塞纳河左岸的另一个从前贵族的市镇宅邸。法国的最后一座皇宫——杜伊勒里宫，在巴黎公社期间被焚毁。[21]

巴黎没有标志性的政府机构建筑，取而代之的是一系列被破坏的地方，直到今天，这些地方仍有重大的意义。城市东部的"巴士底狱""共和国广场""民族广场"等都体现了法国的国内历史，都具有中间偏左派的内涵，具有类似集会或示威游行目的地的功能。

同样，法国的右翼在城市的西部也有集会地点和游行示威目的地，从香榭丽舍大街上的圣女贞德雕像和协和广场到凯旋门，或者在塞纳河左岸的荣军院。时至今日，在法国政治中，大规模的示威和短期罢工得到了更好的体现，而不是建立机构和组织。

英国何时建立了民族国家，即（至少）由英格兰人、苏格兰人和威尔士人组成的多民族国家？伦敦何时成为了这个民族国家的首都？与民族认同和民族主义问题相比,这些问题在英国史学中非常少见。[22] 1688 年的"革命"结束了这种情况。无论这场革命对现代产生了哪些意想不到的影响,它基本上是一场前现代意义上的革命,其实是"倒退"①到了"自由民"和新教君主的都铎时代。一个民族国家的任何一个部分,任何一个想要建立民族国家的政党,都不可能邀请一位外国王子来征服并统治自己的国家。但是,1688 年 6 月 7 日,七位"贵族绅士"②却邀请荷兰执政奥兰治家族的威廉亲王入侵并统治英国。约翰·洛克恰如其分地称呼威廉为"伟大的复辟者",他"武装起来"的真正动机是"保护新教,恢复由英格兰、苏格兰和爱尔兰组成的古老王国的法律和自由"。[23] 通过与国王詹姆斯二世的女儿结婚,威廉也获得了王位继承权。这既是一场王朝之间为宗教而进行的武装对抗,也是国家间为争夺英国王位而进行的王权游戏,法国和西班牙君主都参与其中。这场争夺长达两个世纪,一直持续到 1746 年新汉诺威新教王朝的军队最终打败了天主教斯图亚特王朝,1688 年只是其中的一部分。

英国成为民族国家的时间应该是在 19 世纪 30 年代。从肖像学的角度来看,1830 年是至关重要的一年,当时伦敦新的中心广场并没有像预期的那样被称为威廉国王广场。在国王的同意下,它被命名为特拉法加广场,[24] 国家美术馆很快就在广场上建了起来,纳尔逊将军纪念柱也在那里竖立起来。1832 年的议会改革至少使下议院不再代表中世纪的特权,而是以现代的方式代表国家。现在看来,这次改革意味着进步,而不是纯粹地回到过去的某一段时间。议会新的地标建筑,威斯敏斯特议会,是在 19 世纪 30 年代末决定兴建的,并在 1847 年开始开放(首先开放的是上议院)。

18 世纪,英国经历了国家权力和具有纪念碑性的公共建筑的逐渐国有化。战争的资金来源不再是给国王的拨款和贷款,而是由议会担保的"国

---

① 直到法国大革命期间,"革命"这个词才获得了它的现代意义,即"革命是指一种开辟新的未来的方式",而失去了它的前缀"re"的含义,"re"的意思是"后退"。

② 在一本广受赞誉但也很有趣的书中,耶鲁大学的历史学家史蒂夫·平卡斯没有对"现代"和"革命"这两个概念纠缠不清,而是将 1688 年革命称为"第一次现代革命"(《1688:第一次现代革命》,康涅狄格州纽黑文市:耶鲁大学出版社,2009)。

债",这是18世纪30年代的一个新词。1760年,国王用他的财产和财产收入换取了议会拨付的皇室专用年金。① 到1714年汉诺威被邀请即位时,议会已经获得了安排合适的新教徒继承王位的权力。[25] 议会的权力稳步增长,而君主的权力则逐渐减弱为礼节性的尊重,1834年是英国君主最后一次在下院反对的情况下任命首相。[26]

令人有些困惑的是,在拿破仑战争期间,英国的爱国主义庆祝活动"包括了对君主功绩的颂扬",[27] 一个典型的例子就是伦敦西区新的主街的命名。尽管摄政王当时居住在这条街尽头处的滑铁卢广场,但这条优雅的街道还是被命名为摄政街。(下面,我们将会谈到日本的国家君主政体。)苏格兰人对大英帝国的热情和非常有益的投资进一步促进了民族的"英国性"的形成。

18世纪,在威斯敏斯特大教堂的乔叟墓周围开辟了"诗人角",用以纪念英国的文豪们,这里有莎士比亚、米尔顿和其他文豪的纪念碑。18世纪90年代,伦敦市的主教堂圣保罗大教堂竖立了四位国民捐助人的雕像,他们是:词典编纂家塞缪尔·约翰逊、东方学家威廉·琼斯、画家约书亚·雷诺兹和监狱改革家约翰·霍华德。琳达·科利的伟大作品《英国人》在结尾处围绕一幅油画的主题得出了结论,展示了胜利的英格兰民族的不同代表,这幅油画是1822年皇家艺术学院的一幅著名画作,名称为《切尔西侍从读滑铁卢战役公报》。

英国在拿破仑战争中的最后胜利塑造了伦敦新的形象,滑铁卢广场、滑铁卢桥、特拉法加广场、惠灵顿拱门和纳尔逊将军纪念柱等具有象征意义且代表国家形象的地标性建筑相继落成。纳尔逊将军纪念柱上的浮雕刻着他的四次重大胜利和狮子卫队,纪念柱花了30年的时间才建成(1867年),但柱子和上面的雕像从1843年11月就可以看到,这是因为政府不

---

① 利奥·霍利斯,《伦敦石》,伦敦:猎户星出版集团,2011年,第200页。1857年,议会将记录在册的朝臣从议会管理的"公务员"中分离出来(诺曼·戴维斯,《不列颠群岛:一部历史》,牛津:牛津大学出版社,2000年,第632页)。

愿意花钱来赞美这个国家的英雄。①在英国，任何事件或任何英雄都没有得到能与纳尔逊相比的隆重纪念。除了威斯敏斯特大教堂和圣保罗大教堂之外，英国没有增加任何国家性的用于礼拜的建筑，更不用说取代上述两个大教堂了，但圣保罗大教堂却以惠灵顿公爵极其宏伟的陵墓和纪念碑，扩大了其作为国家万神殿的功能。

作为帝都，伦敦得到了发展，到1800年已成为世界上最大的城市。除了象征帝国国家形象的标志性建筑外（包括宏伟的新议会大厦），民族国家的伦敦几乎没有被国有化。伦敦的商业和金融城有自己的市长和行会机构，而另一边是皇室和贵族的威斯敏斯特和西区，这种古老的二元性一直存在，尽管新的陆路交通（而不是内河船只）越来越多地将两者连接起来。在19世纪之前，伦敦城一直是冷静的、信仰新教的、自由的商业区和办公区，有点像"阿姆斯特丹"，而贵族的伦敦西区与之形成了鲜明的对比，其奢华、昂贵更像"威尼斯"。19世纪，伦敦城在夜晚基本上是空空荡荡的，而在早晨开放时，世界贸易和金融业的办事处都聚集于此。28

民族国家的首都伦敦处于议会权力的掌控之中，而且议会确实注意到了首都的功能，于1855年成立了"都市建设委员会"。虽然没有如期，但该委员会最终还是建立了世界上最广泛的下水道系统和伦敦首都警队，伦敦城则保持了自己的权力。该委员会还资助扩建和装饰了当时相当二流的贵族宫殿——白金汉宫，该宫殿在18世纪成为汉诺威国王在伦敦的住所，但却从未允许在伦敦建设与其他一些国家同等水平的皇宫，如巴黎的罗浮宫或杜伊勒里宫、维也纳的霍夫堡宫、柏林的城市宫，或类似于斯德哥尔摩和奥斯陆等比较小的都城中的皇宫。伦敦的街道布局基本上保持了传统，总体上没有类似于巴黎、维也纳和柏林的中轴线。伦敦是一个拥有帝国财

---

① 参见罗德尼·梅斯，《特拉法加广场：帝国的象征》，伦敦：劳伦斯与威斯哈特出版公司，1976年，第4章；胡德，《特拉法加广场》，46页及其后。纪念柱最初是由纳尔逊纪念委员会发起建造的，这是一个私人的、高层次组织，这个组织后来无力承担建成纪念柱所需的费用，财政部随后同意介入，但首先提出了节约成本的要求。相比之下，当时的"帝国第二大城市"都柏林的统治精英们更加敏锐、高效，1809年，他们就在都柏林的主街上建起了纳尔逊纪念柱。1966年，在爱尔兰复活节起义50周年纪念日的前夕，爱尔兰共和军炸毁了该纪念柱，因为爱尔兰复活节起义是一场反抗英国的起义。

富和权力的城市，但没有皇家或民族国家的显赫。

从某种意义上说，只有伦敦的西区广场能与巴黎所规划的标志性建筑和林荫大道相媲美，巴黎的标志性建筑代表皇室和帝国的形象。西区广场是在17世纪和18世纪由富有的贵族出资建造的，他们在城市中拥有巨大的财富。西区广场上贵族和绅士的宅邸建筑具有同质性，宅邸的中间通常有一个封闭的花园。广场上通常有其建造者和拥有者的名字，例如：格罗夫纳（这些贵族和绅士中最富有的人的姓氏，也是威斯敏斯特公爵）、贝德福德、拉塞尔、斯隆等等，这些名字仍然见证着英国独特的世袭土地贵族和城市资本主义的融合。类似的巴黎皇家广场是皇家广场的先例，但已不复存在。

法国大革命和拿破仑的军队虽然没有终结旧政权，但还是扰乱或挑战了他们的偶像崇拜，从伦敦到圣彼得堡，从马德里到柏林。在裂缝中，新的国家形象开始出现。拿破仑的入侵引发了激烈的民族主义，从西班牙的游击战到俄罗斯的"爱国者"（或"祖国"）战争，再到德意志解放战争。在文学方面，近代德国历史学家哈根·舒尔茨所称的"仇恨和杀戮的诗歌"不再受到任何约束。圣彼得堡在战后建立了第一批国家纪念碑：在喀山大教堂外竖立了两名主要俄罗斯指挥官的雕像，他们是巴克莱·德·托利和库图佐夫；纳尔瓦凯旋门上还添加了俄罗斯民间传说的图案。当时，欧洲的主要首都城市都具有民族国家的特征，只有维也纳是个例外，因为它是最古老和最自豪的王朝的根基所在。[29]

到19世纪30年代，欧洲民族国家的情况可概括如下。英国和法国这两个主要的国家由于稳定的发展和反革命复辟的失败，已各自成为稳固的民族国家。低地国家的寡头联盟变成了君主政体，比利时也在1830年的革命中成为君主政体。民族国家的名单就此终结。

瑞典以其质朴和谦逊的方式，经历了与英国相当相似的发展变化，即18世纪的后专制主义、准议会制、议会管理的自由时代。19世纪初，议会罢免了一位国王，并主张在选举新国王之前有权制定新宪法。但是，瑞典的政体仍然是由四个历史上形成的议会组成，挪威也是如此，他们共同拥戴一个君主，组成了共主邦联，但不是一个国家。丹麦仍然处于专制主义统治之下，国王也是德国公国的统治者，因此他是德意志联邦的大公。

西班牙和葡萄牙已经插上了国旗，但与王室专制主义的斗争尚未最终取得胜利。瑞士是一个由当地的城市和农村省级政体组成的寡头政治联盟，直到1847年才合并为一个民族国家。整个中欧和东欧都处于君主的统治之下，包括奇特的希腊：外国势力基于宗教、种族和地缘政治的原因干涉希腊，促使其从奥斯曼帝国独立出来，但却被置于德国君主的专制统治之下。

欧洲的民族国家化历时一个多世纪，直到1920年，前现代世袭制国家才从次大陆消失。哈布斯堡王朝、霍亨索伦王朝、奥斯曼帝国和罗门诺夫王朝的失败和被推翻是对前现代世袭制国家的最后一击。在这漫长、复杂、曲折的历史中，我们在这里只能谈几个与首都城市有关的主题。

欧洲各国的首都以前都是旧欧洲它们所在地区的中心，除了巴尔干半岛各国以外，都有着强大的希腊罗马古典主义、巴洛克、文艺复兴和中世纪哥特式的文化和建筑遗产，例外的情况出现在相对边缘的地区。在19世纪以前，冰岛没有一个城市，但在20世纪初雷克雅未克出现的地区，聚集了为数不多的教会和行政中心职能。民族国家之前的海牙和民族国家首都伯尔尼的选择是经过深思熟虑的：海牙被选为城市是因为它只是一个微不足道的、中立的联省共和国议会开会的场所；① 伯尔尼被选为首都是因为它是各州主要城市的核心，从种族上看，它跨越了讲法语和讲德语民族的边界，从地理位置上看，也是如此。

海牙的荷兰语全称是"伯爵的树篱"，这表明海牙有着贵族的渊源，它曾是中世纪时期荷兰伯爵的宅邸所在地，也曾是联邦共和国时期总指挥的官邸所在地。骑士厅是过去议会的会址，也是现在国会的会址。1831年，伯尔尼成为强大的伯尔尼州的首府，1848年成为民族国家瑞士的联邦议会所在地，在此之前，它只是一个很小的寡头城市共和国。19世纪50年代，在一个以餐饮娱乐为主的广场上建造了一座简朴的议会厅。② 19世纪90年代，新的国会大厦取代了这个小广场，在安静的联邦广场周围，与新的国会大厦

---

① 在君主制国家荷兰，主要城市阿姆斯特丹被确定为王国的首都，但确定首都通常要遵循如下标准——首都应该是国家元首、政府和立法机构所在地，只有海牙符合这些标准，以城市为主的联合省共和国从未承认海牙只是一个普通的城市。

② 如同在欧洲一样，"casino"通常不是赌博场所，而主要是餐饮和娱乐场所。

相伴的建筑逐渐建了起来，它们是国家银行、州立银行和瑞士信贷银行。

巴尔干半岛的破裂

雅典和索菲亚（最初是罗马的塞尔迪卡）两座古城已经急剧萎缩，甚至不再是区域性的主导城市，但它们很快就被新的国家选为都城。雅典被选为都城是出于历史的原因，尽管新的巴伐利亚统治者最初计划拆除帕特农神庙，并在那里建造一座新的皇宫①，而索菲亚则与几个更大一些的保加利亚城市进行了复杂的地缘政治博弈。[30] 对于希腊的民族主义者来说，雅典几十年来一直是临时首都，在君士坦丁堡仍处于奥斯曼帝国统治的时期，对于富裕的海外移民来说，雅典有点像波恩。

雅典和索菲亚也体现了新巴尔干国家主权的有限性。希腊和保加利亚获得独立的国家地位都是由于外国军队和海军的干涉：前者是因为英国、法国和俄罗斯组成的联盟的干涉，后者是因为俄罗斯的干涉。当时的巴伐利亚王国在三大强国之间保持中立，因此，他们为希腊选择了巴伐利亚国王进行专制统治，而且还建立了由巴伐利亚摄政组成的政府，雅典也请来了德国建筑设计师。[31] 所有这一切在雅典引发了两次革命，即1843年革命和1862年革命，这两次革命的结果是国家宪法和新王朝的诞生。巴伐利亚皇宫前的广场变成了宪法广场。从1909年到新王朝灭亡，王室从未离开最初为新王朝王储修建的用于休闲的宅邸，这座宫殿经过漫长的修缮，在1934年由议会接管。这座王宫代表着从王室专制政体到议会制的转变，据我所知，这种议会和王宫使用同一建筑的例子在世界上只有两例，这是第二例。②

---

① 埃莱妮·巴斯塔，《现代雅典的建立》，剑桥：剑桥大学出版社，2000年，89页及其后。伟大的德国建筑师辛克尔曾为建立雅典制订了计划，但由于巴伐利亚王室内部的反对，这项计划很快就被放弃了。

② 1934年至1974年，希腊经常由铁腕人物和独裁者统治，而不是由议会统治，这给人们敲响了警钟，提醒人们不要仅从建筑的角度轻率地解读社会政治。尽管也存在偶然性，但哥本哈根的例子更为恰当。1849年，君主立宪制取代了君主专制，议会的两院随着国王搬进了克里斯蒂安堡宫，但1884年，这座宫殿被大火严重破坏，国王搬到了稍微有些偏离市中心的阿玛莲堡，这座宫殿建于18世纪晚期，比克里斯蒂安堡宫小一些，但非常精致，议会迁到了以前的军营里。1918年，议会重新搬回克里斯蒂安堡宫，而皇室留在了新的宫殿里。

索菲亚的统治者也是一位来自德国的国王，他就是亚历山大·冯·巴滕伯格，也就是后来在英国被称为蒙巴顿家族的成员，这座城市还建设了很多维也纳式的建筑。在欧洲有两个以外国君主的名字命名主要街道的首都，索菲亚是其中的一个，另一个是奥斯陆。奥斯陆至今仍然尊敬前拿破仑时期的法国元帅，他曾被选为瑞典国王，并在1814年以卡尔·约翰的名号征服了挪威。索菲亚将其主要街道命名为解放者沙皇，也就是俄国的亚历山大二世，他为保加利亚人征服了保加利亚，而且在街道尽头国民议会前的半圆形广场上矗立着沙皇本人的雕像，他的雕像至今仍然在那里，即使是在共产主义时期也是如此。但是，在前奥斯曼时期，索菲亚建立的第一座纪念碑是为纪念民族独立英雄瓦西尔·列夫斯基。[32]

在巴尔干半岛，民族主义首先是反奥斯曼帝国和反穆斯林的。民族主义集中体现为东正教教堂的建筑风格，在贝尔格莱德为东正教修建了宏伟的哈布斯堡巴洛克式新教堂，这时已经是奥斯曼帝国承认塞尔维亚自治后的19世纪30年代，[①] 此时的雅典、布加勒斯特和索非亚则处于新拜占庭的辉煌中。另一个要优先考虑的建筑就是王宫，王室曾比民族主义者更加反对奥斯曼帝国。布加勒斯特学院更真实地体现了民族主义，它是第一所讲授罗马尼亚语的学校，而且很快就发展成了大学。[②] 塞尔维亚首都贝尔格莱德在主清真寺的旧址上建立了议会，[33] 在索非亚，主清真寺首先改建成了俄国的军队医院，然后是国家图书馆，最后是国家博物馆。[34] 奥斯曼军队战败后，穆斯林大批逃亡。民族主义的另一个推动力是去东方化和欧洲化，为此巴尔干半岛国家从德国、奥地利，有时是法国和西欧的其他地区引进建筑师和城市规划师（布加勒斯特主要从法国引进），地拉那则从意大利引进。

由于这些原因，巴尔干各国的首都不具备欧洲其他国家城市规划的连续性。事实上，它们与先前的空间和建筑布局的决裂在现代是独一无二的。

---

① 与保加利亚和罗马尼亚的独立一样，塞尔维亚成为主权王国也是1878年柏林会议的产物。

② 《帝国余波中的首都城市》由艾米莉·冈兹伯格·麦卡斯和坦贾·达米尔贾诺维奇·康利合作编写，这本书很好地介绍了巴尔干半岛和欧洲中东部国家首都的早期历史，由伦敦劳特利奇出版社2010年出版。

这种情况在前殖民地地区的首都不曾出现，在被动现代化国家首都的变化中也不曾出现，在后来的共产主义国家的首都（除了被美国炸毁的平壤），也没有类似情况。巴尔干半岛国家热心于引进欧洲的公共空间理念——宽阔的街道和开放空间、网格规划和面向外部（而不是向内转向）的住宅和公共建筑，这与奥斯曼的传统完全相左，即使是代表奥斯曼帝国权力的建筑风格，对巴尔干半岛国家来说也是没有任何吸引力的。只有作为暂时的权宜之计，保加利亚国王才会想到居住在奥斯曼总督的官邸，在罗马尼亚首都布加勒斯特，加筑了防御工事的驿站也没有得到使用，而它们曾是半乡村式城市葡萄园和花园之间的地标建筑。

虽然"土耳其人"的大规模外逃推动了城市的变革，但在一二十年里，并非全部城市都发生了彻底的改变，只有一些中心地区的变化是非常引人注目的。在雅典市中心建设了三条新的街道，其中一条街上矗立着令人难以忘怀的新古典主义建筑"学术三部曲"，它们是：大学街上的雅典大学、雅典科学院和希腊国家图书馆，这些建筑由丹麦建筑师汉斯·克里斯蒂安·汉森和他的兄弟希奥菲尔设计。布加勒斯特优先修建和拓宽了一系列林荫大道，1877年罗马尼亚独立战争结束之后，这些道路都以战争事件或战时英雄的名字命名，前面是凯旋门所在的胜利路。在上文中，我已经提到过索菲亚的"解放者沙皇"大道。[35] 贝尔格莱德的变化要慢一些，但是与伊斯坦布尔相连的街道成了主要的林荫大道。萨格勒布和卢布尔雅那从来没有受到奥斯曼帝国的统治，因此可以遵循欧洲持续变革的主流。阿尔巴尼亚在第一次巴尔干战争中宣布独立，15年后，直到1925年，地拉那才成为阿尔巴尼亚的永久首都，那时它只是一个一万人口的小镇。与当时其他的巴尔干国家首都不同，地拉那没有清除清真寺和穆斯林。但是，在20世纪30年代，地拉那受到了意大利和法西斯主义的强烈影响。

中东部地带的种族变化

幸运的是，在民族国家成为首要的议题之前，中东欧各国首都不同民族的民族性格就已经形成了。总的来说，民族性格是由来自农村的移民决定的，而农村的无产阶级化、城市的工业化和铁路运输推动了移民进程。在19世纪和20世纪初，具有民族特色的市政府及其影响几乎是未来中东欧各国首都的一个热点问题。到19世纪中叶，在未来的20个首都中，只有三四个城市有来自他们各自祖国的少数民族人口，这些城市是华沙、卢布尔雅那、萨格勒布，或许还有小小的地拉那。在赫尔辛基，人们主要讲瑞典语；在塔林（旧称瑞威尔）和里加，占主导地位的语言是德语；维尔纽斯主要是犹太人和波兰人；明斯克主要是犹太人，他们讲意第绪语；布拉格主要讲德语；直到19世纪40年代，伯拉第斯拉瓦（又称波若尼）一直是匈牙利王室举行加冕仪式的城市，也马扎尔人的议会频繁举行会议的城市。布达佩斯由布达、古布达和佩斯组成，在19世纪早期，这三个城市中居住的主要是德国人。贝尔格莱德居民是穆斯林；布加勒斯特以希腊人为主；南斯拉夫东南部城市斯科普里的穆斯林比马其顿人更多；索菲亚是一个多民族城市，但主要是穆斯林城市。在1948年和1991年间，萨拉热窝的穆斯林（现在的"波斯尼亚人"）仍然是人数最多的少数民族，而在1926年，乌克兰人不到基辅人口的一半，罗马尼亚人不到基希讷乌人口的一半。[36]

在整个20世纪及其之后的中东欧，种族间的摩擦和冲突不断加剧，但民族国家首都的性质是不容置疑的。维尔纽斯却是个例外，在两次世界大战之间，它不是立陶宛共和国的首都，因为当时它是在波兰统治之下，直到苏联时代后期，立陶宛人才构成了城市人口的多数。

伴随着东欧民族主义而来的是民族间激烈的冲突，而且与布拉格相关的冲突都按时间顺序详尽地记录了下来，但这并不一定意味着民族间的冲突在布拉格比其他地方更为严重。尽管如此，1913年莫扎特在布拉格的命运就很好地说明了象征性民族主义的对立。布拉格促进德国科学、艺术和文学协会希望在城邦剧院前竖立一座莫扎特的雕像，因为1787年莫扎特在此初次演奏了《唐璜》。然而，这需要占用剧院外的一小块市政土地，自1861年以来由捷克人主导的市议会拒绝了这项请求，官方给出的原因是交通问题。[37]

然而，我们不应将中东欧的现代史仅仅归纳为民族冲突，它也是欧洲连续体和阶级路线的一部分。从君主专制主义到民族国家（尽管不是民主君主政体）逐步过渡的过程中发生了许多重大的变化，强大的德国国王统治下的保加利亚、希腊和罗马尼亚等新的巴尔干国家就是很好的例证。中东欧的现代史比西北欧更为引人瞩目，因为中东欧各国首都的民族演变总是与革命交织在一起。

尽管中东欧地带民族（或种族）复杂，民族冲突不断，该地带还是经历了典型的欧洲现代阶级至上主义，其国内主要的暴力冲突的各方不是按照种族特征或宗教构成的，而是按照阶级构成的。1918年的芬兰内战是红色的产业工人和佃农与白色的自由民和专业管理阶层的对立。第一次世界大战结束以后，波罗的海各国的战争呈现出了三角形的对抗状态：波罗的海沿岸的德国土地所有者与德国军队对抗；在英国军队的帮助下，爱沙尼亚和拉脱维亚的农民与一个很小的专业阶层对抗；爱沙尼亚、拉脱维亚和立陶宛的工人和工人士兵互相对抗。1919年的布达佩斯公社将城市工人和大部分犹太知识分子团结起来，反对中上层阶级。第二次世界大战后的希腊内战可能更具有意识形态的特征，分裂了大众阶级，形成了截然相反的两极：一边是共产党领导的反对纳粹占领的大众抵抗运动；一边是通敌卖国者和亲英的中上层阶级。

民族国家之前的欧洲中部大国

在第一次世界大战期间，奥匈帝国和德国因位于欧洲的中部，常被称为"中部大国"，这当然是中立的称呼。哈布斯堡王朝从未成为民族国家，1860年之后，因其新专制主义已经僵化，哈布斯堡王朝逐渐适应了民族因素。但在俄国的帮助下，在一些有能力的军事指挥官的领导下，哈布斯堡王朝最终幸存下来，并镇压了1848年的革命。哈布斯堡王朝的衰落和越来越多的妥协始于其土地的丧失，即1859年，法国和皮埃蒙特王国的军队占领了哈布斯堡王朝在意大利的土地。1866年，哈布斯堡王朝在克尼格雷茨（又称萨多瓦）被普鲁士打败，这对其来说是致命的打击。

在维也纳，1857年皇帝宣布改建城墙周围的开放式军事用地——斜堤,并最终建成了环绕巴洛克式内城的宏伟的环形大道。皇帝声明说:"这是我的意愿……"[38] 最初的计划是建设新的军营、文化机构和王朝用于祈祷的教堂。[39] 该计划包括一个市政厅,但没有议会,因为当时奥地利正在实行市政府选举制。①

在克尼格雷茨战败之后,哈布斯堡王朝的专制主义走向了灭亡,环形大道的性质也发生了变化,朝着资产阶级国家的方向转变。自由之城维也纳为自己建造了雄伟的哥特式市政厅,人们认为这座市政厅代表的是曾经属于哈布斯堡王朝的佛兰德城市的自豪和自治。在市政厅附近,是引人注目的议会大厦,它的设计者是特奥费尔·翰森,议会大厦的建筑式样与他设计的雅典学院相同,就是雅典学院的翻版,但不具有任何国家象征主义。早在19世纪60年代初期,一个促进艺术发展的协会就已经在申请一个纪念性的项目,其目的是为了纪念非王室成员,尤其是与这座城市相关的贵族,该项目于1867年得以实施。后来,自由之城的领导层又扩大了这个项目,主要是为了纪念伟大的艺术家。[40]

1867年,奥地利和匈牙利达成妥协,在奥地利皇帝和匈牙利国王的二元统治下建立了奥匈帝国。在丰厚的地租和急剧增加的小麦出口的资助下,统治匈牙利的贵族们开始了雄心勃勃的民族主义进程,该进程在1896年庆祝马扎尔人征服匈牙利的千年庆典上达到了顶峰,庆祝活动包括一场世界博览会和紧随伦敦之后的世界第二条地铁的建成开通,皇帝和他的维也纳政府不得不默许了这一切。1882年,为了纪念1848年革命的发起者和诗人山陀尔·裴多菲,布达佩斯建起了他的雕像。1894年,被流放的民族革命领袖拉约什·科苏特的遗体被运回布达佩斯,并举行了隆重的官方葬礼。1904年,世界上最大的议会建筑——匈牙利国会大厦在多瑙河的佩斯一侧开放,这与对岸布达山上的哈布斯堡城堡形成了无法改变的对决。国会大厦的位置和布局都模仿了威斯敏斯特宫,但它囊括了历史上的多种建筑风格,顶部是镀金的圆顶。

---

① 摘自当代以传真复制的1859年计划散页,见绍尔斯克,《世纪末的维也纳》,第32—33页。在绍尔斯克专门写环形大道的章节中却没有提到这个计划,否则这一章节将非常有启发性。

布拉格是二元帝国奥地利一方的一部分，自19世纪60年代起，在捷克市政府的管理和支持下，捷克区建立了自己的国家机构，例如高耸于瓦茨拉夫广场中部的新文艺复兴式国家博物馆和新艺术风格的市政大楼，后者是一个娱乐中心，目的是为了弱化德国赌场。第一次世界大战前，布拉格决定在旧城广场建一座巨大的雕像，用以纪念捷克异端牧师扬·胡斯被焚500周年，他在1415年被烧死在火刑柱上，这是奥地利的天主教皇帝不得不接受的最后一个民族主义挑战。

作为都城，柏林的历史是戏剧性的，而在其戏剧性的历史背后，前现代与现代、前民族国家与民主国家之间有着强烈的连续性。与开明的"西方"主流相比，德国的民族国家之路并不能构成一条决定性的、德国的"特殊道路"，例如，我们可以说它是伦敦道路的一个变体。与哈布斯堡王朝的维也纳不同，霍亨索伦家族统治的柏林在拿破仑战争后，就开始具有了一些民族特征，这引发了普鲁士（或德国）的民族主义，而普鲁士的民族主义仅与西班牙类似。后拿破仑时代的柏林建立了国家纪念碑，这是一座真实存在的、位于山顶上的类似圣殿的建筑，顶端有一个铁十字架，"铁十字"是当时任何阶层都可以获得的军人英勇勋章。当勃兰登堡门上的女神四铜马被归还柏林时（拿破仑曾将其洗劫并带到巴黎），和平女神埃琳娜被普鲁士胜利女神所取代，女神手持的权杖也带有一枚"铁十字"。精美的新岗哨位于市中心，其两侧有非王朝时期的军事指挥官布吕歇尔和沙恩霍斯特守卫。普鲁士战胜拿破仑后，城市中心被重新命名：莱比锡广场是在1813年战役后命名的，巴黎广场是在1814年巴黎被攻占后命名的。[41]

尽管如此，普鲁士仍然是一个王朝国家，1871年德国的统一也没能创建一个真正的民族国家。事实上，德国创建民族国家的行动几乎是挑衅性的王朝行为，而不是民族行为。在法兰西第二帝国被彻底击败之后，德国的王公们聚集在凡尔赛宫镜厅宣布了德意志帝国的成立，没有邀请来自全国或柏林的民选代表。

威廉二世统治下的帝国首都迅速发展成为德国的国家中心，人口快速增长，经济和文化高度集中。虽然柏林从未达到伦敦或巴黎那样的国家主导地位，但它是德国铁路系统的主要枢纽，是德国的主要工业城市和文化主导城市。德意志帝国是君主立宪制的联邦国家,在皇帝的统治下,有很多君主,从国王到公爵。王朝在柏林象征性地保持着优势,皇宫占据了市中心的主要位置(大蒂尔加滕公园以东)。宫殿外纪念性建筑林立,其中有第一位皇帝的骑马雕像,这座雕像恰如其分地拥有双重名字:威廉皇帝和国家纪念碑。宏伟的国会大厦位于市中心偏东的位置,经过大约10年的争论,皇帝终于同意将其奉献给"德国人民"。国会大厦前面的广场仍然称为国王广场,指的是普鲁士国王。皇室推动了柏林66座新教教堂的建设,包括在皇宫前新建的新巴洛克式大教堂和威廉皇帝纪念教堂。1902年,在蒂尔加滕区,皇帝"捐赠"给这座城市一条王朝式的胜利大道,12位霍亨索伦家族统治者的雕像沿着大道排列,就像中世纪的朝圣站一样。①

斯堪的纳维亚半岛

瑞典成为民族国家的确切日期可能会引起争论,这可能被视为一个漫长的、几乎是两百周年的进程。1718年查理十二世在战斗中阵亡,标志着专制主义的结束,由此诞生了一个以等级为基础的准议会制"自由时代",也是瑞典民族国家进程的开始。1772年和1789年的王室政变结束了"自由时代",但并没有完全恢复专制主义。在1808年和1809年的灾难性战争之后,芬兰被俄罗斯占领,军队废黜了国王,等级议会在新君主当选之前通过了新宪法。等级议会作为政体的基础延续到1866年,此后直到1905年,瑞典一直是与挪威一起组成的个人君主政体联盟的一部分。19世纪,王室的权力逐渐衰落,一种新的国家政体摆脱了中世纪的等级束缚和谦恭的王室管理的圈套,但发展缓慢。

至少是在1905年和挪威联邦危机发生时,由全国的政治家而不是与

---

① 多亏了社会民主党人、魏玛共和国和第三帝国,这座华丽的王朝纪念碑才得以从1918年的十一月革命中幸存下来。它在"二战"期间遭到破坏,战后,法国占领者坚决要求摧毁它。1947年,同盟国占领军决定不炸毁这座纪念碑,而是将其拆除,并于1950年实施了拆除决定。(乌塔·莱纳特:《皇帝与围城:皇家之歌》,柏林:赖默尔出版社,1998年,321页及其后)。

宫廷有联系的公务员组成的政府开始出现。19世纪90年代，因为挪威民族主义的挑衅，瑞典国旗成了民众的象征，而不仅仅是皇室和官方的旗帜。斯德哥尔摩的民族性发展经历了如下进程：1866年，这座城市建立了第一个重要的国家机构，也就是国家艺术博物馆，收藏了以前的皇家艺术藏品；①1905年，议会终于有了自己的大楼，是用产于德国北部的花岗岩建造的，议会大楼就在皇家城堡附近，但在规模上却明显逊色于皇家城堡；1923年，斯德哥尔摩有了新的市政厅，该建筑明显挑战了对岸的皇家城堡，作为城市荣耀的另一种象征，市政厅现在是诺贝尔奖宴会的举办地。

丹麦是另一个古老的君主制国家，君主专制政体一直持续到1848年，君主立宪制丹麦也没有立即成为民族国家。丹麦国王也是石勒苏益格公爵、荷尔斯泰因公爵和劳恩堡公爵，但这三个公国都有自己独特的政治安排，如后两者是德意志邦联的成员国。1864年，丹麦与普鲁士进行了一场灾难性战争，之后丹麦才成为一个民族国家，放弃了国王在德国的领地。

在拖延已久的王室专制主义终于结束之后，哥本哈根为自己作为国家首都的新地位举行了庆祝活动，围绕新的市政厅对城市中心进行重新定位，这也是唯一一座举行此类庆祝活动的王室居住城市，而且新的市政厅使城市中的其他一切都显得黯然失色。新市政厅的设计灵感来自中世纪时期意大利锡耶纳和维罗纳两座城市的市政厅，它的前面是一个巨大的市政厅广场，是新的城市公共活动中心。在王室专制主义统治下（和支持王室专制主义时期），哥本哈根的中产阶级市民一直是一股强大的力量，但其代表在1848年结束王室专制主义统治的过程中发挥了核心作用。具有讽刺意味的是，1864年民族自由主义者名誉扫地之后，一个只有保皇派右派组成的市议会对市中心进行了重新定位。

1905年，挪威以和平的方式退出了与瑞典王室的联盟，成为一个民族国家。在之后的20年中，它的首都一直保持着丹麦名字克里斯蒂安尼亚（一位丹麦国王的名字），它的主要街道仍然以该国的第一位瑞典国王卡

---

① 1792年古斯塔夫三世去世之后，新的摄政政府宣称，收藏的艺术品不是国王的个人财产，而是整个王国的财产，这些藏品将被集中收藏在暂时位于皇家城堡中的皇家博物馆。

尔·约翰的名字命名。① 芬兰于1917年12月脱离苏联，它的民族自决得到了列宁政府的承认，但是这个国家陷入了一场内部的阶级战争，获胜的一方是资产阶级的"白军"，他们得到了德国军队的大力支持，但却不是决定性的支持。1944年，在英国保护下，冰岛脱离了当时被纳粹德国占领的丹麦，成为北欧第五个民族国家。

拉丁欧洲：民族国家和有组织的宗教

世界上所有的主要宗教都是古老的，因此，它们与现代性的冲突并不令人感到十分惊讶。然而，令人惊讶的是，它们很少与民族主义和民族国家对抗，民族国家与有组织的宗教之间的重大冲突基本上都局限于拉丁欧洲。在新兴的现代民族欧洲的内部斗争中，所有基督教派别的高级神职人员都倾向于站在保守主义和反现代性的一边，这为20世纪欧洲独特的世俗化奠定了基础。但是，新兴国家在文化方面往往是模糊不清的，所以，欧洲的神职人员有时也在民族运动中发挥重要作用，尤其是在多宗教国家。在这些国家中，执政的君主坚持不同的宗教信仰：在奥斯曼巴尔干半岛，君主坚持伊斯兰教；在沙皇统治的波兰和波罗的海国家，君主坚持东正教；在哈布斯堡王朝统治的波西米亚，君主坚持天主教；在英属爱尔兰，君主坚持新教。在上文中，我已经关注了巴尔干半岛的去伊斯兰化，但可能还要补充一点：第一次世界大战之后，新成立的波兰炸毁了位于华沙中心的东正教亚历山大·涅夫斯基大教堂。

除了激进的保守主义，在新的民族国家缔造者眼中，天主教会还构成了另外两大障碍。首先，它是一种超国家的权力和统治集团，要求服从一个超国家的领袖——教皇。其次，它极为富有，是最大的封建地主和已建房地产的所有者。除了神学上的争论，人们对天主教会这些特权的反对极大地促进了从瑞典到英国等国家的宗教改革运动，也为没收教会财富以使

---

① 尽管挪威在命名地名时表现出了不同寻常的宽宏大量，传统的瑞典人仍然认为挪威人几乎是滑稽可笑的民族主义者。

文艺复兴时期资源丰富的君主国更加富裕奠定了基础。法国大革命的思想产生于启蒙运动，带有强烈的理性主义和自然神论思潮。革命与教会的决裂始于前者要求法国神职人员宣誓效忠国家宪法，但教皇却拒绝批准。

今天，在巴黎的万神庙和圣心教堂这两座标志性建筑中，我们仍然可以看到历史上民族国家和教会之间的冲突。万神庙的正面刻有"致伟人：感恩的祖国"这样的词句，它最初是在王朝统治末期建造的，是献给巴黎的守护神圣什内维埃芙的教堂，1791年改建为国家陵墓，伏尔泰、米拉波和卢梭成为第一批入选者。拿破仑一世重新圣化了这座建筑，并结束了革命与教会之间的战争。在七月王朝的统治下，这座教堂又成了国家性的墓地。拿破仑的侄子拿破仑三世再次将其圣化，最后，在维克多·雨果的国葬上被第三共和国解除了圣化。纯白色的圣心教堂位于蒙马特高地的制高点，教会初建这座教堂时得到了国家的批准，目的是为了忏悔法国大革命以来的道德沦丧，并作为复兴的标志。当时的教会认为，法国战败于普鲁士是对这种道德沦丧的惩罚，巴黎公社的罪恶也是这种道德沦丧的表现，1871年激进的巴黎公社起义始于蒙马特高地。

民族国家和天主教会之间的冲突在意大利最为激烈，因为意大利的部分地区直接由教皇统治，包括罗马城。法国军队从1849年革命和1860年意大利统一战争中拯救了教皇的统治，但是，被普鲁士打败之后，法国军队在1870年撤出罗马，而意大利军队在短暂地炮轰了虔诚之门后进入罗马。这个民族国家接管了教皇的教廷和行政机构的宫殿，以及大量的女修道院和修道院。教皇的重要宫殿奎里纳尔宫成为皇宫，"二战"后成为总统府。意大利的参议院和众议院曾经坐落在教皇政府使用的文艺复兴时期的宫殿里，现在仍然如此。新的国家行政办事处是沿着一条新的街道建设的，这条街道名为"九月二十日"街，而九月二十日是意大利武装进入教皇国罗马的日期。

教皇通过圣彼得大教堂撤退到梵蒂冈，梵蒂冈是那时分裂严重的罗马城的一小部分。教皇宣布说："我们向他们的国会和社会提出其他的国会和社会。"[42] 教皇派势力在罗马仍然很重要，但是反对教会干预政治的势力得到了国家政府的支持。1889年，后者取得了具有象征意义的重大胜利：为乔尔丹诺·布鲁诺建造的纪念碑在鲜花广场揭幕。1600年，宗教裁判所将他判为"异端"烧死在这里。[43]

葡萄牙和西班牙的议会都设在以前的女修道院和修道院中，这一事实有其本身的历史背景。在拿破仑时期，法国的入侵和英国的干预摧毁了这两个君主制国家，王朝对抗、皇室专制主义者和自由宪政主义者之间的内战、军事政变和反政变在西班牙持续了半个世纪，而在葡萄牙则持续了长达一个世纪的时间。19世纪30年代中期，自由主义者和反对教会干政人士在这两个国家都处于执政地位，出于财政和政治上的原因，这两个国家的政府都废除了宗教秩序，将大片土地解放出来投入市场，并没收了里斯本和马德里的大量女修道院和修道院。在经历了所有的政治变迁之后，这些措施依然有效，而且对里斯本产生了巨大的影响。在那里，被解散的宗教修会不仅成了参议院和众议院的所在地，还为军队、法院、大区政府提供了办公场所，国立音乐学院、国家图书馆、科学院和圣塔·阿波罗尼亚火车站都是从前的宗教修会所在地。[44]

城市政治与城市空间

国家首都比城市首府更具有民族性，但城市自治是19世纪后专制主义计划的一部分，而且自从19世纪中叶以来，甚至在教皇统治的罗马，也曾有通过部分选举产生的市政府。[45] 在1789年到1871年的法国革命中，首都巴黎发挥了突出的作用，从革命开始时，市政厅就是重要的会议和斡旋场所，但这座城市从未成为主要的制度上的主体。布鲁塞尔属于前民族国家时期从意大利一直延伸到低地国家的欧洲城市带，在这个城市带中，领土国家的中央集权从未合并。[46] 哥特式的布鲁塞尔市政厅位于布鲁塞尔大广场，比对面代表哈布斯堡王朝的建筑更加高大、壮观。比利时的布鲁塞尔保留了19世纪欧洲最有权势的首都城市市长职位。① 两位最重要的市长

---

① 参阅托马斯·霍尔，《欧洲首都的规划》，斯德哥尔摩：阿尔姆奎斯特与维克塞尔国家出版公司，1986年，212页及其后。尤其是安斯帕奇，他塑造了布鲁塞尔市中心的布局，后来的布鲁塞尔人不得不与国王抗争。

朱尔斯·安斯帕奇和查尔斯·布斯的名字被刻在了位于该城市南北轴线上的林荫大道上。维也纳市政厅是那个时代最令人难以忘怀的市政厅之一，是由一位富有的资产阶级精英建造的。维也纳也迎来了欧洲首位煽动民心或称"民粹主义"的市长——基督教社会党市长卡尔·吕格尔，皇帝曾两年否决他担任市长，但是，现在人们仍然将环城大道的一部分以他的名字命名，用以纪念这位市长。①

欧洲古都的空间布局发生了重大的变化。在一些城市，特别是在维也纳和19世纪50年代末的哥本哈根，城市重建是国家政治的需要，也是当时军事技术和战争因素发生变化的结果。在这两座城市的重建过程中，城墙及其前面开阔的射击场被淘汰。与此同时，巴黎类似的防御工事也被拆除。这些防御工事远离市中心，所以拆除后，巴黎郊区的贝尔维尔、贝尔西、蒙马特和拉维莱特等村庄成了城市的一部分，但几乎没有直接影响巴黎的城市布局。47 早在17世纪晚期，巴黎就开始了将"堡垒"改建成"林荫大道"的进程。48 然而，在19世纪40年代，巴黎又建立了一个新的环绕城市的防御圈，并一直保留到1919年，直到20世纪60年代，这个防御圈才被改建成环城公路。18世纪中叶，伦敦的城墙已被拆毁。大约在同时，柏林也开始拆除其城墙，但出于财政原因，又开始修建一堵"消费税墙"。49 罗马的城墙虽然阻止了这座教皇城市周围郊区的出现，但并没有被视为国家首都扩张的障碍。50

不同类型的国家政治的兴起一直在改变城市的空间，使其更符合城市的各种需要，如城市需要表征空间，需要管理不守规矩的人群，需要为商品流通和人员流动提供开放的交通干线，由此产生的建筑环境的同质性或异质性取决于规划的力量和对地租的控制。在现代欧洲的历史上，至少曾出现过四种相关的规划制度，其中最严格的是豪斯曼的巴黎改建规划，其严格性体现为：林荫大道两旁的建筑具有同样的高度和建筑风格，铸铁阳台水平排列、整齐划一。另一个是柏林建筑法规，规定了建筑的高度、建筑面积与街道宽度的比例，但没有对建筑风格做任何规定。伦敦是第三个

---

① 吕格尔还是臭名昭著的反犹太分子，显然是一个对希特勒有很深影响的人。

例子，聚集在广场周围的同质建筑群由个人投资者（主要是贵族）规划，其他地方的建筑所有人均可参与规划，但建筑的高度是有一些限制的（直到最近仍是如此）。第四种规划制度是完全自由的雅典模式，维也纳的环城大道基本上也遵循了这种模式，路旁建筑的规划主要取决于大投资者的品位和他们对建筑师的选择。大多数国家的首都城市规划都是由政府主导的，但也有例外，如布鲁塞尔、哥本哈根、罗马和斯德哥尔摩，德国和奥地利对柏林和维也纳的规划也没有表现出强烈的兴趣。[51]

"扩张"（Ensanche）是城市中心空间①变迁的关键词，豪斯曼使用了戏剧性的动词"胃口大开"（éventrer）来描述这种扩张，[52] 其动力主要源于改善人员流动的条件，以及商品和空气的流通。扩张的结果是形成了新的空间格局，街道长而宽阔，两旁树木成行、人行道宽敞、建筑华丽，在大广场或环岛上，通常矗立着具有民族性的纪念碑。这些道路仍然不同于20世纪美国城市的机动化道路，虽然欧洲的城市规划者曾对此有着浓厚的兴趣。除了巴尔干半岛之外，巴黎和布鲁塞尔的变化最为显著。维也纳环城大道是一条地标性的环形道路，但它对内城、皇宫和教会建筑没有造成任何影响。由于政治不稳定，马德里的扩张花了很长时间，但里斯本和布达佩斯很快就分别以自由大道和安德拉什大街为中心进行了重新布局。柏林市中心的改造是在普鲁士时期而不是在德意志时期进行的，建筑大师卡尔·弗里德里希·申克尔围绕宫殿广场对市中心进行了改造，他设计的宫殿大桥将菩提树大街、卢斯特花园和博物馆连在了一起。那时的勃兰登堡门位于城市的西端，蒂尔加藤公园以西则是另一个城市——夏洛特堡，该市于1920年并入了大柏林。在俾斯麦时期，后来的西柏林主轴选帝侯大街就已经开始建设了。在进入后拿破仑时代不久，伦敦市中心就开始了翻新改建，其中包括摄政街和特拉法加广场。

民族国家需要更多的、新的公共建筑，特别是在巴尔干半岛各国，只有为数不多的奥斯曼帝国建筑仍然可用。议会、政府部门、法院以及诸多

---

① 1860年马德里规划中使用的一个西班牙语单词（桑托斯·朱莉亚，《马德里：首都的历史》，马德里：马德里卡亚基金会，1995年，第三章）。从那时起，这个单词也用来指根据扩建规划扩建的市区。

国家文化机构都位于这些建筑中，如博物馆、剧院、歌剧院、音乐厅、图书馆、大学等。通信系统需要邮局、电报局和电话局，马德里的通信系统位于豪华的马德里邮政大楼中，最近这座大楼又被重新用作市政府所在地。火车站也需要新的建筑，巴黎北站和伦敦的圣潘克拉斯火车站可以说是最引人注目的两个火车站。

19世纪和20世纪初期，新建的议会大楼非常少，这反映了欧洲现代性的深刻历史根源，伦敦、布达佩斯和相当于一个小型州的伯尔尼是仅有的几个拥有地标性议会大楼的首都。在巴尔干半岛、柏林、布鲁塞尔、奥斯陆（克里斯蒂安尼亚）、斯德哥尔摩和维也纳，议会大楼仍处于次要地位，逊色于君主的宫殿。在海牙、里斯本、马德里、巴黎和罗马，现有的建筑被重新当作议会使用。在雅典和哥本哈根，新的国会议员最初是以房客的身份搬入了国王的宫殿。在布鲁塞尔为新的王国建造的第一批建筑中，皇宫比对面的议会更大，之后，布鲁塞尔建造了一座巨大的司法宫，作为国家的纪念碑性建筑。

电力、水、交通等城市服务迅速发展，但并不均衡，特别是在污水处理系统方面。虽然城市为建设污水处理系统付出了巨大的努力，但由于人口的迅速增长，这些系统受到了严重的挑战，例如1858年的"泰晤士河臭味"事件。1860年至1878年，巴黎在原有的228个地下污水管网的基础上，修建了近400公里的地下污水管网。[53] 然而，伦敦大都会工程建设委员会总工程师约瑟夫·巴瑟杰特设计修建了总长1300英里的下水道，与之相比，巴黎的地下污水管网就相形见绌了。[54]

欧洲各国的首都都是国家资本主义及其日益兴旺的资产阶级的中心，但极少数的几个城市除外，而且罗马是其中最大的一个。像柏林的选帝侯大街或布达佩斯的安德拉什大街一样，在巴黎和伦敦的西部和西北部，沿着新建的林荫大道建设了全新的住宅区和全新的、美丽的社区，其中的公寓楼非常豪华，有独立的仆人入口，在伦敦和阿姆斯特丹还建设了联排别墅。欧洲民族国家的崛起与大规模工业资本主义和银行资本主义的崛起密切相关（这其中包括复杂的因果关系问题），这就意味着建设壮观的新型私人建筑。除了工厂之外，还要建设证券交易所（布达佩斯建了最大的证券交易所)、银行和工业的总部以及百货公司,其中的一些工厂在建设时既考虑了功能,又考虑了其建筑本身是否能够给人留下深刻的印象。工业资本主义也提出了一个新的城市政策问题,即工人的住房问题。

资本主义经济的发展改变了实际存在的城市边界,改变了城市空间的整体,甚至改变了历史上的城市中心。19世纪,房地产投机买卖成了一项主要的经济活动。伦敦金融城开始展现其作为世界金融中心的特色,伦敦的码头区也获得了世界最佳港口的口碑。柏林在菩提树大街附近的贝伦街上建设了银行区。证券交易所成了巴黎和布鲁塞尔的中心建筑。在城市的外围地区很快出现了巨大的工人聚居区,就像20世纪的第三世界一样,这些地区往往带有贫民窟的特征,缺乏便利设施,工人自建的棚屋散落在各处。

各国首都的建筑大体上仍保留着继承下来的欧式风格,但有着不同的特点和组合。在市中心的大多数公共建筑中,新古典主义和新哥特式建筑占据主导地位,但也有仅存在于19世纪的历史主义建筑,以及新文艺复兴和新巴洛克式建筑。正如我们已经注意到的那样,在民族主义者的主持下,古老的建筑风格被赋予了民族主义的诠释。

然而,欧洲资产阶级的民族主义确实带来或促进了一些新的建筑风格的发展,其中最重要的一种建筑风格强调建筑要拥有曲线优美的线条、花卉装饰和明亮的色彩。具有讽刺意味的是,这样的建筑风格就像是一剂解毒剂,克服了工业机器时代兴起的标准化。这种建筑风格更像是一个由同类建筑风格组成的大家庭,在欧洲的不同地区有不同的名称:在法国和比利时,它被称为新艺术派(或现代风格);在加泰罗尼亚,它被称为现代主义;在哈布斯堡王朝统治的地区,它被称为分离派;在德国和斯堪的纳维亚半岛,它被称为新艺术(或青年风格);在英国,它被称为工艺美术,自由风格或新艺术。

19世纪和20世纪之交,这种新的建筑风格在欧洲外围国家的民族资产阶级新富中最受欢迎,它在巴塞罗那得到了最为大胆的体现,在布鲁塞尔、布拉格和里加也有充分的体现,但在格拉斯哥却体现得极其有限。这种建筑风格主要用于私人住宅,但也可用于时尚商店,或偶尔用于公共建筑,如布鲁塞尔的众议院和布拉格的市政大楼。在芬兰,民族浪漫主义彰显于粗重的灰色花岗岩中,主要用于教堂和博物馆等公共文化建筑。膨胀的匈牙利民族主义有时表现为马扎尔东方主义。①

以第三共和国早期的巴黎为首，欧洲各国首都掀起了一场"雕像热"。从 1870 年到 1914 年，巴黎竖立了 150 座雕像，而且不包括其他类型的纪念碑。[55] 这是始于古罗马的一项传统，但在中世纪时期基本上已被废弃，而在文艺复兴时期，作为君主颂扬自己功绩的一种方式，这一传统又复兴起来。现在，只有国家的领袖、英雄和明星能够获此殊荣，如政治家、将军、科学家和各种流派的艺术家。

欧洲帝国主义国家把他们的帝国当作民族的丰功伟绩来炫耀，国家博物馆展出了殖民时期的掠夺品和战利品，其中最著名的是大英博物馆展出的从雅典帕特农神庙掠夺的大理石雕像。许多国家的首都都有官方的殖民博物馆，其中包括阿姆斯特丹、布鲁塞尔和巴黎。世界博览会有专门的殖民展馆，1931 年，巴黎举办了大规模的"国际殖民博览会"。[56] 特拉法尔加广场上矗立着两位将军的雕像，他们是指挥英国军队征服印度的查尔斯·纳皮尔和亨利·哈夫洛克。1893 年，马德里沿着这座城市新的南北轴线——卡斯蒂利亚大道修建了哥伦布广场，广场上有哥伦布的雕像。哥本哈根市政厅的壁画展示了从西印度群岛到格陵兰岛的丹麦殖民地。在 20 世纪，在两次世界大战之间，葡萄牙的威权政府在塔霍河河畔举行了大型集会，纪念葡萄牙在 15 世纪和 16 世纪的航海"发现"和征服。墨索里尼统治下的罗马庆祝了法西斯对埃塞俄比亚的征服，并修建了宏伟的帝国广场大道。街道的名字会使我们回忆起殖民主义的扩张，例如在柏林的达勒姆区，街道的名字提醒我们德国参与镇压了中国的义和团起义。具有殖民主义色彩的街道命名方式在荷兰似乎特别普遍，街道名称主要是取用殖民地的地名，但也包括一些殖民地总督和指挥官的名字。这种命名方式始于海牙，在 19 世纪 70 年代，它是荷兰殖民者最喜欢的国内度假胜地。后来，该命名方式在阿姆斯特丹达到顶峰，这里有 63 条具有殖民主义色彩的街道。[57]

---

① 然而，统治匈牙利的贵族精英拒绝了布达佩斯最重要的分裂主义建筑师奥登·理奇纳，并于 1902 年禁止他继续担任公职（见罗伯特·内梅斯，《帝国余波中的首都城市》，"布达佩斯"这一章，第 147 页）。

第三章　形成国家的基础：脱离宗主国

只有来自欧洲的移民在海外建立了民族国家和国家首都，他们的治国之道和城市主义理念自然是从他们的祖国和（或）欧洲的其他地区传入的。① 然而，他们在建设国家和城市时使用的规范是有本质区别的，所以，这些国家和城市在表面上看似相似，但实际上却完全不同。美洲的主要矛盾不是民族国家与王权之间的矛盾，而是当地移民的主权与海外帝国统治之间的矛盾。英属美洲的 13 个殖民地与英国的对立主要集中于税收方面，西属美洲与西班牙的矛盾则主要集中于贸易垄断和高层歧视两个方面。在英属美洲和西属美洲，移民的反抗始于对君主制的支持，② 而巴西进入民族国家的世界舞台时，其政体为君主制。

移民的脱离不同于艺术家对维也纳艺术协会的反抗，后者开启了艺术与建筑上的反叛，这在奥匈帝国被称为脱离。尽管这种脱离确实包含了对旧欧洲贵族的社会行为的排斥，但并非发起新的文化。这更像是一对中年夫妇的离婚，他们在一起生活了很长一段时间，但后来分开了，他们的子女由美洲一方照顾。

撇开隐喻不谈，脱离意味着与欧洲不同的国家概念：通过脱离而形成的国家不再以语言、宗教、文化、历史为基础，而是以征服者和移民组成的领土俱乐部为基础。国家就是一个由会员组成的俱乐部，对任何以适当

---

① 尽管这项研究的意图是全球性的，但并不是百科全书式的研究。这里没有涉及许多小国家，包括以色列。以色列也是一个移民国家，有自己的时区和特定的历史。

② 北美人把他们的冲突看作是与英国议会的冲突，并声称国王有合法的特权为维护移民推翻议会（埃里克·纳尔逊，《王权派的革命：君主制与美国建国》，马萨诸塞州，剑桥：贝尔纳普出版社，2015 年）。当南部的美国人发现拿破仑废黜了合法的西班牙国王时，他们奋起反抗。

的民族背景进入该领土的人开放。和其他俱乐部一样,这个像俱乐部一样的国家也在招募新成员,为欧洲移民做宣传,特别是来自北欧的移民,并且为他们提供资助。这是欠发达的、民族国家之前的王朝国家的做法,例如普鲁士国王腓特烈曾邀请法国的胡格诺派教徒进入普鲁士,俄国沙皇凯瑟琳也曾邀请德国人,欧洲的民族国家中止了这样的做法。

在欧洲,国内政治的一个核心问题是应该赋予不同阶级或阶层多少权利。在移民国家,对人民应拥有权利这样的主张几乎是没有争议的。相反,关键问题是,谁是人民?奴隶普遍被视为非人类,前奴隶和他们的后代也是如此。原住民和混血儿没有资格加入从英国脱离出来的俱乐部国家,但新西兰是个例外,因为这里的毛利人人数众多,力量强大,不能被排除在外。在伊比利亚人定居的国家,即使原住民和混血儿实际上经常被边缘化,但他们通常被接纳为人民和国家的成员。[①] 因此,在移民国家存在两方面的矛盾:一方面是移民与原住民之间的对立,另一方面是奴隶及其后代,他们构成了所有移民国家的本构断层线。

在移民组成的民族国家中,存在着值得注意的内部分歧,这种分歧来源于定居地的历史,存在于从不同国家脱离出来的移民之间,例如从大英帝国脱离出来的移民和从伊比利亚半岛的西班牙和葡萄牙脱离出来的移民之间,而且这种分歧与他们的首都建设密切相关。

聚焦从前的英国移民定居点

移民不断从大英帝国脱离出来,其结果是他们建立了新的首都,如华盛顿、渥太华、惠灵顿、比勒陀利亚和堪培拉。他们之所以能够建立这样的帝制定居点,是因为王权和帝国的保护,而不是完全依靠大英帝国对这些地区的征服。移民定居点还是宗教异见者的庇护所,罪犯的流放地,不

---

① 见希尔达·萨巴托(主编),《政治公民身份与国家的形成》,墨西哥:经济文化基金会,1999年;玛丽·丹妮尔·德梅里亚斯,《政治发明:19世纪的玻利维亚、厄瓜多尔、秘鲁》,利马:2003年。秘鲁的民族主义解放者圣马丁(San Martin)率领一支来自阿根廷的军队解放了秘鲁,他正式取消了"印第安人"的称呼,用"秘鲁人"取而代之。

同帝国的冒险家的汇集之地。从很早开始,大英帝国就非常重视其版图内不同的移民聚居地,而且这些由移民脱离宗主国而形成的政体也必须尊重和协调这些聚居地。人们认为,只有建立新的首都作为国家的中心,才能实现这一目标。

虽然这些新建的首都属于同一类别,但我们仍然要将它们分为三组。首先是富有开拓精神的华盛顿,它以独立战争的形式与英国决裂而成为一个蓄奴国家的首都,这里的原住民力量非常薄弱。第二组是三个白人自治领的首都:渥太华、惠灵顿和堪培拉,它们逐渐从宗主国解放出来,都没有奴隶制度,在其中的两个首都,原住民处于边缘化状态。最后是南非的比勒陀利亚,因为南非最终没有成为移民国家,所以比勒陀利亚也没有成为移民国家的首都。

根据奴隶制的重要性,脱离大英帝国的13个美国叛乱殖民地被分为南北两个经济和文化集团,奴隶制是南方种植园经济的基础。起初,美国的国会是流动的,1783年,美国选择了两个首都,一个在弗吉尼亚州南部,另一个在特拉华州北部。美国决定为取得胜利的乔治·华盛顿总司令建造雕像,并提议雕像在两座城市之间移动。[1]

第二年,国会选择纽约市作为其永久会址,但包括乔治·华盛顿在内的南方人都暗中开始反对这样的选择。最后,在1787年,一项关于处理国家债务的协议确定了南方的解决方案,并确保了北方的支持。华盛顿总统被授权选择波托马克河畔(他的家乡附近)的一个地区作为首都,并指派专员在1800年之前建立一个新的"联邦特区"。1791年9月,专员们决定该地区应称为哥伦比亚,尽管哥伦布从未到达现在美国的任何地方,但是这个名称间接地表明了移民的欧洲背景,而新的城市将被称为华盛顿。[①] 总统聘请了一位新来的、在凡尔赛长大的法国移民来规划这座城市,他就是画家、工程师皮埃尔·查尔斯·朗方。

---

① 这似乎不是一个公开的政治决定。我曾经问过著名的美国早期历史学家戈登·伍德,这个名字是何时以及如何决定的。他非常坦诚地回答说他不知道,但他认为,联邦特区项目从一开始就得到了这样的暗示。根据约瑟夫·帕索内奥所写的这座城市的重要历史,这项决定是由总统任命的委员们做出的。

朗方制订了宏伟的巴洛克式规划方案：规划将城市街道设定为方形网格状，斜线马路宽达160英尺，在斜线马路切割方形网格道路的交叉口设计环岛，在环岛的开放空间内设计纪念碑性的地标。这座城市有两个中心节点：总统府和国会大厦，而且后者很快就被给予了更重要的位置，位于一座山上。总统府和国会大厦由一条横贯的林荫大道连接起来，并与华盛顿纪念碑一起构成一个大三角形，这条横贯的林荫大道构成三角形的斜边，国会大厦、总统府和华盛顿纪念碑则是三角形的三个角，由公园作为三角形的两个较小的边将三个角连接起来。位于市中心的斜线街道被命名为宾夕法尼亚大街，这是对北方比较重要的州的一种安慰奖，因为他们输掉了确定首都位置的博弈。当时，所有其他的主要街道都以各州的名字命名，这进一步地强调了首都的联邦特征。

朗方明显是在规划一个"庞大帝国的首都"。1902年，参议院的一个规划委员会恢复了朗方的规划，而且这个规划大约用了一个世纪的时间才得以实现。国会对城市财政总是非常吝啬，首都的大部分建设都要靠出售土地来筹集资金。[2]

最初的城市规划没有为最高法院留任何位置，直到19世纪30年代，它才成为一支主要的力量。尽管从那时起，最高法院就开始拥有极其重要的地位，而且后来也为法院建起了庄严的大楼，但它却从未被恰当地纳入到城市规划中。另一方面，朗方确实计划建造一座大型建筑，但却从未实现。他曾设想在总统府和国会的中间地带建造一座无教派的教堂或万神殿，用以纪念这个国家的英雄。[3] 美国人执着的宗教信仰在华盛顿市中心催生了大量的礼拜场所，但宗教多元论并不支持宗教的纪念碑性。直到1990年才出现了这样一种说法：早在一个世纪前，国会就批准了美国圣公会的华盛顿国家大教堂的建设。

当朗方不能（或不愿意）为城市地块的土地拍卖制作广告版画时，华盛顿解雇了他，因为美国当时已经是一个资本主义的商业国家。华盛顿总统的国务卿、第三任美国总统托马斯·杰斐逊成了影响建筑的主要人物，这意味着，除了其他因素外，国会代表着"古代"，而总统府代表着"现代"。

杰斐逊根本不认同朗方和华盛顿总统对这座城市的宏伟规划，他总是把这座城市称为"联邦城镇"。杰斐逊监督了国会大厦和总统府的建设，但对于首都其他方面的建设，他持限制的态度。出于道德上的原因，杰斐逊基本上是反城市的。在他看来，大城市就像瘟疫一样危害人们的道德、健康和自由，[4]他不希望华盛顿像北方的费城和纽约那样成为"过度发展"的城市。[5]事实上，在南北战争之前的半个多世纪中，这个庞大的联邦特区及其中的城市一直是一个由独立的村庄组成的纯朴的地区，这在很大程度上是由于节俭的政策造成的，当然乔治·华盛顿和弗吉尼亚的其他绅士们提出的大地缘经济计划没有得到实施也是原因之一。波托马克河被淤塞，北部与西部的连接使它失去了竞争力，作为港口，巴尔的摩的地位也超过了华盛顿。[6]1842年，查尔斯·狄更斯访问了华盛顿，他认为国会大厦是一座"漂亮的建筑"，但对其他建筑却充满了蔑视，他说："宽敞的大道没有起点，也没有尽头；一英里长的街道两旁没有多少房子、道路和居民；公共建筑中需要有公众才能够完整。"但他的结论是错误的，他说："尽管如此，这样的状况很可能继续存在下去。"[7]

杰斐逊关于政府城镇的想法实际上是美国独特的政治权力布局的一部分。美国大多数州的首府都不是这些州中最大的城市，许多甚至不是大城市，例如：纽约州的首府是奥尔巴尼；密歇根州的首府是兰辛，而不是底特律；伊利诺伊州的首府是斯普林菲尔德，而不是芝加哥；加利福尼亚州的首府是萨克拉门托；得克萨斯州的首府是奥斯汀；佛罗里达州的首府是塔拉哈西；宾夕法尼亚州的首府是哈里斯堡。这些首府的选择都是由政治决定，而不是社会经济发展不平衡的结果。这种选择的动机是复杂的，但其根源在于18世纪和19世纪对巨大的私人利益、权力和（或）无序的恐惧和敌意。从那时起，城乡冲突一直是美国政治的常态，而白人的郊区化和大都市的"变黑""变褐"又加剧了城乡冲突。[8]

在美国首都的南部地区，移民城市的一个特点表现得非常突出：种族主义。在蓄奴制南方战败之后，在充满希望的19世纪70年代中期，伟大的非裔美国学者和社会活动家弗雷德里克·道格拉斯做了一场演讲，主题为"我们的国家首都"。在演讲中，他阐述了内战结束前华盛顿的南方主义意味着什么：

> 夹在两个最古老的蓄奴州之间，两个奴隶制的滋生地和温床之间……首都充满着奴隶制特有的礼仪、道德、政治和宗教，首都的居民自始至终都是疯狂而狂热的群体主义者。首都与南方意气相投，仅在名义上是民族的。在内战之前，它既不容许言论自由，也不容许新闻自由。[9]

1800年，奴隶占华盛顿人口的五分之一，奴隶劳工也参加了国会大厦的部分建设工作。[10] 到1860年，黑人占了这座城市人口的18%，其中大多数人获得了自由。[11] 直到最近，华盛顿从来都不是一个主要的移民口岸，与许多其他移民州的城市相比，华盛顿的移民社区对首都的影响比较小，但影响还是存在的：德国的射击节成为仅次于7月4日国庆节的第二大节日，意大利文化协会向国会捐赠了加里波第的雕像。[12]

原住民要么被杀害，要么被驱逐。在美国建国后的第一个100年中，进行了针对原住民的种族清洗，1853年，为了向种族清洗的主要人物、战争英雄、总统安德鲁·杰克逊表达敬意，美国为他建立了史上第一座骑马雕像。① 但是，在奴隶被解放之后，也就是在内战后的10年，非裔美国人问题很快又重新出现。从1880年一直到罗斯福的新政时期，无论在政治上还是在法律上，非裔美国人的情况都在不断地恶化。与其他南方城市的有色人种相比，华盛顿人的境况稍微好一些：这里没有私刑，有轨电车和公共图书馆对所有种族开放，在艾灵顿公爵曾经居住过的城市西北娱乐区的U街上，有一个跨种族的"接触区"。虽然没有像《南方非洲裔群体地区法案》所规定的那样严格，华盛顿及其邻近地区，以及华盛顿的学校、餐

---

① 柯克·萨维奇，《纪念碑战争：华盛顿特区、国家广场和纪念景观的改造》，伯克利市：加州大学出版社，2009年，78页及其后。1783年，国会决定为乔治·华盛顿建立纪念碑，并请"欧洲最好的艺术家来设计完成"，但该决定从未执行（鲁比尔·莫拉莱斯－巴斯克斯，《想象华盛顿：早期首都的纪念碑和国家建筑》，《华盛顿历史》第12卷，第1期，2000年，第14页）。

馆、剧院、电影院和就业体制都受到了种族隔离的严重影响。很快，伍德罗·威尔逊总统就在兜售"民族自决"和"民主世界"之类的口号，他再次对联邦政府办公设施实行种族隔离，而当时仍被允许在联邦政府工作的非裔美国人已是屈指可数。[13]

对于全国和首都的白人统治者来说，华盛顿的黑人区基本上就是一个"迷城"，它在这座城市的官方布局中没有任何地位，也不体现任何纪念碑性。当然，这座"迷城"也的确在市中心之外建立了自己的中心，该中心位于城市西北的扇形区域内，包括霍华德大学周围地区、霍华德剧院周围地区以及 U 街周围的爵士乐和娱乐区，霍华德大学是 1867 年由自由民局建立的。1900 年，非裔美国人占华盛顿人口的三分之一，比美国任何其他大城市中非裔人口所占的比例都大。自 1957 年以来，直到最近，他们一直占城市人口的多数，再加上法律禁止了街区和学校的种族隔离，白人开始大规模地向郊区迁徙，剩下的城市陷入了大约四十年的财政困境和严重的社会环境恶化。

在建筑方面，华盛顿一直保持着杰斐逊式建筑的冷静和现代风格，具有公共用途的重要建筑都保留着新古典主义风格，比如最高法院或美国商会。华盛顿的建筑不采用现代主义的象征手法，并通过对建筑物高度进行立法控制的方式遏制摩天大楼的出现。

随着时间的推移，华盛顿部署了一项很大的肖像计划，其中最壮观的纪念像是为纪念两位最著名的总统而建的，他们分属于美国的两大老牌政党，共和党的亚伯拉罕·林肯和民主党的托马斯·杰斐逊。这两个政党的地位在美国是非常牢固的，你可以公开登记成为其中一党的成员。这些大型的、半宗教性质的政治领袖纪念像更加时尚，至少符合欧美人的品位，在平壤以外，几乎没有任何当代纪念物能够与之相媲美。自 1922 年以来，巨大的大理石林肯坐像一直被安放在一座希腊神殿式纪念堂中，纪念堂位于国家广场西端的倒影池对面。三人高的杰斐逊立身铜像自 1943 年以来一直耸立在罗马万神殿式纪念堂中，纪念堂位于国家广场南面的潮汐湖对面，在白宫与华盛顿纪念碑之间不太笔直的轴线末端。刘易斯·芒福德在对林肯纪念堂的评价中写道，林肯和杰斐逊纪念堂是一代人的自我颂扬，

"他们为西班牙和美国在开拓过程中所取得的卑鄙的胜利感到高兴,并将帝国的旗帜插在了菲律宾和加勒比海地区"。[14] 1997年开放的罗斯福纪念馆则非常不同,它是一处具有教育意义的、基于史实的景观,体现了富兰克林·德拉诺·罗斯福执政的四个任期内的重要事件。① 目前,弗兰克·盖里为纪念艾森豪威尔而设计的传记景观仍然处于暂停状态,因为艾森豪威尔的后代和保守派人士认为该景观不够严肃。

华盛顿市的军事特征会给当代参观者留下深刻的印象,华盛顿和杰斐逊两位总统也会为此感到惊讶。波托马克河对面是世界上最大的军事建筑:始建于1941年的五角大楼,还有一座军人兼国家公墓——阿灵顿公墓,其标志性建筑是硫磺岛海军陆战队太平洋战争胜利纪念碑。在市中心的公共空间,矗立着宏伟的退伍军人事务部大楼。直到现在,城市的东南部还有一个海军工厂,美国海军的多个总部也在这里,周围的成人娱乐圈也已重建。国家广场上有三座越战老兵纪念碑,一座朝鲜战争老兵纪念碑。自2004年以来,国家广场上又增加了宏伟的"二战"纪念碑,用以纪念美国在"二战"所有战场取得的"陆上、海上和空中胜利",只有莫斯科有类似的建筑。② 更特别的是,具有乌克兰背景的激进反共分子多布里扬斯基2007年在华盛顿策划建造了一尊"自由女神"像……杰西·赫尔姆斯、格罗弗·诺奎斯特和其他美国极右翼分子资助了雕像的建设。[15]

加拿大、新西兰和澳大利亚从宗主国的脱离更像是年轻人离家,而不是夫妻离婚。1857年,加拿大人请维多利亚女王为他们选择首都,在参选的五个城市中,渥太华脱颖而出,其他城市分别为魁北克省的两个主要城市:魁北克市和蒙特利尔市,以及安大略省的多伦多市和金斯顿市。渥太华位于当时的加拿大中心,在渥太华河和另外两条河的交汇处,以及加拿

---

① 詹姆斯·古德,《华盛顿的雕塑:首都户外雕塑的文化史》,巴尔的摩市:约翰霍普金斯大学出版社,2008年。这本书可能对华盛顿的城市肖像研究做了最全面的概述。

② 从冷战后军事和安全建设的不断加强,我们可以看出华盛顿对军事的重视,政府慷慨的合同中有很大一部分流入了华盛顿经济。苏联解体后,美国不断发动的战争为华盛顿的经济及其精英阶层的收入带来了福音。安妮·洛瑞写道,"虽然美国的大部分地区仍在挣扎,但其资本却依靠政府的资金繁荣起来",《国际先驱论坛报》,2013年1月12日;詹姆斯·加尔布雷思,《不平等与不稳定:大危机之前的世界经济研究》,牛津:牛津大学出版社,2012年。

大盎格鲁新教地区和法语（或爱尔兰）天主教地区的边界。渥太华其实根本无法与多伦多和蒙特利尔这两个商业中心相抗衡，但是它人口相对较少，而且议会批准其成为首都的票数也很勉强，64 票赞成，59 票反对。[16]

大英帝国白人定居点的"自治领"地位是模糊的，它们只是领土单位，但在这些领土单位中，种族的平衡和权力集团是非常重要的。它们的国家主权是逐渐发展起来的，1931 年的《威斯敏斯特法案》最终规定这些自治领是具有独立立法权的英联邦内国家。1929 年，英国枢密院最终解决了加拿大政治中一个有争议的问题：妇女是人吗？加拿大最高法院曾说"不"，但大英帝国的最高法院优雅地宣布"是"。①

新首都很快就在国会山上建起了一座高耸的、新哥特式风格的国会大厦，大厦是用当地的砂岩建造的，其颜色很快就从原来的米黄色变成了暗灰色。与华盛顿和堪培拉不同，这座城市的发展没有任何宏伟计划。1884 年，当时一位重要的政治家威尔弗雷德·劳里埃写道："渥太华不是一座美丽的城市，似乎也注定不会成为一座美丽的城市。"大约 10 年后，劳里埃成为加拿大总理，并因此成立了渥太华改善委员会，其目的是要将渥太华建设成为"北方的华盛顿"。[17]

20 世纪城市规划的重点是要充分展示河边小山上的自然风光之美，但到了 20 世纪末，城市规划具有了一种新的政治意识，形成了与国境线以南的帝国首都截然不同的空间布局和纪念碑性。渥太华没有成为联邦特区，但在 1958 年，《国家首都法案》将首都的特别规划权赋予了国家首都委员会，其结果之一是联邦大道的建成。这条路线基于现有的街道，将国会山、总督府和河对岸的魁北克省赫尔市连城一个核心圈。2000 年，赫尔市与渥太华合并之后，更名为加蒂诺，以展示加拿大这个多民族联邦的团结。渥太华为反对党领袖提供官邸，这是从威斯敏斯特议会礼仪中衍生出来的一项值得关注的礼遇，国家首都委员会对此负责。[18]

---

① 这个问题之所以突出，是因为只有人才可以被提名进入加拿大参议院（见苏珊·门罗，《加拿大妇女在政府中的 10 个第一》，About.com 网站，2015 年 5 月 21 日，canadaonline.about.com）。2000 年，人们为提起诉讼的五名阿尔伯塔妇女在议会山上建立了群像，群像刻画了她们的非正式集会情景，以纪念她们。

虽然渥太华也有大型的第一次世界大战纪念中心，后来又增加了第二次世界大战和朝鲜战争的内容，但它的纪念碑性并不是军国主义的。美国首都华盛顿的战争纪念碑具有军事特征，渥太华抽象的人权纪念碑（1989年）和1992年建成的和解与维和纪念碑（或称"和平塔"）解决了这一问题。渥太华没有像华盛顿那样修建总统纪念碑，而是在国会山上为卓越的政治家们建立了朴素的雕像。

新西兰的首都是以英国指挥官的名字命名的，他就是在拿破仑战争中取得成功的首任惠灵顿公爵。1865年，出于对南、北两岛分离的担忧，殖民地居民选择惠灵顿作为首都，因为它恰好处于南、北两岛之间的库克海峡。位于北岛北部的奥克兰是当时新西兰的首都，而且一直是新西兰的经济和人口中心。

富裕的澳大利亚对首都抱有极高的期许，但它发现必须要应对新南威尔士州和因淘金热而暴富的维多利亚州之间的竞争。新南威尔士州是澳大利亚历史最悠久的殖民地，重要的港口城市悉尼是其首府，维多利亚州推出了墨尔本市与悉尼一起竞争首都的地位。和华盛顿一样，但不同于渥太华和惠灵顿，堪培拉是在新南威尔士州一个指定的农村地区从零开始建造的，而且堪培拉"不在悉尼100英里的范围之内"。在新首都的选址和建设的过程中，澳大利亚殖民地联邦决定其首都应设在墨尔本。[19]

1901年，澳大利亚成为自治领并成立了第一个议会。1908年，政府同意将一个叫作雅斯－堪培拉的地区作为未来的首都所在地。1911年，联邦政府组织了一次世界范围内的新首都设计比赛，美国草原学派建筑师沃尔特·伯利·格里芬赢得了比赛。格里芬的伟大设计将城市的纪念性轴线和空间比例相结合，但设计时他从未忘记城市布局要体现民主。城市中有一条"陆地轴线"和一条横穿城市的"水上轴线"，"陆地轴线"从国会山和政府区经过一个人工湖（在河流上筑坝建成的），最后到达城市和它后面的一座小山。政府区的主要建筑是国会大厦，两侧是总督府和总理官邸（国会大厦右侧），下面是政府的各部。山顶上的建筑不是政治权力的象征，而是人民的"国会大厦"，"用于接待和举行仪式，或存放档案，以及纪念澳大利亚取得的成就"。[20]这个城市的住宅区是按照花园城市的设想布局的。

第三章　形成国家的基础：脱离宗主国 | 75

就像郎方为华盛顿制订的伟大规划一样，几十年来，格里芬的规划也因政客们的小气和吝啬以及19世纪30年代的大萧条受到了阻碍。20世纪50年代，人们对格里芬规划的兴趣重新燃起，首都建设的策划者们发现格里芬规划无懈可击，但需要实施。[21] 因为充分利用了自然空间和低矮朴实的建筑，堪培拉成功地将城市的纪念性和大众性结合在一起。1988年建成的国会大厦已经成为民主的象征，它部分建在国会山上，背面的山坡上有一块草坪，市民可以在这里散步、游玩（至少在2001年以前是这样的），国会大厦的正面建得很低，有现代主义的柱子支撑，整个建筑的核心是一根巨大的国旗旗杆。[22]

堪培拉的另外一个显著特色，它拥有世界上最奇特的纪念碑之一。始于旗杆和国会的"陆地轴线"穿过人工湖一直延伸到澳纽军人路，这是政府1965年规划的一个仪式性的军人游行场地，其尽头是一个巨大的部分具有埃及墓葬特点的战争纪念馆，该纪念馆建成于1941年。后来，澳大利亚自愿参与的多场帝国战争的纪念活动都在这里举行，如越南战争。

在堪培拉，对第一次世界大战的纪念并不是特别的活动，澳新军团的神话及其对堪培拉城市肖像的主导才是这座城市的非同寻常之处。"澳新军团"指的是澳大利亚和新西兰军团，它在第一次世界大战中志愿为大英帝国作战。1915年，澳新军团对相隔两个大洋和一个洲以外的奥斯曼帝国发动了非常失败的进攻，这场战役在加里波利打响，也是该军团的主要功绩。这次军事冒险和血腥的失败毫无理由地成了澳大利亚和新西兰男子气概的"烈火洗礼"，这两个国家每年4月25日为此举行纪念活动。①

比勒陀利亚曾是德兰士瓦布尔共和国的首都，在一场可怕的战争之后，大英帝国终于征服了德兰士瓦共和国。1910年，比勒陀利亚成了英国和南非布尔联盟的主要首都，但作为议会所在地与1500公里外的英属开普敦共

---

① 澳新军团（ANZAC）的传奇得到了被"安插"在军队中的官方战地记者查尔斯·比恩的大力宣传，自20世纪20年代初以来，澳大利亚政府也一直在全力宣扬这个民族主义和帝国主义的故事。20世纪90年代中期，保守的霍华德政府再次大肆宣扬这个故事，并明确将其与澳大利亚在阿富汗和伊拉克的新冒险行动联系在一起。参见阿拉斯泰尔·汤姆森，《澳新军团的记忆：与传奇一起生活》，澳大利亚克莱顿：莫纳什大学出版社，2013年，特别是第5章和第8章。

享首都职能。布隆方丹是另一个布尔共和国奥兰治自由邦的首都,最高法院位于这里。比勒陀利亚是以一位布尔指挥官和征服者的名字命名的,城市保留了布尔人的印迹,德兰士瓦布尔共和国议会成为了省议会,教堂广场上矗立着共和国创始人老比勒陀利乌斯和他的儿子——共和国总统小比勒陀利乌斯的骑马雕像,德兰士瓦布尔共和国克鲁格总统的立身雕像矗立在另一个中心广场。

新的白人殖民者联邦在城市外围的一座小山上建立了自己宏伟的政府部门。赫伯特·贝克是大英帝国最著名的建筑师之一,他设计了一座巨大的、受罗马风格启发的建筑。建筑的两翼有圆顶的塔楼,由半圆形柱廊将了两翼连接起来,象征着两个殖民者国家的联合,建筑前面的中心位置是一个古典的圆形广场,是为政治修辞而建。① "二战"后,比勒陀利亚有了第二个地纪念碑性建筑——开拓者纪念堂,它有两重纪念意义:一是为了纪念 19 世纪 30 年代布尔人的大迁徙,因为他们认为英国统治的开普殖民地对黑人"太友好"了,所以逃离了那里;二是为了纪念布尔人战胜了当地的祖鲁人。纪念堂是一座巨大的花岗岩建筑,高 40 米,又宽又深,参考了埃及神庙和摩索拉斯陵墓,周围有 54 辆石制牛车,包括一个英雄厅和一个纪念碑大厅。

比勒陀利亚是一个白人非洲人城市,直到 1950 年,仍有 2.5 万名当地佣人在为 13.2 万名"欧洲人"服务。[23] 然而,1994 年,这个种族主义的移民国家崩溃了,南非变成了一个民主的前殖民地国家,这是一个划时代的、人民的时刻,我们将在下文再次谈到这个时刻。

---

① 赫伯特·贝克曾经是塞西尔·罗兹的门徒,他的帝国意识非常强烈。联邦大厦的设计最初包含了一个为原住民设计的场所,对此,南非政府难以接受。贝克的想法其实也是移民意识形态的有力例证:他建议在大厦的外面为原住民设计一个聚会的小空间,"这样,他们无须进入大厦,在那个小空间可能就会感觉到政府的威严"(韦尔,《建筑、权力与国家认同》,第 78 页;索恩,《代表国家》,199 页及其后)。

伊比利亚人的脱离

从西班牙和卢斯塔尼亚等宗主国分离出来的拉丁美洲民族国家在种族文化背景和政治进程方面各不相同。然而，与从英国脱离出来的国家相比，他们新的民族国家的首都都是从前帝国的中心。这反映了一种不同的殖民模式，更直接地由帝国组织的殖民——就像后来的英属印度和法属西非、中非一样。当然，冒险家比比皆是，从最初的西班牙南美征服者，到他们的北美探险者，再到西行的巴西班代兰蒂斯人，但宗教异见者、种族纯粹主义者（如布尔人）和罪犯都不是主流，并且（或者）是断断续续到来的。

伊比利亚人的殖民是以城市为基础的，征服者征服一个地域之后，他们做的第一件事就是建立城市。西属美洲的城市是按照1573年印度帝国的法律规定布局的，城市呈网格状，四条笔直的街道从主广场向外辐射。广场之后的主要建筑是教堂或修道院，它们紧邻广场，但最好不要直接位于广场上，而是有自己的通道。然后，根据城市在帝国层次结构中的等级依次安排皇家权力机构和市政委员会。主广场周围的场地不能留给私人使用，而应为国家和教会保留，但商人的房屋和摊位是允许的。这些场地经常被用作主教的宫殿，有时也被用作宗教裁判所的工作场所。城市的创始人有权在主广场周围建自己的宅邸，重要的移民可以分配到中心位置的地块，但其他移民的住宅位置通过抽签决定。主广场也被称为练兵场，这里通常也是中心市场，一排排的商店和摊位聚集在广场周围，附近有军营、医院和监狱。[24]

最初，巴西的都市生活是缺乏集中管理的，虽然里约热内卢建于16世纪，但它作为殖民地首都的历史只有半个世纪，当时欧洲的拿破仑战争引发了伊比利亚美洲的民族问题。

然而，虽然西属美洲具有重要的城市连续性，但西属美洲的民族独立经历了非常复杂的政治斗争和漫长的、毁灭性的战争。这一过程始于国内君主制的瓦解，波旁王朝的国王被迫退位，拿破仑篡夺了王位，但除了加勒比海诸岛以外，拿破仑的疆域从未越过大西洋。从美洲来看，这些事件一定既令人困惑又令人不安。

1808年8月，一包不同期号的马德里公报运抵基多，这些报纸同时讲述了发生在西班牙阿兰胡埃兹的起义。通过起义，国王卡洛斯四世的首相被解雇，他的儿子费迪南七世登上了王位，儿子退位支持他的父亲，而后者将王位移交给了约瑟夫·波拿巴。报纸还讲述了法国的占领，以及西班牙反对占领的暴动。①

合法的帝国统治暂时停止了。在这种情况下，主要城市的市政委员会脱颖而出。民族独立尚未成为主流，但市政委员会的权力得到了发展。在墨西哥，市政委员会有权选举新总督，甚至成立"革命委员会"（军事集团），并以合法国王的名义要求获得临时政府的权力。②因此，在接下来的二十年里，西属美洲在错综复杂的西班牙政治变迁中变得扑朔迷离。反拿破仑和后拿破仑时期的西班牙政治又增加了一个充满争议的问题：自由主义还是专制主义？

西属美洲走向独立的第一步始于1808年，当时有消息称合法的西班牙君主政体已经瓦解。16年后，秘鲁在阿亚库乔与西班牙帝国军队进行了最后一场决战，但总督驻地利马的港口城市卡亚俄直到1826年1月才投降。墨西哥独立战争始于1810年，领导人是牧师米格尔·伊达尔戈，直到1821年，在叛变的帝国将军奥古斯丁·德·伊图尔维德的领导下才取得成功，但墨西哥总督所在的首府并不是奋斗和斗争的中心。

次大陆内部相互关联的战争持续了长达20年，摧毁了美洲社会的大部分，并使其军事和政治精英发生了致命的分裂，导致了独立后几十年的政变和内战。例如，到1855年，在墨西哥独立的34年里有50个政府，其中11个由安东尼奥·洛佩斯·德·桑塔·安纳将军领导，他是一个滑稽的

---

① 德梅利亚斯，《政治发明》，第197页。早在1808年6月，新的西班牙总督就得到了这个消息（阿方索·巴斯克斯·梅拉多，《宫殿之城：五个世纪的影像》，墨西哥城：戴安娜出版社，1990年，第128—129页）。

② 同上书，第129—130页。第一批这样的革命军政府于1809年在丘基萨卡省和拉巴斯市（玻利维亚）以及基多市（厄瓜多尔）成立（德梅利亚斯，《政治发明》，第190页），这在一定程度上误导了2009年玻利维亚和厄瓜多尔的两百周年庆祝活动。约翰·林奇对西属美洲的独立革命进行了经典的概述，见《西属美洲的革命，1808—1826年》，纽约：W.W.诺顿出版公司，1976年。

悲喜剧人物，他把得克萨斯、加利福尼亚和其他西北地区的领土都输给了美国。①

这些战争没有摧毁，甚至没有对主要城市造成太大的破坏，地震更具破坏性，例如发生在利马的地震。城市殖民的连续性没有被打破，但是政治动乱延迟了殖民地首都的民族化。

伊比利亚移民国家的民族结构和冲突具有其独有的特征，与从英国脱离形成的移民国家完全不同，这些差异在后来的大规模移民浪潮到来之前体现得更为突出。英国的主流群体是二分的，你要么是百分之百的白人，要么是非白人。伊比利亚人的观点和做法是将主流群体分为不同的等级：白人、非百分之百白人、有一点像白人和非白人。在西属美洲有非洲奴隶和前奴隶，但人数不多，而且在一些地区，比如乌拉圭，他们在独立战争中被当作炮灰消灭。幸存下来的奴隶，也就是现在所说的非裔，通常被禁止成为西属美洲公民，就像在内战前的美国一样。在这些奴隶中，最重要的群体是西班牙出生的半岛人（或者被轻蔑地称为西班牙人）、美洲出生的白人克里奥尔人（或多或少有白人血统）、混血儿和印第安人。几个世纪的民族交往使西属美洲有三分之一的混血儿，五分之一的白人，一半的印第安人和百分之四的黑人。②

在西属美洲，原住民人口的规模和文化重要性得到了殖民地征服者的一些尊重，特别是在秘鲁。大多数新成立的民族国家都考虑了原住民和他们的文化，在墨西哥和秘鲁，独立意味着废除印第安人的特殊法律地位，使他们成为国家公民，他们不再处于从属地位，也不再是受保护的、地方自治的区域。

西属美洲的独立，尤其是墨西哥的独立，并不完全是移民直接脱离宗主国的结果。墨西哥的民族主义运动是由两位乡村牧师发起的，米格尔·伊达尔戈·伊·科斯蒂利亚和何塞·玛丽亚·莫雷洛斯，他们一个是

---

① 巴斯克斯·梅拉多，《宫殿之城》，162 页及其后。
② 林奇，《西属美洲的革命》，第29期。林奇的依据主要来自冯·洪堡。1819年，西蒙·玻利瓦尔在安古斯图拉发表了重要演说，他说："我们不是欧洲人，我们不是印第安人，而是介于土著居民和西班牙人之间的中间物种"（引用同上书，第39页）。

克里奥尔人，另一个是混血儿。他们打着深肤色的瓜达卢佩圣母的旗帜，高呼着"消灭西班牙统治者"的口号。1821年的最终《独立法案》提到了"墨西哥民族"，自殖民者征服后的300年来，他们既没有自己的意志，也没有自由地发出自己的声音。①混血儿当然是移民的后代，是欧洲征服者所建立的移民定居点的一部分，他们的社会与美洲、非洲和亚洲被殖民地化的本土群体大不相同。但至少在第二次世界大战之前，混色一直是墨西哥民族修辞、意象和城市形象的重要组成部分。②

巴西是美洲奴隶制地带的一部分（从华盛顿到里约热内卢），直到1888年才废除奴隶制。然而，它以伊比利亚人的等级制度来处理黑人和白人的关系，这意味着如果你是一个浅肤色、没有奴隶身份的黑白混血儿，你就是在上升的道路上。

建在阿兹特克帝国大都市特诺奇蒂特兰基础之上的墨西哥城，是西属美洲的主要城市。在独立战争开始前夕，这座城市大约有13.5万居民，是西半球最大的城市。城市人口中一半是白人，四分之一是印第安人，五分之一是混血儿，还有大约一万名当时被称为"黑白混血儿"的混血儿。这是一座由巴洛克式宫殿组成的统一规划的城市，周围环绕着工匠和店主的居住区，最外围是印第安人居住区。③其巨大、严峻、横向的16世纪的总督宫是美洲殖民地最宏伟的建筑，长达197米。在宫殿右侧的中央广场上，

---

① D.A.布雷丁，《墨西哥的社会达尔文主义与民族主义》，苏珊娜·卡瓦略和弗朗索瓦·吉门主编，《国家及其历史》，纽约：帕尔格雷夫·麦克米伦出版社，2009年，第112页。也就是说，起义的克里奥尔民族在某种意义上与哥伦布发现美洲大陆以前的墨西哥民族有关联。除秘鲁外，在其他脱离宗主国的伊比利亚国家中，这种联系要么不存在，要么不那么重要。

② 墨西哥早期民族主义者最常使用的标志性形象可追溯到前西班牙的象征主义：一只鹰落在胭脂仙人掌上，嘴里叼着一条蛇（恩里克·德·弗洛雷斯卡诺，《祖国的形象》，马德里：金牛座出版社，2005年，第3章）。何塞·瓦斯科切洛斯是墨西哥教育部长，也是20世纪20年代和30年代墨西哥革命的重要思想家，他在1925年出版了一本书，书名为《宇宙种族》。他在书中以墨西哥的种族混合经历为依据，讨论了"伊比利亚美洲的使命"：带领人类进入更高级的、审美的文明，这样的文明由美丽的人们组成，他们属于"当代的四个种族：白人、黑人、红色人种和黄色人种"，进而形成"宇宙种族"（何塞·瓦斯科切洛斯，《宇宙种族》，墨西哥城：埃斯帕莎·卡尔佩出版社，1925年）。

③ 塞尔吉·格鲁津斯基，《墨西哥历史》，巴黎：法亚德出版社，1996年，第11章。阿方索·巴斯克斯·梅拉多在《宫殿之城》中对殖民地和早期独立皇城进行了有趣的描述，该书由墨西哥的戴安娜出版社1990年出版。

是富丽堂皇的巴洛克式大教堂。墨西哥城是当时美洲最富有、最不平等的新西班牙的首都,在西班牙帝国时期,美洲被称为印度。[25]

总督宫后来成了国家宫,最初是两个立法院和政府各部以及总统的官邸。如今,它已部分成为一座博物馆,里面陈列着伟大的画家迭戈·里维拉创作的关于民族历史的壁画,但偶尔国家宫也会被用作举行庆典的公共建筑。总统官邸曾位于查普尔特佩克城堡,但自20世纪30年代中期以来,总统官邸就有些偏离了中心位置。大教堂仍在使用中。

在这些建筑前面的大广场上,曾打算建造一座宏伟的独立纪念碑,就在西班牙国王卡洛斯四世骑马雕像遗址的位置,这是永远不走运的桑塔·安纳于1843年提出的建议。最后,因为没有资金,也没有力量来完成纪念碑的建设,就只建成了基座。但"基座"这个名字却一直流传至今:如今墨西哥所有抗议集会和全国性庆祝活动的中心场地都称为"索卡洛"(西班牙语意为"基座")。现在广场上没有国家纪念碑,只有一根巨大的旗杆,上面飘扬着巨大的国旗。

然而,墨西哥城真正的民族化是在后来发生的,那是一个被称为"改革"的民族自由时期。在此之前,墨西哥打败了拿破仑三世发动的一场离奇的、欧洲帝国的冒险,后者以墨西哥未偿还的债务为由,任命哈布斯堡王朝的一位王子为墨西哥皇帝。墨西哥的民族肖像是沿着改革大道布局的,从查普尔特佩克城堡巨大的城堡公园向东北方向延伸,这是19世纪晚期的一项具有纪念意义的计划。肖像人物包括很多自由派和古典主义的民族政治家、军人和知识分子,其中有三位非常重要的人物,他们是:"民族之父"米格尔·伊达尔戈,他的雕像矗立在独立纪念柱脚下,纪念柱顶部是长着翅膀的胜利女神,后来被称为独立天使;阿兹特克帝国的最后一位国王瓜特穆斯,他的雕像非常宏伟,但有一幅浅浮雕描绘了他受到西班牙人的折磨;克里斯托弗·哥伦布,他是一位和平的航海家,将基督教带到了美洲。墨西哥没有立碑纪念它的征服者荷南·科尔蒂斯。此外,还有一位主要人物,他是法国介入统治墨西哥时期的自由主义总统贝尼托·胡亚雷斯,他的雕像呈现为抽象的、新古典主义的半圆形,这位伟大的总统身材矮小(137厘米,或约4英尺6英寸),据我所知,他是美洲第一位印第安人总统。①

如果要观看城市形成的历史层次，墨西哥城是最好的城市之一。这里是阿兹特克帝国的都城，是墨西哥的首都。在城市东南部的霍奇米尔科湖区，我们仍然能够欣赏到这座漂浮在湖上的城市的布局；我们仍然可以利用大规模的、可见的考古发掘来研究它的布局，考古发掘从大神庙一直到三种文化广场；世界上最惊人的人类学博物馆展出的深刻知识，能够帮助我们了解城市的布局。帝国的辉煌集中于索卡洛广场，20 世纪 20 年代，总统普鲁塔尔科·埃利亚斯·卡列斯在巨大的横向总督宫上面修建了第三层。再往北，是 16、17 世纪时为纪念墨西哥守护神而建的瓜达卢佩圣母堂，20 世纪 70 年代，在这座旧教堂的旁边又建了一座巨大的、新现代主义的瓜达卢佩圣母堂。墨西哥民族主义是城市的第三个层次，19 世纪最后几十年和 20 世纪初，墨西哥处于自由主义准独裁者波菲里奥·迪亚兹的统治之下，也正是在这个时期，其民族主义在城市及其肖像中得到了体现。这时，改革大道被确定为城市举行游行的街道，起义者大道被设计为城市的南北主干道，其目的是为了纪念古典民族主义起义。起义者大道最初被命名为百年纪念大道，这反映了人们对提升首都的形象关注，当然也是为了即将到来的 1910 年的墨西哥独立百年庆典。

1910—1917 年的革命体现了墨西哥城市的另一个层次，革命以温和的口号"有效的选举权，而不是连任"开始，这反映了移民国家特有的政治问题。与欧洲不同，移民国家的主要问题不是"人民应该拥有什么权利？"，而是"谁是人民？"以及对他们的权利的尊重。尽管如此，革命还是成了 20 世纪美洲最史诗般的故事。在今天的墨西哥城，这场革命最初的、最持久可见的影响或许在壁画中得到了体现，迭戈·里维拉和何塞·奥罗斯科的室内公共壁画，西盖罗斯文化博物馆的户外壁画，以及中央大学图书馆的胡安·奥戈尔曼的壁画。此外，革命的影响还包括将一座

---

① 胡亚雷斯先是担任最高法院法官，然后成为民选总统，他之所以能够登上墨西哥的权力之巅是因为伊比利亚-美洲存在开放的空间，北美为此等待了一个多世纪。但他的经历是非同寻常的个人经历，作为一个孤儿，他得益于方济会的帮助，是方济会发现并资助他发挥了非凡的才华。

未完工的国会大楼改造成一座（像坟墓般的）革命纪念碑，石油喷泉则是为了纪念19世纪30年代总统拉萨罗·卡德纳斯将石油国有化。

在革命之后，也包括19世纪30年代最激进的革命时期，目前墨西哥大部分地区两极分化的街区模式就已经形成了。一边是加州殖民地风格的"惊人显赫"，另一边是无产阶级的殖民地，这里没有饮用水，没有下水道，没有铺砌的街道，这两种截然不同的分开的街区都是由私人开发商开发的。墨西哥以一种特殊的方式发展——建设新的城市街区，有时将上流社会的宅邸和中产阶级的公寓楼混建，但很少将中产阶级和大众阶级混在一起。为工人阶级建设体面的住房这一问题已被列入了公共议程，但因为用于解决这一问题的资源太少，投入的政治力量不足，没有产生多大的影响。[26]

保守、自由、革命——墨西哥一直是一个行政国家。立法院早期位于国家行政部门所在的宫殿中，后来被重新安置在市中心的殖民地时期宫殿里。考虑到墨西哥独立一百周年庆典，波里奥拉托政权启动了新的、更宏伟的立法宫项目，但是革命中断了立法宫的建设。直到21世纪初，参议院才为自己建造了一座像样的大楼。

在卡德纳斯执政时期，资本积累主要局限于私人住宅用地和建筑。第二次世界大战之后，资本的力量变得更加公共化，1956年建成的拉丁美洲塔就是这种变化的标志，这是当时拉丁美洲最高的建筑，是为一家保险公司建造的。墨西哥最新的全球主义将在下面的"全球时刻"一章中讨论。

利马是西属美洲的第二大总督驻地，18世纪晚期，利马的人口为6.4万人，还不到墨西哥人口的一半。利马是一个具有浓厚的君主主义色彩的城市，被称为"王者之城"，它也是一个天主教城市，到处都是宗教建筑，街上随处可见宗教游行。一位17世纪的评论家写到这座城市就是"一座巨大的修道院，男修道院和女修道院皆有"。[27] 另一位19世纪初的评论家发现，这座城市因为焚香而雾气蒙蒙。这里是帝国的忠诚支持者的终极核心，强有力的总督是他们的领袖。这里的白人和混血儿人口害怕印第安人的反抗，18世纪晚期，印第安人就已经举行了大规模的反抗，城市中的很多少数民族居民随着最后一批西班牙军队离开了这里。另一方面，像墨西哥的克里奥尔人一样，秘鲁的克里奥尔人将西班牙统治前的文化和王室成员列入了他们的世系表中。在绘画中，殖民地时期的利马人穿着印第安人的服装，他们还并创建了君主年表，从印加统治者开始，然后是历代西班牙国王。一支印第安贵族重新崛起，他们由耶稣会教育，住在城市中。①

秘鲁没有自己的独立英雄。1821 年，何塞·德·圣马丁率领一支起源于阿根廷的军队首次宣布秘鲁独立。1824 年 12 月，西蒙·玻利瓦尔率领一支来自哥伦比亚的军队抵达阿亚库乔，并最终使秘鲁获得了独立。独立后，社会变革缓慢。尽管圣马丁宣布印第安人是秘鲁人，但非洲奴隶制度和印第安人纳贡在一段时间内仍然继续有效。19 世纪中期，秘鲁共和国对利马进行了一些地名改革，用国家的地理名称取代了市中心的宗教地名。[28]

19 世纪 50 年代末期，在短暂的"鸟粪繁荣"的资助下，秘鲁启动了一个全国性的纪念项目。该项目首先以玻利瓦尔和哥伦布为主要人物，玻利瓦尔广场（从前称为宗教法庭广场）位于早期建成的国会前面。1921 年，在秘鲁独立百年纪念时，圣马丁才开始作为不朽的英雄得到了人们的纪念。

19 世纪晚期，在"鸟粪繁荣"和对智利的灾难性战争结束后，秘鲁在一个"贵族共和国"的统治下开始复苏。在奥古斯托·莱基亚独裁统治的 11 年里，城市迅速发展。在利马，人们开辟了宽阔的道路，并以总统的名字和取得的进步命名；一家美国公司为城市铺设了污水系统和自来水系统；城市的中心也开始向新的、新古典主义的圣马丁广场转移。广场上，解放者圣马丁骑在马背上的雕像位于一个巨大的大理石基座上，豪华的玻利瓦尔国际大酒店也在这里。这个国家最终建设了自己的立法宫、国家万神殿（由一座教堂改建而成）、印加考古博物馆，在偏离市中心的位置，他们还仿造巨大的布鲁塞尔司法宫建了一座规模略小的司法宫。资产阶级建造壮观的公司大楼来炫耀他们的财富和权力，例如秘鲁商报大楼和里马

---

① 关于殖民地时期利马和秘鲁的肖像学文献非常有趣：见卡琳·佩里萨特，《利马国王节》，巴黎：哈马坦出版社，2002 年；帕勃罗·奥特姆伯格，《利马的权力仪式》，巴黎：法国社会科学高等研究院，2012 年。在詹姆斯·希金斯的《利马：文化史》（牛津：牛津大学出版社，2005 年，96 页及其后）一书中，也有一个值得注意的章节，该章节的题目为《爱国者协会》，内容是关于启蒙运动和爱国者们对印加帝国和西班牙统治之间承接关系的理解。

克保险公司大楼，该公司是以市内的一条河命名的。他们炫耀财富和权力的另一种途径是建立富丽堂皇的精英俱乐部，比如圣马丁广场的民族俱乐部和利马大广场的联盟俱乐部。20世纪20年代到40年代（1940年地震后），利马大广场周围的建筑物或重建或维修，其中包括两座美丽的新殖民主义的黄砂岩建筑——市政厅和联盟俱乐部，这两座建筑有凉廊和摩尔式木雕阳台。此外，还有大教堂、自负的殖民地时期风格的大主教宫，以及新巴洛克式的总统府。①

为了纪念1921年共和国独立一百周年和1924年对西班牙的决定性战役，秘鲁开启了一项很大的肖像计划。就像在很多移民国家的首都一样，除了国家缔造者和英雄，这个肖像计划还包括来自少数族裔移民群体的很多礼物。在利马，这些礼物包括比利时移民赠送的康斯坦丁·麦尼埃的"工人"雕塑，日本移民赠送的古代印加的曼科·卡帕克雕像，以及意大利移民赠送的意大利艺术博物馆。华盛顿纪念碑和广场象征着总统对美国的钦佩，以及他对吸引美国资本的渴望。[29]西班牙裔保守派也做出了反应，1935年，秘鲁的征服者、这座殖民地城市的创建者弗朗西斯科·皮萨罗的骑马雕像被安放在了利马大广场的中央。

最初，秘鲁的总督辖区包括所有南美洲的西班牙属地和菲律宾，但在18世纪后期，西班牙王室创建了两个新的总督辖区：新格拉纳达和拉普拉塔。前者以圣菲波哥大为中心，包括现在的哥伦比亚、委内瑞拉和厄瓜多尔；后者的首府是布宜诺斯艾利斯，包括现在的阿根廷、乌拉圭、巴拉圭和玻利维亚。1810年，尽管这两个新的总督辖区还没有掌握在独立的民族国家手中，但它们已经处于新的革命力量的掌握之中。

在民族国家的布宜诺斯艾利斯，人口以特有的方式开始快速增长，与英国的贸易和海关收入使其欣欣向荣。在"执政就是为了增加人口"的口号指引下，阿根廷积极推行移民建国的政策。1816年阿根廷独立时，该市人口为4.6万，到1869年进行人口普查时，该市人口已增至18.7万，其中

---

① 殖民地时期的利马从来没有一座墨西哥式的、宏伟的总督宫，到独立时，总督宫明显已经被废弃了（希金斯，《利马》，第35页）。

一半人口是外国人。³⁰ 然而，直到1880年，这个国家的政治结构仍然是人们激烈争论的议题。当时，沿海和内陆之间建立了一种平衡，将布宜诺斯艾利斯作为一个联邦实体从大而富有的布宜诺斯艾利斯省分离。

大村庄的重建始于19世纪60年代，当时规模不大的总督堡也进行了翻修、扩建，并涂上了粉红色，这使得总统府有了至今仍沿用的名字——玫瑰宫。该建筑最初还是政府一些部门和立法机构的所在地。从19世纪70年代开始，佛罗里达大街就成了布宜诺斯艾利斯的一条优美的街道。然而，街道的改造主要发生在1880年之后，由豪斯曼男爵的一位当地追随者托尔夸托·德·阿尔韦亚尔负责，他是当时总统任命的布宜诺斯艾利斯市长。在他的领导下，对现代的政治中心进行了——规划。五月广场位于玫瑰宫前面，其前身是1810年革命后的5月25日广场，在此之前称为大广场或胜利广场。新开发的五月大道通往国会大厦，该建筑酷似华盛顿的国会大厦。

在1900年前后的几十年里，布宜诺斯艾利斯的人口激增，从1869年的18.7万增加到1895年的66.4万，再到1914年的157.6万，其中一半是外国人。³¹ 所以，毫无疑问，布宜诺斯艾利斯很难安定下来，并成为成功而繁荣的国家首都。1910年的百年庆典是在无政府主义者的大规模袭击和有针对性的杀戮的围困中举行的。³² 这座城市由一个极其富有的寡头集团控制，其成员是商业地主兼商人。他们在圣马丁广场周围为自己建造了新巴洛克式的宫殿，自凯瑟琳二世的圣彼得堡以来，作者不曾见过如此规模宏大、富丽堂皇的宫殿。与之形成对比的是臭名昭著的经济公寓住宅，那里的家庭住在四乘四米的单个房间里，没有厨房，大部分没有自来水。³³ 被镇压的劳工运动有着强烈的、激进的无政府主义和无政府工团主义的倾向。

与拉丁美洲各地的类似庆祝活动一样，布宜诺斯艾利斯的百年庆典既是一次雄心勃勃的城市升级活动，也是一次标志性的庆祝活动。移民文化有了新的展示中心——闻名西半球的科隆大剧院。不同的移民族群都为他们的新家园的首都组织了具有纪念性的献礼活动，虽然只有法国人及时准备好了礼物，但德国人、意大利人、西班牙人和其他族群也都做了准备。³⁴

这座城市还委托制作了一组名为"劳动之歌"的雕塑作品,但直到1921年才展出。这是一群奇怪的裸体工人,他们似乎在用力拉一块大石头,并获得了成功。[35] 据说,这仍然是五一劳动节的一个集会地点。就像位于布鲁塞尔的麦尼埃创作的"劳动纪念碑"(现在几乎已被废弃)一样,布宜诺斯艾利斯的"劳动之歌"不代表任何阶级或任何运动,但雕塑最终体现的胜利姿态使人们想起的是竞技体育,而不是麦尼埃作品中的宁静和虔诚。

第一次世界大战之后,布宜诺斯艾利斯有了更多的中产阶级特征,激进公民联盟在政治上呈现了这样的特征。这是一种中产阶级政治,没有像同时代的利马莱基亚政府那样对城市产生影响。寡头政治时期那些奢华的旧政权宫殿已成为公共建筑,如外交部和军官俱乐部,但阿根廷从未成为霸权主义的中产阶级社会,两个政党在有限的、预设的领域内和平竞争。到1930年时,激进的中产阶级和享有特权的老右派已经闹翻,激进的政府被一场军事政变推翻。随后而来的是"臭名昭著的十年"军事统治和大规模的欺骗性"选举",在这十年中,布宜诺斯艾利斯规划了几个"埃及法老式的"项目,但其中大多数都没有实现。这座城市的主要城市足迹是"世界上最宽阔的大道"——七月九日大道的开通,以及1536年为纪念该市建城400周年而建的巨大的方尖碑。[36]

"二战"后,布宜诺斯艾利斯特有的庇隆主义受到了欢迎,我们将在下文中讨论这一时刻,以及这座城市更为传统的全球时刻。

波哥大是西属美洲第四大总督辖区的首府,是一个山区的省城,位于帝国的两个中心之间,经济上并不发达,通信条件很差。18世纪末,这座城市的居民还不到1.3万。然而,这座城市中有两所宗教高等学府。后来,国民代表大会在前耶稣会学院的礼拜堂召开。另一所学校很小,但具有启蒙运动的氛围。这两所学校在南美洲官方的植物探索中发挥了重要作用。这座城市被称为"南美洲的雅典"。

后殖民时代哥伦比亚的诞生经历了诸多困难,直到1830年厄瓜多尔和委内瑞拉脱离大哥伦比亚共和国(之前称为新格拉纳达)之后,哥伦比亚的主要轮廓才得以形成。19世纪,这个国家被战乱撕裂,8场全国性的内战、14场局部战争和两场国际战争,波哥大在充满暴力和保守贵族统治的哥伦比亚缓慢发展。到19世纪中叶，波哥大市中心仍然没有下水道、自来水和柏油马路。[37]19世纪70年代，哥伦比亚的居民人数约为4万，与1830年哥伦比亚最终成立时的居民人数相同。① 直到20世纪，它才成为一个主要城市，那时它的增长速度是爆炸性的。从1905年到1951年，波哥大的人口增长了7倍多，从1951年到2016年，它的人口增长了10倍，达到了大约800万。[38]波哥大周边的昆迪纳马卡省，自19世纪晚期以来一直是咖啡繁荣的一部分。后来，波哥大成为该国的工业、金融和政治首都。现在，虽然波哥大的暴力活动在一定程度上得到了控制，但它的农村仍逃脱不了持续不断的大规模暴力活动。这座城市位于海拔2500多米的高原上，东面是山脉。除了官方建筑、罗杰里奥·萨尔莫纳的现代红砖建筑、偶尔可见的殖民地式建筑、商业中心、小型的英式外观的飞地和东北部的封闭和（或）处于保护中的中上阶层的公寓大楼，今天的波哥大看起来就像一个巨大的20世纪50年代小城镇的聚集地，到处都是两到三层、或多或少有些破旧的楼房。肯尼迪是一个人口众多的中下阶层居住区，见证了与美国结成的联盟的衰落，但这种联盟却一直存在。南部的玻利瓦尔城区规模大而且非常受欢迎，这里不是贫民窟，证明了城市的集体流动性。但在波哥大的城市周边地区，大都市区的所有城市服务都不复存在。

　　权力中心仍然位于殖民地时期的中心广场（现在的玻利瓦尔广场）周围，但由于地震和火灾，权利中心所在的建筑已经被重建了好几次，不太引人注目的大教堂是历史上唯一稳定的地方。早在1827年，这个城市就已经开始了没有任何规划的改变。当时，一场地震摧毁了总督宫，此后一个半世纪，总统的住所都是临时的。目前的总统府是1979年开始使用的，是在一栋1908年的大楼基础上改建的，位于哥伦比亚启蒙运动伟人安东尼奥·纳里尼奥故居的所在地。总统府纳里尼奥宫位于国会大厦的后面，位

---

① 威廉米，1952年；157页及其后；林奇，《西属美洲的革命》，第7章；阿尔马多斯主编，《规划拉丁美洲城市》，第36卷，关于十九世纪的人口。1910年，波哥大的百年纪念活动是在保守派的支持下组织的，教会起主导作用，凸显了与西班牙女儿－母亲般的关系，表达了对西班牙的尊敬（L.C.科隆·利亚马斯，《在城市空间中代表国家：波哥大及其独立百年庆典》，玛格丽塔·古特曼和迈克尔·科恩主编，《在全球化时代建设拉丁美洲二百周年》，布宜诺斯艾利斯：无限出版社，2012年，第328页。

置略低于国会大厦。国会大厦始建于1846年，于1926年完工，是一座没有圆屋顶的新古典主义风格的建筑，它在广场上似乎占据着主导地位。议会大厦的前面是更现代的司法院，1948年和1985年两次被城市暴力严重破坏。广场的一侧是相当简朴的大教堂和大主教宫，另一侧是市政厅，这是一座建于19世纪初的法式19世纪风格的长形横向建筑，最初是一个商业市场。

在自由主义和反教权时刻，一些富有的教会建筑被国有化和世俗化，就像在里斯本和马德里一样。除此之外，哥伦比亚一直是一个主要的保守国家，直到20世纪初，大教堂仍然是波哥大政治讨论的场所。[39]哥伦比亚古老但却受到限制的启蒙运动传统得到了再现，比如在20世纪30年代的白城（大学城），"二战"后，很多大学相继效仿。哥伦比亚的著名现代主义建筑师，已故的罗杰里奥·萨尔莫纳曾在当今时代被委托为城市的文化机构设计几座令人印象深刻的建筑，例如现代化的学习殿堂比尔希略·巴尔科图书馆，以及玻利瓦尔广场附近极具魅力的加布里埃尔·加西亚·马尔克斯文化中心。

哥伦比亚的政治冲突基本上都与其两党制度有关，这也是拉丁美洲政治冲突的特有方式。由自由主义者和保守派组成的两个政党都是由富有的寡头政治家领导的，他们的家族历史可以追溯到19世纪20年代，他们对其政党的忠诚都是通过家族传承下来的，直到现在这种忠诚仍然不减。在20世纪，长期的内战不断地困扰着这个国家，而且通常是保守派在内战中获胜。1964年，哥伦比亚革命武装力量在自由主义游击队剩余力量的基础上发展壮大起来。1948年，进步的、非精英的自由主义总统候选人豪尔赫·埃利塞尔·盖坦遇刺身亡，之后自由主义游击队就突然爆发出来。

在波哥大，这起谋杀事件引发了美洲历史上规模最大、最为暴力的城市骚乱。在骚乱中被摧毁的建筑有司法院和中央火车站，这导致了哥伦比亚铁路的终结。波哥大事件的另一个影响是中产阶级和上层阶级的逃离，他们从城市中心向东北和安第斯山脉迁移，这就意味着，离国家政治中心几个街区远的地方，就是这个城市中一些最危险、最破旧的街道，其中最糟糕的一个街区名为布朗克斯。① 今天，到玻利瓦尔广场参观的游客仍会想起1985年被破坏的司法院，当时发生了一场不可思议的、非革命性的游击队行动，这次行动被猛烈的军事进攻镇压，不仅杀死了游击队员，还杀死了最高法院的法官。②

智利是当时秘鲁帝国的一部分，所以圣地亚哥并不是一个总督管辖的城市，而是智利都督府和检审庭的所在地。1817年独立时，这里是伊比利亚殖民地的一个相当贫穷的内陆地区。然而，智利和它的首都可以要求拥有一些特殊的利益，因为在突然脱离宗主国后，智利可能是西属美洲第一个需要巩固的民族国家，而且在太平洋战争（1879—1881年）中，智利彻底击败了秘鲁－玻利维亚联盟，表明了它具有以小博大的能力。

保守派、寡头政治和天主教在智利的巩固时期处于重要地位。1823年，自由主义的民族解放英雄贝尔纳多·奥希金斯（出生于智利，是爱尔兰移民的后裔，秘鲁总督的私生子）被迫辞职，之后，在19世纪30年代，这三股力量联合起来。当时的社会基础是富有的地主和中央谷地的进出口商人，他们很快就依靠高昂的采矿租金得到了维持发展。③ 就其存在的时间和地点而言，这样的政权是非凡的，原因主要有两个。首先，它建立了制度化的政体，定期举行议会和总统选举（确实是由行政部门从上面"管理"的）；第二，在整个19世纪，而不是20世纪，它成功地使军队服从于文

---

① 我感谢当地的朋友们，他们友好地带我参观波哥大，或为我介绍波哥大的各个方面，这些朋友包括胡安·卢伊斯·罗德里格斯，他向我展示了萨尔莫纳的伟大建筑；里卡多·莫雷诺带我参观了各种深受人们喜爱的街区；玛丽亚·何塞·阿尔瓦雷斯和我分享了她关于城市外围的研究。我手头关于城市发展历史背景的资料来源于里卡多·阿里亚斯·特鲁希略所写的《当代哥伦比亚历史》，波哥大：安第斯大学，2011年。

② 哥伦比亚现任司法部长耶西德·雷耶斯讲述了一个感人的故事，与故事相关的事件尚未完全澄清。他的父亲——最高法院首席大法官——被枪杀，但所用的子弹不是M-19游击队使用的，2015年11月8日的波哥大《时代报》在第10版对事件进行了报道。

③ 智利的寡头政治在20世纪和21世纪初表现出了惊人的持久力，可能是独一无二的。许多19世纪和20世纪早期的总统和政治上显赫的家庭仍然在政治、商业和文化领域备受瞩目，例如，布尔内斯、爱德华兹、埃拉苏利兹、拉雷因、蒙特、里斯科。

官的统治。①

和所有西属美洲国家的首都一样（除了布宜诺斯艾利斯和蒙得维的亚），圣地亚哥并不是一个港口城市。1541年，圣地亚哥在不起眼的马波乔河畔建立起来，半个世纪以来，它与康塞普西翁市共享"新埃斯特雷马"的中心，而康塞普西翁市却远在其400公里以南。1800年，这里大约有1.8万居民，到独立战争结束时，居民人数已增至5万。智利并不是移民的主要接收国，但是这个国家的城市化速度很快。1865年，首都的人口数量为11.5万；1900年是30万；1941年和1942年，圣地亚哥发展成了拥有100万人口的城市。[40]

从16世纪40年代开始，殖民者就在按照西班牙帝国的惯例以武器广场为中心建设圣地亚哥城，但是流传到新国家的公共建筑是在帝国的最后半个世纪才开始建设的。大教堂始建于18世纪中期，是在其现址上建的第五个教堂；市政厅始建于1789年；法院建于18世纪晚期，也是都督府的所在地。大多数继承下来的公共建筑都是由意大利建筑师华金·托斯卡或他的门徒设计的。随后，托斯卡又在武器广场西南几个街区处建造了更加令人赞叹的拉莫内达宫，当时它不仅是铸币厂，还是官僚机构所在地，里面有一个酒窖和一个礼拜堂。[41] 智利总统的官邸最初是在皇宫，19世纪50年代，智利总统搬进了拉莫内达宫。

著名的19世纪中期的大主教宫位于武器广场，它体现了这个国家的保守特征，而公众尊敬的人物肖像的建造顺序更清晰地体现了这一特征。1837年，智利决定建立第一座国家纪念碑，并于1860年落成，它是为了纪念商人迭戈·波塔莱斯而建的。波塔莱斯曾任内政部长、外交部长、战争和海军部长，是19世纪30年代国家形成时期政权的铁腕人物。自由主义者贝尔纳多·奥希金斯在秘鲁流亡期间去世，他后来被尊称为智利的

---

① 《阶级关系与民主化：巴林顿·摩尔模型的重新评估》的作者是J.塞缪尔·瓦伦苏埃拉，他在文中对19世纪的智利保守派进行了有趣的赞扬，载于米格尔·安杰尔·森特诺和费尔南多·洛佩斯－阿尔维斯主编的《另一面镜子》，新泽西州普林斯顿：普林斯顿大学出版社，2001年。可供选择的还有简明的经典马克思主义著作，作者是马科斯·卡普兰，《拉丁美洲国家体育馆的成立》，圣地亚哥：国际研究收藏，1969年。

"国父",但直到 19 世纪 60 年代末,智利才正式恢复了他的名誉。1872 年,智利为他建造了一尊醒目的骑马雕像,但早在 16 年前,智利就为推翻他的指挥官建造了纪念碑。[42]

在早期的首都城市规划中,基础设施享有优先权,这与智利政府的制度主义倾向有着有趣的对应关系。优先考虑基础设施建设主要是由奥希金斯等自由派人士推动的,19 世纪 70 年代的自由派人士本杰明·维库纳·麦肯纳也是如此。奥希金斯将圣地亚哥新主街的第一部分阿拉梅达规划为步行大道,道边有长椅、喷泉、咖啡馆和提供市政信息的设施。后来,这条街道进一步延伸、拓宽,并得到了一个应得的正式名称——解放者贝尔纳多·奥希金斯大街,但却没有人这样称呼这条街。奥希金斯大街由东至西贯穿整个圣地亚哥市中心,其功能更像维也纳的环形大道而不是香榭丽舍大街。街道两侧是公共机构建筑,包括智利大学和天主教大学、军部和总统府。20 世纪 30 年代早期的政府大楼市民区就在附近,市民广场在前面。

本杰明·维库纳·麦肯纳是圣地亚哥的规划者中最著名的一位,他只执政了三年,但他的继任者们继续了他的工作。① 在伟大的拉丁美洲城市规划者中,他第一个受到了豪斯曼男爵的启发,其次是布宜诺斯艾利斯的阿尔维亚尔,里约热内卢的弗朗西斯科·佩雷拉·帕索斯,当然还有其他人。从维库纳·麦肯纳对街道、步道和公共空间的关注,我们可以看出他是位能言善辩、目标明确、拥护共和政体的 19 世纪现代主义者。20 世纪前,国际现代建筑协会的现代主义者想把街道变成供汽车行驶的公路,他们认为:"人类最感兴趣的是他们的房子,因为他们在房子中度过人生的三分之一。除了房子之外,人们感兴趣的就是街道,他们在街道上走过了人生的三分之二"。[43] 在今天的圣地亚哥,维库纳·麦肯纳对这座城市的深刻影响在圣卢西亚山仍然清晰可见。圣卢西亚山是一座位于市中心的岩石山,如

---

① 有关圣地亚哥规划的历史,参见阿尔马多斯主编的《规划拉丁美洲城市》中 F. 佩雷斯·奥亚尔松和 J. 罗萨斯·维拉的文章。在维库纳·麦肯纳之前和之后,有几位法国建筑师活跃在圣地亚哥(1870 年至 1900 年之间的几十年被冈萨雷斯·埃拉苏里兹称为"那些法国年代")。奥地利人卡尔·布伦纳也对圣地亚哥的规划有着重大影响,他设计了市民区。

今已是深受人们喜爱的公共休闲空间，山上的古迹形成了一幅历史的画卷。维库纳·麦肯纳的规划还包括一个庞大的现代化污水系统。

城市的创始人、西班牙征服者佩德罗·德·瓦尔蒂维亚的雕像矗立在武器广场，但他的雕像是20世纪60年代初佛朗哥统治下的西班牙赠送的礼物。保守的智利人对故国的态度似乎没有他们的哥伦比亚朋友那么顺从。原住民问题对于南方激进的马普切人来说，仍然是未愈合的创伤。但是，与从英国脱离出来的移民定居点一样，独裁统治结束后，智利开始意识到了征服对原住民的伤害，1992年，智利为原住民建立了纪念碑。

因为篇幅所限，这里无法一一详述所有其他西属美洲国家首都的建立，从基多中部美丽的殖民地风光，到"二战"后加拉加斯美国式的丑陋，我将在下文中的公众与全球时刻背景下再次谈及以上内容。我要讨论的下一个话题是哈瓦那，以及与其相关的城市共产主义。在结束讨论从西班牙脱离出来的国家首都之前，我应该强调一个例外，因为它不同于以前从帝国中心发展起来的首都。上秘鲁（也就是今天的玻利维亚）的法定中心是查尔卡斯省皇家法院所在地丘基萨卡，查尔卡斯省离盛产白银的波托西不远，而波托西曾是当时最大的城市。后来，人们用玻利瓦尔最有能力的指挥官之一苏克雷的名字命名丘基萨卡，并将这座城市确定为玻利维亚的首都。苏克雷至今仍然拥有特殊的宪法地位，2007年的制宪会议在此召开，但由于矿产资源从银矿转移到更北部的锡矿以及一场地区分裂的内战，19世纪80年代玻利维亚将首都迁往拉巴斯，这也是一座古老的美洲城市，成立于1548年。

巴西新旧两个首都的建立不仅相隔120至150年，而且它们处于各自时代相反的两端。1808年，葡萄牙国王在英国皇家海军的护卫下逃离拿破仑的军队，并开始将里约热内卢作为王朝的临时都城。1822年，在他儿子的统治下，巴西宣布建立一个以奴隶劳动为基础、由有头衔的贵族统治的君主制民族国家。也就是说，里约热内卢成了所有移民国家中最传统的英国人和伊比利亚人的首都。1960年，巴西政府搬到了巴西利亚，这座城市无论在当时还是现在，都是有史以来最现代化的首都城市。关于这两座城市的文献不仅数量多，而且内容没有交叉，这里不需要重复。我们要做的是设法捕捉国家权力在这两座城市的体现,并且不会过多涉足巴西历史——这两个两极分化的国家时刻之间的一座桥梁。

里约热内卢从来就不是一个了不起的国家窗口城市,它不是作为殖民地的首都(首都是东北部的萨尔瓦多市,或称巴伊亚)而建的,而是作为一个筑有防御工事的区域性前哨而建的。随着巴西出口经济重心的转移,它于 1763 年成为巴西的首都。1799 年,这座城市有 4.3 万居民,其中五分之一是奴隶。大约 8000 人的葡萄牙王室的到来,极大地推动了人口的增长,到独立时,这座城市的人口约为 7 万人,其中一半是奴隶或家仆。[44] 总督的住所位于港口附近一个蚊虫猖獗的沼泽地里,这使国王大吃一惊。于是,总督府进行了扩建,并增加了一层楼,但以往的破旧和周围环境却没有任何变化。部分的解决方案是在山顶建一座避暑别墅,建设资金由一位富有的商人捐赠,这确立了里约热内卢行政建筑的模式。君主制结束后,国家出资购买了两座贵族的宫殿,首先是伊塔马拉蒂宫(后来的外交部),然后是卡特蒂宫,总统府就先后设在这两处宫殿中。1891 年,共和派的制宪会议在博阿维斯塔宫召开,这里曾是国王的别墅。19 世纪 20 年代末,众议院为自己建造了具有部分新古典主义特点的大楼,在此之前,众议院一直位于门罗宫。门罗宫最初只是 1904 年圣路易斯世界博览会巴西美术展展馆,然后运回里约热内卢进行了重新组装,后来又因为泛美会议的召开而以美国总统的名字命名,最后作为国会大楼再次使用。

在维也纳会议和巴西独立之间,里约热内卢是葡萄牙、巴西和阿尔加维联合王国的官方首都。1815 年末,一群法国艺术家和建筑师被邀请到里约热内卢,因为他们与现在已经没落的拿破仑帝国有联系,所以很容易找到他们。建筑师奥古斯特-亨利-维克多·格兰德·蒙提尼的影响最大,尽管他的大部分项目从来没有实施,但他确实建造并创立了美洲第一所建筑师学校。[45]

在两位皇帝的统治下,里约热内卢不断地发展、学习、与热带疾病做斗争,并逐渐演变为一个工资社会。1850 年,奴隶贸易被废除,1888 年,奴隶制也被废除,但两位皇帝都对展示帝国的权力没有太多的兴趣。另一方面,从 1889 年开始,共和国越来越意识到了来自布宜诺斯艾利斯的区域性竞争,这种竞争既体现在对移民的吸引力方面,也体现为对国际性都市的地位和声望的竞争。

在20世纪的前十年中,里约热内卢加入了19世纪末从墨西哥到布宜诺斯艾利斯的豪斯曼崇拜者行列,对城市中心和卫生系统进行了大规模的改建翻修,行政长官弗朗西斯科·佩雷拉·帕索斯是此次改建的关键人物。在里约热内卢,能与五月大道媲美的是中央大道,这是一条1906年直接开通的大道,从市中心一直向东南方向延伸。1912年,为了纪念垂死的巴西贵族统治的一位重要政治人物,这条街道的名字被改为现在的里约白色大道。

就像西属美洲的同类型城市一样,里约热内卢的私人建筑和历史建筑风格多种多样,而不是像巴黎大道两旁的建筑那样具有严格的统一性。里约热内卢成了一个新的文化区,有美术学校、国家图书馆、市立剧院(设计灵感来自于巴黎歌剧院)和1908年的电影院区。政治在某种程度上是次要的,但并非不存在。大主教宫在开始建造时是为宗教目的而建,但建成后成了最高法院;门罗宫也建在这里;市立剧院前的广场是为纪念第二任总统"铁元帅"弗洛里亚诺·佩绍托而建的,广场上有他的纪念碑;在市立剧院的右侧很快又建成了市议会。[46]

佩雷拉·帕索斯被任命去执行总统的首都城市计划,重点关注移民和资本,而不是旅游业。[47]但在1912年,人们就可以乘坐缆车到达甜面包山了。1917年,仿效尼斯的黑格雷斯科酒店而建的科帕巴纳宫酒店开始动工。

1960年4月21日午夜,巴西利亚响起了钟声。1792年,也是这座钟敲响了处死蒂拉登特斯的钟声,他是为巴西争取独立的第一位斗士。现在,钟声宣告了新首都的开城典礼即将开始,全城灯火通明,教皇约翰二十三世宣读了祝词,并举行了宗教交流仪式和祈求上帝赐福这座城市的仪式。[48]

这不是世俗化的欧洲,但我们无法忘记这个精心准备的36个小时的仪式,它标志着一个前卫的首都的落成。卢西奥·科斯塔将这座城市规划为"十字圣号"的形状,[49]1957年城市开始建设的当天,人们举行了弥撒进行庆祝,1500年,佩德罗·阿尔瓦雷斯·卡布拉尔在同一天组织了弥撒,以庆祝他发现了巴西。①

20世纪，巴西经济呈现出了新的动态，从地租经济转向了企业型的咖啡种植和加工，前者依靠奴隶劳动来经营种植园和矿山，后者雇佣劳动力，并投资于制造业。这种趋势越来越集中地体现在圣保罗，1891年开通的圣保罗人大道成为巴西的主要街道，1922年在这里举办的现代艺术周，是巴西现代主义艺术的起点。

巴西从未生活在美国式的边疆神话中，但它也是一个大陆所占比例较大的国家，未开发的荒野充满了神秘感。巴西部分精英阶层形成了一种理念，即开垦和教化这个国家基本无人居住的内陆地区。早在1891年，共和国宪法就规定了将首都迁往内陆的最终目标。

仅有新的社会动态和模糊的地缘文化目标是不够的，政治观点必须要明确，对内陆的关注也必须要得到前卫建筑风格的推动。

圣保罗的企业家对新首都没有兴趣，但在1936年惨败后，国家的政治并非由他们管理。巴西的政治活力源自于热图利奥·瓦加斯的总统任期（1930年至1945年，1951年至1954年）：中央集权主义者、反寡头主义者和发展主义者。虽然瓦加斯不是一位被选定的继任者，但他的"民粹主义"是巴西利亚建造者儒塞利诺·库比契克总统的政治基础。儒塞利诺·库比契克总统被人们称为JK，他曾担任贝洛奥里藏特市市长，建这座城市的初衷就是要使其成为富裕的米纳斯吉拉斯州的新首府，这无疑是19世纪的一项大胆的政治建设。20世纪40年代早期，JK曾在这里推进激进的城市现代化，这些经历对他迁都巴西利亚并非没有任何意义。巴西利亚是总统的唯发展主义思想的纪念碑。[50]

巴西利亚的第四个关键参数是巴西的建筑风格。建筑艺术在巴西发展得很早，就像上文所说的那样，巴西帝国开创了美洲的建筑形态。20世纪20年代，巴西建筑开始接受现代主义，勒·柯布西耶的课外弟子卢西

---

① 选定的日期是5月3日（实际上是卡布拉尔组织第二次弥撒的时间），其含义非常有趣，因为与4月26日的第一次弥撒不同，当时没有原住民在场。1957年，该地区的一个印第安人代表团受邀向总统致意。当现代主义的首都落成时，没有邀请原住民参与庆祝仪式（维达尔，《从新的葡萄牙京城到巴西利亚》，268页及其后，280页及其后）。

奥·科斯塔1930年成为贝拉斯艺术学校的校长,现代主义很快成了巴西建筑的一种民族风格。1936年,一座世界领先的现代主义建筑落成——里约热内卢教育和卫生部,它的设计者是科斯塔和包括奥斯卡·尼迈耶及景观设计师罗伯托·布雷·马克斯在内的团队,马克斯后来在巴西利亚也非常活跃。作为贝洛奥里藏特市市长,库比切克招募尼迈耶设计了位于潘普利亚的一个豪华旅游区,其中最引人注目的是令人惊叹的原始现代主义教堂。1943年,在纽约现代艺术博物馆举办了"巴西建筑"展,美国的展览策划者们肯定了巴西现代主义的非凡成就。[51]

上述这些关键的背景因素在库比契克1955年竞选总统时非常偶然地结合在了一起,他以畸形的瓦加斯联合政府为基础,提出在五年内实现需要五十年发展才能实现的30个目标。建立新的首都并不是他的30个目标之一,而只是在他竞选总统的过程中提出的一个"综合目标"。[52]

库比契克赢得了选举,然后很自然地寻求与15年前的老合作伙伴奥斯卡·尼迈耶合作。尼迈耶为新首都的规划草案举行了一场国际竞赛,卢西奥·科斯塔的素描赢得了比赛,但尼迈耶保留了主建筑师的角色。库比契克将巴西利亚作为自己毕生的事业,但将新首都的设计事宜几乎全部交托给了尼迈耶和科斯塔,同时他招募了颇有才干的企业家伊斯雷尔·皮涅罗执掌巴西国家建筑公司。在巴西大规模发展的十年(1956—1961年,增长了80%),巴西总统的领导是强有力的,而且他与当时世界上最具创造力的建筑师之间有着一种独特的信任,建筑师们仅凭一张空白支票就开始部署实施总统的非凡创造,正是这种独特的信任创造了巴西利亚这个20世纪的现代主义城市。

巴西利亚传递了什么样的权力信息呢?首先,巴西是一个致力于彻底变革和发展的国家,但除了相信应该拥有汽车和城市之外,并没有说明应该进行何种变革和发展。① 科斯塔的规划图很有美感,并因此受到了尊重。尼迈耶是一位坚定的共产主义者,他对民主的信奉体现在他设计的"三权广场"中行政、立法和司法三权的平衡(在这三种权利中,立法权显然是

---

① 按照规划,汽车交通畅通无阻,既没有十字路口,也没有红绿灯。

处于主导地位），但他设计的建筑主要展示的是造型上的创意，几乎没有任何政治意图，就算有，也是微乎其微。

住宅区规划确实包含了统一的"超级街区"的平等主义愿景，规划面向街区内部建设，重视建立远离街道的社会生活，按照勒·柯布西耶的现代主义思想，街道是留给汽车的。与新德里或伊斯兰堡明显的社会阶层分化不同，巴西利亚的"超级街区"最初是打算为各种政府雇员提供住房，不过科斯塔曾暗示采用提供不同便利设施的方法，来进行某种社会"分级"。即使是城市的郊区和周围的乡村，都要消除贫民窟的存在。[53] 然而，几乎没有人考虑为来自远方的工人提供住房，而他们正在建设这座城市。他们住在临时的营地中，一旦首都建立起来，这些营地就会被摧毁。[54] 总统坚持认为，首都是为政府的公职人员准备的。[55] 这种想法不仅天真，而且是自相矛盾的。巴西利亚的建设就是为了开发巴西几乎空空如也的内陆地区，只要这个宏大的项目取得成功，移民就会大规模地涌入，事实也是如此。一方面，城市建设提供的机遇吸引了移民；另一方面，1958年贫困的东北地区发生了毁灭性的干旱，这也推动了移民的到来。实力强大的巴西利亚国有建筑公司——巴西新首都城市化公司试图阻止绝望的移民涌入这座城市，他们在进入巴西利亚的道路上设置警察壁垒，但没有成功。[56] 在规划草案启动之前，一些非正式的卫星城在"入侵"的土地上发展起来。到20世纪末，这些卫星城的人口已占整个联邦区人口的四分之三。

在一位极其信任的总统的保护下，巴西利亚项目天真或者说是缺乏远见的审美先锋主义是可以蓬勃发展的，而且总统在国会的政党联盟还慷慨地授予了他广泛的权力。但是，现实是严酷的，巴西的不平等的和脆弱的民主很快就显现了出来。雅尼奥·夸德罗斯和若昂·古拉特两位总统相继短暂的任期使巴西利亚项目陷入停滞，而且他们的总统府也没有设在巴西利亚。1964年发生了军事政变，实际上，也正是军政府决定了巴西利亚的命运，这既有积极的一面，也有消极的一面。军政府将首都迁到了巴西利亚，并在那里继续进行建设，这无疑决定了首都的位置问题。军政府还主持了大部分湖岸地区的私有化，上层阶级占有了原本打算向所有人开放湖岸地区。将已经设计好的城市区域内的公寓市场化，除了加剧经济不平等外,还使联邦区的不平等比全国更加严重。[57] 1970年,巴西利亚的人均收入与卫星城市中最贫穷的瑟兰迪亚相比,差距相当于最低工资的4倍,1976年,这种差距达到了最低工资的31倍。在历史最悠久的卫星城——班德兰特,与巴西利亚的人均收入差距变化幅度较大,从最低工资的2倍到23倍。[①]

然而,半个世纪之后,巴西利亚显然已经取得了一定的成功。这座城市发展成了一个繁荣的大都市,是区域经济发展的强有力支柱和建筑现代主义的大型纪念碑,但同时它也展示了巴西的不平等。

脱离形成的首都

脱离宗主国而形成的移民国家经历了几十年,通常是半个世纪才有了自己的首都,导致这一现象的原因主要有两个:一是脱离大英帝国后,新兴国家在政治上形成了相互竞争的两极,在这种情况下,建设新首都在经济上也很困难。但比勒陀利亚是个例外,它没有经过漫长的建都过程,而是一个被打败后消失的民族国家的首都。另一个原因是西属美洲长期受到内战的影响,民族国家的建立异常艰辛。但智利是个例外,早期的保守派势力非常强大,他们流放了自由主义的民族解放者贝尔纳多·奥希金斯。里约热内卢的繁荣与其重要地位密切相关,它曾是流亡中的葡萄牙帝国宫廷所在地和新巴西的首都。虽然西属美洲主要城市的市政府发动了全国性的起义,但一旦宣布民族国家成立,他们就像所有脱离宗主国后形成的国家首都一样,受到了国家议会和政府的控制。

这些新首都从欧洲引进了他们的建筑风格,新古典主义(尤其是公共建筑)和19世纪的法国美术和历史主义折中主义。新殖民主义的西班牙风

---

① S.F.内托·冈萨雷斯,《巴西利亚住宅隔离的具体形式》,载于A.帕瓦尼主编的《巴西利亚问题》,巴西利亚:巴西利亚大学出版社,1985年,第92页。最富有的人集中在两个被非法侵占的湖滨地区,1997年,那里三分之二居民的家庭收入超过最低工资的40倍(巴西玛·费雷拉·纽恩斯,《巴西利亚:公司的幻想》,巴西利亚:《平行线》第15卷,2004年,第106页)。

格是在20世纪才出现的，比如在利马。有时，这些首都也会加强对立法的重要性的强调，例如在华盛顿、波哥大、蒙得维的亚、巴西利亚和堪培拉，出现了民众的权力凌驾于立法机构之上的信号。

但比后者更引人注目的是，一些新的首都傲慢地宣扬民族自豪感和民族的力量。在华盛顿，林肯和杰斐逊纪念堂壮观如神庙，战争胜利纪念碑盛大而奢华；在堪培拉，人们似乎没完没了地在澳新军团阅兵场举行活动，纪念澳大利亚在海外参加了帝国的战争；19世纪晚期，墨西哥在改革大道上展示了自由民族主义的胜利，在欧洲没有类似的展示；在布宜诺斯艾利斯，主要街道比欧洲任何地方的街道都要宽阔，人物的骑马雕像也比欧洲任何地方的同类雕像都要高大；欧洲的任何政府建筑都无法与比勒陀利亚的政府所在地联合大厦相媲美；利马围绕新的圣马丁广场重建了市中心，这样的宏伟计划欧洲也不曾有过。

白人自治领志愿参加大英帝国的战争，拉丁美洲的大道、为纪念哥伦布而建的雕像和剧院，都说明了移民国家与他们的宗主国之间重新建立了联系，而且这种联系也得到了同等的回报。1921年，伦敦在特拉法尔加广场接受了弗吉尼亚州赠送的礼物——华盛顿雕像，西班牙政府在秘鲁独立100周年之际，向新建的莱吉亚大道捐赠了一座"摩尔式拱门"作为礼物。

移民国家首都特有的种族问题沿着两个方向发展。其中之一是移民族群之间的融合，这种融合进展得很好，跨越了持久存在的文化差异，融合的方式是用不同的移民语言发行报纸，允许不同的种族为工作和职位竞争。这种持续的、多元化的融合体现在以下两个方面：在庆祝活动中，有代表性的移民族群向城市赠送礼物；在全市范围内，庆祝不同民族的具有里程碑意义的事件。

另一个种族问题是如何将奴隶制、前奴隶和原住民联系起来，这比移民族群之间的融合要困难得多。直到今天，这一种族问题仍然是华盛顿的一个痛处。华盛顿有一半人口是黑人，自20世纪70年代中期以来，非洲裔美国人一直处于自治状态，但却要服从国会的预算监督，而国会中的大多数人是保守的白人。与美国相比，种族问题在巴西的影响要小得多，但考虑到非白人人口所占的比例要比华盛顿大得多（根据自我认同，大约有一半），种族问题爆发的可能性也更大，而且巴西利亚的核心是白人。即使是在从英国脱离的国家中，原住民也没有灭绝，但他们被剥夺了公民的权利。西班牙帝国的中枢机构及其在墨西哥和秘鲁的继承者承认前哥伦布时代的美洲，甚至认为他们自己在某种程度上也传承了美洲的历史。然而，原住民问题不仅仅是象征性的问题，最重要的是，它也是社会经济问题。重视出口和外国投资的资本主义市场，以及以出租土地和矿业为基础的开发，并没有给原住民带来多少经济方面的机会。但是，虽然原住民不是国家基础的一部分，他们却重新赢得了受到关注的时刻，这是移民国家首都所特有的现象。

第四章　形成国家的基础：国家化的殖民主义

在目前的联合国成员国中，约有一半是摆脱了欧洲的殖民统治形成的，这还不包括上一章讨论的由欧洲殖民地脱离宗主国形成的国家。从欧洲殖民主义中解放出来，是走向现代民族国家的最常见的路径，但最好不要误认为这些国家有相同的背景。20世纪初，英国的殖民主义政府将大英帝国的海外领土划分为40多个类别。[1]然而，为了了解后殖民时期民族国家的首都城市，我们必须要找到它们之间的共同特征。

理想的、典型的现代殖民地首先是海外领土，其人民的文化与统治他们的国家的文化截然不同。换句话说，典型的殖民统治是地理和文化上的远距离统治。第二，殖民统治不仅以武力为基础，殖民统治者声称自己的文化具有优势也是一个重要的统治基础，这种优势体现为军事、行政和技术力量。第三，殖民者所宣称和运用的部分文化优势逐渐得到部分殖民地人民的承认。第四，殖民地解放的基本动力主要不是来自对文化优越性或文化平等的反对，而是来自统治文化的内部矛盾，尤其是统治文化对自由、平等、人民或民族、教育和价值的理解，以及在这些领域存在不平等。

上述情况适合大多数最大的前殖民地国家：印度、印度尼西亚、尼日利亚和埃及，但也有一些例外。其中之一是从前依靠奴隶或苦力劳动的殖民地，在那里，虽然原住民遭到了灭绝，但欧洲的种植园主最终不得不向他们的奴隶和农奴的后代投降。海地以巨大的代价开辟了这条逃离殖民统治的道路，现在的加勒比海地区也具有这样的特点。与大多数殖民地国家不同的另一个例外是韩国。日本先于韩国开始了现代化进程，从而取得了优势，因此，韩国曾是日本的殖民地，但两国之间的文化差异并不大。在这里，我们必须要谈及加勒比海的大部分地区（哈瓦那除外），但关注的焦点是平壤和首尔。

所有能够取得独立的前殖民地国家在独立时都首先保留了其殖民地时期的中心，并作为国家的首都。但在博茨瓦纳和毛里塔尼亚，这是不可能的，因为殖民地时期的首都现在成为了另一个国家。这些国家的新首都发展迅速，而且没有太多的区别。毛里塔尼亚的努瓦克肖特几乎没有任何规划，从表面上看，摩天大楼和随便的大众住房之间是不平等的。博茨瓦纳的哈博罗内是一个分散的、布局更协调的草原城市，因此也比努瓦克肖特更加优美。巴基斯坦很快选择在一位外国的现代主义规划师和建筑师的帮助下，建造新的首都伊斯兰堡，斯里兰卡紧随其后，更为谨慎地设计了一个新的政治中心——斯里贾亚瓦德纳普拉科特，该政治中心毗邻真正的中心城市科伦坡。马拉维的首任总统海斯廷斯·班达让南非人给他建了一个新的、在种族和政治上都更合适的首都利隆圭，城市主要由位于一个小镇外的一座部长居住的小山和一个精英居住的花园城组成。

20世纪80年代中期，科特迪瓦的开国总统费利克斯·乌弗埃-博瓦尼宣布，他的家乡——内陆村庄亚穆苏克罗将成为科特迪瓦的新首都。这个项目没有受到他的逝世和"可可繁荣"的影响，但它还是没有能够取代位于潟湖沿岸的大都市首都阿比让。朱利叶斯·尼雷尔想要在多多马为坦桑尼亚建立新首都，多多马不仅成了新首都，甚至在中国的援助下得到了提升。但多多马仍然是一个内陆城市，虽然议会经常在这里开会，但多多马是临时的议会所在地。这座城市朴素而人性化，就像尼雷尔本人一样。另一方面，阿布贾已成为尼日利亚的政治首都，其功能完善，设计有点类似于伊斯兰堡和巴西利亚，但没有布雷·马克斯、科斯塔和尼迈耶那样奔放的风格，也没有康斯坦丁诺斯·阿普斯托洛·多夏迪斯所做规划的严谨。

撒哈拉以南非洲几乎所有继承下来的殖民地首都都是殖民时代的产物，比如港口、堡垒和政府所在地。到独立时，这些首都因为其乡土建筑，吸引了大量的本土居民，而且在很大程度上超出了殖民规划。这些后殖民时代的大都市，如阿比让、阿克拉、达喀尔、金沙萨、拉各斯、罗安达、内罗毕等，没有自己的本土城市传统，而这些传统在前殖民时代的非洲并不缺乏，例如在西非的贝宁。

北非和亚洲的情况正好相反。大多数殖民时期的首都，后来又重新成为民族国家的首都，这些城市都是古老的、固有的城市，如阿尔及尔、突尼斯、开罗、大马士革、巴格达、德里、达卡、河内、首尔和仰光，它们都有自己的建筑和城市布局的本土传统。吉隆坡和新加坡是帝国主义的产物，巴达维亚（现在的雅加达）和马尼拉也是如此，但已非常久远。

遗留给新国家的殖民地时期的首都都具有典型的二元性，这种二元性存在于非洲法语称为"城镇"的统治者居住区和本土居民的"城市"之间。在印度，大英帝国对莫卧儿王朝的都城（旧）德里进行了扩建，建成了新德里，这是二元性的体现。21世纪初，布鲁塞尔举办的比利时殖民展，解释了二元性的城市规划规则：殖民者和本土居民之间至少要有400米至500米的距离（即超出蚊子飞行范围的距离），他们之间在居住地的高度上也有差别，欧洲人在高处。这种体现在城市中的统治者和被统治者之间的二元性，是殖民主义留给其继承者的被下毒的圣餐杯。但是，由于殖民地时期的首都中很多是贸易港口，从马尼拉到达喀尔都是多民族城市。例如，中国人是马尼拉和巴达维亚固有的一部分，黎凡特商人遍布整个西非。

前殖民地民族国家不仅继承了领土主权原则，而且继承了其实际领土，但他们对实际领土的划分通常是相当任意的，毫不在意或根本不了解文化和种族之间的界限和联系。明智的是，大多数前殖民地国家将这种任意性视为历史遗产，当他们没有这样做的时候，比如在南亚分裂或比夫拉脱离尼日利亚联邦时，血腥的骚乱随之而来。然而，这些前殖民地国家的文化各不相同，只有少数国家在文化上是同质的或处于支配地位，而其他国家必须要找到新的权宜之计，通常是采用殖民者的语言作为官方的民族语言，或者像印度那样，将殖民者的语言作为所有精英的非官方通用语言。

韩国、越南、东南亚（新加坡除外）和阿拉伯世界（从伊拉克到摩洛哥）的文化和语言是同质的，或者说，这些国家的本土文化处于支配地位，他们能够在民族本土文化的基础上重建。另一方面，南亚和撒哈拉以南非洲，尤其是后者，必须要找到它们的跨文化接口。

南亚

新德里是大英帝国王冠上的一颗宝石，是"世界上最伟大的人生活的地方"[①]，是大英帝国现代财富和权力的交会点，也是莫卧儿帝国和印度教王公贵族富裕生活的记忆。新德里的中轴线与老中轴线并排而建，称为国王大道。这是一条长长的、宽阔的、可供游行的大道，从全印战争纪念拱门一直延伸到拉伊西纳小山顶上的总督府，总督府气势宏伟，但建筑风格混杂。总督府周围是一个宽敞的、绿树成荫的花园城，到处都是白色的大厦和别墅，从大厦和别墅的规模及其与总督府之间的距离，可以区分它们的社会等级。

经过数十年的非暴力斗争，但也有暴力斗争，包括监禁国家领导人，印度的独立最终在绅士们之间达成了协议，他们是：蒙巴顿勋爵、贾瓦哈拉尔·尼赫鲁和穆斯林联盟领袖穆罕默德·阿里·真纳。阿里·真纳的巴基斯坦独立要求是当时最具争议的问题。1947年8月15日，印度宣布独立，其宣布独立的地点不是大英帝国的新德里，而是旧德里的红堡。这个地点的选择虽然标志着印度脱离了大英帝国，但也有其自身的讽刺意味：1857年，英国在镇压印度士兵起义时破坏了莫卧儿王朝的宫殿，而红堡是残存下来的皇宫。

民族国家印度进入殖民时期的新德里后，进行了一些例行的清理：首先是地名，然后逐渐对纪念性建筑也进行了清理。1968年，位于国王大道尽头的乔治五世雕像被拆除，甘地提议将总督府改建成医院，但没有得到采纳，因为它刚被重新命名为总统府，并拥有了一位印度居民。国王大道更名为拉杰大道，并用于举行共和国日和其他庆祝仪式的游行活动。女王大道更名为人民路。后来，新德里商业中心康诺特广场更名为拉吉夫市场（是按照遇刺总理拉吉夫·甘地的名字命名的），但在平日里似乎并没人坚

[①] 在20世纪30年代，总督有6000名仆人侍奉（戴维·坎纳丁，《装饰主义：英国人眼中的帝国》，牛津：牛津大学出版社，2001年，第56页）。

持使用这个名字。① 第一次世界大战纪念碑以"印度门"的名字保留了下来，而且印度挫败了在印度门周围建立"退出印度"运动纪念物的行动，"退出印度"运动是"二战"期间民族主义者发起的，改变空间和建筑布局的计划最终都以失败告终。² 在市政规划中，该地区仍被称为德里帝国区，是唯一一个不允许进行新的开发建设的城区。³ 对于一个议会制民主国家来说，该地区有一栋国会大厦是一件幸事，这是第一次世界大战后对政治变革的认可，它离权力中心不远，但从布局上可以明显地看出，这是后来添加的建筑。2000 年，国会大厦又增补了国会图书馆，该图书馆颇有后殖民时代印度的特色：既体现了对大型帝国建筑的尊重，同时也表现出了独创的本土现代性。②

印度独立后，贾瓦哈拉尔·尼赫鲁作为总理统治印度近二十年，尽管他有时不得不接纳执政的国大党的其他知名人物，但他主导着印度的政治。他出身高种姓，接受了英国的精英教育，他的领导风格可能使印度重现了一个深渊，这个深渊不仅存在于贫富之间，而且存在于伟大的、进步的、兴旺的世界级知识分子和大量的文盲之间。然而，他是一个民主的社会主义者，他不认为自己是皇帝和总督在印度的继承人。他将山上的皇宫留给了一位无权无势的象征性总统，尼赫鲁为自己选择了旗杆屋，改名为"三尊雕像府"，这里从前是英帝国总司令的官邸。该建筑并没有成为惯例化的总理住宅，1964 年尼赫鲁去世后，该建筑成了纪念馆，后来又增加了一个纪念图书馆。

尼赫鲁不仅对建筑非常感兴趣，而且在建筑方面知识渊博，他在后殖民时期对民族建筑和民族城市规划的探索中发挥了重要作用。起初，德里对这一切并不关注，因为对德里来说，最重要的是它正在面临的分治的影响。德里的很大一部分穆斯林精英逃往巴基斯坦，大量印度教徒和锡克教

---

① 1980 年，随着国家地名管理机构的成立，地名变得政治制度化。关于德里的地名命名法和纪念碑性，我要感谢尼赫鲁大学的阿南德·库马尔教授和他的两个学生为我的研究项目准备的报告，这两个学生是拉梅什·辛格和萨拉达·普拉桑纳·达斯。

② 参见拉胡尔·卡纳，马纳夫·帕霍克，《新德里的现代建筑》，新德里：印度兰登书屋出版公司，2008 年，第 174 页及其后。国会图书馆是由印度最杰出的建筑师之一拉吉·雷瓦尔建造的。

徒又从巴基斯坦逃往德里，安置和照顾成千上万的难民是德里的首要任务。然而，除了迫在眉睫的紧急任务之外，建筑和城市规划这一关键问题不仅是建筑师们关心的问题，也成为总理、各邦首席部长和各主要城市公共工程部门所关心的问题。

解决建筑和城市规划问题的途径主要有两个，而且不是两极分化和不可调和的两个途径，但仍然是可以区分的。其一是复古主义，自由地借鉴印度前殖民时期丰富的文化和建筑风格，包括莫卧儿、印度教徒、锡克教徒和佛教徒的文化和建筑风格。后帝国时代的现代主义则是第二个选择。独立后的印度拥有一批在国外接受过现代主义大师培训的建筑师，这些现代主义大师包括沃尔特·格罗皮乌斯、埃里希·门德尔松、弗兰克·劳埃德·赖特和路易斯·康，他们深受勒·柯布西耶和奥斯卡·尼迈耶的启发。[4]

尼赫鲁是一位社会现代化主义者，因此他倾向于支持现代主义者，包括支持邀请勒·柯布西耶规划旁遮普邦的新首府昌迪加尔，分治前的旁遮普邦首府拉合尔后来分给了巴基斯塔。他不反对昌迪加尔的分层布局，但制止了将首席部长官邸建在高处的计划[5]，他支持奥托·柯尼斯堡对奥里萨邦新首府布巴内斯瓦尔市的平等主义设计。[6]有时，尼赫鲁也干预单体建筑的设计，例如，他坚持德里的第一家五星级酒店——阿肖克酒店应体现拉其普特人的传统主义特色。[7]在独立后的德里，用于研究、文化、国有企业和发展机构的公共建筑一直处于主导地位，但1983年建成的新德里市政厅的现代主义混凝土高楼是个例外，因为它是政府建筑。

德里有时被称为古迹之城，但与莫卧儿和英国国王的遗产相比，德里的古迹相形见绌：前者的城堡、清真寺和陵墓以及后者的帝国区都是德里的古迹无法比拟的。国家的圣地是位于河岸的甘地陵，是焚化圣雄甘地遗体之处，旁边还有尼赫鲁、英迪拉·甘地和其他一些高官的遗体焚化场所。在以尼赫鲁－甘地家族为中心的德里，具有政治意义的命名非常频繁，例如英迪拉·甘地国际机场、贾瓦哈拉尔·尼赫鲁体育场和贾瓦哈拉尔·尼赫鲁大学。

德里的城市规划存在可悲的缺陷。到20世纪末，该市约有三分之一的住房存量，或许多达一半的人口居住在非法定居点、"未经授权的居住区"或违章建筑区。[8] 印度严格限制各邦拥有的权力，规划区在很大程度上延续了殖民地时期的规划模式：特定职业群体或收入阶层居住在不同的"居住区"。这一继承下来的规划模式包括：政府雇员居住区按工资级别排列，在英国统治时期就是这样的；[9] 城市中的军事存在非常明确，例如国防机构驻地、空军驻地和管理军事街区（"军营"）的军营委员会。

尽管德里被称为"没人喜爱的城市"，[10] 但就国家而言，德里是一个非常成功的首都，甚至比巴西利亚还要成功。德里不仅取代拉合尔成为印度北部的文化之都，而且已成为印度的文化、艺术（当然，电影除外）和媒体之都，以及高等教育的主要中心，尤其是人文和社会科学领域。虽然德里仍然不如孟买，但它也已成为一个主要的商业和工业中心。1991年，德里三分之一的就业来自工业。[11]

巴基斯坦没有殖民时期的首都可以国有化，拉合尔是所在地区的历史中心和社会文化中心，1947年，该地区成为西巴基斯坦。但在印巴分治后紧张的地缘政治局势中，拉合尔的位置是一个不利因素，它距离印度边境只有12英里，是一个容易受到攻击的城市。卡拉奇是繁荣的殖民时期的港口城市，它显然可以在短期内代替拉合尔的中心地位。新的巴基斯坦在这里建立，然后就开始拼命地为公务员们寻找居住的地方，因为这座城市突然被来自印度的难民淹没了，有时公务员不得不将就着居住在临时搭起的帐篷里。修建新首都的讨论很早就开始了，但在第一轮投票中，赞同卡拉奇的意见占了上风。卡拉奇围绕建立政府制订了城市规划，并决定为1948年去世的国父阿里真纳在市中心建造一座纪念性陵墓（该陵墓实际上已建成）。但是，自1958年起统治巴基斯坦的军事独裁者阿尤布·汗想要离开气候湿热、商业腐败、市民桀骜不驯的卡拉奇。他下令在北部的内陆高原上选择新首都的地址，而且新首都要毗邻拉瓦尔品第的陆军总部，后者在1959年被提升为临时首都。

1960年，即将建设的首都被命名为伊斯兰堡，意思是"伊斯兰教之城"。巴基斯坦军方及其规划和建筑顾问几乎都是现代主义者，因此，恢复传统主义的伊斯兰城市问题从未出现。①政府将城市的总体规划交给了康斯坦丁诺斯·多夏迪斯，他是享有全球声誉的希腊现代主义规划师、城市及区域计划学理论家，他还是一家大公司的领导，该公司在从阿克拉到巴格达的地中海南部地区非常活跃。多夏迪斯对伊斯兰堡的规划、勒·柯布西耶对昌迪加尔的规划以及科斯塔和尼迈耶对巴西利亚的规划大致处于相同的时代，因此，这三座城市之间有许多相似之处：大型的几何分割居民区，占主导地位的城市中轴是一条巨大的大道，政治权力区集中在城市的一端，而且是市中心所在地等。

伊斯兰堡的规划有一些自己独特的特色。多夏迪斯认为自己是科学家，他不像其他规划师那样具有审美情趣，也不像他们那样关心城市的纪念碑性。伊斯兰堡最主要的不朽之作是费萨尔清真寺，这是一座棱角分明的现代建筑，带有四座细长的宣礼塔，是土耳其建筑师按照佐勒菲卡尔·阿里·布托的倡议建造的，其目的是为纪念1974年伊斯兰会议组织的集会。如果说科斯塔的规划是特意为界限分明的官僚首都设计的，多夏迪斯则特意设计了一座"动态都市"，一座可以不断发展的城市，从而避免了巴西利亚的城市发展模式：由非正式的卫星城环绕在精心规划的城市周围。他甚至强调必须自下而上建造城市，城市建设应从为城市建设者建造住房开始。[12]然而，事实上，他在规划城市时是从为低级公务员设计住房开始的，而建筑工人则必须自己寻找住所，能在哪里找到住所他们就住在哪里。[13]伊斯兰堡的住房从一开始就以政府的工资标准为基础，与巴西利亚和昌迪加尔形成鲜明对比的是，从国家图书馆和博物馆开始的伊斯兰堡文化中心的外围位于权力区内。

巴基斯坦首都发展局想要的是非垄断的现代主义，因此，城市规划对传统的莫卧儿建筑风格给予了不同程度的关注。从一开始，首都发展局就清楚地表明，作为城市的总规划师，多夏迪斯不能再担任主要建筑的建筑师，所以他们考虑并邀请了许多现代主义建筑的明星人物。在昌迪加尔之

---

① 关于伊斯兰堡的建筑，除了我自己2004年的观察外，我参考了Z.D.夸贾的《建筑师回忆录》，拉合尔：费罗泽森出版社，1998年；尼尔森，《新首都》；奥雷斯特斯·雅卡斯，《伊斯兰堡：首都的诞生》，牛津：牛津大学出版社，2001年。

后，勒·柯布西耶不能再参与伊斯兰堡的建筑设计，这使当地的大学感到非常遗憾；沃尔特·格罗皮乌斯、马塞尔·布鲁尔和丹下健三拒绝了邀请；阿纳·雅各布森和路易斯·康的项目也被拒绝。[14]

最后，美国建筑师爱德华·斯通设计了总统府和议会大厦这两座关键建筑：这是两座白色的水平大厦，总统府在高度和长度上都略微超过了议会大厦。应发展局新主席的要求，斯通去掉了上届政府要求的传统主义元素。[15] 在我看来，行政区内唯一的一座非凡的建筑是丹下健三（他后来同意了参与伊斯兰堡的建筑设计）设计的最高法院，至少从外面看，这是一座具有创造性的现代主义建筑，它可能适合建于现代世界的任何地方。

东南亚

荷兰殖民主义是由荷兰东印度公司和联合省共和国的加尔文主义商人执行的。荷兰控制下的巴达维亚再现了阿姆斯特丹素淡而不炫耀的一面。巴达维亚拥有与总督官邸相当的市政厅，这在殖民地城市非常少见。20世纪30年代，荷属东印度群岛的一位进步的首席城镇规划师和建筑师托马斯·卡斯滕提交了一份政治中心及其周围环境的重建计划，该计划将把政治中心重新定位于新的市政厅周围。① 但是，这座城市后来发生了战争并被日本人占领，在日本占领期间，这座城市恢复了前殖民时期的名字——雅加达。

殖民统治缓慢地退出之后，印度尼西亚并没有像印度那样在各方一致同意的基础上建立民族国家。1945年8月17日，在得到日本投降的消息时，印度尼西亚宣布了独立。但不久英国军队就到了，紧随其后的是荷兰军队。于是，一种双重权力格局出现在了雅加达，印度尼西亚民族主义者在市政厅管理本土居民居住的城区，荷兰人在市政事务办公室管理殖民地地区。[16] 1947年7月，荷兰人感到有足够的实力进行收复失地运动，他们称之为

---

① 阿比丁·库斯诺,《后殖民时代之后：印度尼西亚的建筑、城市空间和政治文化》，纽约：劳特利奇出版社，2000年，第55页。阿比丁·库斯诺写了大量关于雅加达的著述，将建筑与社会的视角优雅地结合在一起。另见他的《记忆的显现：印度尼西亚建筑与城市形态的记忆实践》，北卡罗来纳州达勒姆市：杜克大学出版社，2010年。

"警察行动"。但是,民族国家的共和国仍然存在,经过两年的低强度战争和宪法密谋,在美国的压力下,荷兰于1949年12月承认了这个独立的共和国。

印度尼西亚是第一个成功打破殖民统治的例子,但这并没有阻止它重新利用这个殖民城市。有权势的总统搬进了位于独立广场(原名为国王广场)的总督府别墅,并将其改名为独立宫(或称自由宫),周围是国家回收或新建的建筑。印度尼西亚成为民族国家时,经济遭到了破坏,建立的政体充满了尖锐的矛盾而且不稳定,但却要管理一个庞大的、具有族裔和文化多样性的群岛。早期的雅加达饱受人满为患和贫穷之苦,各种城市服务严重缺乏。

苏加诺是第一任总统,从1958年到1965年,他几乎是这个国家不受限制的领袖。在成为职业政治家之前,他曾经是工程师,有过一段从事建筑实践的经历。和尼赫鲁一样,他也是一位现代主义者,强烈致力于把雅加达打造成一个现代国家的现代首都,使其成为世界上"新兴力量的灯塔"。与尼赫鲁相比,苏加诺拥有更大的权力,他对雅加达的影响比尼赫鲁对德里的影响更大。他们之间一个最大的不同在于苏加诺更加激进,他正在领导一个与殖民统治决裂的民族国家,具有民族主义象征性的政治将在雅加达发挥更大的作用,两个主要的表现是独立广场中央的民族独立纪念碑和财政部大楼对面的伊里安查亚解放纪念碑。

独立纪念碑参考了前穆斯林、前殖民时期爪哇的印度教高等文化,其形状是137米高的大理石男性生殖器(阴茎),顶部是一个方形平台,上面有镀金的火焰,底座是女性外阴(阴道)。无论它们的性内涵是什么,①

---

① 苏加诺是一个臭名昭著的性掠夺者,他可能很容易就会想到性的画面,但这基本上与民族主义无关。雅加达也以其他形式纪念前伊斯兰教时期的印度佛教神话,独立纪念碑底座的透视画中就包含了神话内容。要了解关于独立纪念碑的更多知识,可以阅读杰拉尔德·麦克唐纳的文章《印度尼西亚的独立广场:民族认同与建筑环境》,《反极》,第27卷,第3期,1995年,第270—293页。荷兰人类学家彼得·纳斯对雅加达的国家象征主义做了经典概述,见《雅加达,充满符号的城市:符号生态学随笔》,载于《旅居》第72卷,1992年,第175—207页。这是作者对这个领域的第一个重大贡献,他将城市象征主义研究作为了毕生的事业。

它们都是在印度仍然受到尊崇的古老的生命、男子气概和生育能力的象征。独立纪念碑传达了一种抽象、自信的民族主义力量,这与三个多世纪的欧洲殖民主义毫无关系。

另一座表达坚定自信的纪念碑是为了纪念1963年接管伊里安查亚(新几内亚西部),自1949年,该省一直属于荷兰人。这座纪念碑描绘了一个英勇健壮的男人,他站在高高的长方形水泥框架上,打破桎梏他的锁链和镣铐。据我所知,苏加诺并没有为自己建造任何纪念碑,而现在这座宁静的苏加诺和穆罕默德·哈达双人像是后来才建造的,穆罕默德·哈达是他的副总统和竞争对手,用他们的名字命名首都机场起也是后来的事情。①

苏加诺推动建造了几座作为现代性标志的建筑,最直接的目的是为1962年的亚运会和1963年的"新兴力量运动会"建设比赛场馆。"新兴力量运动会"是在新落成的格罗拉蓬卡诺(意思是兄弟苏加诺)体育场举行的,目的是为了对抗奥运会。雅加达去除了所有殖民时期街道和广场的名称,规划了一条南北贯穿的轴向林荫大道,并以为争取独立而斗争的两位英雄的名字命名,他们是:"二战"前的民族主义政治家穆罕默德·胡斯尼·坦林和民族主义军队指挥官苏迪曼将军。印度尼西亚酒店位于林荫大道上,酒店外有一座巨大的"欢迎"雕像,雅加达的第一家百货商店和第一座苜蓿叶形立交桥也在这条林荫道上,苏加诺梦想将雅加达建成一座让新加坡黯然失色的、摩天大楼林立的城市。

印度尼西亚的民族主义是明显的多元文化融合的民族主义,值得注意的是,在第一个民族主义的肖像中,印度教的主题是非常显著的。在市中心,不仅有民族纪念碑,还有一座充满活力的、巨大的哈努曼雕像,哈努曼是印度古典史诗《罗摩衍那》中的猴神。在苏加诺之后,这一传统得以延续。另一部经典印度教史诗《摩诃婆罗多》中的人物阿朱那的整体雕像位于印度尼西亚银行的双子塔外,他坐在一辆由一长套马牵引的战车上。苏加诺还积极参与了独立广场附近的国家独立清真寺(伊斯蒂赫拉尔清真寺)的规划。这座清真寺是一座现代化的大型建筑,上面的阿拉伯式圆顶

---

① 苏加诺和哈达去世后共同出现在双人纪念像中。

是一位基督教建筑师设计的。就像独立纪念碑一样，该清真寺建成于苏加诺统治印尼之后的五年，即20世纪70年代。随后，又在体育场所在的区域内建了一座国会大厦。

即使不能与印度大城市的悲惨情况相比，雅加达的社会问题也是非常严重的，但政府却几乎没有采取任何措施去解决这些问题。在苏加诺时期，一种新的、后殖民时代的城市二元论形式在雅加达开始出现，并在之后得到了很大的发展：城市为上层或中产阶级建设了高架公路系统，机动车从下方和两侧的普通民众居住区和村庄呼啸而过。雅加达建筑师乔·桑托索将这座城市分为五层：前殖民时期的爪哇城；荷兰殖民城；苏哈托"新秩序"下的现代国家首都、全球化的巨型城市；可持续发展城市的基础、桑托索最喜欢的村庄。城市中的高速公路、最近沿着高速公路建成的高层超级街区和常年的交通堵塞，都是思索"雅加达五层"的非常合适的场所，但我们的心情一定是非常悲伤的。[17]

与雅加达的独立纪念碑相对应的是马来西亚首都吉隆坡的国家英雄纪念碑。20世纪60年代初，苏加诺发起了一场与马来西亚的对抗，这是一场毫无意义、自我贬低的政治戏剧，让人想起了墨索里尼，苏加诺引用或重复了墨索里尼有关"危险地生活"的荒谬想法。但是，使这两座纪念碑形成对比的是历史，而不是戏剧。英属马来亚半岛转变为民族国家马来西亚，是经过谈判和非决裂方式摆脱殖民统治道路的一种特殊变体。在大英帝国的统治下，马来西亚是由马来皇室和统治马来农民的贵族阶层管理的。殖民时期的锡矿和橡胶园由引进和（或）移民的中国人和泰米尔人经营，亚洲的业务由中国人经营。在马来西亚第一任总理东古·阿卜杜勒·拉赫曼纪念博物馆里，陈列着马来人引以为傲的现代马来民族主义纪念物。现代马来民族主义始于1945年，当时英国提出一项为当地华人提供平等公民权利的提议，因为他们曾抵抗日本的占领，但马来人却掀起了反对此项提议的请愿和运动。

吉隆坡国家英雄纪念碑的位置是官方指定的，但却没有像与其具有同等地位的雅加达独立纪念碑那样靠近市中心。第一个来到这里的游客可能会认为，她正站在华盛顿的硫磺岛海军陆战队战争纪念碑的复制品前，她不会大错特错。这两座纪念碑实际上是同一位雕塑家费利克斯·德·韦尔登创作的，东古·阿卜杜勒·拉赫曼邀请他创作了类似的纪念碑。如果将马来西亚国旗对折，纪念碑上面的英雄（年轻时的东古）举着的马来西亚国旗看起来很像美国国旗。这是一座纪念英雄的纪念碑，但是纪念什么样的英雄呢？既不是为了独立而牺牲的英雄，也不是为了国家而牺牲的英雄。纪念碑正面的献辞是"献给为了和平与自由事业而战的英勇战士"。在观看纪念碑的另一侧时，我们终于明白了什么是和平与自由：没有"紧急情况"的和平与自由。英国人与共产主义的反帝游击队进行了长达10多年的战争，"紧急情况"是英国人对这场战争的委婉说法，游击队最终被残酷地击败。两位牺牲的共产主义者葬在了纪念碑的底部。[18]

马来西亚的"国家"纪念碑实际上是为了庆祝在亚洲的最后一场帝国战争的胜利而建的，马来王子（"东古"可以翻译成"王子"）是战争的主要受益者。马来西亚仍然是九个苏丹轮替的君主制国家，但他们的角色主要是象征性的，马来贵族也不再掌权。在吉隆坡，最近建造的地标建筑——石油双塔体现了这一事实。石油双塔或许是世界上最引人注目的民族国家资本主义纪念碑，它是国有石油公司（马来西亚国家石油公司）的总部所在地，由西萨·佩里设计，在当时的总理马哈蒂尔·穆罕默德的直接监督下建造。马哈蒂尔·穆罕默德是一位激进的中产阶级民族主义者，与贵族精英截然不同。[19]

在被动现代化努力受挫后，开罗开始了其殖民地时代。与开罗类似，首尔有其特有的殖民轨迹，而且它与殖民大国之间关系也是非常特别的。毕竟，韩国和日本都是中华文明的分支，其受过教育的精英是在相同的儒家经典熏陶下成长的，他们使用相同的中国表意文字。

因为在一定程度上受到日本明治维新的启发，朝鲜从19世纪80年代开始尝试从上层进行被动的现代化，但其内部以及地缘政治形势都比总督统治时期的埃及脆弱得多。朝鲜正式臣服于中国皇帝，与奥斯曼苏丹对埃及的影响力相比，中国皇帝在朝鲜的影响力更大。除此之外，日本和俄罗斯掠夺者也变得越来越咄咄逼人。1894年，朝鲜爆发了一场大规模的农民起义，东学党起义。东学党起义几乎推翻了朝鲜的君主统治。朝鲜君主向清政府寻求帮助,清政府前来镇压叛乱,但也诱使日本进行了干预。日本击溃了清政府军队,所以在和平条约中,清政府不得不接受朝鲜独立。

朝鲜国王随后自立为历史上称为"大韩帝国"的皇帝,"大韩帝国"获得了与中国和日本同等的地位,现代形式的民族主义开始在"大韩帝国"出现。1896年至1897年,"大韩帝国"建立了第一座国家纪念碑,这是仿照法国凯旋门修筑的一个简单的独立门。现在,它依然屹立在首尔市中心的外百老汇,虽然有点可怜,但也不失谦逊。日本随后又打败了沙俄,并于1910年正式吞并了朝鲜。民族国家朝鲜是1945年后才出现的。

首尔当时被称为汉城,它的一些城市现代化在殖民统治之前就已经开始了,城墙被推倒,城内的街道拓宽并安装了照明设施,有轨电车开始成为交通工具,山上还有一座闪闪发光的基督教大教堂。日据时期,汉城更名为京城(日语称为"Kei jō"),并降级为京畿道的一部分。日本按照日本城市的规划和建设方式对京城进行了改建,特别是城市中心。日本以东京为蓝本启动了大规模的街道改造计划,并建设了一系列标志性的公共机构建筑:气势恢宏的市政厅、规模与其类似的总督办公楼和总督官邸。总督办公楼位于一座从前的皇宫前面,总督官邸位于这座皇宫的后面,但位置高于这座皇宫。城市的中心基本上无异于日本城市,有日本人购物街和居住区,到20世纪30年代中期,城市人口的四分之一是日本人。[20]

日本殖民主义与其他殖民列强有着同样的文化傲慢和压迫性的监视,但也有一些特殊的特点。20世纪20年代,在经历了一段相对宽容的二元文化时期后,日本开始了一场严肃的同化,而不是法国式的象征性同化,试图让韩国和韩国人成为日本人,"将韩国融入日本"。当然,这有很强的压迫性,包括强迫韩国人使用日本名字,但另一方面是独特的社会经济发展。到1945年,超过一半的韩国儿童进入小学,而1930年,儿童入学率仅为15%。[21] 1910年之后,首尔的人口是原来的4倍。1942年,首尔人口突破百万大关并成为一个重要的工业城市。1937年,首尔的制造业为全韩国提供了五分之一的就业机会。[22] 1939年,制造业对全国生产的贡献率为39%,而且几乎一半(46%)的韩国产品出口日本。[23]

日本的殖民统治在韩国人中引发了强烈的民族主义怨恨,这种情绪一直持续到今天。然而，与此同时，日本私下里也成了韩国经济发展的一个实实在在的样板，因为这两个国家的文化母体是相当相似的，而且韩国最初的被动现代化尝试也只比日本晚了大约二十年。

前现代时期的亚洲政治比欧洲政治有更明显的世袭性，国家通常没有自己的名称，而是用王朝创始人所起的名字来称呼，名称通常指的是王朝及其统治。朝鲜在东亚被称为高丽（有时也被称为"李氏朝鲜"），这个名字是1394年由中国皇帝决定的，当时新的朝鲜王朝向他提交了两份建议书。1898年，清政府驻朝鲜使节带来了"大清皇帝"的一封信。① 19世纪末，东亚出现了一个与欧洲"民族"相对应的新概念，由两个汉字组成："民"代表"人民"，另一个汉字代表"家"或"家族"。这两个汉字一起形成了朝鲜语中的"minjok"、汉语中的"民族"和日语中的"minsoku"，象征着一种新的社会现象：民族。[24] "kuk"（或"guk"）是一个古老的词汇，意思可能是国家，现在这个词又恢复了使用。

不幸的是，朝鲜的现代国家始于1919年在上海宣布成立的一个自封的流亡政府。② 它在1945年日本战败后的真正诞生经历了痛苦和艰辛。1945年9月初，朝鲜人民共和国的一次全国会议发表了一份公告，但没有得到美国的承认。不久之后，美国军队登陆朝鲜，将其南部置于美国的军事统治之下。盟国同意由美国、苏联、中国和英国这四个大国托管朝鲜五年，但冷战时期出现的紧张局势很快使这一目标无法实现，朝鲜分裂为美国控制的南部和苏联控制的北部。朝鲜民族主义者之间也出现了严重的分裂，这种分裂不仅存在于右翼和共产党之间，而且存在于不妥协和南北合为一体两种思潮之间。

1948年，在左派和泛朝鲜民族主义者抵制的选举结束之后，以1919年流亡上海的"临时政府"名义宣布成立大韩民国。[25] 它的领导人物是那

---

① 朝鲜起源于早期的高丽王朝和历史短暂的称为"韩"的"帝国"（1896—1910年），然后发展为半岛南部的另一个旧王国（安德烈·施密德，《帝国间的朝鲜》，纽约：哥伦比亚大学出版社，2002年，第74—75页；另见第5章）。

② 就像今天的韩国一样，它被称为大韩民国。1897年建立的"大韩帝国"成了大韩民国（施密德，《帝国间的朝鲜》，第254页）。

个时代的一位保守派侨民，西方称之为"Syngman Rhee"（后来的韩国史学家称他为李承晚）。然后，在1950年，北方和南方之间爆发了内战，由于美国的干预，这场内战立即变成了一场旷日持久的国际战争。接着，像往常一样，美国的一系列盟友参战，这引发了中国的大规模抗美援朝运动。

在第二次世界大战，韩国首都在20世纪获得了第三个名字"首尔"，字面意思是"首都"。在朝鲜战争（1950—1953年）期间，这座城市几经易手，大部分被摧毁，尤其是被美国的轰炸摧毁。一半的房屋遭到破坏，几乎三分之一的房屋无法居住，人口减少到60万，是1946年人口数量的一半。[26]

日本投降后，韩国立即开始了反殖民运动。大批日本人离开了首尔，日式神社被烧毁，京城帝国大学更名为国立首尔大学，许多街区都有了新名字，明治大剧院变成了"四宫湾"（音译）。1949年，韩国官方发起了一场文化运动——"彻底扫除日本礼仪"，这在前殖民国家中可能是独一无二的。当然，首尔也做了一些与前殖民国家完全相同的事情：殖民时期的总督官邸成为总统官邸，以屋顶青瓦命名为青瓦台。殖民地政府昏暗的总部曾被用作政府部门的办公场所，从1985年开始，有几年被用作博物馆，直到新千年才最终被炸毁。位于城市中心的殖民时期的市政厅被改造成首尔市政厅，虽然最近扩建的现代化建筑遮蔽了原来的建筑，但整体看来仍然十分优美。

首尔于1955—1956年建立了第一座纪念碑，其目的是颂扬韩国总统李承晚。纪念碑位于原日式神社的遗址，是一座24米高的巨型雕像，据称是当时世界上最大的雕像。[27]那时，首尔正在与北方的朝鲜共产主义首都平壤竞争，个人崇拜是竞争的一部分。以15世纪的一位国王命名的世宗文化会馆建于1974—1978年，位于首尔的中轴线上，是为与平壤竞争而效仿平壤大剧院建造的，其大厅有足够的座位，可以召开大型的民族统一会议。[28] 1960年的城市起义推翻了李承晚的统治，他的雕像也随之被推倒。1968年建成的纪念碑或许是首尔的第二座纪念碑，也是目前最重要的一座纪念碑。雕像塑造的是16世纪反抗日本侵略者的传统英雄、当时的水军将领李舜臣，他表情坚定，身穿铠甲，他的那艘铁船在国家博物馆的A

展区。

韩国和首尔无法按照自己的主张进行现代化,他们所经历的持久的和值得纪念的反殖民苦难证明了这一点。另一方面,对欧洲人来说,首尔和东京有一些共同的基本特征:在这两个城市中,充满活力的资本主义的现代主义与根深蒂固的民族历史意识相结合,两个城市都非常关注民族凝聚力、关注避免极端的社会经济两极分化。"二战"后,日本经济快速发展,韩国对其发展模式的了解非常深刻并直接进行了尝试,再加上美国给予的进入美国市场的特权,这一切使得前殖民地国家的发展成为可能,并取得了独特的成功。到21世纪的前十年,这种发展显然使首尔可能有能力掌控后殖民时代大量农村人口的涌入。(2007年,一位韩国同事善意地向我展示了首尔的"最后一个贫民区",这是首尔东南部边缘的一个小棚户区。)但是,解决贫困问题的过程需要反复试验,并会出现错误。在20世纪60—70年代朴正熙将军的发展主义政权下,发起了几次"清除贫区窟"的拆迁行动,涌向首都的移民受到了限制,并开始设想建设新的首都。① 但是,一些积极的解决问题办法也开始出现了。20世纪60年代,首尔开始在其外围为普通民众建设高层住宅,虽然质量常常很差,但这些住房并没有因此受到诟病。从20世纪70年代起,私人开发商开始建设质量更好的高层住宅,这与新加坡不同,那里的住宅由公营公司建造。首尔的公寓所有权归个人,私人开发商建设的住宅成了首尔标准的中产阶级住宅。²⁹

首尔完全是一个资本主义城市。据我所知,首尔是唯一一个为股票交易业务设立公共纪念碑的首都。在高耸的贸易大厦旁边的广场上矗立着一座一万亿韩元的塔形雕塑,用来庆祝万亿韩元交易的第一天。尽管首尔当前的愿望是成为"全球化城市",我们在下文还将再次提到这一点,首尔仍然是一个具有深刻民族特色的城市,是一个民族共同体的首都。但是,

---

① 朴正熙遇刺后,建设新首都的想法虽然居于次要地位,但仍被提上议事日程。宪法法院于2004年停止了这一行为,其显著动机是"既然公众已经承认首尔为永久首都,与此相关的传统和习俗就相当于宪法规定"。本文引自文昌克的文章《坚持首尔为我们的首都》,《韩国武装力量》,第12卷,第6期,2004年11月至12月。在21世纪的前十年,并不宏大的行政附属城建设开始动工。

首尔没有能够超越阶级和性别的不平等及其导致的矛盾。尽管如此,首尔还是非常强大的,从物质上来说,对特权和权力阶层非常重要。

朝鲜首都平壤将在稍后有关共产主义的章节中讨论。

阿拉伯世界

几乎整个阿拉伯世界,从摩洛哥到伊拉克,都经历了一条特别曲折的民族国家之路,但这也许不包括阿尔及利亚,它有着更直接的殖民地经历。一些阿拉伯国家还根本没有成为民族国家:沙特阿拉伯和海湾君主国仍然是君主世袭制国家;黎巴嫩与其说是一个民族国家,还不如说是一个不稳定的宗教团体联盟;伊拉克、约旦和叙利亚的民族特征是一个反复被提起的问题。阿拉伯世界的民族国家之路之所以曲折,主要是由各种势力之间长期而复杂的权力游戏造成的。这种权力游戏存在于外国君王(奥斯曼苏丹)、当地君主和冒充"保护者"的欧洲掠夺者之间。第一次世界大战之后,这些掠夺者又有了国际联盟授权的"幌子"。后来,民族主义力量也不断介入这样的游戏之中。在埃及,这种情况持续了约一个半世纪,开罗成为国家首都的漫长经历证明了这一点。

埃及是奥斯曼帝国的一部分,它尊敬奥斯曼帝国并向其进贡。埃及由总督统治,到19世纪,总督基本上是自治的,但需要奥斯曼帝国苏丹的正式批准。1798年,拿破仑·波拿巴入侵埃及,法国的现代文化积极融入埃及的文化中,几位指挥官公开皈依了伊斯兰教,这些都使埃及发生了翻天覆地的变化。1807年,在法国的鼓舞和法国顾问的帮助下,奥斯曼帝国一位强有力的指挥官穆罕默德·阿里夺取了埃及的总督之位,成功地对埃及进行了军事升级,并使苏丹默许穆罕默德·阿里的后裔继承王位。虽然这次事件从其本身来说是成功的,但这并不是一个民族国家的被动现代化建设,埃及仍然处于外国的突厥王朝的世袭统治之下,仍然与一个和从前类似的宫廷有着密切的联系。

新的、欧洲化的开罗起初并不是殖民大国建造的,而是由奥斯曼帝国的总督穆罕默德·阿里的孙子伊斯梅尔建造的,他在1863年至1879年间统治埃及。由于北方的封锁和后来的战争，美国南方的棉花转运到了英国，埃及的棉花生产繁荣起来。在这种繁荣的支持下，伊斯梅尔从苏丹那里买下了埃及总督的头衔，并在工程师和规划师阿里·帕夏·穆巴拉克和马哈茂德·艾尔·法拉基·贝力所能及的帮助下建造了新的开罗，他们与托尔夸托·德·阿尔韦亚尔和本杰明·维库尼亚·麦肯纳齐名，也是同时代的规划师。城市的中心向西迁移到尼罗河的东岸（现在已得到控制，沼泽被抽干），这里远离权力中心，也就是穆卡塔姆山上的城堡。伊斯梅尔为自己建造了巨大的阿卜丁宫，这是一座水平的两层建筑，建筑样式使人想起法国的古典主义和维也纳的巴洛克风格。新城市伊斯梅利亚的中心是今天的解放广场。1867 年，这位统治者宣布"埃及不再是非洲的一部分，而是欧洲的一部分"。① 巴黎世博会，他与当时的法国女皇的密切关系，以及 1869 年苏伊士运河的开通都加剧了这种狂热。

挥霍无度和欧洲的高利贷迫使伊斯梅尔退位。各种"风险扣除"意味着埃及必须支付超过 10% 的利率，实际 5000 万英镑的借款名义上的贷款额为 7700 万英镑。② 伊斯梅尔退位之后，新的总督继任，殖民地开罗继续扩张。但这时英国人已经获得了对苏伊士运河的控制权，一场民族主义的起义失败后，英国又武装控制了埃及，英国统治的中心是伊斯梅尔从前的宫殿——尼罗河宫。作为一个为上层和中上层阶层服务的国际大都市，开罗不断发展。盖兹拉岛上建起了高档俱乐部，外国开发商开发了新的郊区，一个国际财团在解放广场以南建造了一座花园城市，比利时男爵恩潘在北部建造了古赫里奥波里斯城。在当地居民中，犹太银行家和希腊店主发挥了重要的作用。在这里，"世界主义者"主要是指非埃及人，但从消费方面来看，主要包括土耳其－切尔克斯人的帕夏（土耳其古代对大官的尊称）阶层。

---

① 特雷弗·莫斯汀，《埃及的美好时代：开罗和享乐主义者的时代》，伦敦：陶利斯·帕克出版社，2006 年（1989 年），第 44 页。这本书描绘了殖民时期开罗美好时代华丽而庸俗的画面。

② 同上书，第 120 页。突尼斯总督基本上以同样的方式被推翻，奥斯曼帝国和清王朝也有类似的经历。

1905年，日本战胜了沙俄，这激发了埃及的民族主义情绪，第一次世界大战也唤醒了他们的渴望。和印度一样，1919年，英国在埃及面临着大规模的民族主义运动，他们对此进行了镇压，但也从中学会了谈判。1922年，英国结束了对埃及的"保护国"地位，1923年的埃及宪法宣布"埃及是一个主权国家，自由而独立"。[30] 这是一个虔诚的愿望，1922年，制宪会议以微弱多数通过了与英国之间的条约，英国保留了如下权力：在埃及拥有军队、继续管理苏伊士运河和"英埃苏丹"，外国的法律体系仍将以"混合法庭"的形式在埃及适用。条约中没有提及的是英国事实上的权力，1930年和1942年英国公然使用这种权力来否决不符合英国需要的政府。

1947年，英国撤出了位于他们的统治中心尼罗河宫的兵营（但不是从埃及撤出所有的军队），1949年，混合法庭也不复存在。在1952年的军事政变之后，埃及于1953年迎来了自法老以来的第一位本土统治者穆罕默德·纳吉布。1956年，他的同胞贾迈勒·阿卜杜勒·纳赛尔成为他的继任者，并将苏伊士运河收归国有。随后，英国、法国和以色列入侵埃及，目的是夺回英国对运河的控制权。当时，法国和以色列这两个大国的首要任务就是要粉碎傲慢的阿拉伯民族主义。在罕见的美国和苏联的共同施压下，英国、法国和以色列的计划产生了适得其反的结果，民族国家埃及得到了巩固。

阿拉伯民族国家发展的独特历史最直接地表明，阿拉伯国家收回的外国殖民城市主要是由欧洲化的当地君主建造的。1952年革命后，① 分配给新的国家统治者的宫殿并不是严格意义上的殖民地建筑，而是当地的王室和王公贵族的宫殿。共和国把伊斯梅尔的阿卜丁宫和法鲁克的库贝宫变成了总统府；王公贵族的华丽住宅也同样被补充进来，但内阁和外交部搬进了

---

① 这场革命最终演变成一场民族革命，但它开始时只是一群军官的军事阴谋。在赢得军官俱乐部管理委员会选举后，这些军官最关心的是保护自己不受君主专制的镇压。他们原本没有政治计划，最初把政府交给了一位老精英政治家，君主制得以保留，但法鲁克被迫退位，取而代之的是他未成年的儿子。然而，一场革命很快就开始了，这场革命包括土地改革，并与英国就他们在埃及留守的军队进行了艰苦的谈判。1953年，君主制被废除，政党被禁止。到1954年底，贾迈勒·阿卜杜勒·纳赛尔已成为最高领导人。

被废黜的王室的其他宫殿。³¹ 在最重要的解放广场上，没有代表性的公共建筑，只有一座官僚机构的庞大建筑。开罗市中心的地名也发生了巨大的变化，革命事件、民族主义英雄以及法老拉美西斯的名字取代了王室的名字。³² 开罗几乎没有表现出新的纪念碑性，原计划在解放广场建立纳赛尔的雕像，但1967年他遭到了灾难性的军事失败。虽然人民公开展示了对他的忠诚，拥护他一直执掌政权，直到他1970年去世，³³ 但为他建立雕像已不再可能。1973年，埃及和以色列之间发生了战争。为了纪念这次未获全胜的战争，纳赛尔的继任者安瓦尔·萨达特总统为无名战士建立了纪念碑。

纳赛尔的开罗意味着平民对城市的国有化。从前的易卜拉欣帕夏街（现为共和国街）将殖民城区和原住民城区的中心截然分开，现在，城市的这两部分之间已没有明显的界限。但是，第三世界国家对城市中正式区域和社会区域的划分仍然存在。在胡斯尼·穆巴拉克的领导下，城市的一些基本服务得到了改善。到20世纪80年代末，大多数开罗人第一次用上了自来水和（官方提供的）电，而那些仍然住在城市中未经规划地区的普通民众仍无法得到上述服务。① 2006年，近三分之二的开罗人住在"非正规住房"中。³⁴

和摩洛哥以东的所有北非地区一样，从官方上来说，阿尔及尔是奥斯曼帝国的一部分，但事实上，在当地总督的统治下，阿尔及尔基本上是独立的，而且因地中海海盗而臭名昭著。1830年，法国入侵阿尔及利亚。虽然阿尔及利亚进行了长期而激烈的抵抗，但最终被法国征服，成了驻领殖民地。尽管当地人有阿拉伯和土耳其血统，但阿尔及尔还是成了一个以欧洲人为主的城市。1926年，21.2万人居住在这个城市的聚居区，其中15.6万人是欧洲人，1830年，阿尔及尔的人口约为3万人。在阿尔及尔城墙内居住着4.5万原住民和6.7万欧洲移民，原住民集中在传统的

---

① 同时污水系统也得到了升级（苏珊娜·麦莉拉，《开罗——特大城市及其水资源》，这是她在"种族冲突与文化变迁"会议上发表的论文，会议于1995年6月19日至22日在芬兰的约恩苏市举行，org.uib.no/smi/paj/Myllyla.html；马克斯·罗登贝克，《开罗：胜利之城》，纽约：古典书局，1998年，第224页，第244页及其后）。罗登贝克是一位目光敏锐的伟大记者，他还告诉我们，至少有一部分从前的土耳其-切尔克斯上层阶级在革命中幸存了下来，他们既有财富，也有东方主义的颓废（同上书，第305—306页）。

卡斯巴哈古城中。①

1954年，阿尔及尔爆发了血腥而残酷的独立战争，当时阿尔及尔有近60万居民。这座城市是独立战争的主要战场，卡斯巴哈古城是起义的中心。1957年，法国伞兵大规模使用酷刑折磨拷问战俘，并用这样的手段赢得了阿尔及尔战役的胜利，吉洛·彭特克沃指导的著名影片讲述了当时的情景。阿尔及利亚最终赢得了战争，并于1962年成为了一个独立的民族国家。即使巨额的石油开发租金能够在很多时候缓解民众的不满，使其处于可控制的范围内，阿尔及利亚仍然不是一个非常幸福或民主的国家。20世纪90年代早期，实际的（世俗的）军队统治受到了伊斯兰教主义者的挑战，他们先是在选举中获胜，然后被残酷的镇压击败。在2011年的"阿拉伯之春"革命期间，阿尔及尔相当平静，主要原因是20世纪90年代的创伤依然存在，当然统治制度的一些开放也是原因之一。

阿尔及尔还没有在这种腐败和暴力的环境中找到它应有的角色。卡斯巴哈古城充满了神秘感，但在空间利用和城市服务方面非常落后，各种提升这个古城区的计划层出不穷，但在实践中似乎都没有走得太远，最近的大阿尔及尔计划似乎也没有能够很好地掌控人口的大量涌入。②

然而，无论从象征意义来看，还是从历史来看，阿尔及尔都是打破殖民统治的前殖民地首都的一个典型例子。位于市中心的政府广场原来是奥斯曼帝国总督宫前面的一块不起眼的空地，如今已成为烈士广场。奥尔良公爵的巨大雕像被移走，因为它破坏了新的清真寺的主要景观。20世纪20年代末，拥有实权的内政部占据了功能主义的政府大楼，而阿尔及利亚总统则住在一座独立前的摩尔人别墅中，这座别墅位于市中心以南的埃尔莫

---

① 勒·科布西耶在20世纪30年代早期自愿为阿尔及尔制订了一项计划，他对卡斯巴哈古城有一种东方主义的钦佩之情，他希望建一座高架公路桥连接两个欧洲地区，即卡斯巴哈古城以南的高地和海湾旁的海事区，并将卡斯巴哈古城作为桥下的旅游地标保留下来，但这个计划从未实现。泽伊内普·塞利克，《城市形态与殖民对抗：法国统治下的阿尔及尔》，伯克利：加州大学出版社，1997年，第42、70页。

② 1962年，在殖民地人口大批外流之后，阿尔及尔大约有50万居民；到1998年，阿尔及尔的居民数量是1962年的三倍（哈马奇，《阿尔及尔的人口集中和城市扩张》，载于阿里·哈贾杰，克劳德·查琳和乔塞琳·杜比瓦－毛里主编的《阿尔及尔：城市化的新挑战》，巴黎：哈马坦出版社，2003年，166页及其后）。

拉迪亚。

以法国征服者的名字命名的比若广场已重新命名为埃米尔·阿卜杜勒·卡德尔广场，他是抵抗法国侵略的领袖。卡德尔的雕像体现了军人形象，他手中的剑已出鞘。这座雕像取代了比若的雕像。殖民统治者的名字从街头的路标上消失了，取而代之的是用阿拉伯语和法语书写的独立战争领袖和英雄的名字，殖民者街变成了解放街。[35] 这座城市的新地标是烈士纪念碑，这是一座93米高的钢筋水泥雕塑，由三片相连的棕榈叶组成（可能是受到了德黑兰自由纪念塔的启发），在纪念碑的基座上有三尊士兵的雕像，该纪念碑位于阿尔及尔南部的高地上。

非洲

在非洲民族国家及其首都，殖民遗产是非常重要的，而且相当多样化。前殖民国家都把它们的语言留给了新的国家作为交流的官方语言，它们的法律和行政管理模式也留在了那里。撒哈拉以南的非洲国家在前殖民时代曾尝试过城市化，城市化主要发生在通往撒哈拉沙漠或始于撒哈拉沙漠的贸易路线沿线，比如约鲁巴（在现在的尼日利亚）的廷巴克图、伊菲、奥约，印度洋沿岸的港口城市，以及南部的大津巴布韦。但城市化地区有严格的界限，而且在广袤的中部内陆地区几乎没有进行任何城市化。[36] 在林加拉语以及金沙萨和其周边地区使用的混合语中，没有合适的词来表示城市。在这两种语言中，"村庄"和"白人的村庄"被用来指代城市。①

大多数的非洲首都城市都是在殖民地的基础建起来的，但布基纳法索的瓦加杜古是个例外，这座城市有本土的背景，是15世纪到18世纪莫西人政体的都城。殖民时期的建筑通常以当地的名字命名，这些名字流传至今。欧洲名字的情况相对较差：乍得的拉密堡更名为恩贾梅纳；刚果民主共和国的利奥波德维尔被重新命名为金沙萨，这是在独裁者蒙博托·塞

---

① T.特雷丰，《枢纽与边缘：中非城市边缘的概念》，载于弗朗西斯卡·洛卡特里和P.纽金特主编的《非洲城市：对城市空间的争夺》，莱顿：布里尔出版社，2009年，第16页。在莫桑比克，我也听到过类似的说法，指的是殖民城市。

塞·塞科不光彩的统治结束后幸存下来的为数不多的几个举措之一；圣伊萨贝尔更名为马拉博，并成为赤道几内亚首都；津巴布韦的索尔兹伯里市现在是哈拉雷；莫桑比克的洛伦索马贵斯就是今天的马普托。但是，刚果共和国的布拉柴维尔没有更名，这是巴黎地理学会为未来的殖民地贸易站所起的名字，布拉柴维尔这个名字是为了纪念探险家皮埃尔·萨沃尼昂·德·布拉柴。2006年，刚果后"社会主义"政府为德·布拉柴建造了一座陵墓，里面的巨大雕像将他描绘成一个拄着拐杖的朝圣者，而不是一个贵族殖民官员。很少有前殖民地将它们的首都迁往他处。认真地说，只有马拉维和尼日利亚是真正的迁都，前者从松巴迁到了利隆圭，后者从拉各斯迁到阿布贾，拉各斯是保留下来的葡萄牙名字，指的是潟湖所在地；如果不是十分严肃，我们也可以说坦桑尼亚将首都从达累斯萨拉姆迁到了多玛；如果说科特迪瓦将首都从阿比让迁到了亚穆苏克罗，那就不再是严肃的说法了。博茨瓦纳、毛里塔尼亚和卢旺达不得不修建首都，赤道几内亚目前正在建新的首都欧亚拉，计划于2020年落成。①

殖民时期统治者的城市遗产到处都在被后殖民时代的城市移民爆炸和社会经济危机所淹没，但这些遗产仍然是可以看得见的：从阿克拉到内罗毕和哈拉雷的英国花园城市；具有代表性的法国式的城市中心在达喀尔和阿比让的高原表现得最为淋漓尽致；葡萄牙对"低城"和"高城"的划分；以及在"一战"前短暂的德国统治时期建造的坚固的教堂和行政大楼。

从政治上来看，非洲民族国家的诞生比亚洲在历史选择上更加两极分化，前面提到的雅加达和吉隆坡就是例证。在南非，殖民主义是在移民国家从内部崩溃后才被埋葬的，留下了殖民时期的遗产；在葡属非洲和津巴布韦，人们不得不通过斗争来埋葬殖民主义。与此不同的是法属西非，那里孕育了许多"国父"，例如：科特迪瓦的费利克斯·乌弗埃－博瓦尼、塞内加尔的利奥波德·塞达尔·桑戈尔以及许多次要的人物。这远远超过了托马斯·麦考莱对英国同化印度的梦想："他们有非洲的血统和肤色，但

---

① 2015年3月，埃及政府突然宣布计划在开罗以东新建一个首都，"面积是曼哈顿的12倍"（纽约时报国际版，2015年3月17日，第20版）。

在品味、见解、道德和思想方面已经法国化了"。^① 1958 年，除了几内亚的艾哈迈德·塞古·杜尔外，所有法属非洲的主要政治领导人都积极推动并参与了否决独立、赞同成立法非共同体的全民公投，但收效甚微，因为日益高涨的民族主义浪潮很快迫使这些领袖礼貌地向夏尔·戴高乐要求独立，戴高乐于 1960 年优雅地批准了他们的请求。³⁷

的确，法国在对法属非洲进行同化的计划上比其他国家投入得更多。1872 年，塞内加尔著名的"四个公社"中的第一个获得了完全的市政权利。自 1848 年以来，他们有权选举一名代表进入法国国民议会；1914 年后，这名代表一直是非洲人。³⁸ 布莱斯·迪亚涅和利奥波德·桑戈尔就是这样的两名代表，他们也成了政府的部长。从 1957 年到 1959 年，在阿尔及利亚战争期间，乌弗埃－博瓦尼也是如此。自 1945 年以来，他一直当选科特迪瓦的法国国民议会议员。

1957 年加纳独立（以前称为黄金海岸）后，阿克拉成为撒哈拉以南非洲第一个完全民族化的国家首都。加纳的独立基本上是通过谈判达成的。第二次世界大战之后，英国在这里建立了从属的议会政府。1951 年，克瓦米·恩克鲁玛在监狱中获得了选举的胜利，他是因煽动颠覆活动而入狱的。经过一番犹豫之后，总督释放了他，并请他组成政府。恩克鲁玛和他的政党在选举中连续赢得胜利后，女王政府宣布加纳将于 1957 年 3 月 6 日独立。

加纳首都是当时非洲最大的黑人城市之一，1960 年有 37.7 万人口，但没有任何重要的具有纪念碑性的建筑。³⁹ 英国总督居住的昔日丹麦奴隶贸易城堡大部分被遮蔽，人们基本上是看不到这座城堡的。这座城市和这个国家主要依靠全球范围内的可可繁荣，但这场繁荣很快就崩溃了。1923 年，一份大英帝国的白皮书宣布："欧洲人和亚洲人的隔离并不是绝对必要的"。在阿克拉，欧洲区和飞地主要是由经济壁垒隔开的。⁴⁰ 当然，商业区由欧洲公司主导，但也包括一些非洲公司。恩克鲁玛是极具魅力的加纳民族主义（和泛非洲民族主义）领袖，他在阿克拉有自己的政治基础，就

---

① 这句话是对托马斯·麦考利在 1835 年 2 月 2 日所做的《印度政务委员会教育会议纪要》的释义。

像尼赫鲁和苏加诺一样，他在改变现有城市面貌方面发挥了非常积极和重要的作用。

虽然恩克鲁玛公开宣称他是在英国左翼和反帝国主义的环境中成长起来的社会主义者，但他很早就表现出了妄自尊大的倾向。1956年，加纳仍然是英属黄金海岸，作为首席部长，他在立法议会外面为自己竖起了一座巨大的铜像。他积极推动阿克拉政府机关建筑的现代主义，但他对城市规划的兴趣主要在于城市的纪念碑性。加纳建立了新的国家阅兵场，名称为黑星广场。广场上有一座罗马式的独立拱门，在广场的另一端是一座现代化的拱门，在拱门的高处有一个具有纪念意义的总统讲台，从那里可以看到动员起来的群众，并接受他们的赞美。尽管恩克鲁玛本人更喜欢郊区殖民时期的旗杆屋或昔日总督的丹麦奴隶城堡克里斯琴博堡，加纳还是为他建了一座现代化的国家宫。建造新的议会大楼的计划和资金被转用于建造一幢富丽堂皇的大楼，1965年的非洲统一组织首脑会议将在此召开。议会大楼是后来建成的，其造型是具有象征意义的阿散蒂凳子（权威的象征）。1958年的城市规划主要有两项提议：一是将未城市化的沼泽海岸（渔民的基地）改造成旅游步道，但遭到了阻挠；另一个提议是扩展城市的绿色开放空间，将绿色开放空间从公共建筑周围的花园开始进行拓展，该提议也没有得到重视。[41] 作为典型的殖民城市，阿克拉也存在着民族问题，这就是加族人的原始居住地问题，他们的土地权和风俗习惯与现代的个人主义财产权和多元文化世界主义观念相互矛盾。[42]

1966年，恩克鲁玛被军方推翻，官方宣布的反对偶像崇拜运动代替了之前的偶像崇拜运动。黑星广场被遗弃，并任其衰败。20世纪90年代初，空军上尉杰里·罗林斯的军政府重新开始崇敬恩克鲁玛，为他建造了新的纪念陵和雕像。至少到2008年，黑星广场还是与当代的民主加纳格格不入。恩克鲁玛直接为自己的错误所累，但他仅是第一代非洲国家领导人中有代表性的一个，而非独一无二的。在20世纪60年代中期，他们中许多人开始在军事政变中垮台，许多人变得狂妄自大，几乎所有人都对造成经济崩溃负有责任，也都是经济崩溃的受害者。

尼日利亚几乎是一个具有讽刺意味的殖民地国家，它的名字来自伦敦

《泰晤士报》的一名记者，这位记者后来嫁给了殖民地总督。2014年，尼日利亚庆祝了大英帝国统一北方和南部沿海殖民地100周年。① 1960年，尼日利亚从殖民者手中继承下来的国家首都是南部港口城市拉各斯（当地人称其为埃科）。尼日利亚的独立是一件非常友好的事情，北部保守派总理阿布巴卡尔·塔法瓦·巴勒瓦爵士在独立演讲中"对历届英国政府表达了敬意"，称他们为"我们在殖民地办事处的所有朋友"。他还向"那些造就了尼日利亚的代表"致辞："各地区政府、前中央政府、教会团体、银行和商业企业的代表"，但他却没有提及广场上为尼日利亚建设做出贡献的另一群人的代表——尼日利亚人民。43

拉各斯是一个有争议的首都，几十年来一直如此。在一个多民族和多文化的大国中，拉各斯明显偏离了中心位置，而北方不能被边缘化为不发达的落后地区。北方是人口最多的地区，拥有比较成熟和保存完好的穆斯林权力结构，但毕竟尼日利亚只是大英帝国展示其间接统治的地方。所以，尽管存在上述问题，尽管拉各斯的热带气候令人大伤脑筋，英国还是坚守在拉各斯。新任总督休·克利福德爵士是一位职业的大英帝国殖民地行政长官，他的职业生涯包括被派驻马六甲海峡和特立尼达工作，他给出的英国坚守拉各斯的理由之一是值得注意的：

> "迁都是一项（我们）几乎无法履行的（治理）职能，除非政府的主要活动都在国家的生活和思想最活跃地区进行，在那里政府能够与社会的每一部分保持最密切的联系，并且其活动受到最严密的审查和批评。②

---

① 弗洛拉·肖是维多利亚时代男权社会中一位杰出的女记者，也是《泰晤士报》在殖民地的编辑。1897年1月8日，她在《泰晤士报》上发表了一篇文章，提出用尼日利亚取代皇家尼日尔公司领地这一名称。1902年，她嫁给了弗雷德里克·卢加德，1914年至1919年，他是统一的尼日利亚殖民地的总督。

② 《拉各斯周刊》，1920年2月14日，引自W.阿德巴维所写的"阿布贾"，见贝克和瑟伯恩的《权力与无力》，第87页。帝国的启蒙运动并没有将伊科伊的欧洲人保留地排除在外，自20世纪20年代初期，位于拉各斯岛东部的该保留地就在发展。（L.富查德，"拉各斯"，同上书，第67页）。

后来的国家统治者、平民和军人显然不同意休爵士的见解，他们把尼日利亚首都迁到了新的地点——阿布贾，但他们提出了其他更重要的原因。20世纪50年代，尼日利亚仍处于殖民时期，议会不择手段地争夺权力，拉各斯的地位成了争论的焦点。尽管拉各斯是一个多民族、多文化的城市，甚至还包括一个非裔巴西人聚居区，但拉各斯基本上是当时西部地区约鲁巴的一个约鲁巴人城市。由约鲁巴人主导的行动组织希望将这座收入丰厚的港口城市保留为其所在地区的一部分，并以此作为接受迁都的代价。另一个更大的南方党派是尼日利亚和喀麦隆国民大会党（简写为"NCNC"），他们扎根于东部地区的伊博地区，而且也是拉各斯政治上的多数派，他们想要把拉各斯作为联邦区从西部地区分离出来。尼日利亚独立时，后者是实际存在的情况。

巴勒瓦的独立演说的结构框架与其辞藻华丽的内容十分契合。会议在拉各斯岛伊科伊精英区国民议会附近的一个新广场举行（后来这个广场以巴勒瓦的名字命名），该广场由私人开发商建设，伊科伊原本也是为欧洲人保留的。巴勒瓦广场有一个多入口的大门，门上面有四匹后腿站立的烈马和七只展翅的鹰，它们似乎是要击退妖魔鬼怪。为了庆祝独立日，拉各斯在巴勒瓦广场上建造了一座新的独立大厦，这是一座23层高的办公大楼，是按照标准的国际公司风格建造的。广场上还有一座纪念拱门，用来纪念在两次世界大战中为大英帝国牺牲的尼日利亚人。

不久，人们就清楚地看到政府无法应对拉各斯对人口的吸引力，也无法应对因人满为患和拥堵而造成的混乱后果。拉各斯的中心集中在维多利亚和拉各斯这两个岛上，这样的地理环境及其与内陆沼泽地区联系欠发达的情况加剧了城市的混乱。北方傲慢的保守派精英在首都感到不舒服，南方的"乌合之众"也不尊重他们。1967年至1970年，伊博人的"比夫拉地区"脱离了尼日利亚联邦，虽然他们的独立最终遭到了血腥的镇压，但国家的统一和巩固也被提上了议事日程的首位。经过快速的调查，军政府统治者穆尔塔拉·穆罕默德于1976年宣布将首都迁往尼日利亚的中部，1991年正式宣布将首都迁往阿布贾。[44]

新首都被公开称为"团结的中心"，尼日利亚人可能会自豪地告诉你，这是尼日利亚最发达的地区。全球化的城市规划是通过招募的方式确定的：一个英美联合财团、道萨迪亚斯和丹下健三最后设计了中心城市。城市正式建成时的结果类似于伊斯兰堡，没有任何巴西利亚式的设计或建筑风格。就像在此之前建成的两个新首都伊斯兰堡和巴西利亚一样，阿布贾的中心位于城市的东部和东北部边缘，三臂区就在这里。三臂区的主导建筑是带有绿色圆顶的国会大厦，但也包括总统府和最高法院。在这些醒目的建筑后面是军队和警察的兵营。在三臂区的前面是雄鹰广场。然后，按照现代主义首都设计的标准，依次为政府部门区、文化区和中心商业区。

事实证明，作为尼日利亚现代主义的体现，阿布贾已取得了引人注目的成功。阿布贾的目标是成为"世界级城市"，而且要有与之相应的高层天际线。[45]阿布贾的民族团结功能受到了质疑，但也得到了培育。这座城市首先建造了一座大清真寺，这在基督教南方引起了不满，但经过一番游说之后，一座普世基督教大教堂随后建成。与巴西利亚一样，阿布贾的现代化与周围缺少服务设施的卫星城形成了鲜明的对比。从这个意义上说，阿布贾是第三世界城市的又一个例子，这些城市明显力量不足。[46]

阿布贾的街道名称显示出了极其世界化的特点，这可能应该解释为表达了对具有历史意识的、后意识形态原则的追捧。阿布贾的街道名称不仅纪念了尼日利亚所有的领导人，包括萨尼·阿巴查，在阿布贾东部你还会发现并排的温斯顿·丘吉尔街和约瑟普·布罗兹·铁托街和毛泽东街，所有这些街道都通往马尔科姆·弗雷泽街（马尔科姆·弗雷泽是澳大利亚的右翼总理）。吉米·卡特街和夏尔·戴高乐街汇合在一起，弗拉基米尔·列宁街通往约翰·F.肯尼迪街。①

法属撒哈拉以南非洲的主要城市为法属西非首府塞内加尔的达喀尔，科特迪瓦的阿比让，以及法属赤道非洲首府刚果的布拉柴维尔，达喀尔和阿比让依靠可可和咖啡迅速发展起来。所有这些城市都是殖民时期的产物，但每个城市又都有自己独特的历史。达喀尔是19世纪最大的自治公社，其

---

① 布鲁内尔，《布鲁内尔阿布贾城市指南》，第二版，阿布贾：2007年。再往东，有一个非洲区域，人们在那里纪念纳尔逊·曼德拉、克瓦米·恩克鲁玛、托马斯·桑卡拉等人。

正式居民享有法国公民身份；阿比让是一个经济新贵；布拉柴维尔是赤道贸易的主要转口港，并因1944年的高卢会议在这里召开而赢得了政治声誉，这次会议的议题是关于法兰西帝国的未来。

达喀尔是法国殖民地发展和城市规划的中心和典范。[47] 20世纪20年代，达喀尔选出了一位非洲市长布莱斯·迪亚涅，十年后他成了殖民地的部长。然而，达喀尔的殖民地布局非常独特，欧洲化的商业和行政山岬高原与地势较低的本土居住区之间有明显的界线。从1930年左右开始，达喀尔开创了一种新的殖民风格的建筑，"苏丹式建筑"，其灵感来自于今天马里著名的杰内清真寺。达喀尔的非洲记忆大教堂实际上更像一座清真寺，而不是一座天主教大教堂，尽管它也会让人联想到伊斯坦布尔的圣索菲亚大教堂。几家大医院和大市场的大门都与杰内古城的同类建筑非常相似。这一想法似乎与英国在印度的设想相似，即在建筑风格上表现出当前欧洲帝国与该地区处于权力和荣耀鼎盛时期的旧帝国之间的连续性。[48]

塞内加尔的国家领导人和第一任总统利奥波德·塞达尔·桑戈尔是一位精明的政治家，同时他还是伟大的黑人诗人和法兰西学术院院士。1959年，他认识到，无论打扮成什么"共同体"，正式的殖民帝国都不可能继续长期存在了，这比大多数被完全法国化的非洲政治家都有先见之明。桑戈尔本人是天主教徒，他通过巧妙地与强大的穆斯林穆尔德兄弟会结盟，建立了自己的国家权力基础。达喀尔独立后建设的新的纪念建筑为数不多，其中之一是一座新的中央清真寺。

和其他新的国家领导人一样，桑戈尔对城市规划非常感兴趣，但主要是维护法国的法规：殖民时期的城市中心仅仅是换了居民而已，包括共和国的总统接替了总督。在城市最重要的核心部位外围，在戴高乐将军大道上，建起了独立广场，广场上矗立着一座高大的方尖碑。广场中央的纪念碑当然也保留了下来，这座纪念碑纪念的是塞内加尔步枪手，他们组成了两次世界大战中英勇的殖民地军队。后来，纪念碑还增加了他们保卫"自由世界"的内容，大概是在韩国，但却没有任何词句来纪念他们中那些被法国士兵枪杀的人。1944年秋天，他们参加了抗议法国克扣工资、抗议法国虐待的活动，其中很多人被枪杀，具体数字不明。①

塞内加尔有过独裁统治时期，但没有军事独裁、妄自尊大者或不受约束的野蛮资本主义。这一点，再加上法国在进行城市规划时的远见，或许可以解释为什么独立后的人口膨胀没有导致像内罗毕或金沙萨那样的贫民窟。达喀尔的卫星城皮金2006年拥有100多万居民，而且处于内陆的皮金到处都是沙子，这里的公共设施当然也十分匮乏，但皮金是一个有民选区政府的有组织的城市，拥有一些可用于地方发展的资源（主要得益于外国捐助者）。

20世纪70年代，塞内加尔受到了全球石油和大宗商品危机以及萨赫勒地区异常干旱的双重打击。虽然在达喀尔举行的国际博览会体现了令人难忘的泛非主义的现代主义色彩②，但这座城市已无法再维持其文化活力和文化中心地位。无论在经济方面还是人口数量方面，科特迪瓦首都阿比让都超越了达喀尔。从空中看，阿比让是坐落在潟湖上的一个闪耀的人口聚居区，中心是白色的、中等高度的高层建筑。阿比让的高原比达喀尔小，但其所处的位置更加优美。

象牙海岸（现在该国希望被称为科特迪瓦，即使用英语也是一样）的开国国父费利克斯·乌弗埃-博瓦尼曾接受过法国教育，并拥有非洲酋长的权威。他是他那一代人中最重要的讲法语的非洲政治家，法兰西帝国最重要的公职人员，也是一位成功的种植园主和商人。20世纪60年代和70年代，科特迪瓦和肯尼亚有着同样的资本主义特征。民族国家的阿比让也是非洲最具法国特色的城市，到处都是法国官僚、商人、餐馆和面包店。和其他殖民城市一样，阿比让也曾实行种族和经济隔离，而且由于其地形易于划界，这种情况比许多城市更为严重。科特迪瓦独立后，这种分层在正式的、有规划的城市再次出现。阿比让被划分为一系列类似于巴黎行政区的自治公社，他们有自己的收入基数和预算，考虑到城市的社会经济划分，这意味着1990年最富裕的阿波波公社（不包括人口稀少的高原）的人

---

① 关于抗议大屠杀的故事，来源于同法国非洲主义历史学家奥迪尔·格尔格的谈话。
② 被选为当之无愧的、应该受到赞美的建筑，见M.赫茨主编的《非洲现代主义》，苏黎世：帕克图书出版公司，2015年，第192页及其后。

均预算是最贫穷的阿特库贝公社人均预算的 16 倍。[49]

20 世纪 80 年代，乌弗埃-博瓦尼想把自己的家乡亚穆苏克罗建成国家的首都。新首都最引人注目的地方将是一座天主教大教堂，在一个至少有一半穆斯林的国家里，它的建筑风格类似于圣彼得大教堂，其前院带有拱廊。但这座教堂比圣彼得大教堂大得多，是世界上最大的教堂。1990 年，保守派教皇约翰·保罗二世为其祝圣。这座大教堂是城市的最终焦点，相当于巴西利亚的三权广场。这里有世俗的公共建筑，包括议会、一个供政治家居住的宾馆和机场。这座有 25 万人口的城市位于国家的中部，坐落在一片广袤的草地上，城市中的几所高等学府由法国现代主义建筑师建造。但是，在这座城市的创始人 1993 年去世和继任危机之后，新首都项目似乎被暂时搁置起来。[①] 在千禧年前后，科特迪瓦发生了内战，阿比让的光彩也因此褪去，而达喀尔却正在恢复其从前法语非洲中心的地位。

在马莱博潭（从前的斯坦利潭）对岸是两个刚果的首都，其中民主程度最低的刚果目前的官方名称是刚果民主共和国（缩写为 DRC），而独裁程度通常较低、混乱和暴力程度也较低的刚果则被简单地称为刚果共和国。刚果共和国及其首都布拉柴维尔都比刚果民主共和国及其首都金沙萨小得多，直到 1966 年，金沙萨一直被称为利奥波德维尔，而且 1960 年前，金沙萨一直属于比利时。

我们不应将这两个城市随意地混为一谈。尽管两个城市都曾有过民众的贫困、暴力和独裁，但他们有着截然不同的历史经历——无论是在殖民时代、后殖民时代，还是在过渡时期。布拉柴维尔遵循了友好地脱离帝国统治的道路，包括在 1958 年公投反对独立。在刚果河南岸的金沙萨，1959 年 1 月发生的反殖民暴乱突然促成了其独立。尽管比利时接受了独立，但反殖民主义的愤恨情绪震惊了比利时人和他们的北约盟友，结果导致了美国有组织地谋杀了刚果民主共和国的首任总理帕特里斯·卢蒙巴。但是，

---

① 纳姆迪·埃莱从建筑的角度对这座教堂进行了很好的分析，见纳姆迪·埃莱所著的《非洲的建筑与权力》，加利福尼亚州圣巴巴拉市：普雷格出版社，2002 年；但对于首都项目，却没有做这样好的分析。

谋杀卢蒙巴的同谋、当地亲"西方"的反对卢蒙巴的反对派也对殖民主义充满了民主主义的怨恨。所以,20世纪60年代中期,卢蒙巴的名誉得到了恢复,被正式称为"民族英雄",通往机场的道路名称也从利奥波德三世大道改为帕特里斯卢蒙巴大道。市中心的主要街道已更名为6月30日大街(独立日),而不再是阿尔贝一世大街;御座广场也更名为国家广场;殖民时期的雕像被迅速移走,至今没有再次竖立。刚果民主共和国是通过与殖民者决裂进行国家转型的一个例子。①

如果对首都城市和民族国家权力进行任何有意义的分析,金沙萨都会形成特别的挑战。我们可以非常贴切地说,刚果民主共和国一直以"在外业主"[50]为特色。伟大的城市人类学家菲利普·德·伯克说:"金沙萨似乎在很大程度上已经从它的建筑中解放了,所有形式的规划和控制下的城市化在独立后都立即停止了"。[51]从1960年到2000年,金沙萨的人口增加了12倍,[52]也就是说,在实际上长达40年的永久性经济和政治危机中,人口快速增长。没有一个城市规划者、也没有一个国家的政府能够妥善处理这样的问题。相比之下,从1871年到1930年,在经济繁荣主导的60年间,芝加哥的人口增长了10倍。[53]

独立后,所有非洲国家的首都都出现了移民潮。与世界其他地区相比,殖民时期的非洲城市化程度非常低。1955年,撒哈拉以南非洲(不包括南非)的城市人口仅占人口总数的约6%,[54]而在整个第三世界国家的人口中(不包括中国、越南和朝鲜),约16%是城市人口。[55]造成这种情况的原因之一,是所有殖民大国如比利时、英国、法国和葡萄牙都竭尽全力将非洲人排除在城市之外,而只允许一些必要的帮佣、劳工和产业工人留在城市中,这些人原则上也只是客籍工人。一旦殖民主义的种族隔离制度在独立时瓦解,城市的吸引力当然会增加,因为城市中出现了

---

① 加里·斯图尔特,《河上的伦巴舞曲》,伦敦:维索出版社,2000年;维姆·库弗斯等,《地板》,马斯特里赫特:拉斯·穆勒出版社,2006年;G. 塔蒂,《布拉柴维尔》,见贝克和瑟伯恩的《权力与无力》关于布拉柴维尔的部分。布拉柴维尔和金沙萨的关系与蒙得维的亚和布宜诺斯艾利斯的关系有一些相似之处,但也不完全相同。2010年8月,每天有两艘公务船从金沙萨到布拉柴维尔(反之亦然),但是价格对普通的城市居民来说是很难承担的。

第四章 形成国家的基础：国家化的殖民主义

更多的机会。

对于少数拥有城市居住许可的幸运的非洲人来说，移民潮给他们带来了赚钱的机会，同时也刺激了需求的增长。以金沙萨为例，刚果历史学家注意到了那里的三种与众不同的利益机制。[56] 一个是有志向的政治家将城市的公共用地分配给他们所属的部落，并以此来招募选民。另一个是城市和城市周边地区的传统酋长利用他们特有的土地权出售城市地块。第三，一些地区的市长和类似的公职人员将公共的空隙地带出售给移民作为他们的居住地块，比如"足球场、陡坡、菜地和人行道"。然而，刚果民主共和国农村人口的大量外逃主要是因为持续不断的内战和民兵的抢劫对农村造成了严重的破坏。

如果一个城市没有真正的工业化或没有正规服务的显著增长，但农村人口却大量涌入，这当然证明了国家的失败，证明了国家无法为其人民提供生活的保障，不能保护农村的生计。然而，这里的引文来自于科比亚和德·伯克21世纪初的作品，当时的背景是灾难性的20世纪90年代的情形。蒙博托在20世纪70年代和80年代的统治是非常失败的，1991年和1993年大城市发生了骚乱和抢劫，1992年的抢劫规模较小，但1998年发生了内战。

到21世纪的第二个十年，金沙萨似乎能够像一个普通的非洲大城市那样运转了，这虽然仍无法令人满意，但也并非不可接受。这个国家的独特之处是其公社和街道办事处网络，这些建筑经常被涂成具有民族特色的蓝色和红色，但我访问的公社当时没有举行什么活动。国家的纪念性建筑得到了修复、翻新和扩建。从前的大总督宫已经成为国家宫，即总统的官邸。在国家宫的前面是被谋杀的总统洛朗·德西雷·卡比拉（约瑟夫的父亲）的陵墓，附近是最高法院和部长居住区，虽然稍显破旧，但很容易到达。另一个具有纪念意义的城市中心区是中国帮助建设的，目的是为了纪念刚果民主共和国成立50周年。中心区包括一条八车道的胜利大街、一座新的烈士体育馆和一座修葺一新的人民宫，供选举产生的国民议会使用。国家的两位首任领导人都有雕像，他们是总统约瑟夫·卡萨武布和总理帕特里斯·卢蒙巴。①金沙萨的大学也已经重新开始运行，但是对于学生来说，到巨大的南侧校园再到市中心，或从巨大的南侧校园到市中心都是相当复杂的（有公交车，但不多，也没有直达的公交车）。这里几乎没有新的正式的民用建筑，②而且市中心的环形路仍然没有铺设路面。尽管2015年在环形路上安装了监控摄像头，但周围都是破旧的街道。联合国的人道主义和军事机构维持着它们自己的特殊的、证券化的社区。

在一座立交桥附近，有一片蒙博托时期就开始建设的宏伟的纪念性建筑群，但却从未完工。就像刚果这个民族国家一样，这座被认为是独立纪念碑的建筑现在仍然是一片废墟，但其混凝土塔已经成为这座城市的地标。和这个国家一样，无论发生了什么，工程依然在步履蹒跚地前行。

东非转向了印度洋，但在欧洲殖民主义时期，大西洋体现出了生机勃勃的活力，印度洋在经济和文化上的桥梁作用都无法与其相比。东非的奴隶贸易是与阿拉伯半岛国家之间进行的，其对奴隶的需求比欧美的种植园要少得多。与非洲西海岸相比，民族主义政治在东部起步较晚，但在1960年左右迅速发展起来，并具有一些明确的内容。

与所有西非和赤道非洲国家不同，肯尼亚的问题是白人移民的问题。虽然从人口数量上来看，肯尼亚的白人问题不像罗得西亚（津巴布韦）那样严重，但在内罗毕周围肥沃的高原和内罗毕市内，白人问题却是非常严重的。20世纪50年代，市议会由欧洲人管理。1948年，内罗毕出台的帝国"殖民城市总体规划"并没有明确体现种族主义，但却理所当然地将城市的职能进行了种族化的划分，而且基本上忽视了非洲人的住房问题。[57]

在英属东非所有的三个国家中，都有一个在社会经济方面具有重要地位的少数人群体在从事与亚洲的贸易，他们是处于英国统治者（移民）和非洲人之间的中间阶层。印度集市是殖民时期内罗毕的中心地区，民

---

① 我在2010年8月访问了金沙萨，从那以后我就在互联网上断断续续地关注这个城市。伊西多尔·恩戈威尔·恩扎伊姆对独立后刚果的纪念碑政治做了概述，见《刚果新史》，金沙萨：勒克莱出版社，2008年，第670页及其后。

② 自2009年以来，总部位于伦敦的国际财团霍克伍德地产一直在河里的一个岛屿上建造一座高档的"河中之城"。从宣传材料来看，大多数别墅和公寓楼都是按照拉丁美洲或欧洲的标准建造的，看起来就像是一个相当普通的中产阶级居住的郊区。

族独立后,亚洲人(主要是印度人)的情况恶化。在乌干达,他们(原则上)都被伊迪·阿明强制驱逐出境。反亚裔的敌意、歧视和迫害伤害了东非的经济,特别是乌干达的经济,也延缓了国家的智力发展,因为很多区域的学者和知识分子都有亚洲背景。然而,这种情况并没有阻止印度裔建筑师安东尼·阿尔梅达在达累斯萨拉姆的国家现代主义中发挥重要作用。①

东非政治比西非具有更强的前殖民时期特征。20世纪50年代,由于殖民者不断侵占吉库尤人的土地并拒绝给予他们进入内罗毕的权力,肯尼亚爆发了茅茅运动,这是非洲的最后一场前现代的原民族主义运动,但遭到了英国的残酷镇压。在乌干达,前殖民时期的巴干达人王国在殖民地框架内得以重建。独立后,国王的角色一直备受争议。目前的政府或多或少可以算是民选政府,已经邀请他结束流亡回国。现在的首都坎帕拉不仅有王室的居住区,周围还有国王及其政务委员会管辖的区域,这很像是非洲的梵蒂冈城,但拥有的不是宗教权力,而是世俗的、具有民族特色的权力。

内罗毕是东非无可争议的资本主义中心,也是联合国在非洲的主要中心。按照非洲的标准,内罗毕是个井然有序的城市,并在千禧年后的繁荣中得到了提升。市中心拥有豪华的公共交通设施、功能齐全的公用电话(2006年,在移动电话时代到来之前),甚至还有一些像样的公共厕所。内罗毕的纪念性建筑既现代又精致,肯雅塔国际会议中心是城市的标志性建筑。这是一座圆形的、像盖上盖子一样的大厦,旁边是一座低矮的石头亭

---

① 非洲建筑联盟项目,"坦桑尼亚独立时期的现代建筑",会议记录(坦桑尼亚达累斯萨拉姆,2005年7月27日至29日),乌得勒支:非洲建筑联盟项目,2005年。达累斯萨拉姆也有一些德国现代主义建筑,这与"二战"前的殖民地重新建立了联系,而且这种联系向德国表示了尊敬。20世纪30年代初,恩斯特·梅在苏联待了一段时间后前往非洲躲避纳粹,他在达累斯萨拉姆大学校园内留下了一座精美的清真寺。20世纪70年代,西德出资修建了新的工程学院(安东尼·福克斯,《非洲的现代建筑》,阿姆斯特丹:太阳出版社,2010年,第170页及其后)。

子，亭子的顶部是圆锥形。① 乔莫·肯雅塔是肯尼亚的第一任总统，也是肯尼亚国父，在政府区的中心有他的雕像，就像家长一样高高地坐在椅子上。在广袤的非洲大草原上，自由公园象征性地纪念肯雅塔的榜样作用。

内罗毕有非洲最大的两个贫民窟，基贝拉和马萨雷，[58] 这非常符合严酷的资本主义特征。这两个贫民窟体现的不是种族殖民主义，而是不受约束的资本主义的经济社会二元论。所有失败的、往往是残酷的贫民窟清理项目都证明，消极地处理人口迁移的需求是徒劳的，贫民窟不仅仅有悖于人类应居住体面住房的原则，他们也有自己复杂的经济学和社会学原理。基贝拉最初是殖民地的努比亚人士兵定居点，从20世纪50年代开始，他们的后代就依靠向外来的基库尤人出租房屋获利。这里与里约热内卢的棚户区有一定的相似之处。19世纪晚期，巴西东北部的康努多城发生了战争，当时的士兵就居住在现在的棚户区所在地。[59] 今天的基贝拉不仅是一个由贫民窟房主和他们的租户组成的庞大的非正式城市，而且是一个已分化的聚集区，拥有自己的服务设施，包括一个广播电台。[60]

达累斯萨拉姆是一个繁忙的港口城市。虽然近年来这座城市的经济有所升温，但与内罗毕相比，它仍然是名副其实的"和平的港湾"，没有辜负这个美誉。在茅茅运动被粉碎之后，英国默许了东非的独立，坦桑尼亚和乌干达都没有进行真正的斗争。坦桑尼亚国家领导人朱利叶斯·尼雷尔是与加纳的恩克鲁玛一样的社会主义者，他为人谦逊，但追求的国家目标非常宏大，不亚于恩克鲁玛的泛非梦想。在达累斯萨拉姆没有个人崇拜，纪念独立的建筑只有一座融喷泉为一体的方尖碑和自由火炬。

尼雷尔提出的重组乌贾马村社会主义的计划比恩克鲁玛的加纳社会主

---

① 会议中心有一段有趣的历史，生动地说明了偶然性在城市建设中的重要作用。它原本是执政党肯尼亚非洲民族联盟的总部，但当世界银行决定（1973年）在内罗毕举行第一次非洲会议时，尚未完工的执政党总部被视为是唯一可接受的会议场所。为此，会议中心由挪威建筑师卡尔-亨利克·诺斯特维克设计，塔的高度增加了两倍，礼堂也最大限度地扩大。会议中心的建设得到了挪威对肯尼亚公共工程部援助机构的贷款，也是该机构将诺斯特维克推荐给了肯雅塔。肯尼亚全国和国际上都一致认为，诺斯特维克设计的会议中心是一座充满灵感的建筑，但在此之前或之后，他似乎都没有创造出任何引人注目的建筑。参见沙迪·巴巴拉和曼纽尔·赫茨所著《肯尼亚的内罗毕》，巴塞尔：拉斯·穆勒出版社，2014年，第127页及其后。

义工业计划更具体，但都没有成功。1970年，尼雷尔还启动了新首都项目，即将首都迁往更接近国土中部的内陆城市多多马。这是一项非常能够体现尼雷尔和他的统治特色的计划，与当代阿布贾有很大的区别。尼雷尔计划将多多马建成一座非洲的省级城市，一座以低层建筑为主、多中心、非纪念性的城市。朴素的议会构成了城市的政治中心，唯一的纪念性建筑是当时的执政党、也是唯一的政党的所在地，这座建筑在城外的一座山上闪耀着白色的光芒。（现在它是一个会议中心）尼雷尔倒台之后，该项目基本上暂时停了下来，但从未完全放弃。2000年后，随着经济形势的好转，该项目又重新开始，中国的一家建筑公司承诺在一年内建立一个新的更大的议会建筑，而且已经兑现了承诺。现在，国会定期在多多马举行会议，城市的行政职能正在扩大，尼雷尔得到了他并不想要的雕像。但是，达累斯萨拉姆仍然是真正的首都。

与内罗毕和达累斯萨拉姆相比，坎帕拉看上去就像是一个后殖民时代的小山上的车站。市中心有一个议会大院，但没有多少象征国家的肖像。尽管经历了20年的暴力政治冲突（1966年至1986年），社会仍然相当平静。在短暂的访问中，我没有发现恩斯特·梅从1945年起担任坎帕拉规划师的痕迹，但他确实在推动非洲城市住宅建设方面取得了一些成功。[61]

南部的哈拉雷和马普托是两个与殖民统治彻底决裂的首都，之前称为索尔兹伯里和洛伦索马贵斯。这两座城市有着非常不同的殖民形态：一个是英国殖民地，草原上的花园城市；另一个是葡萄牙殖民地，是一个布局更集中，而且在垂直方向分为两部分的港口城市。这两个国家都不得不为独立而拿起武器战斗。目前，这两个国家走的都是资本主义道路，但是他们的城市地名揭示了两种不同的反帝国主义选择。马普托仍然见证着普遍性的马列主义取向，市中心的街道不仅以列宁的名字命名，而且以毛泽东、金日成等领袖的名字命名。哈拉雷的街道全是以非洲人的名字命名：一些非主要街道被命名为朱利叶斯·尼雷尔、萨莫拉·马谢尔、肯尼斯·卡翁达、罗伯特·穆加贝，还有一些街道是以津巴布韦的民族主义者命名的。[62]

前殖民地的命运

　　前殖民地国家都必须要应对具有异域特点的首都，他们的首都是由外来力量建立的，或是外来力量对首都的中心进行了改造。前殖民城区和本土城区之间存在着持久的二元性，这种二元性表现在建筑、建筑质量、街道布局和服务提供等方面。极端的殖民主义通常在城市中再现为少数政治精英（或有政治背景的精英）和大众之间分裂。独立后，许多前殖民国家继续其之前统治者的资本主义道路，但这些国家的首都很少建造具有一定规模的资产阶级居住区。本土拥有资本的阶级力量太薄弱，由于缺乏经济资源、集中的领导和有效的管理，他们几乎从来没有为建造体面的、服务良好的民众住房区进行任何努力。近年来，城市情况有所改善，但未能跟上涌入城市的外来移民带来的挑战。

　　随着城市化的发展，发展中国家的贫民窟人口正在增长（北非除外），从 1990 年的 6.5 亿增至 2012 年的 8.83 亿。然而，居住在贫民窟的城市人口比例正在下降，从 46% 降至 33%，这一变化是非常有意义的，因为城市化之前的农村住房可能比城市的贫民窟更糟糕。一个值得注意的贫民窟发展的奇异情况出现在伊拉克，在那里，贫民窟人口的增长要归功于乔治·布什和托尼·布莱尔，伊拉克的贫民窟人口从 2000 年到 2012 年翻了四番，其城市的贫民窟人口数量翻了三倍，从 17% 上升为 53%。一般来说，贫民窟在贫穷国家是普遍存在的：在撒哈拉以南非洲，大约 60% 的城市人口居住在贫民窟；在南亚，这个数量为三分之一；在拉丁美洲，居住在贫民窟的城市人口为四分之一。[63] 与较大城市和首都相比，贫民窟在较小的城市通常更普遍。但是，孟加拉国的达卡、玻利维亚的拉巴斯和菲律宾的马尼拉是例外，这些国家的贫民窟人口也比周围地区多。[64]

　　从城市符号学方面来看，新首都都急于展示自己的现代性，同时，从马来群岛到西非的萨赫勒地区又都愿意承认前殖民时期的酋长和统治者在城市中的权威。具有纪念碑意义的建筑大部分是现代建筑，但几乎总是要融入前现代、前殖民时期的主题。殖民地城市赤裸裸的社会经济两重性和等级制度几乎在所有地方都得到了维护，但是，新的国家统治者的个人志向却大不相同，非洲的统治者更是如此：一方面是塞古·杜尔和朱利叶斯·尼雷尔式的志向；另一方面是恩克鲁玛、乌弗埃－博瓦尼和蒙博托式的志向。城市外来移民的激增几乎压垮了所有的前殖民地首都，只有首尔成功地应对了这一问题，因为在日本独特的殖民主义基础上，首尔取得了巨大的经济成功。所有这一切都导致了脆弱和有争议的国家权力覆盖了极端两极分化的社会和首都，这种权力的覆盖不仅体现在资源方面，而且体现在语言、家庭和宗教方面。

第五章　形成国家的基础：被动现代化

到19世纪中叶，欧洲帝国主义和美国帝国主义正在威胁世界其他地区，非洲大部分地区和亚洲大片地区被战胜和征服。（一个世纪后，他们从殖民主义中解放出来是上一节的重点内容。）然而，也有一些成功地抵制了战胜和征服的例外情况。一些前现代王国主动开始了自己的历史性的现代化变革，并至少设法阻止了帝国主义最严重的入侵。这些变革始于上层，也就是传统的精英阶层，只有他们才有办法能够充分了解世界上新的军事、技术、经济、政治和文化带来的挑战，这就是走向现代性的被动现代化之路。

"被动现代化"指的是在面临严重外部威胁的情况下而进行的社会政治变革，其构想是由国家实施政治统治，即使法律或意识形态不一定要源于国家，但至少在决策方面应依靠国家，而且变革是从上层开始的。例如，宪法和选举等公民权利最初是由下层民众力量争取的，但在通往现代性的道路上，上层发起争取这些权力的斗争，以抵御受到美国和欧洲帝国主义攻击的威胁。他们从"掠夺者"那里学到的关键思想是：一个政体的力量不是由其武器技术决定的，而是由其人民的奉献决定的，这种奉献和凝聚力似乎来自一些制度，如宪法、法律面前的公民平等以及参与政治的权利，所有这一切又都是由公共教育支持的。①

日本是一个极其典型的例子。1853年，日本首次受到美国海军袭击的威胁，1868年，日本开始了激进、迅速和成功的变革，经过一代人的努力

---

① 在对选举权进行全球比较研究时，我才首次了解了这种源于上层的争取公民身份和公民权利的过程，《选举权与通往或度过现代性的四种路径》，罗尔夫·托斯坦达尔主编，《国家理论与国家历史》，伦敦：贤哲出版社，1992年。

之后，它自己也成了帝国主义的掠夺者。其他几个国家的被动现代化尝试都没有成功：在前文中，我们讨论了朝鲜和埃及被迫沦为殖民地的情况；中国也曾有类似的经历，这一点我们将在关于共产主义的一章中讨论。被动现代化的失败多数是由于来自外部的军事或经济压力，但偶尔内部反应也是至关重要的。

被动现代化是始于上层的激进的改变，这里的民众力量不是由社会优势驱动的，而是由社会和文化衰落的恐惧驱动的，或是由对未知世界的恐惧驱动的。在东亚，这不是一个大问题，因为这里没有占主导地位的自主宗教，也没有任何一种宗教的神职人员能够煽动民众的愤怒。在中国和朝鲜，儒家思想是盛行的道德著述，而儒家思想是世俗的，是以皇帝为中心的。19世纪中后期，中国和朝鲜都爆发了大规模的农民起义，中国的太平天国起义和朝鲜的东学党起义，这两次起义都遭到了可怕的镇压，但都不是反现代主义的反抗。相反，这两次起义都是平等主义的农民起义，外来的宗教融合思想使其具有了现代化的特点。儒学在日本已经弱化，但效忠帝国的神道教对儒学进行了大量的补充。暹罗佛教可能有更大的自治潜力，但古代印度佛教的王权观念将其与宫廷绑在了一起。在东京和曼谷，现代化笼罩在君主制气氛中，没有任何宗教可以替代王室。东亚的主要危险是王朝和宫廷的阴谋，在脆弱的地缘政治背景下，这种阴谋对朝鲜来说是致命的，也挫败了清朝在中国进行现代化的尝试。

穆斯林世界的情况与东亚不同，普救派救赎宗教的神职人员可以用表示抗议的宗教用语向群众讲话，他们的基督徒同事在那不勒斯王国以同样的方式抵抗朱塞佩·加里波第，并取得了成功，这对抵制20世纪20年代和30年代发生的墨西哥革命也起到了非常大的作用。致力于现代化的穆斯林世界统治者也反复面临这一问题，从1807年伊斯坦布尔的苏丹塞利姆三世到20世纪70年代末和80年代初的阿富汗共产党，再到1979年德黑兰的礼萨·沙阿·巴列维。在苏联空军的帮助下，致力于现代化的阿富汗国王阿马努拉在一次部落叛乱中幸存了下来，但在1929年，就在阿尔贝特·施佩尔即将来帮助他重建喀布尔时，他在那里被赶下了王位，而施佩尔也成了希特勒的建筑师。

尽管日本是被动现代化的典范，但它并不是唯一的一个取得成功的国家，暹罗（今天的泰国）也取得了小规模的成功，这得益于英法之间的竞争。由于国内的反抗和外部的攻击，奥斯曼帝国失败了，但是土耳其共和国却从中崛起，成功地在首都进行了自上而下的现代化变革，将从前守旧闭塞的首都发展成为新的首都。波斯也比它的东方邻居更幸运，其现代化也是得益于帝国主义之间的激烈竞争，这次是俄国和英国之间的竞争，但波斯最终没有像它的西北邻居那么成功，土耳其是波斯的现代主义榜样，也是其古老的对手。阿比西尼亚（今天的埃塞俄比亚）是唯一一个能够抵抗殖民主义武装进攻的国家，1896年，阿比西尼亚在阿杜瓦大败意大利。但1935年，意大利法西斯的进攻征服了埃塞俄比亚，在进攻中，意大利法西斯使用了包括空袭和芥子气在内的手段，亚的斯亚贝巴至今仍有一些殖民时期的遗迹。1941年，一支英国军队赶走了意大利人，皇帝又归国复位。在本章中，我们将主要讨论东京、曼谷、伊斯坦布尔和安卡拉，但也将简略地讨论德黑兰和亚的斯亚贝巴。

被动现代化国家的首都有其共同的特点，这是由它们独特的历史渊源决定的。它们都根植于与欧洲迥然不同的城市结构和文化中，城市景观也与前现代时期的欧洲大相径庭，后者的景观是由街道、广场、皇家纪念碑和开放式住宅组成的。同时，这些首都的现代化也借鉴了大量从欧洲引进的范例。随之而来的是一种城市二元性，但这种二元性不是以种族隔离为基础的，这与殖民城市不同。被动现代化的整体设计是"现代化"，目的是为了保持传统（传统最重要的方面），其中包括对处于庇护关系的人们邻近的居住习惯的保留，而不是阶级隔离。这些首都的变革都是由现有的政权从上层开始的，而没有明显的来自下面的积极参与。

东京

现代日本始于1868年的明治维新。"维新"在英语中通常被翻译为"复辟"（这里指皇权的复辟），但是明治维新并没有1688年英国"光荣革命"所包含的"复辟"含义，它废除了整个国家的封建结构，旨在建立一个能够抵御外部威胁的有凝聚力的国家。那么，日本通过明治维新建立了民族国家吗？在这个问题上仍然有争论的空间。人民主权1947年才正式而明确地写入宪法，这部宪法因麦克阿瑟将军的影响和美国的占领而强制实行，宪法的关键问题是皇帝的地位。

1889年的明治宪法是以天皇的名义颁布的，并由天皇政府会签，它宣布的确实是帝国的统治而不是国家统治。宪法的第一条写道："日本帝国将不间断地由皇帝统治和管理，他们的统治将永远的世代延续。"第4条赋予皇帝最高统治权："皇帝是帝国的元首，他本人拥有最高统治权，并根据现行宪法的规定行使这些权利"。[1]

明治时期的日本并不是欧美形式的民族国家，但深受其启发，的确成了新的全球民族国家大家庭的一部分，其运转类似于君主立宪政体。天皇并非人民的后裔，而是太阳女神的后裔，直到1946年，裕仁天皇才宣布承认自己不是神。实际上，这仅仅意味着日本天皇大致相当于欧美宪政和战争中上帝的召唤。明治天皇并非专制主义者，他不仅受到宪法的约束，还受到枢密院等强大的寡头政治机构的约束，"日本帝国"也不是他的私人财产。"复辟"从来都不是由天皇本人推动的，当时他才十五岁，而是由一群贵族和绅士以他的名义推动的，他们的计划是建立一个能够在国际帝国主义风暴中屹立不倒的民族和国家。

前现代时期日本的首都是江户，到18世纪中叶，江户已成为世界上最大的城市，人口远超一百万。江户是主要的商业中心，但更重要的是，它是封建政权的所在地。江户的主导性建筑是幕府将军的巨大城堡，周围是等级森严的宫殿和大名领主及其武士随从的门楼，没有权力的天皇住在千年古都京都。

在1868年的《五条御誓文》中，十几岁的天皇在京都宣布了新的现代化变革，宣言中充满了惊人的支持全球主义的激进主义，他在誓文中说，日本的所有行动"将遵循世界公认的惯例，日本将求知识于世界，以加强帝国统治的基础"。[2]

在明治维新时期，江户改名为东京，即日本东部的首都。江户更名的原因尚不清楚，但这意味着人们对民族融合产生了新的担忧。新秩序的直接影响对城市来说是相当灾难性的，因为领主和他们庞大的武士随从团体现在可以自由地离开了，这座城市的人口下降到50万，直到19世纪80年代末才有所恢复。废弃的大名宫殿被改造成公共建筑和外国大使馆，在破旧的江户城失火后，大名宫殿又成了一座历时16年的皇家宅邸。[3]

因为帝国的劝诫，致力于现代化的统治者们对建立新的国家首都并不感兴趣，他们的首要任务是向国外展示日本资产阶级的现代性。1872年的一场大火之后，银座商业区被重建为一个西方化的购物区；稍后，三菱集团也用新砖建造了"伦敦城"。现代日本和19世纪80年代动荡不安的东京的主要象征是鹿鸣馆，这是一座供上流社会跳舞和娱乐的意大利式会馆，由外务大臣井上馨构思、英国建筑师乔赛亚·康德设计建造。[4]

新皇宫于1884年才开始兴建，1889年落成。新皇宫是用传统的日本木材建造的，但会客室的内部装饰是西式的（皇宫在"二战"后重建，用的是石头，颜色为白色），新皇宫比隐藏在一个大公园中心的、古老的幕府将军城堡要小得多。但在确定东京为皇宫所在地之前，明治时期的统治者安排天皇及其庞大的随从人员队伍在日本全国范围内公开露面，1945年的灾难发生后，天皇还视察了日本。[5]

东京的统治者拒绝了大部分具有东方特色的建筑设计，这些设计不是出自受到邀请的德国和其他外国建筑师之手，而是从日本建筑师的西式设计中选择现代建筑，这些建筑师非常了解欧洲，如片山东熊受凡尔赛宫的启发，设计建造了赤坂的王储宫；辰野金吾在对欧洲的银行建筑进行一段时间的研究之后，设计建造了日本银行和雄伟的圆顶东京车站，他还部分参与了国会议事堂的设计建造，议事堂的上面是金字塔形的尖顶。[6]

从1878年开始，城市的供水和污水处理服务就得到了授权，1919年城市规划权也得到了扩大。然而，直到今天，东京仍然是一个规划不足的城市，沿街的房屋和建筑物的正面没有统一规划的一致性，但这座城市具有社会凝聚力和良好的服务。城市的部分原有布局保留了下来：地铁山手线内是老高城，东侧是民众居住的老低城。虽然明治维新时期的一些具有纪念意义的历史遗迹仍然存在，如中世纪时期帝国的保皇派武士楠木正成的雕像，靖国神社中供奉的在战争中阵亡人员的青铜牌坊，但火灾、地震、美国的轰炸以及日本缺乏连续性的传统已使东京成了一个非常不具历史意义的城市。

曼谷

古典首都大城府位于湄南河上游，在大城府被缅甸人摧毁之后，曼谷于1782年成为暹罗首都。暹罗，现在的泰国，是印度文明的一个分支，在撰写《拉玛九世》时，现在的查克里王朝国王被正式称为拉玛。① 与江户相比，曼谷更像一个水上城市，它位于河的东岸，在无数的溪流和运河之间。平民的住房通常不是建在水上就是建在木桩上，而且曼谷还有水上市场。② 西临英属缅甸，东临法属印度支那，暹罗在几个致力于现代化的国王统治下成功地生存下来，比如蒙固（拉玛四世，1851—1868年），特别是朱拉隆功（拉玛五世，1868—1910年）。曼谷（天使之城）的官方名称是世界上最长的城市名称。③ 1853年之前，暹罗一直是中国的附属国，1932年之前，暹罗一直是君主专制的君主国。在一场由文官和军队共同发动的不流血的政变后，暹罗成为民族国家，并更名为泰国，意思是"自由之地"，这场政变也维护了民族国家中的君主制。④

---

① 据已故的本尼迪克特·安德森所言，这个王朝具有中泰（潮州-泰国）血统，《黄色和红色之谜》，《新左派评论》第97卷，2016年1月/2月）。

② 见戴维斯·邦塔姆，《曼谷——商业形式与城市演变》，巴黎：研究出版社，2005年，第126页及其后，第167页及其后。泰国建筑师苏麦特·朱姆塞提出的关于文明的哲学思想源于西太平洋地区的"水上传统"（《那伽：暹罗和西太平洋文化的起源》，曼谷：查勒姆尼特出版社，1988年）。

③ 市政厅的南面有一座纪念碑，碑石上面写着曼谷的全称"天使之城，宏伟之城，永恒的宝石之城，永不可摧的因陀罗之城，世界上赋予九个宝石的宏伟首都，快乐之城，充满着像似统治转世神之天上住所的巍峨皇宫，一座由因陀罗给予、毗湿奴建造的城市"（曼谷都市管理局，《曼谷，曼谷》，2001年，第10期）。

④ 政变的组织者是一群在法国受过教育的年轻激进分子，他们人数不多，组成了人民党。该党有两个主要领导人：一个是平民社会主义者比里·帕侬荣，另一个是军事民族主义者銮披汶·颂堪。他们闹翻后，后者获胜，并于1938年成为总理。銮披汶·颂堪促成了泰国与日本的结盟，因此，在日本战败时，他不得不逃亡。战后，泰国没有被当作敌人对待，因为帕侬荣已成为泰国总理，而且他组织过一场抵抗日本的运动，帕侬荣曾是国王的摄政王，战争期间他还在一所瑞士学校读书。但他的统治很短暂，因为他被指控与国王的神秘之死有关，他不得不流亡国外。1947年，銮披汶重新掌权，但在十年后的另一次军事政变中被罢免。

无论从社会政治基础来看，还是从变革的范围来看，曼谷和暹罗的现代化都是非常有限的，与东京和日本相比存在很大的差距。建筑的现代化首先体现在皇家宫殿建筑上。位于河畔的拉达那哥欣岛上有一片宏伟的宫殿和寺庙区，从这里传统的暹罗宫殿开始，到19世纪80年代早期英国建筑师建造的混合风格的宫殿——欧洲风格的墙壁、窗户和柱廊上面是带有印度教藏经阁式尖塔的暹罗屋顶，再到19世纪90年代的内陆都实区宫殿，我们随处可见现代化的痕迹，都实区宫殿是由意大利建筑师设计建造的，用的是进口的意大利大理石，具有意大利的新文艺复兴风格。

曼谷的主要街道皇家游行路位于两个宫殿建筑群之间，这条3.2千米长的道路在地图上看呈高背椅形状。1940年，政府在"座位"的部分竖起了一座巨大的抽象的民主纪念碑，以纪念1932年的政权更迭，这是一个充满数字象征意义的建筑整体：中心碑是一座神龛，上方是宪法的铜铸像，周围围绕着四个翼状结构，象征着自由。自1934年以来，为了纪念1932年民主运动的胜利，泰国每年都会在皇家游行路举行宪法庆祝大会，军人出身的总理銮披汶·颂堪希望这座纪念碑成为"所有进步事物的中心"，沿街富丽堂皇的宫殿已被改成了公共建筑。7

1957年，一次右翼的军事政变终结了民族主义的民主时代，他们开启了君主主义的城市肖像时代，城市中到处都是国王的巨幅肖像。泰国的政治在短暂的民主和更长时间的军政府之间摆动，而且这样的动荡与宫廷的背后操纵密不可分，因此，这种君主主义的城市肖像至今仍然存在。

在曼谷，无论是皇家的①还是其他的本土文化机构和传统至今仍然存在，这体现了曼谷的非殖民特征。与此同时，西式的下层社会生活也广泛存在：快餐、廉价的酒品和卖淫等。（越南战争期间，曼谷成了美军的妓院。）现在，街道和高速公路已经覆盖了许多运河，古老的水上城市基本上已不复存在，但传统的建城时的支柱仍然供奉在原来的宫殿和寺庙建筑群中，尽管人们可能不再相信它们与宇宙相连。由于美国和日本在"二战"

---

① 大约在2008年，我注意到人们向朱拉隆功国王（拉玛五世）的骑马雕像献花、鞠躬，对他们来说，国王的雕像就如神像一般。

后的投资，曼谷这个大都市已成为泰国重要的工业装配中心和经济分水岭，曼谷在国民经济中具有压倒性优势。

从伊斯坦布尔到安卡拉

从某种意义上说，奥斯曼帝国是欧洲的一部分，这不仅仅是因为巴尔干半岛各国都处于奥斯曼帝国的统治之下，而且因为它是欧洲权力联盟体系的一部分。奥斯曼帝国的盟友（和敌人）不断变化，其中包括法国、英国和俄国，18世纪早期，瑞典也急切地取悦奥斯曼帝国。由于性别和宗教原因，奥斯曼帝国从未像俄国那样成为欧洲王朝之间联姻网络的一部分。从18世纪早期开始，奥斯曼帝国显然是一个正在衰落的大国，正在成为一个前大国。到法国大革命时，伊斯坦布尔的苏丹和他的宫廷成员已经意识到，帝国至少在军事上落后了。1807年，保守派制止了军事方面的变革，但1839年，一场更广泛的、历史上称为仁政改革的改革运动开始兴起，改革的关键人物是穆斯塔法·雷西德·帕夏，他曾担任奥斯曼帝国驻西欧大使，后来成为帝国的宰相。仁政改革开启了对伊斯坦布尔的升级改造，主要集中在金角湾以北加拉塔半岛上的中世纪热那亚商人中心。欧洲式的现代化尝试使这座城市向殖民地式的二元化发展。虽然加拉塔，尤其是现在贝伊奥卢区的独立大街周围发展成了欧洲-地中海东部的世界性城市，[8]但金角湾南部伊斯坦布尔的小规模街道拓宽和街区开放实际上是在城市火灾后才开始的。

在第一次世界大战结束时，奥斯曼帝国已经崩溃，伊斯坦布尔被胜利的协约国占领。不久之后，希腊军队在士麦那（现在的伊兹密尔）登陆，目的是为了占领安纳托利亚的大片地区，土耳其统治的剩余的后巴尔干、后阿拉伯国家处于灭绝的边缘。在加里波利（见前文有关堪培拉的部分）战役中，作为指挥官的穆斯塔法·凯末尔·阿塔土克指挥军队取得了胜利，证明了他非凡的军事能力。之后，他又彻底击败了希腊入侵者，拯救了他的祖国。因此，他在土耳其人中享有特殊的声誉，被称为加齐（伊斯兰信仰的先锋斗士）。[9]

1923年，国民议会宣布安卡拉为20世纪土耳其的第一个新首都。1920

年,土耳其大国民议会已经在这里召开会议。在与希腊进行的具有决定性的独立战争中,这座城市是穆斯塔法·凯末尔领导的土耳其军队的总部所在地。伊斯坦布尔很容易受到海上敌人的进攻,而且刚刚被占领,是遭受了可耻失败的、守旧的奥斯曼帝国城市。安卡拉位于新土耳其共和国安纳托利亚中心地带的中部。

与巴西利亚、堪培拉或伊斯兰堡不同,安卡拉没有经历从无到有的建设过程,它类似于内陆城镇阿斯塔纳,从苏联的阿克莫林斯克/切利诺格勒变成了哈萨克斯坦首都。19世纪,安哥拉(安卡拉)羊毛被进口的英帝国羊毛和工业化取代,该市的人口从1700年的4.5万下降到1920年的2.8万。虽然没有电,但城市中有铁路与其他城市连接,并被列入了1915年出版的《贝迪克君士坦丁堡旅行指南》。[10]

1925年,土耳其共和国在很大程度上已经是一个民族国家,新的共和政府对其城市工作非常明确:"我们的政府最重要的职责之一是在安卡拉建立一套与先进国家相匹配的管理体制,具体方法是要在安卡拉建设必要的基础设施、卫生和科学的住宅以及其他文明城市应该拥有的设施"。[11]

德国和奥地利的规划师和建筑师受邀在一片排干水的沼泽地上设计新首都,而且新首都要在旧城的城堡周围建设。因为安卡拉是在原有城市的基础上逐步发展起来的,安卡拉的现代性没有伊斯兰堡或巴西利亚的浮华,也没有体现出堪培拉那样的新型都市主义。但是,安卡拉也不是一个像东京或曼谷那样的古老都城,国际化的现代景观在安卡拉占有主导地位,包括国际现代建筑协会倡导的城市分区,但安卡拉有自己的独特的城市肖像。

在安卡拉修建必要的新的公共建筑之前,曾在1917年为同盟进步委员会建立了一个总部,这是一个秘密的军民组织,自1908年以来一直在或多或少地管理着这个帝国,尤其是在战争期间。(穆斯塔法·凯末尔来自于这个政党在萨洛尼卡的分部)同盟进步委员会总部是以西化的东方风格建造的,这种建筑风格在当代称为民族(或奥斯曼)建筑复兴风格,如果再向前追溯,则称为第一民族风格。这种建筑风格在仁政改革时期就已经在伊斯坦布尔发展起来,并在20世纪20年代成为新首都的特色。民族建筑复兴风格的建筑包括第一个同盟进步委员会的临时总部,以及之后建设的新的大国民议会、政府各部、安卡拉宫（供国宾下榻的酒店）和第一批银行大楼，最早的新街道之一是银行大街。

20世纪30年代，在巩固了政权之后，坚持凯末尔主义的政府开始了一项激进的计划，即世俗的、受苏联计划启发的社会转型。德国规划师赫尔曼·詹森的新城市规划是其中的一部分，"政府区"的设计也是其中之一，包括奥地利建筑师克莱门斯·霍尔兹迈斯特设计的议会。霍尔兹迈斯特还设计建造了国防部、其他重量级的部门，以及在詹卡亚郊区为阿塔土克总统新建的别墅。这栋别墅是一座两层的粉红色现代私密别墅，光线明亮，没有任何标志性的奢华。从1921年起，凯末尔在安卡拉的总部就一直设在一座位于葡萄园的房屋中，独立战争期间也是如此。因此，1932年，在这座已扩建的房屋基础上，为总统建了别墅。著名的德国表现主义建筑师布鲁诺·陶特曾在詹卡亚住过一段时间，但他一直在设计一些学校的建筑和新大学人文学院的教学楼。

从20世纪30年代开始，民族共和国的建筑就抛弃了全部的东方元素或装饰，而彰显出了浓厚的、类似于意大利法西斯主义的纪念碑式现代主义。霍尔兹迈斯特设计的国民议会和新一代土耳其建筑师设计的国父陵（阿塔土克纪念馆），是最有说服力的此类建筑的实例，这两座建筑都是在第二次世界大战后才建成的。① 最具有纪念意义的是1935年建成的安全纪念碑，这是一座庞大的组合式纪念碑，其中心部分是巨大的裸体雕像，塑造了两个强壮的勇士，代表警察和宪兵，他们为人们提供安全保障。这座纪念碑是安东·哈纳克和约瑟夫·索拉克应霍尔兹迈斯特邀请建造的，他们也为希特勒和施佩尔工作。②

虽然凯末尔不喜欢自恋的个人炫耀，但他非常关注政治肖像。早在1925年，一位奥地利雕塑家就被委托在乌鲁斯（国家）广场建造一座胜利纪念碑，当时的乌鲁斯广场是城市的中心。纪念碑的基座高6米，上面

---

① 通往国父陵的道路是用石头铺成的，两侧有石狮，这与通往北京北部明十三陵的道路有着出人意料的相似之处。
② 土耳其内政部前面的纪念碑和公园后来被称为"Güven"，意思是"信任"或"信心"，包括自信的意思，这暗指阿塔土克的一句话。

是阿塔土克骑在马背上的雕像，纪念碑于1927年建成。同年，至少还有两尊意大利雕塑家创作的阿塔土克雕像落成。在安卡拉，许多机构都有一个传统，就是在机构建筑的前面竖立一尊独特的阿塔土克纪念像，最近的一尊雕像是1995年在宪法法院外竖立的"阿塔土克与宪法"。① 在目前比较温和的伊斯兰主义政权之前，20世纪晚期土耳其的政治个人崇拜位居第二。对阿塔土克的崇拜没有因第二次世界大战后的政权分裂而停止，当时一个分裂主义组织成立了民主党，该党于1950年到1960年间执政。

20世纪，很多国家的首都都进行了认真而不间断的建设，与这些首都一样，安卡拉迅速发展成了一个拥有数百万人口的大都市。到1955年，它已经成为土耳其人口第二多的城市。伊斯坦布尔的发展停滞了几十年，大部分希腊人、亚美尼亚人以及公务员都离开了这座城市。俄国革命后，伊斯坦布尔又遭受了黑海贸易衰退的打击。1950年，其人口数量降到了低于1918年的水平。但在最近几十年，伊斯坦布尔再次腾飞，其发展超过了另一个前首都里约热内卢，圣保罗的经济发展总是使里约热内卢黯然失色。

德黑兰

与伊斯法罕和设拉子不同，德黑兰并不是一座拥有波斯伊斯兰文明的美丽古城。1786年，德黑兰被选为恺加王朝的都城所在地，成为波斯的第32个首都。20世纪20年代初，恺加王朝的国王被迫流亡。这座城市是以国王的城堡宫殿建筑群为中心发展的，附近有集市，是一个非常传统的西亚城市。城市中的住宅都是封闭的内向型房屋，没有开放的公共空间，只有狭窄的小巷和胡同，而不是街道。与明治维新之前的江户一样，但与帝国时期的北京不同，直到19世纪中叶，德黑兰才有了马车或马车交通。[12]

改革的压力和推动力始于19世纪的第二和第三个十年，1813年和1827年，波斯两次战败于俄国，在此期间，大英帝国的传教活动和为波斯提供

---

① 关于该建筑的更广泛的背景见博兹多安的《现代主义与国家建筑》，以及蒂尔科格鲁·恩格所写的《权力的空间表现》；托尼·克罗斯和加里·莱瑟所著的《安卡拉简史》（加利福尼亚州瓦卡维尔市：特拉维斯航空博物馆，2000年）则提供了有用的历史背景。

的学习机会也促进了改革。但是，波斯离当时的中欧还很远。1867年，埃及总督伊斯梅尔和奥斯曼苏丹出席了当年的巴黎博览会，并被博览会深深地打动，但波斯国王没有出席。尽管如此，波斯还是派遣了一个小型的官方代表团，并在博览会上设立了一个简朴的波斯手工艺品展馆，德黑兰也逐渐有所选择地感受到了豪斯曼时代巴黎的气息。

1848年至1851年，阿米尔·卡比尔在波斯进行了第一次现代化尝试，就像当代的大多数欧洲革命一样，基本没有取得什么成功。然而，比他更保守、更长寿的继任者纳塞尔·阿尔丁并没有停止变革，在他统治期间，这座城市的第一次真正现代化开始了，出现了可供马车行走的街道、具有欧洲特点的东方建筑以及欧洲风格的国王骑马雕像。①

波斯没有在第一波城市现代化浪潮中成为民族国家，1906年至1908年的宪政革命是波斯民族国家的起点。这场革命是由一个广泛的联盟发起的，其中包括传统集市商人和现代民族主义者，革命的部分重点是反帝国主义，而反对国王将烟草专卖权让与英国利益集团的抗议活动是革命的预演。1905年，俄国爆发了革命浪潮，这导致了波斯的进口食品价格飙升，并引发了一场重大的经济危机。

抗议运动最终发展成了一场革命，其四个主要要求之一是解雇比利时的海关总署署长，"伊朗万岁"的口号第一次在德黑兰的街道上响起。[13] 革命废除了王朝专制主义，但也导致了政体的支离破碎，国家总是处于来自外部的威胁之中。虽然革命是国家历史上的一个里程碑，虽然德黑兰在1908年引入了功能不稳定的电力照明，但革命本身似乎并没有对城市产生太大的影响。尽管如此，在革命的影响下，德黑兰的市政府制度还是

---

① 我对历史上的德黑兰的印象部分来自叶海亚·佐卡和穆罕默德·哈桑·塞姆萨尔收集的丰富的照片，见《德黑兰图解》第1卷，德黑兰：塞尔乌什出版社，未注明出版日期；M. 马雷法特的《塑造现代德黑兰的主人公》、J. 斯盖尔斯的《建筑在创建德黑兰中的作用》和格尔尼的《德黑兰的转型》等文章都可在阿德勒和胡尔卡德主编的《二百周年之都德黑兰》中找到（巴黎－德黑兰，法国伊朗研究所，1992年）。

在 1910 年得到了确立，并随之制定了第一批城市规章制度。①

1921 年，在英俄的半殖民地政权统治下，部署在波斯的哥萨克旅指挥官发动了一场军事政变。通过巧妙地操纵平民政治，同时扩大他的军事基地，礼萨·汗设法使自己在 1926 年被国民议会选为国王。在凯末尔·阿塔土克之后，他开始着手自上而下改变伊朗。

就像 75 年前的欧洲一样，德黑兰也开始推行道路网络计划，开始建设宽阔的大道。新的城市外围大道取代了被拆毁的城墙，1939 年颁布的城市法令要求市内的房屋至少要有一层向街道开放，而不是用墙壁完全与外界隔离。一群受过欧洲教育的建筑师建了一系列的现代公共建筑、公寓和私人住宅，他们中有法国人、俄罗斯－格鲁吉亚人和世界公民亚美尼亚人，很快，从海外回归的伊朗人也加入了他们的行列。这些建筑师将伊朗风格和国际现代主义融合在建筑中，他们的设计往往比"二战"前盛行的日本建筑或凯末尔主义时期土耳其的第二民族风格建筑更具创新性，后两种风格的建筑相对都更遵从当时的国际标准。[14]

另一方面，在政治上，巴列维王朝统治的伊朗的民族性仍然值得怀疑。1941 年 8 月，新成立的英苏同盟入侵伊朗，原因是伊朗并不是一个可信赖的反对德国的国家。当时极不受欢迎的礼萨·汗面临着被废黜的风险，因此，他将王位让给了他的儿子穆罕默德·礼萨。1953 年，在民族主义浪潮平息后，已经接过了大英帝国指挥棒的美国中央情报局对伊朗施加压力，重新让穆罕默德·礼萨上台执政，这个短暂的王朝在 1979 年发生的一场复杂的人民革命中可耻地结束了。导致这场革命的原因是人民的诸多不满和各种不同的力量，但与城市相关的原因是一个要将全国性的大都市德黑兰变成一个巨大郊区的计划。该计划是指巴列维时期的新沙赫斯坦项目，即在德黑兰的最北部地区建一个新的皇城，就像是新的法国凡尔赛，这个项目被委托给了英国的卢埃林戴维斯国际咨询公司。[15]

---

① 德黑兰王室任命了一位大臣负责监管最基本的事务，但统治这座城市的是国王和他的宫廷。据文献记载，至少是在大流士皇帝时期就有这样一个古老的波斯传统：当国王设想建设大型建筑项目时，要邀请来自王国各地的监工——现在的建筑师——提交建议书。在 19 世纪末纳塞尔·阿尔丁统治时期，这种情况也会发生（马雷法特，《主人公》，第 100 页）。

伊朗伊斯兰共和国最初于1979年宣布自己是一个向所有穆斯林开放的伊斯兰国家，而不是一个民族国家。然而，事实上，它被视为一个伊朗民族国家，主要人群是从伊斯兰教分裂出来的少数什叶派教徒，伊朗周边地区国家的主要人群是逊尼派阿拉伯人，因此，他们之间的关系一直处于紧张状态。

如今，拥有两个国王的巴列维王朝至少给德黑兰留下了两大遗产，其中最重要的是南北分裂。北部位于令人难忘的厄尔布尔士山脉脚下，是一个在很大程度上已世俗化的、繁荣的地区，分裂就是始于在这里为军官和更高级别的官僚提供地产。虔诚的普通民众居住在贫穷的南部，这里虽然并非总是贫穷，但多数情况下处于贫穷之中，大集市和霍梅尼纪念清真寺建筑群都在这里。巴列维王朝留下的第二大遗产是令人赞叹的沙赫雅德塔（或称国王塔）。该塔位于市中心环岛，是用白色大理石建造的，是城市的地标。该塔于1971年建成，目的是为了庆祝波斯帝国建国2500周年，沙赫雅德塔是其建成时的名称。自伊斯兰革命以来，这座塔一直被称为阿扎迪塔，意思是自由之塔。

亚的斯亚贝巴

1931年，由于受到日本的启发，埃塞俄比亚制定了宪法，这可以算作是朝着民族国家方向迈出的重要一步。但在1974年那场注定会失败的革命发生之前，埃塞俄比亚总的来说一直是帝国的遗产，[①] 它的末代皇帝们的确冒着高风险，在敌对的殖民环境中保卫他们的国家，并尝试使国家现代化。由于这些原因，埃塞俄比亚和亚的斯亚贝巴在非洲的观念体系中有着特殊的地位。亚的斯亚贝巴曾两次被选为非洲之都，1963年，非洲统一组织将总部设在了这里，从2001年起，非洲联盟的总部也一直在这里。亚的斯亚

---

① 在20世纪40年代或50年代的某个时候，埃塞俄比亚最杰出的现代主义知识分子、公务员、短期的内阁部长塔克拉－哈瓦里亚特与海尔·塞拉西皇帝进行了一次谈话，他在未出版的自传前言中引用了谈话内容，塞拉西说："你一直说'埃塞俄比亚'，但是埃塞俄比亚如果没有我，就什么都不是……我就是她的命运，不要想象没有我，埃塞俄比亚会存在"（巴鲁·泽瓦德，《埃塞俄比亚变革的先驱》，雅典：俄亥俄大学出版社，2002年，第170页）。

贝巴的这个特殊角色与其历史是分不开的，埃塞俄比亚及其首都从来都不曾沦为殖民地，没有被殖民统治的历史。

亚的斯亚贝巴是19世纪晚期建立的一个近代首都，它之所以能够成为"永久之都"，在很大程度上要归功于这座城市引进了澳大利亚速生桉树，这避免了亚的斯亚贝巴周围会像帝国其他城市那样出现荒凉的景象（其他城市周围的森林被砍伐，当作柴火）。就像罗马一样，亚的斯亚贝巴建在山上，那里是贵族居住的地方，他们的家仆和随从住在山下。现在，我们仍然能够在这座城市看到许多巨大的皇宫建筑群留下的印记。虽然贵族和平民非隔离居住的方式现在正在迅速消失，但在这个国家的领土上，这种居住方式一直存续至今。在2014年夏天，你仍然可以在市中心的丘吉尔大道中间位置找到非正式的小"贫民区"。2002年的亚的斯亚贝巴发展计划宣称"社会和土地使用的混合性……可以说是亚的斯亚贝巴的独特之处"，意大利法西斯的城市规划目标则明显与此恰恰相反。考虑到亚的斯亚贝巴正在规划的200座高层建筑，这个城市似乎正在朝着更接近殖民主义愿景的方向前进，而不是在沿着自己的多元文化社会历史方向发展。[16]然而，在今天的亚的斯亚贝巴，我还看到了林波波河以北非洲最近建成的最大的中产阶级（也可能是普通民众）住宅区。

如果说厄立特里亚的阿斯马拉是一座法西斯主义的意大利现代主义博物馆，亚的斯亚贝巴的殖民遗迹却寥寥无几，主要包括一个至今仍然非常庞大的非正式市场，这是因为亚的斯亚贝巴被意大利占领的时间相对短得多。

亚的斯亚贝巴的现代地标性建筑是为了迎接非洲统一组织的到来而建的，因此，建设的时间较晚。用皇帝的话说，建设这些地标性建筑是"为了使这个'伟大的村庄'成为一座城市，成为一个真正的、伟大的首都"。非洲大厦是为联合国非洲经济委员会建设的，但最初，这是一座具有纪念意义的市政厅，位于丘吉尔大街顶端山脊的顶部。亚的斯亚贝巴还为非洲统一组织专门建了一座现代主义的建筑群，最近由中国出资在原来建筑群的基础上又增加了新的建筑，供非洲联盟使用，它的前身是非洲统一组织。帝国垮台后，海尔·塞拉西皇帝的住所欢庆宫更名为国家宫，供政府使用，目前是权力不大的联邦总统的总统府。大型的孟尼利克宫由革命的军政府接管,现在是最重要的权力拥有者总理的官邸。议会大厦自20世纪30年代起就已存在,但现在正在被新的建筑取代。

1974年革命派的马克思列宁主义城市肖像已经去除,尽管获胜的游击队员都是马克思列宁主义者,但他们用来纪念索马里战争的纪念碑仍然存在。在一个重要的公众集会场所的角落里,还有一个小型的私人博物馆,是为在革命中被镇压的人建立的。

国家的基础和它们的首都

世界各国不仅诞生于非常不同的时代,而且是以非常不同的方式诞生的,例如:欧洲的种族灭绝(或温和的种族边缘化)、移民脱离宗主国(包括白人自治领脱离他们的宗主国)、殖民地"启蒙运动"和"进化"阶级的叛乱,以及为防止被殖民化而进行的被动现代化。

随后诞生的首都城市也都从他们的国家那里获得了永久的胎记。除了前奥斯曼巴尔干半岛各国以外,欧洲民族国家的内部形成过程意味着城市形式和建筑的长期连续性。各国首都需要大量的新建筑——议会、法院、政府各部、歌剧院、音乐厅、博物馆、大学、火车站,但实际上这些建筑都是根据已有的欧洲建筑风格和形式建造的,很好地融入了民族国家诞生之前的城市景观。很多时候,民族国家只是收回已有的建筑供国家使用,如女修道院和修道院、贵族的城市住房、小型的皇家宫殿。国家首都的资本主义特征,除了与特定的机构如银行、证券交易所、奢侈品商店和酒店,甚至是临时的商业区有密切的联系之外,还深刻地体现在更大的资产阶级城市中,这些城市有宏伟的公寓楼或住房建筑群。城市政府中旧的市民机构得到了扩展,即使在首都城市中,这些机构随时处于监督之下,并由新的资产阶级成员操纵,但他们还是发展了自己的城市社交活动,包括艺术赞助、慈善机构和娱乐,建立了妇女也参与其中的、独立于政治和经济之外的资产阶级"公民社会"。

从大英帝国脱离出来的国家的新首都或多或少都是从零开始建造的,

没有任何自己的传统,这些首都建成当时的样子是由于后帝国时期移民的平衡和妥协。它们在很长时间内都是非常小的政治官僚中心,华盛顿和比勒陀利亚更是生活在种族压迫之中。

拉丁美洲的首都曾经是帝国的中心,以欧洲或亚洲的标准来看,这些城市的历史还相当短暂,但大多数城市也都有 300 年左右的历史了,拥有巴洛克式的教堂、贵族的宫殿和古老的高等学府。这些城市的政体——旧市政厅开启了独立的进程,并发挥了关键的作用。然而,除巴西外,其他国家脱离帝国的过程是漫长的、暴力的和破坏性的,独立战争持续了近二十年,随后发生的往往是几十年的内战和国际战争。这些国家首都的建筑环境几乎没有受到暴力的破坏,但它们的社会模式却遭到了破坏。

移民国家将自己定义为"俱乐部"国家,并开始招募理想的成员,这与"拥有自己的语言和历史文化"的欧洲国家形成了鲜明的对比。新的移民群体对所有的首都都产生了影响,他们把自己的纪念物作为礼物赠送给首都,并构建了城市社交。拉丁美洲的城市还受到了侨居在此的外国资本家的影响,并因此发生了变化。[17]在19世纪下半叶和20世纪的头几十年里,商品繁荣——从黄金到鸟粪,从咖啡到铜,从羊毛到小麦,再到后来的石油——以及美国的工业化,在新世界创造了巨大的财富。随之而来的资本主义城市和社会既傲慢又无所顾忌,他们率先建起了摩天大楼,沉迷于建设如纪念碑一般的私人住宅,规模和昂贵的造价是这些住宅的决定性标准。新世界的资本主义是超级富豪和暴发户的资本主义,而不是从历史上发展起来的资产阶级的资本主义。在拉丁美洲,这个精英阶层是按照第二帝国的巴黎模式来建设他们的城市的。后来,拉丁美洲人又改变了他们对城市的观点,非常推崇纽约、芝加哥和迈阿密等城市。

前殖民地国家按照殖民政治来定义自己的政治,按照前殖民大国的领土边界来界定自己的领土边界,不论这样做是多么武断和随心所欲。他们的首都发展都受到了殖民主义二元性的影响,在城市的殖民者居住区和当地人的聚居地之间有着明显的界线。虽然一些因素发生了变异,但这种二元性几乎在所有的殖民地首都都得到了再现,首尔是唯一的一个例外。前殖民地首都已被新国家的统治者收归国有,但后殖民时期大规模涌入的农村移民使得当地人的聚居地急剧扩大，典型的前殖民地首都在建筑风格、城市布局和服务方面仍然存在极端的两极化。另一方面，被动现代化国家的首都虽然具有大规模的建筑现代性，但仍保持了传统的阶层统整，并表现出了一定的文化延续性和进化性，尤其是曼谷和东京，传达了一种独特的非欧洲城市风格与外来的建筑风格和街头行为的结合。

世界各国的首都建立在截然不同的国家基础之上，但都面临着普遍的和全球性的挑战。

第六章　人民的崛起：现代城市历史中的民众时刻

大多数民族国家及其首都都经历了艰难的现代化历程，面临着来自内部和外部的挑战。尽管一些痕迹已被抹去，但总体而言，城市和人类居住区都具有如下内在特征：历史与现代共存，或者透过现代能够看出其不同历史时期的痕迹。

这部著作没有长篇大论地讲述城市的演变，而是关注现代世界城市历史上的几个关键时刻。在前一部分中，我讨论了民族国家及其首都成立的时刻。在本章中，我将首先尝试探讨各国庶民的崛起，以及其他民众力量对精英阶层的挑战，如保守的西班牙哲学家何塞·奥特嘉·伊·加塞特所说的"群众的反叛"。后面的章节将讨论民族国家及其首都成立之后的其他时刻。

两种特别的政治形态塑造了城市历史的特定时期，对感知到的来自民众的威胁，法西斯主义和军事独裁是两种极端的反应。另一方面，共产主义是一种从民众起义中产生的不同寻常的政治权力形式。最后，我们迎来了当前的全球时刻，金融资本跨国发展，全球交流不断加快。我们将从全球化和"世界城市"的城市主义角度来探讨全球时刻，并将其视为城市权力的变化。

民族国家的"民族"可以着上不同的颜色，从英国和法国的民族帝国主义到美国的白人至上。但是，无论在什么地方，"民族"只是由"精英"组成或由"精英"来代表，而"精英"又是按照阶级、种族（或民族）和性别来定义的。随之而来的是，这个不愿接收新成员的"民族"受到了挑战，并被改变，或者是至少受到了削弱，特别是在一些国家和城市，其民族历史和城市发展经历了一段断裂式的民众时刻。

当各民族的下层人民受到了关注,并能够与精英们进行对话时,民众时刻的钟声就敲响了。这时,民众的呼声会得到倾听,如他们的境况、忧虑和愿望,他们特有的文化也会得到承认和体现。在世界上,这样的民众时刻以不同的形式发生在不同的时期,而且也不一定仅发生一次,它们导致的影响也各不相同。

形成民众时刻的根源主要有两个:一是下层人民力量的社会优势,二是由文化变革引起的叛乱。前者无疑包含已改变的集体认同的重要文化成分,而后者则具有已强化的社会经济基础,这样叛乱者才能提出要求。这些时刻在城市权力关系中表现为两种形式:一种是制度性的,利用国家和城市政府的制度来处理民众的关切;另一种集中表现为民众运动和他们的抗议行动。虽然形式与根源之间存在着显著的相关性,但它们在经验上和逻辑上是相互独立的。

人民可以通过体制变革参加到城市的权力和政治中,也可以通过制度文化的调和加入到从前被排斥和鄙视的人们当中,与他们一起崛起。我们将首先探讨一些这样的实例,但在国家基础不同的首都中,人民所采取的崛起方式也会非常不同。

欧洲工人阶级的市政社会主义和福利国家的城市主义

民众时刻是城市发展中的一个独特的阶段,也是城市经历的一个独特的阶段。在欧洲,资产阶级民族国家及其首都是按照阶级建构的,民众时刻显然就是在这样的背景下出现的。民众时刻在欧洲的出现还有另外一个原因,那就是相对于欧洲的民族社会和城市来说,工业革命具有首创的中心性,[①] 工业化勾勒出了清晰可见的阶级界限。

---

① 这与12世纪和13世纪的意大利中世纪"平民城市"没有直接的联系,马克斯·韦伯在他的《经济与社会》一书中讨论了这一点。但是,西欧中世纪城市清晰的阶级结构可能有着显著的相似性,氏族的性别权力在这些城市中是不存在的,也没有非常重要的种族和宗教分歧(马克斯·韦伯,《经济与社会》,柏林:科隆出版社,1964年,第9章,第7节)。

19世纪,快速发展的工业城市带来了社会挑战,虽然执政的精英阶层和新一代的社会调查人员都意识到了这样的事实,但在第一次世界大战结束之前,没有发生持续性的民众时刻,而且第一次世界大战最终结束了欧洲剩下的旧政权,开启了至少男性拥有普选权的时代。1830年、1848年和1871年的巴黎革命将群众推到了前台,但他们的民众时刻非常短暂,只是历史上的一个瞬间,而不是民众真正地参与城市政治,也不是民众真正参与变革的进程。

在欧洲,民众时刻首先是指工人阶级和劳工运动的时刻。从巴黎公社(1870—1871年)开始到大约1980年的这个世纪,在社会历史上被认为是工人阶级的世纪,甚至是社会主义劳工运动的敌人对此也有同样的认识,例如教皇利奥十三世在1891年的教皇通谕"关于新事物"中承认这样的说法,导致"民族社会主义德国工人党"执掌政权的种族主义民族主义者也承认这样的说法。而且,出于对巴黎公社的惧怕,德国开始尝试成为福利国家。[1] 工人阶级的世纪是以欧洲为中心的,以欧洲的工会、工党和工人阶级的文化和休闲组织为中心(如果不是仅局限于这些组织)。欧洲劳工激励了世界各地的工人、知识分子和农民,首先是通过移居美洲的移民,后来又通过共产国际,中国和越南是最重要的两个受到欧洲劳工激励的国家。

"市政社会主义"这个称谓最初出现在英国,带有贬义,主要是指关于城市公共服务、卫生设施、水、污水、学校、图书馆等问题的左翼自由主义政策。[2] 19世纪末和20世纪初,在迅速发展和工业化的城市中,城市服务成为新的焦点问题,这是新的社会景观的一种体现。在这样的社会景观中,工人阶级占了相当大的比例,但他们的影响仍然微乎其微,他们的诉求也很少能够得到表达。

在首都城市,社会权力机构非常牢固,因此,它们通常不会处于实行"市政社会主义"的前列。相反,中型工业城市是"市政社会主义"的重心所在。例如由工会管理的、公开的失业保险补贴源于比利时的根特市;从19世纪90年代起,法国的鲁贝市就已开始实行社会主义;英国的谢菲尔德市略晚一些,是从1918年开始实行的。[3] 在首都城市,工人阶级的革命运动持续时间短暂,而且都以被镇压而告终,例如1848年和1871年的

第六章　人民的崛起：现代城市历史中的民众时刻

巴黎革命运动，以及 1905 年的圣彼得堡革命运动，它们的影响主要是在阶级的记忆中延续。

在德国和瑞典等国家，由于市政选举制度更加不平等，相对于国家政治来说，民众在市政中的影响力受到了更长时间的抑制，但在第一次世界大战结束后，这种情况再也不可能发生了。

在第一次世界大战前夕，阿姆斯特丹就已经开始酝酿新的城市时代。早在 1912 年，荷兰的住房建设推动者、后来的城市建筑检查员阿里·开普勒就曾梦想将"美丽的工人住宅"作为"（工人阶级）斗争的纪念碑"，并将这一梦想公之于众。[4] 第一次世界大战后，在负责住房问题的市议员、左翼社会民主党人维博特领导下，该计划在阿姆斯特丹实施，并得到了阿姆斯特丹现代主义建筑学派和具有政治色彩的工人阶级住房协会的帮助。

市政社会主义的典型范例是 1920 年至 1934 年的维也纳，"红色维也纳"得到了稳定的社会民主党多数派的支持，同时，维也纳是奥地利联邦的一个州，它拥有财政自治权，这对"红色维也纳"来说，也是极大的支持。位于市中心的社会住房综合建筑群是"红色维也纳"最著名的地区，那里的"超级街区"通常由六到八层高的公寓楼组成，巨大的庭院占据了居住区的一半或更多。这些建筑群通常有巨大的入口或大门面向街道开放，包括提供多种公共服务的综合设施：产科诊所、保健中心、日托服务中心、学校、洗衣店、商店、不售卖含酒精饮料的酒吧等，有时还有餐馆、图书馆、会议室、劳工运动办公室、邮局和社会保险办公室。每个居住区都有自己的名字，主要是按照奥地利、德国和其他欧洲国家的劳工运动人物命名的（例如若雷斯、马泰奥蒂），但其中的一个居住区被称为乔治·华盛顿大院。红色维也纳最重要的居住区是卡尔·马克思大院，这里有 1400 套公寓，5000 名居民，一条 1.2 千米长的街道，还有一个规模堪比公共广场的庭院。实际上，在建造居住区之前，这里原本就是一个广场。在大院的入口处有桅杆，每当五一劳动节和其他工人阶级的重大事件到来时，桅杆上都会悬挂红旗。

这些建筑虽然没有采用前卫的现代主义建筑风格，但它们本身证明了维也纳的城市贫民从政治上获得了塑造和使用城市空间的权力。城市中心外围的工人阶级聚居区被自豪地称为"无产阶级的环形大道",与19世纪晚期帝国时期资产阶级的宏伟建筑形成了鲜明的对比。

在第一次世界大战之前,维也纳建筑师奥托·瓦格纳就提出了大城市的概念,奥地利社会民主党人在这一概念的基础上,进一步提出了社会主义城市的构想。[5]尽管如此,在这个非常保守的民族国家,他们仍然受到了限制,只能在一个特殊的自治市实施他们的构想。由于种种原因,他们的"总体建筑规划"从未被采纳,也从未实现对城市土地的控制。事实上,奥地利缺乏有效的"土地征用权"立法,而这正是豪斯曼在巴黎进行建设的重要法律基础。相反,这座城市和它的建筑师们充分发挥了自己的聪明才智,将零散的、欠发达的地带建成了著名的居住区。例如,卡尔·马克思大院建在一座通勤火车站和体育场之间,将这个区域的一个公共广场纳入了居住区。[6]奥地利社会民主党人没有能力建设像柏林那样的斯大林大道或卡尔·马克思大道,而且共产主义和奥地利马克思主义之间也没有任何关系。但是,卡尔·马克思大院和卡尔·马克思大道都具有同样的英雄社会主义色彩,它们与如下观点是密切相关的——只有最好的事物才能与工人阶级相配。

1934年,在真枪实弹的巷战中,红色维也纳败给了奥地利法西斯主义,后者立即废除了公共住房建设。然而,作为都市生活的一种形式,公共住房的痕迹并没有被完全抹去,人们仍然可以参观遗留下来的公共住房,而且公共住房仍然是当地资产阶级的眼中钉。①

在世界各国的首都中,工人阶级的政党首先在柏林获得了选举中的多数票。1903年,他们获得了国会6个席位中的5个,但在古老的市中心,情况却并非如此,限制性的市政选举权不允许社会民主党在市议会中占多数。在第一次世界大战期间,社会民主党的主流支持德国的战争,再加上他们对推翻帝国的革命持不同的立场,该党分裂为三个派别,他们的力量加在一起仍

---

① 20世纪90年代的某个时候,我在维也纳参加学术会议,市内观光是一个可以选择的额外活动项目。小组的首要任务是参观卡尔·马克思大院。我们的导游是一位中年的中产阶级女士,她勉强允许我们的观光车前往那里,但她坚决拒绝进入大院,或对大院做任何评论。她只告诉我们这是社会主义的庇护主义的一个典型例子,只有拥有党证的人,才能在这里得到居住的公寓。

第六章 人民的崛起：现代城市历史中的民众时刻

然比战前的社会民主党薄弱，也不再是多数党。魏玛时期的社会民主党人选举了一位自由派人士担任柏林市长，他们为能与左翼自由主义者合作感到骄傲，同时也为自己的城市政策深感自豪，尤其是社会、教育和文化政策。[7]

在魏玛时期的德国，有几个城市建立了社会民主主义政府，或更具有中产阶级特色的进步政府，他们与当时的先锋派建筑师结成联盟，共同创造了建筑的历史，这些建筑师有布鲁诺·陶特、沃尔特·格罗皮乌斯、路德维希·密斯·凡·德·罗等。当时，处于发展前沿的城市是法兰克福和斯图加特，而不是柏林。但是，魏玛时期的柏林也曾有过民众时刻，先锋派建筑师为工会建筑合作社设计了现代主义的住宅区，其中的公寓都是平顶的低层建筑，位于城市的草坪或绿色景观中，而不是沿着街道笔直地排列成行。其中的一个住宅区以工会领袖卡尔·列金的名字命名，但最著名的住宅区被称为西门子城（主要由汉斯·夏隆设计），这个住宅区至今仍然存在，是以雇主的名字命名的。

在其他欧洲国家的首都，民众时刻的影响力相对较弱。当时，伦敦没有统一的市政府，民众时刻仅存在于资源非常有限的工人阶级居住区。20世纪20年代以前，法国处于非常警觉的地方政府控制之中，这当然是对法国的约束。后来，这样的约束有所放松。[8] 巴黎主要是由以右翼为中心的国家政府管辖，所以，民众的影响力在很大程度上仅限于巴黎周边的工人阶级居住地带。圣但尼是位于巴黎北部的近郊工业区，在社会、财政和文化政策方面，它既是最重要的，也是最激进和最雄心勃勃的，但在住房政策方面，圣但尼就不那么重要了。从1892年起，社会主义者就是圣但尼的多数派，第一次世界大战之后，该地区成为共产主义的中心。① 在哥本哈根，

---

① 一本三卷本的博士论文对圣但尼进行了细致的研究，其细致的程度令人难以置信，作者为让-保罗·布鲁内（《工人阶级的郊区，圣但尼，1890—1939年》，里尔，1982年）。奥德·查穆德以社会党为核心对法国市政社会主义做了概述，见《社会主义的另一段历史》，巴黎：CNRS出版社，2013年。圣但尼是两次世界大战期间最有活力的法国共产党人之一雅克·多里奥的根据地。20世纪30年代，他因拒绝跟随共产党转向人民阵线策略被开除党籍，但仍在圣但尼掌权。1936年，他建立了一个新的政党，这个政党越来越亲纳粹，而且一直在圣但尼保持了优势。为了感谢内维尔·张伯伦在慕尼黑的投降，该党为他提供了一条街道（布鲁内，《工人阶级的郊区》，第1429页）。

社会民主党于1903年成为最大的政党,可以初步选举该市的9名市长。延斯·詹森从前是个工匠,他成了对丹麦政治进行社会变革的民众代表。尽管在战争期间,哥本哈根非常有先见之明地购买土地,并充分利用这些土地来建设公共住房,并抑制私人开发住房的价格,⁹但他的两相情愿式的管理并没有构成新的城市政权。

在伦敦,激进的民众时刻出现在20世纪80年代上半叶。当时,肯·利文斯通领导的左翼大伦敦工党议会魅力十足,他们要努力将伦敦变成一个属于民众的多元文化主义城市,而且这种多元文化主义要体现在性别、种族和宗教等方面。同时,他们也在为创造就业机会而奋斗,尤其是在工业领域和港口为人们提供工作。他们不仅反对玛格丽特·撒切尔领导的敌对的新自由主义中央政府,也反对大西洋两岸资本共同资助的"世界城市"观念。后来,市议会被安置在河对岸的英国议会所在地威斯敏斯特议会大厦中,并毫不隐讳地向英国议会发出了有关失业率上升的信息,这样的做法令英国议会无法接受。他们争论的主要问题是城市东部的码头区:在历史悠久的码头关闭后,如何进行改造?这场争论的结果是全球化资本取得了决定性的胜利,下面我将把它视为是当前的全球时刻到来的关键基础。

劳工运动也为自己建造活动的场所,例如德国和奥地利的工人协会(特别是奥地利的工人协会)为自己建造了专用建筑,他们的领袖将这些建筑视为"斗争之家"、"团结的堡垒"。¹⁰在比利时和法国,类似的建筑被称为"人民之家",这一概念在意大利和斯堪的纳维亚半岛也非常引人注目。这些建筑大多既是开会的会议厅,也是社交场所,有时还包括一些住宅公寓,没有特别的纪念意义。但也有少数例外,比如维克多·霍塔在布鲁塞尔建造的新艺术风格的"人民之家",以及维也纳法沃利滕居住区的"工人之家"。

欧洲第二次制度性的民众时刻是在"二战"之后开始的,也就是建立福利国家制度的时刻。① 从根本上说,福利国家制度是指国家承认、拓展市政

---

① 据我所知,福利国家还没有完整的建筑史,但利斯贝斯·索德奎斯特在这方面做出了很好的、广泛的贡献,见《赋予福利具体的形式》,斯德哥尔摩:挪威研究理事会,2008年。

社会主义，但同时在意识形态方面消除市政社会主义的影响。两次世界大战之间的维也纳和战后初期的维也纳是不同的，工人阶级的堡垒卡尔·马克思大院和位于郊区的佩尔·阿尔宾·汉森住宅区之间也存在差异，后者具有家园风格，住宅区内是长长的、一排排的非独立式两层家庭住房。这是国家消除市政社会主义影响的体现，也雄辩地说明了奥地利社会民主党从激进的奥地利马克思主义向寻求共识的斯堪的纳维亚式社会民主转变。①

作为住房建造者，福利国家至少对建筑环境做出了三项重大贡献，其中最大的贡献是承担国家对住房建设的公共责任，国家不仅要为穷人、要为清理贫民窟而建设住房，还要为所有非富人、中产阶级和工人阶级建设住房。战前，法国将公共住房命名为"HBM"，意思是"廉价住房"（针对地位低下的阶层）。1950年，公共住房更名为"HLM"，意思是"中等租金住房"，目标人群除了中产阶级外，还包括中下层阶级，国家和市政府资助的大规模住房计划随之产生，尤其是在巴黎周围。[11]

与斯堪的纳维亚半岛国家形成鲜明对比的是，英国为工人阶级及以下阶层保留了"廉租公房"。② 具有讽刺意味的是，虽然英国的公共住房实践令人沮丧，但其背后的进步思想似乎激发了世界资本主义经济中最广泛、最成功的公共住房建设：2009年，新加坡82%的人口居住在由政府建造（但私人拥有）的住房中。[12] 由于对城市住房的这种公共投入，西欧以及东欧（赫鲁晓夫时代和赫鲁晓夫以后的时代）在郊区建设了巨大的居住区，公寓大楼的质量良莠不齐，周围的自然环境也有很大的差异。这些居住区通常没有得到适当的维护，而且因为容易导致社会问题趋于集中而受到了广泛的非议。[13]

---

① 皮尔·阿尔宾·汉森在1932年至1946年间担任瑞典社会民主党首相，该党战后向奥地利提供了大量的救济性援助。汉森负责瑞典福利国家的建立。参见伊芙·布鲁对战后与两次世界大战之间的维也纳所做的出色比较："从红色超级街区到绿色巨型建筑：作为典范和挑战的市政社会主义"，载于马克·斯韦纳顿、汤姆·阿维马特和德克·范登赫维尔主编的《建筑与福利国家》，纽约：劳特利奇出版社，2014年。

② 我有一位比我年长的瑞典同事，他在20世纪60年代获得了英国的教授职位，他告诉我，当他的新同事们问他计划在哪里生活时，他回答说"哦，我想我会找一处市政住房"，他的新同事对他的回答感到震惊。

第二，福利国家提倡社群主义社会规划，并为此付出了巨大的努力。"居住区规划"实际上是20世纪20年代美国纽约的规划师克拉伦斯·佩里提出的，苏联的小型住宅区概念和实践借鉴了佩里的理念。然而，第二次世界大战后，斯堪的纳维亚半岛国家故意将新的郊区社区排除于独立的卫星城之外，仅仅将它们当作展示福利现代主义的窗口，特别是斯德哥尔摩的瓦林比和赫尔辛基的塔皮奥拉。新的郊区社区建设打破了战前国际现代建筑协会分离"分区"的正统观念，而是根据瑞典的"ABC"概念（A代表工作，B代表住所，C代表中心）建设的。① 相比之下，巴黎保留了城市和郊区之间清晰的界限，郊区是建造大型住宅区的地方。后来，法国人采取了战后英国人的"新城"理念（在伦敦郊外建设新城，并以绿地隔离区与老城分开），在巴黎周围建设了一系列新的卫星城。20世纪80年代和90年代，在设计塞尔吉-蓬图瓦兹和伊夫林地区的圣昆丁等几处住宅区时，加泰罗尼亚建筑师里卡多·博菲尔被允许增加一些新的元素，或者可以说，是增加一些社会主义的现实主义奢华。

第三，福利国家关注克服社会两极分化的问题。首先是通过税收和社会转移的方法，但也采用有计划进行"混合开发"的方法（例如巴黎），在同一地区开发建设经济适用住房和面向富人的市场住房，或在意识形态上规划"开放的社会"（例如阿姆斯特丹）。[14] 但是，在福利国家的城市，消除贫富隔离的程度相对难以衡量，下面举两个例子来说明这个问题。瑞典典型的福利国家住宅小区不是美国式的贫民区，但是其内部的区别对于

---

① 在这些郊区，人们从来就没有充足的工作机会，对妇女来说更是如此，但同时这也构成了一个值得关注的理想。瑞典建筑学教授海伦娜·马特森（《高速公路交汇处：1968年瑞典的建筑与社团主义》，载于斯威纳顿、阿韦马特和范登赫维尔主编的《建筑与福利国家》，第159页及其后）提请人们注意战后斯德哥尔摩郊区中心规划发生的变化。早期的郊区中心奥斯特于1953年开放，由20世纪30年代功能主义社会民主思想家的领军人物乌诺·霍伦设计，该中心有图书馆、电影院和剧院，文化气息浓厚，但持批评态度的人认为其商业不够发达。一年后，瓦林比中心开放，设计者为国际现代建筑协会的现代主义者斯文·马凯留斯，该中心更加注重购物和消费利益，以及文化氛围的营造。1968年9月，位于斯德哥尔摩南部的一个名为夏尔荷门的新郊区中心开放，这是在一个时代即将结束时才姗姗来迟的郊区中心的典范，该中心处于三条高速公路的交叉口处，拥有斯德哥尔摩最大的停车场，主要用于私人消费。

第六章 人民的崛起：现代城市历史中的民众时刻

居民来说是非常明显的：低收入者居住在出租的公寓中，有理想、有技能的工人阶级和中产阶级居住在托管公寓中，已经是中产阶级的人们居住在独立的家庭住宅中。另外一个例子是伦敦最近建设的一些混合型住宅楼，这些楼宇为按照市场价格租住的住户提供了单独的入口，他们可以享受看门人的服务，而那些只能负担"保障性价格"的住户必须要等待相当长一段时间，才能得到住房服务。

人们可能会认为，在慷慨的福利国家，比如欧洲西北部的那些国家，存在社会隔离的城市应该比其他资本主义国家更少一些。毫无疑问，这是一个趋势，但对不同的国家进行比较是困难的，各种测评也难以令人信服。在对一本关于隔离的文集进行总结时，藤田久美子做了大胆的尝试，她比较了城市的不平等状况，将居住隔离和在城市生活中可能获得的机会结合在一起，对城市进行了定性的、非测量性排名。[15] 在 11 个城市中，她将伊斯坦布尔和圣保罗等列为"高度隔离和不平等城市"，其次是"中等隔离和不平等城市"——布达佩斯和巴黎。相反，她把台北和东京放在一起，将这两个地方列为"不存在隔离的平等城市"。在她样本中，哥本哈根是唯一一个有说服力的福利国家首都。据她评估，哥本哈根的隔离程度低于前五个城市，但高于雅典、香港和马德里，人们"生活在一起，但却不平等"。下文讨论全球时刻时，我们将再回到隔离的问题，并提供另一个更新一些的数据集。

城市肖像也是体现民众时刻优势地位的一个方面，普通民众和他们的领袖进入了具有纪念意义的城市景观，这常常是漫长而艰苦的历程，即使这样的景观只是涉及工作和工人个人，没有任何阶级斗争的迹象。比利时雕塑家康斯坦丁·麦尼埃是虔诚的天主教徒，在政治上持保守态度，但他一生都在关注男性和女性劳动者的尊严。在他生命的最后十年里（1905 年以后），他一直在创作一尊纪念性的雕像组合，用来颂扬劳动，但不是颂扬工人阶级。在他去世之前，这座雕像从未公开，直到 1930 年，才在远离布鲁塞尔市中心的地方竖立起来。这是一座宁静的雕像组合，由不同职业的工人和一位母亲的形象组成，在他们上方的一根较低的柱子上，是一位播种者的雕像。目前，位于拉肯区的这座雕塑看起来不够整洁，就像被遗弃了一样，但从这里可以清楚地看到远处辉煌的商业大厦。

在两次世界大战期间，维也纳建设了一些劳工运动纪念物，其中最重要的是议会附近的共和国纪念碑。这是一座简朴的现代主义建筑，由三根长方形石柱组成，石柱上有一根水平的石梁，上面写着献给1918年共和国成立的献词，前面是三位劳工领袖的半身像。1934年之后，这座纪念碑被奥地利法西斯分子拆除，但1948年又重新安放在了原处。[16]

自从第二次世界大战以来，劳工和劳工领袖已被纳入北欧各国首都的城市肖像中，其中最重要的是斯德哥尔摩的大型青铜浮雕群，其主题是纪念瑞典社会民主主义的奠基人亚尔马·布兰廷。奥斯陆宏伟的新市政厅不仅仅是对北欧神话的纪念，还有它的建筑工人，这在共产主义欧洲是一种普遍的做法，现在仍然随处可见，例如华沙的宪法广场。在两次世界大战期间，劳工运动区域在北欧国家的首都就已经存在，它们通常位于某个广场，周围是工会和其他工人阶级组织的建筑：在斯德哥尔摩的北铁路广场矗立着布兰廷纪念碑；赫尔辛基的哈卡涅米广场和奥斯陆的约斯托基特广场是社会民主工人党及其所办报纸的办公场所最集中的地方。①

在荷兰，阿姆斯特丹向荷兰劳工运动的第一位领袖、无政府社会主义的发起人多米拉·纽温惠斯表达了迟来的敬意。1941年2月的那场著名的罢工是由共产党召集的，目的是抗议纳粹的反犹太大屠杀，人们建造了一尊现实主义的码头工人雕像来纪念这次罢工。资本主义首都最壮观的劳工纪念碑位于都柏林，自1979年起，1913年罢工领袖吉姆·拉金的雕像就一直矗立这里，至今它仍在奥康奈尔大街上鼓舞着人们。②

在欧洲所有工人阶级的记忆中，最令人感动的可能是位于赫尔辛基的纪念碑，它纪念的是在1918年内战中阵亡的红军，以及战后在白军集中营中饿死的红军。1970年，这座纪念碑在奥林匹克体育场附近一座树木繁茂

---

① 几年前，反税收和反移民的挪威进步党在广场上为自己购买了一栋办公楼，这非常具有挑衅性。目前，该党与传统右翼一起执政。
② 在经历了一段漫长、叛逆的人生经历之后，拉金的确加入了更受尊敬的爱尔兰民族主义阵营，但为他立纪念像不是因为他是爱国者，而是因为他是工会的鼓动者。建立纪念像的倡议来自工会运动，该运动在爱尔兰并不是特别强烈。在其他西欧国家的首都，人们从未向工人阶级的激进分子表达过如此具有象征意义的敬意。

的小山上建成，但只有知道这座纪念碑的位置并去寻找的人才能看到它，因为这是一堵看上去已经破败的混凝土墙，粗糙、破损，并略有重叠。墙的一侧是备受折磨的人物的浮雕，墙上刻着的献词富有诗意，是当时的左翼现代主义者埃尔默·迪克托尼斯所写，是献给"英雄的坟墓"的献词。①

20世纪60年代末，胜利的白军和失败的红色芬兰之间达成了最终的和解，赫尔辛基纪念碑的建立是和解进程的一部分，其中最意味深长的时刻是乌尔霍·吉科宁总统与工人运动领袖的会见。简朴的总统府位于资产阶级的赫尔辛基，总统从那里步行穿过长桥，前往工人区和劳工运动中心哈卡涅米，并在那里会见了工人运动的领袖。

在伦敦、巴黎和罗马，除了墓地以外，人们从来没有发现任何向劳工运动表达敬意的重要场所。卡尔·马克思葬于海格特公墓，并受到了人们的纪念；巴黎公社的战士们葬在了拉雪兹神父公墓，后来，又有很多人葬在了他们的左侧。资本主义的柏林基本上也是如此。20世纪20年代，密斯·凡·德·罗在东柏林修建了一座富有表现力的墓碑，以纪念卡尔·李卜克内西和罗莎·卢森堡，这座墓碑在遭到纳粹毁坏后重建。赫伯特·弗拉姆更广为人知的名字是维利·勃兰特，他确实是激进的工党人士，后来成为社会民主党的领袖。但是，如果他不是柏林市长和联邦政府总理，他的纪念碑恐怕也难以保存下来。后佛朗哥时代的马德里的确表达了对杰出的工党领袖的纪念，他们是巴勃罗·伊格莱西亚斯、拉戈·卡瓦列罗和英达列西奥·普列托，但没有采取任何标志性的纪念方式。具有讽刺意味的是，劳工运动在华盛顿的城市肖像中表现得更为突出，那里矗立着一尊巨大的塞缪尔·龚帕斯雕像，他是反社会主义的美国劳工联合会的技术工人领袖。②

---

① 我第一次去参观的时候，是我的同事J.P.鲁斯给我带的路。

② 2013年，"国家工人纪念碑"在堪培拉建成，这是一组抽象的柱子，坐落在格里芬湖畔的国王公园。它与历史上强大的澳大利亚劳工运动没有任何联系，而是献给那些工伤事故和职业病受害者。

美洲的"民粹主义"和种族间关系的修复

在移民国家和城市，种族的界限是分明的，原住民、奴隶和奴隶的后代处于边缘、从属或被排斥的地位。在移民世界中，民众时刻是非常特殊的时刻，这时，种族之间的关系得到了修复，处于从属地位的、被边缘化的种族得到了认可，并被接受。虽然民众时刻并不意味着城市权力发生了大的变化，但至少意味着对不同文化的普遍适应。同时，依靠征服和移民建立的新世界也成了"民粹主义"的家园。

在大多数情况下，与欧洲民族国家相比，新独立的移民国家的政治制度更加开放，但却没有像欧洲民族国家的政治制度那样牢固地扎根于社会结构中（至少在一段时期内）。在19世纪和20世纪初的拉丁美洲，平民中的铁腕人物能够在动荡中找到通往权力的道路，其中包括欧洲人与印第安人的混血儿和其他混血儿。在北美洲的大城市，平民的"政治机器"通过对少数民族集团进行选举动员夺取了城市的权力，但华盛顿不在其中。

20世纪的美洲国家政治催生了民粹主义，这是一种"煽动民心"的、反对现有权力结构的政治辞令。民粹主义一旦掌权，通常意味着给普通民众带来实质性的利益，而不是民众的权力。民粹主义政权通常由极具魅力的领导人从最高层来管理追随者，而不是由公民或自发组织起来的共和主义者来管理国家，而且通常受到"依赖"资本主义的限制。由于这个原因，也由于其对首都城市的影响非常有限[①]，再加上其政治分析需要更多的额外空间，美洲的民粹主义无论多么有趣，我们都没有在这里将其当作民众时刻来对待，但在下文中，我们偶尔还会遇到这个问题。[②]

[①] 在美国，民粹主义主要发生在乡村和西部地区，但拉丁美洲的情况不是这样的。

[②] 美洲的民粹主义领导人可能被视为是一连串形象鲜明的人物。首先是威廉·詹宁斯·布赖恩，20世纪初，他曾三次被选为美国民主党的总统候选人，但三次都在竞选中被击败，没有成功当选。在拉丁美洲，民粹主义领导人包括巴西的盖里奥·瓦尔加斯、智利的卡洛斯·伊巴涅斯、阿根廷的胡安·佩伦、秘鲁的胡安·贝拉斯科·阿尔瓦拉多，以及目前排在最后一位的委内瑞拉的乌戈·查韦斯。值得注意的是，他们中许多是军人。在刚刚提到的名单中，只有布赖恩和瓦尔加斯不是军人。

第六章 人民的崛起：现代城市历史中的民众时刻

大英帝国之后的种族

按照美国的人口标准，非裔美国人在华盛顿特区所占的比例很高，但直到20世纪50年代，他们从未构成该市人口的三分之一以上。后来，白人人口的郊区化导致了特区白人人口的减少，而黑人人口持续增长。从1960年起，华盛顿的黑人开始占多数。在美国独立大约两个世纪后，非裔美国人在南方获得了选举权，之后，华盛顿的官员中开始出现非裔美国人。1973年，国会批准华盛顿市自治，11月，华盛顿市选出了首任市长。起初，选举是具有连续性的，当选市长沃尔特·华盛顿是非裔美国人，此前曾被任命为市政专员。

1979年，随着民权活动家马里恩·巴里当选华盛顿市长，政治发生了变化。巴里是佃农的儿子，是一位有趣而又颇具争议的政治家，他曾四次当选华盛顿市长。他为非裔美国人提供市政工作，为开发市中心写字楼吸引投资者，为年轻人提供暑期工作，为贫困的老年人提供购房补贴，建立食品救济项目。在他的第一个任期期间，华盛顿市的金融状况臭名昭著、混乱不堪，因此，他开始推行清廉的预算和会计制度。然而，在他的后三个任期期间，华盛顿的金融状况又回到了过去的混乱之中，他的政府也陷入了腐败的泥潭。资本机构有很多厌恶他的理由，而他日益飘忽不定的个人生活给了他们机会。在1990年的竞选活动开始前，就像冷战时期惊悚谍战片中描述的故事一样，他被美国联邦调查局陷害。联邦调查局雇用了一名女子，该女子邀请他到自己的酒店房间，给他提供毒品，并用录像机录下了这一事件，警方随即破门而入。为此，巴里不得不退出竞选，但1994年，他第四次当选华盛顿市长。

巴里的事业和成就与许多前殖民地领袖有着惊人的相似之处：他是一位有魅力的、激进的少数民族领导人，在促进民族发展的同时，也在努力使外部企业和投资者满意；但在执政时，他变得越来越放纵，最后导致了腐败、警察谋财害命、公共债务和社会欠发达等棘手的问题。尽管如此，巴里永远都会拥有坚定的支持者，因为他们不会忘记，他是为他的人民挺身而出的。①

20 世纪 70 年代至 80 年代，华盛顿的占地面积不断缩小，中产阶级黑人也开始搬离这里。自 2011 年以来，虽然人口统计数据显示华盛顿的人口数量是在增长的，但是非裔美国人口的比例已降至不到全市人口的 50%。黑人民主政治搞得支离破碎，继任市长巴里没有提出任何具有重大意义的社会改革计划，即便真的试图做出变革，也没什么机会实施，因为整个城市负债累累，国会给出的预算也是捉襟见肘。但这位时任市长认为 2016 年的预算是"通往中产阶级的坦途"，也不知他是如何得出这个结论的。

根据 1902 年公园委员会关于"国家首都的美丽与尊严"的愿景，在白人种族主义影响下，非裔美国人无处安身。② 1903 年修建的自由人纪念碑由非裔美国人出资建造，位于城市东南方向，远离市中心。这座纪念碑不过是象征着白人的宽宏大量，纪念碑上高大的林肯伸着他的祝福之手，扶着一个匍匐在他脚下、脚镣折断的黑人。1974 年，为了纪念非裔美国教育家玛丽·麦克劳德·白求恩，在林肯雕像的对面，竖起了一组小雕像，这个雕像群更能体现人们发自内心的崇敬之情。

20 世纪 80 年代至 90 年代，美国的种族形象出现重大转变。虽然已经有了世人皆知的无名英雄纪念墙，在 1984 年和 1993 年，在它旁边又修建了两座规模不那么庞大的越战纪念碑，两座纪念碑雕像都有明显的非裔美国勇士的形象。1998 年，非裔美国人内战纪念碑揭幕。2001 年，又修建了一处非裔美国人文化遗产景观路，有人大度地认为在这个城市的布局中，该地简直可以算得上非裔美国人的地标性建筑了。③ 2011 年，一座马丁·路

---

① 2014 年 11 月 23 日的《华盛顿邮报》刊登了巴特·巴恩斯撰写的马里恩·巴里的讣告，这篇讣告看似公正，而且内容丰富。如果要分析他的执政情况，可参考霍华德·吉列的《美与正义之间》，费城：宾夕法尼亚大学出版社，1995 年，第 10 章，以及哈里·贾菲和汤姆·谢伍德所写的《梦想之城：种族、权力和华盛顿特区的衰落》，纽约：阿尔戈－奈维司出版社，1994 年。

② 沃尔夫冈·索内为晋升教授所著的论文《康复》从建筑学角度对其进行了细致的论述，却忽略了其政治背景，且轻率地将一个国家定义为"巩固的民主"国家，而在这个国家中有选举权的男性公民比例甚至还不及德意志帝国的数量（参见索内著，《代表国家》，第二章）。

③ 这条景观路现已更名为"从内战到民权"，2016 年 4 月在游客服务中心工作的一位非裔美国女孩对其曾用名"非裔美国人文化遗产"一无所知。

第六章　人民的崛起：现代城市历史中的民众时刻 | 175

德·金纪念雕像全身像竖立在了华盛顿国家广场。2016 年 9 月，一座非裔美国人博物馆在华盛顿国家广场开放，博物馆由生活在伦敦的非洲裔建筑师大卫·阿贾耶原创设计，灵感来源于约鲁巴建筑。2004 年，由一位加拿大原住民建筑师设计的一家博物馆中，美洲土著印第安人的身份终于获得了正式承认，这时距离由联邦政府资助的大屠杀博物馆建成已经过去了 11 年。①

华盛顿的贫困黑人居住区主要在阿纳卡斯蒂亚河的东南方向以及 M 街西北段北部地区，国会议员、他们的智囊团以及偶尔到访的人都对这些地区视而不见。

原英联邦殖民国家中，加拿大是第一个承认原住民权利的，其他国家都是迟迟不愿做出决定。加拿大 1982 年版宪法规定，原住民有土地权。在渥太华-加蒂诺的加拿大文明博物馆里，加拿大正式向原住民表达了敬意，这在原英联邦殖民国家中也是一项创举。新西兰、澳大利亚和美国虽然也陆续认可了原住民权利，但是加拿大博物馆的影响不是只局限在渥太华当地，它将原住民带向了加拿大历史的中心。博物馆一层大厅全部用来展示"加拿大西海岸原住民的丰富文化遗产"。旁边是第一人民会堂，突出了当地的文化多样性。只有继续上楼，才轮到加拿大移民厅。

直到 20 世纪 70 年代，"让澳大利亚保持白色"一直是澳大利亚的国策，这是澳大利亚工党的第一政治纲领。随后，在一位新的工党领袖的领导下，趋势发生了转变。土著居民开始行动起来，他们在议会外搭起"使馆"帐篷。澳大利亚政府并不愿意承认本国的原住民，但在 2001 年，澳大利亚联邦成立 100 周年之际，新的澳大利亚国家博物馆修建了一座规模庞大的附属建筑，名为"澳大利亚土著和托雷斯海峡岛民研究馆"。同年，在伯利·格里芬湖附近的国会三角地区举办的大型纪念活动"和解之所"正式启动。活动目的是使外来移民与原住民达成和解，象征性承认原住民原籍、土地权利和领袖。这是当代最全面和最具影响的实例，体现了外来移民对

---

① 关于华盛顿的纪念性建筑可以参见萨维奇所著的《纪念碑战争》一书。美国战争纪念碑委员会也在华盛顿，隶属于美国联邦政府管理，2004 年落成的第二次世界大战纪念碑上傲然地镌刻着该机构的名字。

土著民族的象征性承认。这主要归功于国家资本管理局的努力和强有力的民众态度，与当时掌权的右翼霍华德政府似乎没有什么关系。

在原英联邦殖民国家中，新西兰从一开始在对待原住民——毛利人的态度上就有别于其他国家。毛利人人数众多，组织有序，有尚武的传统。根据1846年的怀唐伊条约，他们在外来移民的领地中获得了有限的土地权，得到了一小块土地。惠灵顿一直是一个白人定居的城市。1998年，以毛利人为展出重点的国家历史博物馆开放了，名为"Te Papa"，即"我们的地方"，尽管并不完全以毛利人历史文化为主，也是具有标志性意义的。惠灵顿迎来了一个崭新的时代。

20世纪90年代初，南非境内所有的种族主义外来移民集中的地方都发生了巨大变革，南非独立后，比勒陀利亚更名为茨瓦内，成了南非行政首都。① 南非现阶段的经济发展和社会发展并不十分令人满意。但政权交接方式却独树一帜，令人印象深刻。纵然存在过渡时期的暴力统治，但新老政治精英都设法将其控制在合理范围，或者至少不让其渗透到国家组织的核心。即使是在种族主义者暗杀十分具有影响力的共产党领导人克里斯·哈尼后也是如此。

茨瓦内市完全能够代表这一发展过程。2016年大选之前，该市一直由非洲国民大会管理。内城区现在主要是黑人居住，而在我1991年第一次访问时，这里还是纯种白人的居住地。市名来源于茨瓦内首领茨瓦内（茨瓦内其人或许是杜撰出来的），他的雕像现在立在外来移民领袖比勒陀利亚的雕像前，比勒陀利亚是这座城市的曾用名。由英国皇家建筑师赫伯特·贝克建造的宏伟的联合大厦（总统府）仍然矗立于此，给人留下难以磨灭的印象。这座建筑曾经是移民联盟（即左翼的布尔派和右翼的英国派）的办公地，但现在纳尔逊·曼德拉有英雄色彩的、造型放松、随意的雕像矗立在大楼围墙和南非联邦第一任首相布尔人将军路易斯·博塔的骑马雕像中间。新首都比旧首都占地更广，横跨已经开放的隔离区和工业区，目

---

① 白人反对者在法庭上对更名一事提出了质疑，且由于决策程序失当，2015年更名一事搁置，但很快又正式提上日程。

的是将偏僻的黑人居住区都规划进来。

地处市郊的波尔人圣地先民纪念堂令人印象深刻,具有象征意义。先民纪念堂保存完好,被列为国有文化遗产。2009年为南非士兵建造了"纪念墙",墙上刻有1961年至1994年在服役期间捐躯的烈士姓名——这是对种族主义最有力的反抗,也是民族主义的胜利。[①]在公路对面不远处,另一个山顶上的自由公园重新布局后,极具象征意义,2011年和解日当天,公园与布尔人先民纪念堂贯通。

自由公园于2007年开放,此后不断扩建。该公园或许是现代历史上最精心设计、最具原创象征意义的建筑群。公园以土著文化为基础,广泛参考了部落长老、术士和土著非洲人类学专家的设计意见。公园布局完全是以非洲文化为载体,景观都具有象征意义,以非洲文化独有的方式,将其展现出来。公园分为三个主要部分。

第一个建造完成,也是最具非洲特色的是伊塞韦安园。为自由而战的斗士们,他们的灵魂在这圣地安息。十一块巨石围成一个圈:每一块巨石代表南非九个省中的一个省,此外,还有一块巨石代表整个国家,一块巨石代表为反对种族主义和种族隔离斗争做出贡献的国际社会。

时任南非总统塔博·姆贝基认为先民纪念堂所展现的含义不够具体,于是新建了一座纪念园,名为"S'khumbuto",这里面的一面墙上刻着在南非发生的各种斗争中受害者的名字,包括从前的殖民战争及殖民种族灭绝的受害者,还包括奴隶制和种族隔离压迫的受害者。园内还有一座领袖陈列馆,陈列馆的三个展馆规模不一,分别是规模最大的南非领袖馆,规模稍小的欧洲大陆领袖馆和规模最小的世界各国领袖馆,这些人都为非洲自由做出了贡献。在世界各国领袖馆中,截止到2014年,仍旧公开展出的名录上有四位领导人的姓名,分别是:非裔美国学者、活动家W.E.B.杜波依斯;提倡回到非洲理论的牙买加政治家马库斯·加维,他因与白人种族

[①] 种族隔离即将结束之时,先民纪念堂私有化,由一家布尔人文化机构管理(参见安妮·库姆斯著,《民主南非的视觉文化与公众记忆》,达勒姆,北卡罗来纳:约克大学出版社,2003年,第33页),也因此引发了反对声浪。政府一方力求和平解决,接受了当时的情况,2011年将整个建筑群列为民族遗产。

主义者合作而出名；另外还有切·格瓦拉和海地独立领袖杜桑·卢维杜尔。南非馆中规中矩，陈列的画像有包括从卢图利到坦博的已故非洲人国民大会领导人，以及非国大的对手泛非议会的创始人罗伯特·索布奎，19世纪的祖鲁武士之王——两位白人种族隔离斗士布拉姆·费舍尔和海伦·约瑟夫，此外，还有英－布战争中的两位布尔人指挥官德·维特和德·拉·雷伊。①

"//hapo"是克瓦桑语中"梦想"的意思，也是公园的第三个主要组成部分，该博物馆坐落在一座巨石状的大厦中。作为一个展出非洲全貌和历史的博物馆，从地球起源、人类诞生和祖先世界起始，囊括了殖民主义、工业化和城市化进程，最后是当代国家和大陆建设。展览包罗万象，参与竞标的设计者都不能很好地理解文化背景，难怪为此举办的国际建筑大赛和艺术大赛中都没有选出优胜者。筹委会别无他法，只能向本土建筑师和艺术家提出了非常具体的设计思路。②

拉丁美洲：墨西哥人民、民主运动与城市改革

民族复兴大业很早就在伊比利亚如火如荼地开展起来。正如前文有关国家基础一章所提到的，独立后的墨西哥和秘鲁两国，并没有把自己完全看作是移民国，在诠释本国形象时把前哥伦布时代的各种印记和联系都包括其中。19世纪50年代，伟大的自由主义者——萨巴特克印第安人贝尼托·华雷斯当选最高法院法官，并于19世纪60年代担任墨西哥总统。

20世纪20年代至30年代，兴起了一轮对本土文化的认知，两个古

---

① 2009年第一次公布了24人名录，可以在"politicsweb.co.za"网站上看到这份名单。2014年，名录增加到了37人（参见A. 奥利芬特等著，《自由公园》，比勒陀利亚，2014年，第43页），名单补充的部分可以在"archivalplatform.org"网站上浏览。但领袖陈列馆中的展出名录远没有这么多，2016年9月初，展馆中没有波尔人指挥官，蜚声世界的人物也只有一位切·格瓦拉。

② 奥利芬特与他人合著的《自由公园》是一本内容丰富、插图精美的官方指南。该书虽然十分有用，但并不能完全替代所有历史记录。根据我个人的参观经历和好心的知情人介绍，虽然学校会定期在这个公园安排一些课程，但这里似乎（还）没有变成一处重要的朝圣地，也不是著名的旅游景点。

第六章 人民的崛起：现代城市历史中的民众时刻 | 179

老皇家总督区墨西哥和秘鲁尤其如此，这两个国家都是主要的前哥伦布政体的中心。这股风潮以"印第安原住民史研究"的名义席卷而来，对原住民文化进行颠覆性的重新定义。尽管两国的印第安农民一直受到剥削，但原住民文化并没有像在北美殖民地时期那样，在当地被消灭或边缘化。

墨西哥革命是一场史诗般的人民起义，但革命最终换来的却是一个由获胜军阀当政、政体模糊的政治体制。墨西哥城人民革命最激动人心的时刻是在1914年12月，当时墨西哥城由两名激进指挥官埃米利亚诺·萨帕塔和潘乔·维拉以及他们带领的民兵控制，不过这场革命却是虎头蛇尾，没有取得什么成果。但是，随后成立的革命政府一直致力于印第安人和梅斯蒂索人（印第安人与欧洲人的混血）的教育，以及致力于传播一种民族主义和反殖民主义的历史观，即印第安人，而非定居下来的征服者，处于历史的中心。政府委托国家宫、学校和其他一些公共建筑陈列壁画，通过这种方式，政府将这一理念传达给大众。长期担任教育部部长的何塞·瓦斯康塞洛斯提升了梅斯蒂索人的社会地位，称其为人类普遍认可的重要的"宇宙民族"。[17]

民族复兴纪念碑于1940年在墨西哥城奠基，即墨西哥革命期间思想最进步的总统拉萨罗·卡德纳斯任期将满之时，纪念碑是印第安金字塔造型，①碑顶是一只充分体现了墨西哥民族特点的雄鹰，纪念碑以此造型再次确认了土著墨西哥人的文化形象。卡德纳斯"制度化革命"带给墨西哥国内的进步性成果体现在印第安人得到了正式的尊重，还获得了集体土地权。然而，需要指出的是，不平等待遇、白人统治和种族歧视在墨西哥还是继续存在，这是事实，而且在1940年卡德纳斯卸任后有愈演愈烈之势。②

---

① 字面含义就是"民族纪念碑"，但"la Raza"对拉美裔美国人而言，有着非常特殊的含义。从文化角度而言，这个词通常特指西班牙裔美国人。10月12日是"la Raza"庆祝日，正是在这一天哥伦布在加勒比海登陆。墨西哥的这座阿兹特克金字塔造型纪念碑，其名称中的"la Raza"基本上是墨西哥人的代名词。

② 在外交政策方面，保留了一些不受华盛顿支配的自主权。例如，墨西哥并不赞同美国对古巴的封锁。

秘鲁的第一位印第安裔总统亚历杭德罗·托莱多是2003年才上任的。他并不是一个雷厉风行的人,但他还是将西班牙殖民者皮萨罗的雕像从利马的市中心广场上移走,并在总统官邸上空悬挂了美洲印第安人彩虹旗。在两次世界大战的战争间隙,秘鲁发生了一场重要的本土运动,两位先锋运动领导人令人敬畏,且具有政治智慧,他们是印第安美洲主义者维克多·劳尔·哈亚·德·托瑞和被视为异端的共产主义者若泽·卡洛斯·马里亚特圭。据我所知,他们既没有获得权力,也没有在利马城留下任何重要的印记。20世纪20年代,秘鲁还建立了一个家长制国家,名为"indigenismo",自由派独裁者奥古斯托·莱吉亚宣称自己是"印第安种族的保护者"。[18]除了这个荒谬的白人寡头统治集团,还有一件怪事,日本居民向利马市捐赠了一座印加人曼柯·卡帕克的雕像,这座雕像立于市中心,托莱多经常将这里作为发布竞选演讲的场所。[19]

纵观历史,利马是原代表主权的国家首都中最墨守成规的,甚至可以说是拉丁美洲各西班牙殖民国首都中最保守的。但到了20世纪六七十年代,情况发生了巨大变化。当时,由于安第斯地区移民的涌入,该市人口几乎增加了两倍,从1961年的160万增至1981年的460万。城市政治没有发生太大变化,财政状况不佳,虽然总统也是通过选举产生的,但软弱的市长们总是承受着来自总统的压力。从1983年到1985年,左翼联合政府执政。市政府尝试了进行社会变革,却在向民众分配土地权和建立民众参政方面受到了阻碍。但市政府为学童提供的"一杯牛奶"项目却很受欢迎。[20] 21世纪,至少还有另一位锐意进取的市长当选,他可以组建独立政府,不必去搞什么政治妥协。

然而,文化领域已经发生重大转变。利马古老的白人克里奥尔文化已经被安第斯移民的文化所淹没。安第斯人的"chicha"文化,尤其是安第斯人的音乐,已经获得了广泛认可。这是一种与欧洲人传承下来的克里奥尔音乐截然不同的音乐形式,歌词展现的是历史文化的转变。

主流的"chicha"歌曲着重展现三个主题:阶级/民族骄傲、现代主义和民族主义。我的英文水平和诗词天赋都不高,不能把西班牙语歌词翻译得很地道,不过请允许我举几个仅从字面翻译的例子:

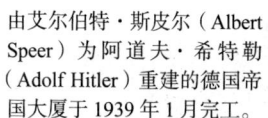

第六章 人民的崛起：现代城市历史中的民众时刻 | 181

由艾尔伯特·斯皮尔（Albert Speer）为阿道夫·希特勒（Adolf Hitler）重建的德国帝国大厦于1939年1月完工。

西德联邦政府在临时首都波恩的官邸。由塞普·卢浮（Sepp Ruf）设计，于1964年完工。

由阿克塞尔·舒特斯于1997—1999年间在重新统一的柏林设计建造的总理办公室。

比勒陀利亚的联邦大楼,是为南非的两个白人定居者团体布尔人和盎格鲁人共同建立一个定居者国度而建造的。由皇家建筑师赫伯特·贝克(Herbert Baker)设计,于1913年完工。

暹罗从未被殖民过,为了应对外来威胁,暹罗从上到下实现了现代化。第一个新的皇家宫殿是拉玛五世,也被称为朱拉隆功,在1882年为曼谷的百年纪念而建成的。它由一位英国建筑师设计,融合了外来的欧洲元素和传统的暹罗屋顶的样式。

第六章　人民的崛起：现代城市历史中的民众时刻 | 183

马来西亚于1966年在吉隆坡建造的国家纪念碑。受阿灵顿公墓海军陆战队纪念碑的启发，它的设计者菲利克斯·德·韦尔登（Felix De Weldon）采用了帝国主义对殖民战争的描述——一场由共产主义引发的危机——这一概念进行设计。

韩国海军将领李舜臣，他于16世纪后期击败了日本侵略者。1968年，人们设立雕像于此，以纪念反殖民的英雄主义。

用反殖民抵抗者取代殖民征服者：艾米尔·阿卜杜勒·卡迪尔，阿尔及利亚武装反抗法国占领组织的领导人，人们用他的雕像替代了1962年被带回法国的侵略军将领雕像。

位于维也纳的卡尔·马克思大院，是市政社会主义的标杆。它是由 1400 间公寓组成的综合体，拥有包含牙科诊所、产科诊所、邮局、图书馆、商店和会议室等在内的市政设施。它由维也纳建筑师卡尔·伊恩（Karl Ehn）设计。

有影响力的抗议运动构成了城市历史上的另一种流行时刻。最具创新精神，也是国际城市规划者重要的灵感来源，是 20 世纪 60 年代中期阿姆斯特丹的荷兰普罗沃斯（Provos）。

第六章　人民的崛起：现代城市历史中的民众时刻 | 185

位于华盛顿的非裔美国人内战纪念碑，它再现了内战期间非裔美国人士兵参战的情形，人们自 1998 年开始此项纪念活动。

南非的定居者国家崩溃了，并被一个新的后殖民国家取代。比勒陀利亚/茨瓦讷郊区的南非自由公园的伊西瓦尼（Isivane）区域是自由战士们灵魂的安息之所。这些巨石代表了南非的九个省、整个国家，以及支持反对种族隔离和定居者统治的斗争的国际社会。它是由一群受传统治疗师和一位狂热的人类学家指导的建筑师们设计的。该区域于 2004 年，也就是在民主、后殖民地南非成立十周年之际开放。

早期的苏联是世界前卫建筑的中心，这一点常通过工人的社会和文化俱乐部体现出来，例如莫斯科的卢萨科夫工人俱乐部，它是由康斯坦丁·梅尔尼科夫（Konstantin Melnikov）在一个工会委员会的基础上设计建造的。

莫斯科建筑师列夫·拉德内夫（Lev Rudnev）设计的位于莫斯科的文化宫，模仿的是"二战"后莫斯科的高层建筑，但却以波兰的主题进行了装饰。它是斯大林主义社会现实主义的典范，由苏联工人建造，并于1955年赠予华沙。它历经沧桑，现在在企业资本主义的环境中生存下来。

第六章 人民的崛起：现代城市历史中的民众时刻 | 187

位于伦敦东部的金丝雀码头，由外国资本建造并为其服务。在其中心位置第一加拿大广场，一栋由阿根廷裔美国人塞萨尔·佩里（Cesar Pelli）设计的商业办公大楼于1991年完工，其两侧是两座金融大楼。

东京市政厅，1991年由丹下健三为东京都政府设计建造，在东京全球化的进程中扮演了重要角色。

雅加达新摩天大楼的一部分，在2005—2015年的经济繁荣时期，14座高度超过210米的建筑物拔地而起，这些建筑物主要由当地私人开发商建造。

阿克·沃达总统府（白色营地），由马比特克斯集团于2004年建造。

巴伊捷列克塔，2002年由A.鲁斯别姆科夫（Rustembekov）、S.巴扎尔巴耶夫（Bazarbayev）和B.托加维（Torgayer）设计建造。从视觉上看，它反映了一个关于金蛋（太阳）的民间故事，每年冬天，一条龙会把金蛋放在一棵树上。近处背景是可汗·沙蒂尔（"Khan Shatyr"，皇家帐篷）购物和娱乐中心的顶部，该中心由诺曼·福斯特（Norman Foster）设计，由一家土耳其公司建造，于2010年开业。

和平与调停宫，由福斯特建筑事务所设计，2006年建造完成。其意图是打造一个世界宗教的中心。

第六章 人民的崛起：现代城市历史中的民众时刻

Soy un cholito cantor	我是一个印第安小歌手
Me gusta ser como soy	我喜欢现在的我
No tengo dinero	我没有钱
soy un pobre obrero...	我是个贫穷的工人……
trabajo con amor y con calor	我心怀爱和热情工作
por ver grande a mi patria.	见证我的祖国日益强大
Nosotros los cholos no pedimos nada	我们印第安人无欲无求
pues faltando todo, todo nos alcanza	我们虽一无所有，但我们会得到一切
El pueblo va despertando	人民正在觉醒
el día va amaneciendo...	黎明将要到来
mire tu pueblo hermano	看看你的同胞、兄弟
ahora de tí depende...	都在于你的决断……
no comas más tu pobreza	不再忍受贫穷……
Soy muchacho provinciano...	我是个乡下人……
No tengo ni padre ni madre...	我没有父母……
Sólo tengo la esperanza de progresar.	我只抱着前进的希望[21]

据我所知，利马这种骄傲的现代主义平民文化可能是独一无二的。而且，这种文化对城市历史中那些载入史册的瞬间都起到了重要贡献。

庇隆主义是民粹主义发起的全国性运动，时至今日其影响力也令人瞩目。1945年10月17日，布宜诺斯艾利斯的大规模示威游行是庇隆主义的起源，这场劳工运动主要是由托洛茨基主义的骨干们和一些异端激进人士组织的，目的是为了支持时任劳工部长庇隆上校，当时他所任职的军政府已经分崩离析。执政期间，庇隆政府切实推进公众住房建设，在布宜诺斯艾利斯更是不遗余力[22]。我们应牢记，在布宜诺斯艾利斯这样一个非常白人化的欧洲城市，这是为种族复兴做出的贡献。大批深色皮肤的工人涌向市中心，这些人就像"来自另一个国家的侵略"，使得布宜诺斯艾利斯的白人中产阶级感到震惊和恐惧。庇隆政府的经济和政治发展促进了阿根廷国内梅斯蒂索人人口数量的增长。人们称庇隆主义的支持者为"*cabecitas negras*"，即"小黑头"，或者干脆叫他们"黑鬼"。[23] 1955年，庇隆被驱逐下台。20世纪70年代初，混乱的右翼庇隆主义者为南半球最糟糕的军事独裁政府扫平了道路，庇隆再次上台。

2002年至2012年，南美洲的平等主义经受了来自于其他国家不平等主义的阻力，[24] 当时巴西政府的"家庭补助金"计划和委内瑞拉查韦斯政府大规模的"使命"计划都体现了强烈的种族主义色彩。2015年和2016年，巴西和委内瑞拉国内的政治观点两极分化日益严重。街头示威和集会上，种族分歧显而易见，右翼党派里白人占多数，左翼党派中有色人种明显占了上风。

玻利维亚和南非都取得了独立。玻利维亚2009年版宪法规定，玻利维亚是一个"多民族"国家，印第安人获得了各种权利。随着1952年梅斯蒂索人阶级革命爆发，原本极为不平等的民主统治转型为印第安人为主的多民族民主政治，这种变化不是南非废除种族隔离制度那样的巨变，但其推动力确实来自于天然气和自来水供应等城市服务业私有化引发的大规模城市抗议活动，抗议最终促成了具有决定意义的总统选举。然而，在缓解经济不平等问题上，玻利维亚新政权比民主的南非共和国更加锐意进取，并取得了更大成功。[25]

在城市化方面，2014年，玻利维亚政府特许兴建城际缆车工程，将海拔4000多米的埃尔阿尔托和政府所在地拉巴斯市连接起来。埃尔阿尔托市居民主要为印第安人，拉巴斯市海拔比埃尔阿尔托市低几百米，但拉巴斯市内的印第安女性商人数量不少。我没有发现首都拉巴斯市有什么明显改变，10年来逾5%的年经济增长率所带来的浮华更加明显，而埃尔阿尔托市还是认为自己很穷，是腐败市政府的受害者。2015年情况有所改变，官方任命的市长在民选中落败，后来锒铛入狱。

从智利到危地马拉再到墨西哥南部的恰帕斯等拉丁美洲大部分地区，以及美国北部和加拿大国内，印第安人对定居者政府的抗议活动和抵抗主张影响日增。他们的斗争一直都很艰难，经常受到镇压。他们的集会和示威在各国首都很常见，基多和拉巴斯市内尤甚，但他们的活动却主要集中在农村地区。

虽然奥斯卡·尼迈耶负责在巴西利亚市内设计建造一座印第安人博物馆，但即便是与渥太华、堪培拉和惠灵顿相比，巴西和巴西利亚种族复兴运动规模也很小。作为美洲最大的奴隶进口国，巴西仍然没有像样的奴隶博物馆，但在卢拉政府执政期间，一座巴西黑人历史博物馆在圣保罗开放。卢拉和迪尔玛领导的工人党政府终于承认种族歧视是一个公众问题，更重要的是他们在高等教育中引入了平权行动。尽管巴西存在"种族民主"的民族神话——吉尔伯托·弗雷尔，但与美国相比，巴西政治精英们的民族单一性更为明显。①

普遍的城市改革

即使是在中美洲这样闭塞落后的地区，原殖民国家首都中，也曾出现过几任左翼政府，或者自称是进步政府的例子，圣萨尔瓦多市政府便是其中一例。[26] 但在属于工人阶级的20世纪里，没有任何一个首都存在有组织

---

① 巴西没有瑟古德·马歇尔、科林·鲍威尔、康多莉扎·赖斯和巴拉克·奥巴马这样的大人物。2016年4月至5月间，一场闹剧般的议会－司法政变之后，非选举产生的政府上台，其成员不仅全是资本家，而且全是白人和男性，而注意到这一点的基本上都是外国观察家。另一方面，巴西不同民族平均寿命的差距要比美国小得多，2010年巴西不同民族平均寿命的差距为1年，而美国是4年半。（数据来源参见瑟伯恩著，《平等的时刻》，第22页）。

的劳动基础,可以使得典型的欧洲式城市社会主义成为可能。①拉丁美洲城市政治具有民粹主义的一面,在乌戈·查韦斯倡导下,在加拉加斯市兴建居民定居点,在确定工程标准和进度时,民粹主义甚至都有影响。尽管如此,成功的以人为本的城市政治比民粹主义更受欢迎,这种以人为本的城市政治的推进不是由哪一位魅力超凡的领导人所提出的激进的反传统的言论决定的,也不是由效仿欧洲的阶级运动推动的,而是由国家体制之外的各种社会力量组成的松散联盟推动的,这些社会力量涵盖中产阶级、工人和大批"非正式"经济体的个体经营者。

从政治角度上讲,最成功的左翼城市改革政府是乌拉圭首都蒙得维的亚市的"广泛阵线"政府,该党自1990年以来一直在蒙得维的亚执政,多年的执政经验也为2005年"广泛阵线"在总统选举中获胜铺平了道路,"广泛阵线"目前仍旧是执政党。诚实、效率和审慎的自我约束是"广泛阵线"政府的特点,该党领导下的市政府和国家政府都是如此。从路灯和垃圾收集到日托中心等城市服务都得到了发展。[27]

从党名上就可以看出,"广泛阵线"是一个多元化的联盟,党内不断进行对话,但却坚定地执行榜样领导人的方针,这些领导人的表率作用不是体现在口头上的,像家庭医生一样说话温和的塔巴雷·巴斯克斯是"广泛阵线"第一位蒙得维的亚市长,也是该党第一任和第三任乌拉圭总统,该党的第二任总统是慈祥的佩佩·穆希卡,他曾经是一名游击队员。穆希卡如苦行僧一般自律,为人谦逊,生活简朴。尽管乌拉圭参与到了南美洲各

---

① 德裔移民在美国中西部城市密尔沃基建立起了典型的欧洲式城市社会主义,却最终屈服于新大陆特有的种族问题。1910年的密尔沃基是一个工业城市,工人阶级大部分具有德国血统,他们很了解日耳曼工人阶级运动。与当时大多数的美国城市类似,这种日耳曼工人阶级运动由庇护主义"政治机器"驱动,代表并保护裙带资本主义。当年的选举中,社会党设法建立起了成功的联盟,与诚实的中产阶级共同关注他们最关心的反腐和劳工问题(参见理查德·W. 贾德著,《社会主义城市》,奥尔巴尼:纽约州立大学出版社,1989年,第22页)。在资本主义美国日益敌对的环境下,由劳工和部分中产阶级组成的这个联盟在密尔沃基执政长达50年的时间,期间反对党政府曾于1912至1916年和1940至1948年两次上台,直到1960年,反黑人种族主义愈演愈烈,最后一位社会党市长没有寻求连任。廉洁、务实、高效的政府专注于公共事业和卫生环境,却被社会党的对手指责为"下水道社会主义",此外,政府也关注教育、住房以及其他公共服务和设施,从而保证了一直以来的成功。更多资料参见 www.wisconsinhistory.org。

国争取平等运动中,但穆希卡领导下的政府没有采取任何激进的政策来实现平等化。"广泛阵线"执政十年后,乌拉圭的贫富差距还是比欧洲任何国家都更为明显。[28]

最具有社会改革理想,也是情况最为复杂的市政府就是2000年至2006年期间,由安德烈斯·曼努埃尔·洛佩斯·奥夫拉多尔(后文简称AMLO)领导的墨西哥城市政府。这也是自1998年以来,在坚持新自由主义国家治理过程中,执政记录最长的进步市政府。卫生部部长阿萨·克里斯蒂娜·劳雷尔和社会部部长拉克尔·索萨是墨西哥城(墨西哥城人口相当于斯堪的纳维亚半岛挪威、瑞典和丹麦三个国家的人口总和)很有声望的两位市领导,他们致力于建立一种欧洲式的全民社会权利体系。

AMLO本人是一个不折不扣的民族共和主义者,他遵循复杂的斯堪的纳维亚模式游戏规则,在与庞大资本达成发展协议和推动社会改革两方面都起到了应有的作用。AMLO与墨西哥首富,金融大亨卡洛斯·斯利姆合作,对历史中心进行翻新。他还与金丝雀码头的建筑商保罗·莱克曼讨论墨西哥城街头小贩的解决方案,他们还就全球摩天大楼建设,高架路建设的推动进行了探讨。他还聘请了铁血的前纽约市长鲁迪·朱利安尼担任顾问,来鼓励他手下的各位部长大胆参与到社会改革中。原住民问题在AMLO政府中虽不是关注重点,但也没有完全忽视这方面的问题。例如,城市南部的扩建被依法判定为不侵犯原住民权利。

AMLO政府的社会政策是随着对人口社会状况的大规模调查而不断变化的,而且涵盖了几项新增的大型项目。规模最大、最受欢迎的项目应该算是针对所有70岁以上人群的最低养老金制度。两年后,40万老年人加入了该计划,该计划还包括免费体检。其资金来源是"共和紧缩"项目,即政府首脑和所有高级管理人员减薪15%,绩效津贴、差旅费、车补、私人医疗保险等福利进行严格限制,总共节省了3亿美元。[29]另外一个项目则为没有享受复杂医保的居民提供免费医疗和药品。截止到2006年,85.4万个家庭的医疗保健费用由新的公民权利系统支付。社会秘书处为将近20万残疾人提供看护和援助,并为单身母亲发起了一个特别项目。为了能够起到应有的作用,所有这些项目都需要付出巨大的努力,要查找并联系符合条件的人，可是他们中许多人已经被边缘化或被排除在主流社会之外。卫生部部长和社会部部长的学生们，还有大学教授们也被征召来帮忙。[①] 城市养老金制度很快获得成功，后来执政的右翼国家政府也采用了这一制度。

另一项影响深远的成就是一种特殊的参与式预算。为了实现当地社区的各种目标，市政府的职能类似于学术研究委员会，社区可以申请资金来改善其所在地区的设施。如果获得批准，这些项目将由市政府提供专业技术人员和会计人员。我目睹的例子包括在社区建设一个儿童游乐场，一个运动场和小溪旁的一条小路。

墨西哥的政治比人民统治下的乌拉圭都更加残酷、凶猛和暴力，更不用和斯堪的纳维亚半岛那些国家相比了。尽管安德烈斯·曼努埃尔·洛佩斯·奥夫拉多尔领导的市政府和政府所倡导的社会政策非常受欢迎，但他还是在2006年的总统竞选中落败。对手精心策划了恶毒的竞选活动，称洛佩斯是"对墨西哥的威胁"，这种说法无疑是竞选舞弊。

在特立独行的无党派市长的倡议下，波哥大的城市变革应该说是由市民发起的，也是为了市民而服务的。其创新之处确实值得细说。安塔纳斯·莫库斯曾任国立大学校长，1995年至1997年、2000年至2003年，两次担任市长，他成功地将一种"城市文化"灌输到这个充斥着政治暴力和暴力犯罪的无序的国家首都中。他通过招募哑剧演员当交警，在圣诞节用玩具换取枪支，这些噱头十足的活动，实现了这一目标。[30]

莫库斯之后的继任市长恩里克·佩纳洛萨改善了城市基础设施，尤其值得一提的是"跨越千年"公交系统（智利圣地亚哥随后也引进了该系统，但技术不够成熟，也没有取得太大成功）。"跨越千年"公交系统在独立轨道上运行，运载方式类似于地面上的地铁。一般模式的城市交通都无法完全满足大都市的需求，而"跨越千年"公交系统运营至今，确实是一种非常方便的城市交通运营模式。2015年佩纳洛萨再次当选市长，他承诺进一步推广"跨越千年"公交系统。佩纳洛萨两届任期中间，波哥大由左翼政

[①] 在上文引用的文章中，艾萨·克里斯蒂娜·劳莱尔对洛佩斯·奥夫拉多尔政府的卫生和社会政策进行了详尽而客观的描述。我对艾萨·克里斯蒂娜·劳莱尔、拉克·索萨以及几位墨西哥同行（非政府人士）进行了几次访谈，这些访谈拓展了我的知识面。

党统治，但他们没有取得多大成功。左翼政党之所以没有连任是由于产生了腐败丑闻，一旦重新掌握政局，左翼政党便尝试解决不平等问题，试图改善人民糟糕的住房条件，但这都与那些异常强势的开发商和中产阶级的利益发生了冲突。

前殖民地精英主义和 21 世纪改革联盟

反殖民主义运动都很有群众基础，但几乎所有的反殖民主义运动结果都一样，后殖民时期的精英人士最后住进了殖民时期精英人士曾经居住过的那些或是豪宅或是平房的地方。大多数后殖民政治并没有为普通人提供多少空间。

反殖民主义人民/民族的理念及其解放运动的理念都时常产生变化，这给后殖民时期掌权人物也带来了新的思潮。印度和德里就是其中的典型。20 世纪 90 年代，国大党下台，德里举行了正式的纪念活动，悼念那些与英国殖民者进行暴力斗争的领导人和"烈士"（原则上讲，甘地和尼赫鲁领导下的国大党运动是非暴力的。）。1995 年，沙希德公园（即烈士陵园）为旁遮普邦革命者巴加特·辛格和他的两名战友举行了悼念仪式，这两人于 1931 年被英国处决。曾经的左翼国大党领袖苏巴斯·钱德拉·鲍斯在第二次世界大战期间组建了印度国民军，与日军在缅甸境内作战。1998 年，为了纪念他的功绩，修建了他的塑像，并授予他"内塔吉"（受人尊敬的领袖）荣誉称号。其他的印度国民军将领和那些在 1857 年与英国作战的指挥官和王子也都受到深切缅怀。整个 20 世纪 90 年代都在凭吊，包括那些著名的达利特（"不可接触者"，即贱民）领袖和印度教极右派人物也受到人们的怀念。[①]

喀麦隆的情况与其他国家类似，20 世纪 50 年代末至 60 年代期间，喀麦隆人民联盟挫败了争取独立的人民武装斗争，不过到了 20 世纪 90 年代，

---

① 当时师从于贾瓦哈拉尔·尼赫鲁大学 A.库玛尔教授的拉梅什·辛格和萨拉达·普拉萨娜·达斯为我整理了一份德里重大变化和地名变更的清单。

人民斗争卷土重来。其他国家的情况一言难尽，因为之前并未受到认可的一些人，现在都算是前殖民地精英人士，如约瑟夫·博亚克耶·丹夸，他是皇室后裔，在后恩克鲁玛时代的加纳长大，再比如说穆罕默德·哈达，他如今在印尼的形象也是和苏加诺比肩的。

归根结底，承认一个国家历史上存在过不同声音并不完全等同于民众时刻。在后殖民地区，掌握政权的社会新力量的优势也不容易察觉。在国家层面上，达利特在印度的崛起是有意义的。

不过，近期发生的民众城市重大变革至少有两例。2012年至2014年间，雅加达是其中一例，但其城市改革创新性此后不断降低；2014年的德里是另外一例，2015年改革遇到阻碍之后力度也有所减弱。这都是城市改革的重要时期，与拉丁美洲的城市改革有着明显的相似之处，但是各国都处于不同的政治环境中，且社会推动力也有不同。雅加达和德里与蒙得维的亚和墨西哥城情况类似，我们谈论的都是非精英阶层改革派市长，他们是由民众和部分中产阶级选举出来的，如雅加达行政长官佐科·维多多，也被称为佐科维，德里首席部长阿尔温德·凯杰里瓦尔。

佐科维曾经是政治体制外的一位小企业家，也曾是雅加达政坛的局外人，他曾担任爪哇岛上一个重要城市苏腊卡尔塔（也称梭罗）的市长，因锐意改革，颇受爱戴。他在选举中击败了时任雅加达行政长官，他是一位成功的改革者，不仅受到中产阶级和普通民众的支持，而且在印尼复杂的政党政治的腹地也获得了一些支持。在任期间，他推行医疗保险制度、对贫困学生提供教育支持、实施城市管理机构公开透明的优秀人才招聘计划，并推进公共交通计划来解决雅加达严重的交通拥堵问题（该计划不是很有效），他还采用民粹主义的治理方式，定期访问居民社区，他非常平易近人。两年大都市行政长官的经历非常成功，因此在足够的资金支持下，他赢得了2014年的总统大选。他任雅加达行政长官期间的同僚继续管理着这个城市，但缺少有组织的民众基础来维系政府。

现任德里首席部长阿尔温德·凯杰里瓦尔曾是一名税务官员，他厌倦了印度无处不在的腐败。他和安纳·哈扎尔共同组织了一场反腐运动，并由此起家。安纳·哈扎尔效法甘地，身先士卒，他对是否支持凯杰里瓦尔卷入竞选游戏犹豫不决。凯杰里瓦尔的胜利，尤其是他在 2013 年 12 月的首次竞选成功，归功于一种联盟政治，这种联盟政治可以构成 21 世纪最现实的左翼战略之一。它有两个支柱：中产阶级对政治腐败和官僚腐败的强烈反感，以及穷人对获得尊重和社会支持的需求。哈扎尔运动引发了中产阶级对反腐的不满。8 万多人的人力车夫协会是群众动员的关键所在。该协会的要求集中在获得尊重和结束来自警察的骚扰两方面。但是，大范围群众动员的主要问题是向穷人提供一定量免费的电和水。按照印度人民的标准，凯杰里瓦尔领导的平民党是在与一个相对进步，且并不是十分腐败的国大党政府竞争，平民党赢得了德里最富的选区（前殖民地新德里），还赢得了为所谓低等种姓保留的选区中的大多数。

治理德里是一段艰难的历程。2014 年初，凯杰里瓦尔辞职，因为他无法让市议会通过他的全部反腐计划。2015 年，尽管中产阶级对他的支持率有所下降，他还是在新一轮选举中获胜。凯杰里瓦尔与党内一些著名的左翼知识分子之间发生了一场不为人知的冲突，最终这些人被开除党籍。不过，对穷人做出的承诺似乎还是有效的。他们可以获得基本数额的免费的电和水。①

来自社会上层的感应型现代化和来自社会底层的反现代化

因局限于既有的精英主义，由上层阶级推行的现代化不仅非常没有民众基础，且尤其容易受到来自底层人民的反对。1979 年德黑兰的伊斯兰革命是近年来影响范围最大也最为深远的实例。当然，德黑兰民众之所以奋起反抗伊朗君主沙阿的"现代"城市是有着非常明确且合理的社会根源的，因为城市预算的 80% 都分配给了享有特权的北部地区。[31] 在革命的第一阶段，有真正的群众进步力量活跃起来。虽然革命进程于民众有所不利，但阿亚图拉·霍梅尼的政治头脑与坚定意志注定了革命的胜利结局。

---

① 在凯杰里瓦尔第一次竞选成功后不久，我就抵达了德里，我浏览了活跃的印度媒体报道，从那以后，我就不断地在以前的学生和同事圈中给我的朋友们提供爆炸性信息。

民众对于现代化的反对在宗教领域影响是最大的，基督教激进的布道者教派和伊斯兰教在这方面势头最为强劲。当今的欧洲，起源于社会底层和基督教民众的感应型现代化在各地都几乎没有重要影响。但在法国民族主义革命和战争中以及同时期其他国家的民族主义革命和战争中，这种现代化确实曾经存在过，如康斯坦丁·梅乌涅尔曾虔诚描画出来的法国旺代反对荷属巴达维亚共和国的农民运动，以及在为那不勒斯波旁家族而战，为上帝而战，抗击19世纪意大利民族主义者的革命中，这种现代化甚至也有所体现。愤怒的伊斯坦布尔民众一再反对奥斯曼土耳其帝国的苏丹进行现代化改革，1929年，喀布尔的阿曼努拉国王也是相同遭遇。50年后，阿富汗共产党人也不得不面对百姓类似的反应。一位愤怒的阿富汗部落领袖对我的一位印度朋友说过："你能想象吗？这些共产党人居然想让我送女儿上学！"现在，沙特的资金、巴基斯坦的特务机构和美国的武器将这种反应进一步加强。

在日本，没有向民众传播这种反应的布道神职人员，暹罗的佛教僧侣也与君主制联系太紧密，他们也不会做此尝试。也没有太多进步的民众影响。可以说，战后美国管制日本的最初几年，日本迎来了一个属于民众的时代，罗斯福新政的实施者们心怀善意，麦克阿瑟将军手下一位会说日语的女权主义者① 能力超群，他们成功地将妇女权利写入了日本宪法。但在美国毁灭性的大轰炸之后，清理废墟和战后重建成了城市里压倒一切的任务。然后冷战爆发，任何具有民众性的事物都是"共产主义"。

战后的东京市内曾有过一些抗议行动，但最终都以失败告终，比如，人们反对成田机场的建设，再比如，市里对那些无家可归者提供的帮助极度不足，人们也进行了抗议。20世纪70年代，东京曾有过进步政府，但其执政时间不长，政绩也不理想。曼谷市政府一直资金充裕，但效率却很低，据我所知，从未出现过进步政府。但是，作为发生过城市革命，也抵御过革命的地方，后文还是要简单地再次介绍一下曼谷。

---

① 贝雅特·西洛塔"二战"前在维也纳出生，在东京长大。参见戈兰·瑟伯恩著，《性别与权力之间》，纽约：劳特利奇出版社，2004年，第93页。

第六章　人民的崛起：现代城市历史中的民众时刻

城市叛乱

民众时刻也可能产生于城市的抗议运动，本书中，我们只关注那些影响城市形态的城市抗议运动，以及改变民族国家的那些城市模式运动。这样的例子有很多，主要发生在第二次世界大战之后，但是主流文学作品都是具有革命意义的，目的旨在动员群众，提出诉求，开展斗争，而不是服务于城市或者国家的。① 我们来看看三种影响深远的城市民众运动。他们之间存在很大的不同。一种运动是为了主张权利，另一种运动是为了进行抗议和提出否决意见，第三种运动是为了起义或革命。他们的主张往往是特定的，且各有不同。尽管第三世界国家很多都有类似情况，但主张权利的运动主要发生在拉丁美洲。到目前为止，最成功的城市抗议运动发生在北大西洋沿岸各国，这里也是发达资本主义的核心地区。起义或革命运动主要都是发生在欧亚大陆及北非的半外围国家。

穷人对城市的诉求

目前还能看到的、存续时间最长的城市民众运动大概是那些声称穷人有权在城市生活的运动。巴西的贫民窟可以追溯到 1897 年，当时，政府军镇压了巴西东北部的武装叛乱，参战的军人退伍之后没有拿到军饷，他们占领了里约的一座小山，他们将这座山命名为"Favela"（贫民窟一词由此而来），至于为什么如此命名，原因众说纷纭。虽然里约进行大规模城市改造的过程中，该地损毁严重，但 1937 年《建筑法》正式禁止了对该处的破坏性拆除，并在 20 世纪 40 年代初努力将其重新安置成"无产阶级公园"，

---

① 有关城市运动最有影响力的著作是曼纽尔·卡斯特尔的《城市与草根》（伯克利：加州大学出版社，1983 年），他在该书基础上补充了很多内容，其中就包括近些年完成的《愤怒与希望的网络》（伦敦：政体出版社，2012 年）。卡斯特尔的第一部作品虽然也涉及了其他一些内容，但他主要分析了大众住房中的占地运动。作品的最后一章是《当代城市运动的社会意义》，主要论述了当代城市运动在当代政治和未来政治中可能扮演的角色，而没有交代这些运动在未来城市发展中可能发挥的作用，这类著作基本都具有这样的特点。同样，大卫·哈维近年完成的《叛逆的城市》（伦敦：维索出版社，2012 年）一书关注更多的是反抗以及反抗对于城市造成的影响而非城市本身。他的代表作《巴黎城记：现代性之都的诞生》（纽约：劳特利奇出版社，2005 年）一书足以证明他能够跻身全世界最著名的城市学者之列。

因此贫民窟仍然存续了下来并扩大了规模。³² 原来的"Favela"山现在是一个露天博物馆。

在人烟稀少地区占用土地自建城市住房的模式已经在整个拉丁美洲成为常态，占地行为有的是在大城市的市内，多数都是在城市周边地区；这其实是穷人对城市权利的诉求。而且，在某些地区，这种行为已经约定俗成并且半制度化，成为一种城市集体迁移的途径。秘鲁语中的"pueblos jóvenes"，就是专门用来命名这些定居点的，意思是年轻的居民区。

我们设想的情景不是近期欧洲发生的那种某个年轻人自发的占地行为，而是若干来自同一农村地区的家庭，在某个清晨选好了一个地点聚集起来，竖起一面或多面民族旗帜，作为一种象征性的防护，然后开始在这个地方修建能够住人的窝棚。若非被驱赶离开，多年以后，这些定居点都会获得市里许可。可能还有人给他们提供水泥，来建造更好的房子。然后，水和电也能接通，修建学校，整修街道。这种计划外的城市发展可能与民粹主义政治家和对普选感兴趣的政权有关，也可能与占用土地及可供雇佣的开发商和建筑工人这整个非正规经济体系有关。³³

这些都是我在波哥大、利马、墨西哥城和里约的所见所闻，在这些城市，非法占地定居点是那里的传统，且影响深远，20世纪60年代，这种情况愈演愈烈。到1990年左右，墨西哥城人口的60%，利马和加拉加斯人口的40%左右，里约人口的30%，波哥大人口的25%都住在非法占地定居点。³⁴ 这种情况在其他洲可能也存在，但是在我去过的城市中，我没有听说过类似情况。① 非洲和南亚的前殖民城市没有那么多的资源，也没有能力来改善规模庞大的非正式贫民窟的居住条件，其中许多贫民窟不是自建的，而是由贫民窟的领主建设并用来出租的，就像内罗毕的基贝拉，这个巨大的贫民窟最初是由努比亚战争退伍军人建造的。印度最近启动了一项

---

① 阿纳尼娅·罗伊与尼扎尔·埃尔萨亚德合著的《城市随意性：中东、拉丁美洲和南亚间的跨国视角》（拉纳姆，马里兰州：列克星敦出版社，2004年）及胡赫迈耶所著《城市贫民窟》这类有关城市"随意性"的著作中也没有提到有关集体占地、居住地升级和集体迁移的情况。

国家城市重建行动，肯尼亚启动了一项贫民窟改造计划。[35] 除了政府的努力，自1996年以来，民众还自发地组织在一起，其中一个名为贫民窟居民国际组织的机构在三个洲都有分支机构，该机构在肯尼亚和印度境内最有影响。

即使在个别具有良好集体流动性的非法定居点，这些地方初建时，条件普遍也都很差，按照联合国人居署的标准都属于"贫民窟"。必须指出的是，居住在贫民窟完全无法保障人民享有在城市生活的全部权利，这标志着一个城市没有能力且不愿为所有居民提供充分服务。我们可以看到，居住在这些劣质房屋里的人口数量不断攀升。

然而，非法占地和自建住房也是对于权利的诉求。而且，至少在某些情况下，是集体社会迁移的一种途径。政府不作为时，占地行为是在主张民众权利，穷人能否享有市民权并享有城市服务的权利最终取决于他们之间的团结合作。① 在拉丁美洲以外地区，强拆和大规模驱逐是权力机构对穷人的住房需求最常见的反应：20世纪90年代中期，仰光军政府驱逐了100万人；2001年至2003年，雅加达"整顿"了50万人；2005年罗伯特·穆加贝执政期间，哈拉雷驱逐了70万人。[36] 20世纪70年代，阿根廷军政府作为始作俑者，驱逐了布宜诺斯艾利斯市内约20万穷人。[37]

挑战汽车城

城市历史上的民主运动浪潮此起彼伏，原因在于非正式的市民抗议不仅获得了动力，还获得了权力——主要是否决权。这些抗议活动主要针对的是修建贯穿中心城市高速公路的各种计划，这些计划旨在实现"未来世界"城市设想，1939年纽约世界博览会上通用汽车对这一愿景进行了展示。② 从20世纪50年代到70年代，这些项目在北大西洋沿岸各国大规模

---

① 迈克·戴维斯的著作《布满贫民窟的星球》（伦敦：维索出版社，2006年）获得了高度赞扬，其关注重点是不平等和排斥的基本问题。著名记者道格·桑德斯的《落脚城市》（纽约：复古出版社，2010年）则关注变迁与个人的迁徙。

② 克里斯托弗·克莱梅克的建筑史巨著《城市重建的跨大西洋崩溃》（芝加哥：芝加哥大学出版社，2011年，第51页）中展现了"未来世界"的照片。

上马，其中不仅包括像纽约和伦敦这样的大城市，也包括一些小地方，比如我曾居住过的瑞典隆德大学城。在20世纪50年代，西欧各国的城市和交通规划者们对芝加哥和洛杉矶境内的高速公路趋之若鹜，各种热情洋溢的游记带来了大量言过其实的报道。1956年在斯德哥尔摩举办的城市规划庆祝会采用了"汽车友好型城市"这个会议标题，简称为"汽车城"。这是欧洲城市现代主义的新口号，包括德国、英国（资料来源：1963年布坎南报告），以及从斯堪的纳维亚半岛北欧诸国到意大利的欧洲各国纷纷效仿。[38]

在大多数地方，城市规划者和私有企业开发商们的这些项目都因公众抗议活动而终止，这些抗议活动偶尔还会有一些马基雅维利式的高层支持者，比如在华盛顿特区，他们就得到了尼克松政府的帮助。①

一场跨越各大洲的城市文化反叛始于20世纪50年代末，并在20世纪60年代到70年代声势日益壮大。这场运动旗帜鲜明地反对"汽车城"的修建，因为"汽车城"破坏了现有的城市结构，只是为了使快速的汽车交通顺利地进入无序扩张的市郊地区。这场运动的力量来自其文化和政治上的普世主义，团结了环保主义保守派、受到拆迁和流离失所威胁的贫困少数民族社区、需要负担得起中心城市住房的年轻人，以及呼吁参与式民主和城市公民权利的激进民主人士。②

第一次大的冲突发生在纽约市的格林尼治村，可以说是城市规划者中最恶毒、种族主义倾向最严重的罗伯特·摩西想在这里建一条机动车道，将华盛顿广场一分为二。抵抗运动在一位杰出的城市规划师简·雅各布斯的领导下取得了胜利，城市规划并不是她的主业，她保守，不冒进，后来她写了一本关于美国城市的书，内容非常有见地，也很有影响力。[39]

格林尼治村战胜了现代汽车工业，这极大地鼓舞了美国其他城市。华

---

① 参见J.施拉格的《华盛顿特区联邦之战：三届政府下的三姐妹桥》(《城市历史学报》，2004年305期：第668—673页)。尼克松总统务实、意识形态不保守而且处事圆滑，因此高速公路及公路大桥得以修建完成，华盛顿地铁重新获得启动资金，他都功不可没。

② 关于这个问题的研究虽然主要局限于美国、英国和西德，但对此进行第一次详细研究的是克莱梅克所著《城市重建的跨大西洋崩溃》。

第六章 人民的崛起：现代城市历史中的民众时刻

盛顿特区也发生了冲突，冲突主要是针对当时统治首都的那些有权势的国会议员的。作为波托马克河高速公路的一部分，准备建设一座名为三姐妹桥的跨河大桥，这需要拆除一些非裔美国人的住房。建桥的想法最初是在1960年成形的，由华盛顿特区高速公路局提出。早在官方听证会上就有市民抗议。20世纪60年代，这场争论演变成一场激烈的政治斗争，当时国会的核心成员宣布，如果不修建这座大桥，他们将拒绝为华盛顿地铁建设再提供任何资金，一些公开抗议者被逮捕。经过十多年的政治争议和法律争论，这个项目最终停工了，基础工程也在一场风暴中被冲走了。[40]

文化的转变或者说文化的反抗主要局限于北美和欧洲西北部地区。20世纪60年代后期，白人统治的比勒陀利亚虽然没有发生骚乱，但是政府还是放弃了为了修建高速公路而破坏城市的计划。① 在那些汽车已经成为大众消费烦心事的地方，发生了抗议活动，而欧洲西北部几乎没有什么抗议活动。直到很久以后，汽车消费才普及到南欧、东欧、非洲、亚洲和拉丁美洲地区。在这些地方，私家车仍然是很多普通人所梦想拥有的。1959年，巴黎市政厅否决了在市内修建环线汽车道的提议，而选择修建绕城高速路，1962年，环城大道竣工，一位著名的城市历史学家将其贴切地称为城市与郊区之间的"混凝土护城河"。[41]在英国，"住房先于道路"运动在20世纪60年代影响日增。1973年，工党高举"停止修建高速公路"的大旗，在伦敦选举中占了上风。[42]

最具传奇色彩、在国际上最具文化影响力的城市反抗运动是由阿姆斯特丹社运组织"Provos"发起的，该组织成立于1966年，此后在多个领域开展工作，包括开创性地推动了市内自行车的使用。他们主要是在空无一人的建筑物里充当占地者，这引发了一场影响巨大的青年占地国际运动，从意大利的"社会中心"（现在仍然存在），到哥本哈根的克里斯钦尼亚"自由国家"，一个与众不同的社区在从前的军事用地上建立起来，游走于法律边缘几十年，现在依然如故。年轻人占地的想法与第三世界里以家庭

---

① 在此，我要感谢我的南非同事，也是我的朋友艾伦·梅本。

为单位占用闲置土地的做法有很大区别。2015年，我访问华沙的时候发现，这种年轻人占地的行为甚至已经蔓延到了后共产主义欧洲。①社运组织"Provos"对城市最为持久的影响是保护了新市场社区，想必你能猜到，这片居住区也受到了高速公路的威胁。43

在城市政治方面，20世纪60年代至70年代，在国际上鲜为人知的斯德哥尔摩冲突值得注意。冲突背景是斯德哥尔摩市中心的一次大规模重建，按惯例拆除了不合标准的大众住宅，缓解了交通，并提供了更多的办公空间。冲突的最终焦点非常明确：为了建设一个新的地铁站，是否应该砍伐市中心广场国王花园里的榆树。当然，事实上，冲突的牵扯范围要大得多：包括房屋拆迁、街道拓宽，最重要的是城市规划中的公民话语权。冲突基本上是瑞典式非暴力方式进行的，但冲突参与者值得关注。

为了保护榆树，为了捍卫不同的城市构想，资产阶级知识分子、记者、年轻政治家、左翼学生激进分子和中产阶级组织"另类城市"中的城市先锋人士组织了起来，反对由所有主流政党组成的社会民主联盟的领导。当时，社会民主联盟仍然是工人阶级骨干的运动，因此，市领导班子中的社会民主联盟领袖陷入困境后，想要争取政党机构的支持，以获得工人和地方工会的支持决议。支持决议确实出台了，但这些决议并没有改变新的城市权力平衡。在瑞典，从首都开始，传统的工人阶级政治甚至逐渐式微。"城市67"计划大幅缩减，榆树幸存了下来——没有妨碍新地铁站的建设。44

针对汽车城的文化反抗在当地取得了一些胜利，并产生了持久的影响。更重要的是，给人们带来了在城市规划过程中有效的公众话语权，这一需求得到了来自各方面势力学术和政治上的支持，其中就包括美国的简·雅各布斯，法国的实证派城市社会学家保尔·亨利·雄巴尔德洛韦和亨利·列斐伏尔，以及1968年组建的英国议会斯凯芬顿委员会。45

欧洲民众时刻的抗议浪潮已经平息，但它仍是西欧城市政治不可忽视的一个方面。以柏林和汉堡为例，曾经充满暴力冲突的社区，现在却成了两个城市引以为傲的地方。这些社区里依然存在被非法占领的建筑，还

---

① 感谢我的波兰发行者，米科拉伊·拉塔伊恰克。

把它们列为城市的"亮点",比如柏林的克罗伊茨贝格或者汉堡的珊泽区。1968年巴黎"五月风暴"发生后,布鲁塞尔也爆发了大规模的民主抗议运动。大多数欧洲国家首都发生的民众运动态度仍然比较审慎、偶尔会出现一些比较大的骚乱。柏林有一个影响很大的公投机构,2014年5月,该机构停止了前坦佩尔霍夫机场的任何建设。东柏林不允许公投这种争来争去的传统存在,政治决议最终顺利通过正是得益于此,东柏林市中心前马克思恩格斯广场(即现在的宫殿广场)上,威廉皇宫部分建筑也因此得以重建。虽然现在看来这几乎算不上是城市历史中的民众时刻,但市民对于城市发展的影响并没有消失,这一点柏林的实例可以很好地说明。相反,这种影响已经蔓延开来,影响着创新的进步建筑师和社区活动家。甚至可以在莫斯科的某些地方发现这种影响力。[46] 公共机构的权力,像个人权力一样,不再是绝对一成不变的。

在许多欧洲国家的首都,自行车与汽车在城市中的地位平等,甚至在某些方面地位超过汽车,这已成为公共政策。伦敦保守党市长鲍里斯·约翰逊推动了这一政策的实施。巴黎雄心勃勃,继阿姆斯特丹社运组织"Provos"之后,率先推出了共享自行车,目前正在市内建设一条仅限自行车通行的快速路。

在北大西洋及其附属地区以外,公众参与城市规划和发展是否应制度化——以及自行车专用道的建设——是争论最多的领域,但即便是可争议性本身也是全球城市化的一种进步。城市运动仍在继续,大多集中在住房问题上,我曾让学生在伊斯坦布尔和北京等地写过关于住房问题的文章。2011年的"占领运动"使反资本主义抗议活动的影响扩展到了全球范围,可惜迄今为止收效甚微。

出人意料的城市革命回归

《1848年至1850年的法兰西阶级斗争》一书是马克思对1848年革命的分析,该书19世纪末再版时,弗里德里希·恩格斯为这本书作序,在序言中,恩格斯对城市革命的现在和未来提出了悲观的看法。恩格斯虽然没有排除城市斗争可能在未来的社会变革中发挥一定作用的可能性,但他列举了两个主要原因来解释为什么"1848年的斗争方式在各个方面都过于陈旧"。首先,"军队变得更加强大,武器装备杀伤性大大增强。其次,一场所有大众社会阶层都支持的起义很难再次出现。在阶级斗争中,所有的中产阶级决不会再次把自己完全集中在无产阶级的周围,从而导致资产阶级影响下的政党几乎消亡。"[47]

恩格斯晚年关于社会变革的革命性理念在1917年的俄国受到了挑战,取得了胜利的"二月革命"和"十月革命"都是在城市里爆发的。然而,在那之后的至少六十年里,城市历史证明他的理念是对的。

而后,世界又发生了转变。当代世界见证了许多成功的城市革命,如1979年德黑兰的伊斯兰革命、1986年马尼拉的人民权力革命到2014年基辅独立广场"革命"。东欧的崩溃历经几次城市革命时刻:1989年东欧剧变时的德累斯顿和柏林、布拉格和布加勒斯特以及1991年苏联解体时的莫斯科。20世纪见证了贝尔格莱德、基辅、第比利斯、比什凯克和曼谷等地发生的巨变。2001年12月,布宜诺斯艾利斯也加入了革命行列,爆发了一场大规模的抗议浪潮,中产阶级和民众参与其中,对几近破产的新自由主义进行抗议,迫使总统费尔南多·德拉鲁阿辞职。民众的口号虽然是"Que se vayan todos"(意为"他们都应该离开",意指整个政治体制),但该运动几乎立即被归入阿根廷政治中已经确立的理论主张——庇隆主义及在其影响下仍起作用的立法机构的阵营。①

"革命"在这里被用作城市历史,而不是社会历史的概念。革命在本书中指的是街头抗议城市民众运动,这些运动通常是通过迫使其领导人辞职而成功推翻一个在位的国家政权的。

2011年的阿拉伯之春运动以突尼斯和开罗为中心,其国际传播过程迅

---

① 德拉鲁阿是激进党成员,他不明智地沿用了难以为继的新自由主义经济政策,这也是他的前任右翼庇隆主义者卡洛斯·梅内姆所采用的经济政策。警察的镇压造成了几人死亡,德拉鲁阿在任总统期间四面楚歌,但他放弃了庇隆主义者提供的任何议会支持。在转向庇隆主义更进步的派别,并经行了总统选举后,这场危机结束,当时还名不见经传的总统候选人内斯托尔·基什内尔却出人意料地成为一位成功的总统。

速，与 1848 年的欧洲巨变具有相似之处，人们经常将二者进行比较。然而，与 1848 年最为相似的一场革命可能是基辅独立广场"革命"——这是一种起义形式的革命，这种起义并不是指其社会和政治含义。部分起义人员有武器装备，成功地设置了路障并占领了城市空间，使其免遭警察的多次攻击。

地缘政治当然与之不同，而且几乎是与 1848 年欧洲革命背道而驰。从约翰·麦凯恩到雅罗斯瓦夫·卡钦斯基，再到一些次要人物，如瑞典外交大臣卡尔·比尔特，这些欧美领导人的反应如出一辙，都对起义者鼓掌欢迎，美国国务院的一名高级官员还来犒劳他们。当年，如果神圣联盟的政治家们一路欢呼雀跃，如果沙皇的临时代办向街垒的战士们分发俄式煎饼，1848 年欧洲革命的结果和意义就会大不相同了。[1]

按照恩格斯的观点，城市革命已经过时的第一个原因是更为强大的军队并不一定是决定性的。正如他书中所著，甚至在 1848 年，起决定作用的也不是武器，而是士兵们打击叛乱分子的意愿。他的第二个理由只是基于这样一种假设，即群众的集会只能围绕着工人阶级进行。适应了后来更加不稳定的阶级联盟之后，对 1848 年老"将军"的革命性分析的核心问题显示出与最近城市剧变惊人的关联性，即镇压力量的被动性以及鱼龙混杂的社会力量的大规模集会，在这些集会中，中产阶级联盟起着至关重要的作用。如同成功的 1830 年和 1848 年革命一样，军队和大批警察部队拒绝保卫政府决定了基辅独立广场命运的结局。

近期革命的社会意图和想要达成的结局都是含糊不清的，这是由广泛的异质联盟和短期利益的汇合所推动的结果。基辅独立广场革命涉及意识形态上最广泛的融合，从梦想欧盟繁荣的自由主义者到狂热的反俄民族主义者，再到法西斯分子和纳粹分子。后者虽然人数不多，但却至关重要，他们提供的街头战士和狙击手与动荡政权战斗到底。

---

[1] 北大西洋各个大国对此事件都大力支持，因此主流的报道和著作在意识形态上都非常武断，这也算是意料之中。理查德·萨科瓦所著《前线乌克兰》（伦敦：I.B. 陶里斯出版社，2016 年）是个例外。起义的支持者克劳迪娅·戴斯和安德烈亚斯·罗斯特克早期编辑出版的参考资料《马伊丹！》（柏林：Edition fotoTAPETA 出版社，2014 年）也很有价值。

以上所述没有一场是工人阶级的革命，那些失败的革命也没有一场是工人阶级革命。相反，通常都有大量有影响力的中产阶级参与，既有商界人士，也有专业人士。学生和失业青年在大街上和广场上总是非常活跃，而工人们大多数时候却不那么活跃。

第一，对手即使当选，也因选举舞弊或操纵选举结果而缺乏按宪法规定的民主合法性。① 如在政变基础上建立的法兰西第五共和国，确切地说，是在阿尔及利亚殖民地驻军兵变基础上建立的，1968 年建国 10 周年之际，大规模抗议活动开始，法国也处在了革命爆发的边缘。第二，现任政府显然是无能、不成功和（或）公然腐败的。其内在原因是意识形态上被掏空了，个人疲惫不堪，高层也通常处境艰难。第三，用更为强大和野蛮的政权对对手进行了抵抗和反击。就像 1980 年的韩国光州、1989 年的加拉加斯以及 2011 年的叙利亚等，如果成功革命的第三个条件没有出现，他们当时或许也就成功了。

抗议活动的起因各不相同，通常都是偶然因素引发的。对统治政权提出要求，被否决，提出新的要求，被镇压，做出让步，这一系列你来我往的较量也有很多变数。然而，他们都有一个共同的决定性因素。抗议演变成了政权更迭的革命，因为在关键时刻，镇压力量——尤其是军队——拒绝支持政府。1979 年德黑兰的革命进程就是如此，1986 年的马尼拉，人民权力革命实际上是从一个无关痛痒的军事阴谋开始的，后来动员了大批民众反对腐败的总统及当时被操纵的大选进程，重要的军事组织最终都倒戈向革命者。[48] 1968 年，戴高乐在巴黎消失了一段时间，他去征求指挥官们的意见，还特意拜访了最为冷血的伞兵将领马叙将军。在确信他们都准备好介入到革命中之后，戴高乐重返巴黎，发表了著名的"我不引退"演讲。游戏结束了，戴高乐主义者向香榭丽舍大街进发。

在最近的金融危机中，"占领运动"和"愤怒者运动"所面对的政权都没有令人信服的民众背景，他们向资本利益卑躬屈膝，但这些政权按宪法

---

① 德拉鲁阿在阿根廷的当选不属于这种情况。无论从行政角度还是司法角度来看，他的辞职都不违宪。

第六章 人民的崛起：现代城市历史中的民众时刻

规定的合法性并未受到严重质疑。正因为如此，对于整个警察部队都应保卫政权这一点从未有过任何质疑，如有必要，军队也应保卫政权。

那么，在某些情况下，通过对城市空间、主要街道和广场锲而不舍的入侵，权力之城可以变成革命之城。任何形式的激进思想在大城市都传播得更快，而政府所在地显然是抗议的目标。但是，在大多数情况下，市政机构明显都没有参与到冲突和革命中。很少能有与19世纪的巴黎市政厅或巴黎公社相提并论的。

那么，为什么最近会出现这种革命倾向呢？似乎有两个主要原因。革命的一方，摇摆的中产阶级人数大量增加，这极大地缓解了工人阶级人数的减少，维持了平衡，中产阶级不同于稳重的欧洲资产阶级和因循守旧的市集商人，他们经常与人数众多的学生圈有联系，目前被社会媒体的虚拟社区所拉拢。这些新晋中产阶级与他们的资产阶级前身不同，他们构成了民主的城市街头抗议的潜在力量，在某些关键时机，他们能够团结无产者和失业者。

苏联解体后，独立的这些国家里的中产阶级也得到了特别的培养，有许多组织由美国政府、个人和盟国捐助者培训和资助。在2000年贝尔格莱德事件中，在乌克兰、格鲁吉亚和吉尔吉斯斯坦所谓的颜色革命中，在所谓的"独立广场革命"中，他们的活动和参与逐渐为人所知。[49] 据美国国务院负责乌克兰事务的官员维多利亚·纽兰说，自1991年以来，美国在亲美宣传方面已经投入了50多亿美元。① 这是一笔巨额开支，相当于乌克兰2014年GDP的4%。虽然这很好地弥补了中产阶级革命党或传统左派运动的不足，但最好不要认为这在政治上具有决定作用。

当前革命等式的第三个要素——腐败无能的政权——更像是政治史上一个永恒的特征，而绝非新鲜事物。但20世纪意识形态影响的减弱似乎有这样一个方面，无论是共产主义还是后共产主义，都没有被新自由主义或阿拉伯世俗民族主义所渗透。

这些革命对城市的影响主要是象征意义的。马尼拉"人民权力"革命纪念碑可以说是最具现实意义的，表达了人民的胜利喜悦。[50] 德黑兰的抽

---

① 官方的标签自然是"支持民主"（参见萨科瓦所著《前线乌克兰》，第86页）。

象建筑国王纪念塔已更名为自由纪念碑。在德黑兰南部民众聚集区，已经完工的大规模清真寺建筑群主要是为了纪念阿亚图拉·霍梅尼。乌克兰"橙色革命"开展了一项大规模的民族主义者影像和文字记录的工程。结束了埃及"阿拉伯之春"运动的军方利用解放广场为反对穆巴拉克抗议活动中的受害者设立了一座经过改建的纪念碑。伊朗的伊斯兰革命有别于其他革命，对城市生活、着装规范和严格的空间性别划分都有着残酷的、清教徒式的监管措施。

即使革命成功了，城市革命也有其局限性，这一点马克思在150多年前所著的《路易·波拿巴的雾月十八日》一书中就分析过。城市革命往往代表国家社会中一个特别摇摆的阶层。"阿拉伯之春"运动中，埃及和突尼斯的伊斯兰派在选举中获胜，这体现了首都缺乏代表性的特点。乌克兰西部的民族主义者占领了基辅，但在第聂伯河以东的大片地区遭到阻击。曼谷的右翼黄衫军（黄衫军即便不是全部成员都是右翼人士，多数也都属于右翼）已经认识到他们不可能在短期内赢得民主选举，这就是为什么他们想要废除只有"那些受过教育、知道什么是对什么是错的人"才能参加的普选。

我们在这里谈到的"革命"，没有一场是社会革命，甚至都没有朝社会革命这个方向做出任何努力。布拉格、布加勒斯特和其他地方反共动乱的公开目标从来也不是恢复资本主义。革命运动社会影响广泛，参与者背景复杂，但其关注点只局限在政治制度上，其政治影响往往是短暂的，甚至在革命取得成功时，其政治影响也有局限性。

"阿拉伯之春"革命最大的奖赏就是埃及重归换汤不换药的军事独裁统治。2005年的"橙色革命"和2014年的独立广场"革命"都给乌克兰留下了类似的腐败寡头政权。乌克兰与欧洲的关系更为紧密，但却不能如同欧洲一般繁荣，而且在某些方面与欧洲的自由主义背道而驰。[①] "人民权力"

[①] 在乌克兰西部，前政府党被强行解散，共产党活动也被禁止。批评"二战"卖国贼以及乌克兰国内墨索里尼式的独裁者或者"同情东部的分裂分子"都是犯罪。几年前，在乌克兰分裂之前，我参加了基辅的一个暑期学术研修班。一个夏夜，我坐在克里米亚的黑海旁，与成员们讨论各自国家令人引以为傲的特点。乌克兰的学者们认为他们的国家没什么值得骄傲的地方。但是有一个人回答说："在乌克兰，你想说什么就说什么，想读什么书就读什么书"。到2016年，这种说法也不十分准确了。

第六章 人民的崛起：现代城市历史中的民众时刻 | 211

革命将菲律宾又带回到了阿基诺家族和其他拥有土地的王朝掌权的寡头统治时代，一度被驱逐的马科斯家族，在经过一段时间的隔离后又重新掌权。诚然，伊朗国王统治的时代已经一去不复返了，但伊朗人民是否在经济和社会上获得了任何好处仍值得怀疑。

然而，这个令人沮丧的学术结论并不是全部的真相。无论是失败的还是勉强算是成功的城市革命都是带有时代烙印的群众运动，是对腐朽势力挑战的时刻，是大规模运动的时刻，是集体力量，是社会运动，如列宁所说，是"被压迫者的节日"。最近的城市革命提醒我们，即使是21世纪的城市，也不能简单地归结为全球商业服务、奢侈品消费和享有特权的"创造力"，也不是与之相反的贫民窟的苦难。有时候，城市可以把外地人变成市民，把消费者变成公民。革命参与者们会铭记，"*soixante-huitard*"（1968年以失败告终的法国革命的参与者）余生都会带着这个标签，就好像"*quarante-huitard*"（1848年欧洲革命的参与者）一样，1986年菲律宾"人民权力"革命的参与者们和"阿拉伯之春"革命的参与者们也都如此。

多元的民众时刻

近代史上，曾有过许多民众时刻，当时的精英当权派分崩离析甚至纷纷垮台。我们甚至可以说，从长期来看，有这样一种发展趋势，随着民族社会中的民众覆盖面越来越广泛，民族政治的参与度则越来越高。这种趋势虽然不均衡也不规则，但在很大程度上是由工人阶级、妇女、从属和受压迫的种族或民族以及新兴中产阶级的社会经济优势所推动的。

人民起义有多种形式，从制度化的社会改革到通过非制度化运动的途径进行的城市暴动，如要求城市居住权的占地者，以及反对以汽车和机动车道为中心来建设城市的另类文化运动。

民众时刻的社会布局是与其民族基础相关的。制度化的社会改革在欧洲发展为"市政社会主义"，后来发展为福利国家，但在拉丁美洲和其他地方也出现了组成结构不同的改革联盟。种族复兴是征服者和定居者的后代所独有的任务，他们在种族排外主义、边缘化和（或）从属化的基础上建立起自己的民族国家。在南非和玻利维亚这两个后殖民和多民族国家，这种民族复兴导致民族国家的重新构建。自治人民运动在后殖民国家的发展遇到了困难，尽管这些国家也爆发了城市骚乱，反对选举舞弊和国际货币基金组织的政策，但这些国家的反殖民解放运动往往将其自身定义为"人民"。令人欢欣鼓舞的是，最近的城市改革运动在一些重要的后殖民时代首都掌握了政权，比如在德里和雅加达。从上而下推进的感应型现代化是有风险的，可能需要面对因循守旧者反作用力的民众时刻，特别是在那些有许多不受国家管控的神职人员的国家，更容易出现这种风险。

城市革命或起义已经上演了一场引人注目的复兴大戏，其社会基础非常广泛，但核心是中产阶级，政治基础则较为狭隘。城市革命比主要局限于欧洲的中世纪革命和19世纪革命的传播更为广泛，但城市革命主要发生在国际体系分析师所说的"半边陲"国家，"半边陲"国家处于那些巩固的、选举产生的、宪法合法性保持完好的民主国家中心的外围；"半边陲"国家也不是那些最贫穷的国家，那些国家里暴力没有得到很好的控制和约束。① 由于意识形态的去两极化和世界人口老龄化，这些起义至少取得了暂时性成功，从而使得政府不再那么激进，同时，警察和军队更加不愿意保卫政府。

人民起义、抗议、诉求运动和人民改革，都意味着权力之城也有成为反抗之城和权力变革之城的潜在可能。在本书结尾，我将探讨人民的城市之未来这一问题。

---

① 这可能预示着非洲更多的城市革命。2014年10月，由流行音乐家们发起的瓦加杜右（布基纳法索首都）民间运动，迫使总统辞职，而不是采取宪法外的措施来延长他的权力。2015年9月，民众的街头动员平息了一场阻碍当年选举的政变。

第七章　权力的神化：法西斯主义和类似的独裁统治

法西斯主义在任何现代权力的研究中都占有特殊的地位。它是对权力、暴力、战争、领导权和帝国主义狂热崇拜的大弥撒。尽管确实也从法兰西第二帝国时期的巴黎学到了一些东西，但是法西斯主义的城市化野心在对自身进行评估的时候，参照的是古罗马皇帝和埃及法老。任何认真研究现代权力之城的人都必须特别注意法西斯主义的首都，即墨索里尼统治下的罗马和希特勒统治下的柏林。虽然城市经历过的这些时代也是民族发展轨迹的一部分，但不可能将其归入民族国家首都这类的一般性概念。

法西斯主义有许多崇拜者和追随者，在特定的环境下很容易将他们辨认出来，他们都可以被视为属于同一阵营的独裁主义者，他们崇尚沙文主义、暴力、反平等独裁主义。然而，从意大利法西斯主义和德国纳粹主义中占主导地位的政治、经济和文化上的现代主义来看，我认为将二者作为真正的法西斯政权，与其他法西斯政权区别对待，这样才是收获最大的。他们依靠武力或以智取胜，打败了最初的保守派盟友萨兰德拉派和胡根伯格派，而在匈牙利、波罗的海诸国、罗马尼亚、葡萄牙和西班牙，情况正好相反。也许不是每个人都同意这一点，但没有人会否认墨索里尼统治的罗马和希特勒统治的柏林是最重要的法西斯主义首都。

20 世纪上半叶，首都的右翼统治大致类似，在对其抱负和成就简要回顾之时，我们还应当关注 20 世纪后期的三十几年里最暴力的军事政权，即雅加达、布宜诺斯艾利斯和智利圣地亚哥的军事政权。

墨索里尼和第三罗马

尽管伦敦和巴黎可能会因一些古罗马遗迹而沾沾自喜，但罗马是欧洲唯一的古代权力中心。因此，罗马在现代意大利几乎一直处于一种极其模糊的地位。因其古老光环的吸引力，意大利民族国家将罗马定为该国首都，但即使在第一次世界大战前夕，罗马仍然保持着一种广为人知的负面形象，这是一个由牧师、官僚和妓女组成的寄生、腐败的城市。[1] 与此同时（从马志尼时代到墨索里尼时代，一直是这样一伙人居住在罗马），罗马却又是古代荣耀的"永恒之城"。法西斯分子当然一心要走第二条路。1922年法西斯党北上向罗马进军，并以此夺权，黑衫军在圣洛伦佐工人阶级居住区内进行了几天的小规模战斗后，在维克托·伊曼纽尔纪念堂前的台阶上，市长和市议会全体成员对其列队相迎。[2] 国王把首相职位交给了墨索里尼：

> 民族革命的第一阶段已经完成。议会寡头政治被粉碎。民主意识形态、个人意识形态和全人类的意识形态都被颠覆了。[3]

罗马在法西斯主义的统治下繁荣发展，其发展速度远远快于米兰、都灵等北方的工业化大城市。1931年，罗马成为一个拥有百万人口的城市，在法西斯党统治的二十年里，城市人口是原来的2倍还要多。[4] 这一发展首先应被视为权力和资源向首都集中的标志。

罗马帝国的历史为法西斯城市化的所有努力提供了决定性的背景。法西斯城市化的努力大多是突发奇想、没有长远规划的。1931年的《城市规划》没有太多的规定。尽管对"领袖"墨索里尼法西斯主义有着浮夸的狂热崇拜，但与任何实际存在的独裁政权一样，意大利法西斯主义并不太符合自由主义冷战时期的"极权主义"概念。墨索里尼被不同的势力和利益所包围，他经常改变想法。在法西斯时代的大部分时间里，罗马行省是由罗马教廷的旧贵族成员管理，在20世纪30年代中期出现过一个小插曲，一个特别有活力、有才智且激进暴力的法西斯骨干朱塞佩·波塔伊曾短暂担任过罗马的管理者。[5]

第七章　权力的神化：法西斯主义和类似的独裁统治

法西斯主义在罗马建立了自己的权力中心，与罗马皇宫和罗马议会所在地有一定距离。宏伟的威尼斯宫成为政府中心，这座庞大的建筑物曾经是威尼斯共和国驻罗马教廷大使馆。威尼斯共和国灭亡后，该建筑被奥地利帝国承袭，意大利于1916年将其作为战利品占领。威尼斯宫前面是一个广场，群众可以在广场上举行集会；从威尼斯宫可以看到恢宏的维托里亚诺纪念堂和祖国祭坛，以及在法西斯主义统治时期，为纪念法西斯无名战士建设的规模相对较小的墓碑。离此不远的卡比托利欧山是罗马政府所在地，依山而建的卡比托利欧广场由米开朗琪罗设计，此处还有一座纪念法西斯主义灭亡的红色花岗岩墓。掌权后，法西斯大议会在威尼斯宫召开会议，1929年，墨索里尼将他的办公室搬到这里。他在威尼斯宫的阳台上发表了臭名昭著的演说。

在早期的1924年纲领性演说中，墨索里尼把法西斯罗马的任务分为两类："迫切需要"，首先是住房（这方面没有取得多少积极成果）和通讯；其次是"庄严优美的风度"，也就是将这座城市从中世纪的丑陋中解放出来并"创造20世纪不朽的罗马"。[6] 与希特勒不同的是，墨索里尼没有为他的首都保留某个御用建筑师，而是任用了若干自己喜欢的建筑师，这些人多数都是具有现代主义倾向的。马塞洛·皮亚琴蒂尼战后摇身一变，变成一个后法西斯主义建筑师，成为业内翘楚。公认最有天赋的设计师是朱塞普·特拉尼，他是忠实的法西斯主义信徒，设计了坐落在科摩的著名现代派建筑法西奥大楼，该建筑是1932年法西斯革命10周年纪念展览的重要组成部分。世博会园区（EUR）区的现代主义建筑意大利文明宫十分引人注目，该建筑是由乔瓦尼·盖里尼领导的建筑师团队设计完成的。

现代的"庄严优美的风度"的实现主要通过三种方式。一个是对老城房屋和居民区一连串奥斯曼式的野蛮拆除，从而使地标建筑更加突出，还可以借此拓宽马路，修建新的宽阔大道。这种典型的法西斯主义方式使得当地居民别无选择，只能被驱逐到郊区的新"博尔盖特"，那里最初只有一些窝棚，没水、没电，远离工匠们的传统谋生之道。[7] 在拆除过程中，最具破坏性的是损毁了圣彼得广场前的博尔基（borghi）居民区。根据墨索里尼和教皇庇护六世于1929年达成的协议，这里建成了"协和大道"，开启了通往梵蒂冈的宏伟入口。

其次是要设计一些壮观的道路和场所，其中包括海上高速公路；意大利在"二战"中战败前，用于阅兵的胜利大街；还有墨索里尼广场，广场上有献给"领袖"的方尖塔。20 世纪 30 年代中期，法西斯政权自信且受民众欢迎，在这一段巅峰时期，为法西斯党及其殉难者和成就展建设的利托里奥宫（意指古代侍从官和束棒）成为上述权力核心象征的建筑物的中心。利托里奥宫设计初衷是法西斯政权为自己建设的一座极为重要的丰碑，因此选址和设计风格都是棘手问题。另一个城市化的目标是复兴并重新连接罗马帝国的古老力量，这个目标首先似乎指向了罗马斗兽场和帝国广场附近的一个宫殿遗址。然而，人们很快就意识到很难在不贬低古人威严的情况下，在这里建起一些现代的宏伟建筑，甚至可能根本无法实现这一想法。而后，他们决定把这座建筑搬到新的墨索里尼广场。华而不实的现代主义单调设计被选中后动工。但在战争期间，法西斯党迅速失去政府的中心地位——尽管其大议会仍然足以强大到在 1943 年推翻党内的独裁者，但却没有能够推出一个继任者，法西斯宫成为民族国家意大利的外交部办公地点，一直到本书截稿时止，情况没有变化。①

第三项计划也是最雄心勃勃的计划，要在东南部为罗马建立一个新的中心，就在为 1942 年世博会和法西斯主义 20 周年纪念而建设的世界博览会中心附近。当时称为 E42，即现在的 EUR 区。"二战"结束了新区建设项目，在此之前，相当一部分丰碑式的现代化建筑已经建成。EUR 区显然是现代主义流派的，也显然是纪念式的，但正如斯佩尔为希特勒所做的设计那样，EUR 区绝不是好大喜功的。

20 世纪的法西斯主义是无耻的帝国主义。1936 年 5 月 9 日，墨索里尼在威尼斯宫的阳台上，庄严宣布建立意大利帝国，帝国的建立以征服亚的斯亚贝巴为基础，意大利依靠使用有毒气体芥子气取得的这次胜利持续的时间十分短暂。横跨罗马遗迹古老土地的"罗马广场大街"于 1932 年动

---

① 保罗·巴萨在书中生动讲述了法西斯宫设计方案策划和竞标的来龙去脉（参见《道路与废墟：法西斯罗马的象征性景观》，多伦多：多伦多大学出版社，2010 年，第 5 章），但出于某种原因，书中并没有介绍法西斯宫完工的具体情况。

工，从威尼斯广场一直延伸到罗马斗兽场，1934年又进一步延长。

1937年，奥古斯都死后两千多年，人们对他的陵墓进行挖掘，关注重点是再次发现能够体现他虔诚敬意——或者准确来说是体现罗马元老院敬意的"和平祭坛"，祭坛意义非常明显，就是为了纪念铁腕强加给高卢和西班牙的帝国和平。墨索里尼被明确地描绘成当代的奥古斯都。

1943年7月25日后，墨索里尼被他法西斯大议会的同志们罢免，法西斯主义举办仪式的一些场所和城市的一些地名很快就做出了调整，但法西斯主义罗马的大部分地名仍然得以保留。1943年8月，墨索里尼广场更名为"意大利广场"。1944年7月起，在卡比托利欧广场上的法西斯阵亡将士祭坛被移走，以希特勒和以意大利法西斯命名的街道也都消失了。[8] 但是"法西"（罗马侍从官）和从1922年起的法西斯时代的纪年仍然留在后法西斯时代的罗马。2015年4月17日，众议院议长提出了一项简短的辩论，讨论法西斯主义战败70周年之际是否不宜拆除意大利广场上致敬"领袖"墨索里尼的方尖塔。这个问题甚至还没有进行表决就石沉大海。[9]

法西斯主义在城市中还残留两处痕迹，一处是穿过罗马遗址的主干道，曾经的"罗马广场大街"，现在更名为更具历史意义的"帝国大道"，另一处是进入梵蒂冈的宏伟入口——"协和大道"，这两处的建设都是对城市和考古遗迹毁灭性的破坏。[10] "协和大道"于1950年完工。由于1960年的奥运会将要在罗马召开，EUR区重新动工兴建，此后一直在不断翻新和升级，时至今日，这里已经成为一个主要的商业和行政中心，有点类似于巴黎的拉德芳斯，但采用了一种相对保守的现代主义风格。就连奥古斯都的"和平祭坛"也被重新启用，现在被理查德·迈耶设计的一幢时尚的透明建筑所包围，取代了风格惊人相似、但要朴素得多的建筑"莫珀戈"，该建筑曾是为墨索里尼临时建造的。

除了城市的发展，主要的变化可能是威尼斯宫及其阳台下的广场失去了中心地位。但这种变化在墨索里尼最终倒台之前就已经发生了。①

---

① 1936年是墨索里尼发表演讲最多的一年，他在威尼斯宫的阳台上发表了12次演讲，1937年他发表了10次演讲，1941年他发表演讲的次数大幅下降，只有3次，1942年他的演讲次数为零，1943年他发表一次演讲。（参见维多特著，《当代罗马》，第203页）

意大利法西斯主义是邪恶的、暴力的，是希特勒灵感的主要来源，也是包括《伦敦时报》的社论作家在内的欧洲资产阶级大部分人的崇拜对象，直到帝国后期，意大利法西斯蛮横无理地进攻阿比西尼亚之前，情况都是如此。但墨索里尼比屠夫更咄咄逼人，他在这座"永恒之城"留下了惊人持久的印记。对此，似乎有城市化和政治性两种不同的解释，这两种说法不是矛盾对立的，而是相辅相成的。

从城市规划的角度来看，墨索里尼和他的建筑师以及政治顾问基本上都认为罗马是一座古老的城市，应该受到尊重，他们也应该对其自身进行约束，尤其是当你想在古代辉煌的基础上建设帝国和权力的未来之时。与此同时，反法西斯主义者和法西斯主义者都清楚，教皇统治的罗马已经衰败，而民族意大利罗马并没有为此做出多少努力。不管怎样，20世纪20年代的罗马是迫切需要现代卫生、服务以及开放交通和通讯的城市。法西斯主义显然促成了这一迟来的基础设施升级。

其次，法西斯城市主义也因为政治原因得以幸存。2015年4月，意大利众议院议长不得不撤回建议迁移纪念墨索里尼方尖塔之动议，在巴伐利亚的某个小镇，如果镇长因其是"历史记忆"，而坚持保留希特勒纪念碑的话会出现何种情况，对此我们都很清楚——无论是男是女，用不了一个星期，这位镇长就会卷铺盖走人。第二次世界大战后，意大利的政治和文化从来没有认为有充分理由去批判性地调查或反思是否应该对法西斯主义意识形态和各种做法弃若敝屣。列举两个西德的例子，纽伦堡法令的撰写人汉斯·格罗布克成为长期担任德国总理的康拉德·阿登纳十分信任的一名顾问；纳粹间谍组织高级官员莱因哈德·盖伦为美国特勤局提供信息，恐怕人们已经忘记了这两位用了多长时间才洗清了身上的烙印。但随着时间的推移，德国对法西斯的过去进行了彻底清理。在其他任何地方都没有对"民主建设"如此的关注。[11]在意大利，几乎没有试图洗白过去的历史；相反，甚至有人公然粉饰墨索里尼的行径。[12]

第七章　权力的神化：法西斯主义和类似的独裁统治

从柏林到日耳曼尼亚

希特勒热衷于建设一个能够匹配并代表其权力梦想以及伟大德意志帝国和世界权力的首都。首都的建设仅次于他对帝国权力的追求。从这个角度看，当时的柏林远远达不到他的标准。柏林不像维也纳或巴黎那样是大都市，巴黎不过是希特勒期望达到的最低标准。他为新的"帝国首都"（德意志帝国的首都）绘制的草图主要是仿照香榭丽舍大街，但却远远超出其现有规模，不过他很快就不满足于此。他最中意的建筑师，阿尔伯特·斯佩尔的任务是规划"世界之都日耳曼尼亚"，"能与之媲美的只有古埃及、古巴比伦和古罗马"。[13]

墨索里尼在强调"迫切需要"的同时，也注重"庄严优美的风度"，而希特勒则是一个彻头彻尾的唯美主义者，他对日常城市生活中的世俗问题毫无兴趣。① 住房建设在纳粹主义统治下的柏林搁置下来。[14] 但是纳粹主义对柏林 16 万犹太人的日常生活强制进行了最为残酷的干涉。最终，几乎所有犹太人都不得不逃往国外，或被驱逐出境，客死他乡。但在此之前，犹太人那些出了名的财产都被没收，比如乌尔斯坦出版社和摩斯出版社，以及韦尔特海姆百货公司和蒂茨百货公司。据斯佩尔的得力助手沃尔特斯称，共有 23,765 处财产被侵占。1938 年 11 月，蓄谋已久的大屠杀中，数千家犹太人的商店被毁，大部分犹太教堂付之一炬[15]。根据法令，禁止犹太人居住在政府区域附近，他们被赶出规划区域内的公寓，禁止犹太人向德国人租赁住房。1938 年 11 月 28 日，警察发布了命令，禁止犹太人进入任何剧院、歌厅、电影院、音乐厅、博物馆或运动场，并禁止他们使用政府区的任何街道。[16]

现代交通和通讯吸引了德国和意大利法西斯分子。1933 年至 1934 年，坦佩尔霍夫还是纳粹劳动节阅兵场，之后被改造成了机场。即使是在战争开始后，柏林绕城高速仍被作为"重中之重"建设，纳粹政府的发言人以

---

① 诚然，有些纳粹分子也关心这些世俗问题，其中就包括希特勒手下的副元首鲁道夫·赫斯，但他的影响力有限，而且元首认为赫斯没有品味。（参见阿尔伯特·斯佩尔著，《第三帝国内幕》，纽约：西蒙与舒斯特出版公司，1995 年，第 127 页）

波茨坦广场繁忙的交通而自豪。[17]

　　魏玛柏林是欧洲最大的工业城市，可能也是世界上最大的工业城市，在被纳粹占领前有420万居民，其中近一半的劳动人口从事工业生产。在第一次世界大战前，社会民主党在柏林的议会选举中占据了多数席位，柏林的议会选举是在男性普选制度下举行的，而不是在三个社会等级均有选举权的城市政体内进行的。战后，右翼社会民主党、左翼社会党和共产党之间的严重分歧，阻碍了任何严格意义上的市政社会主义在柏林的实施。虽然戈培尔铁腕的领导确实带来了大量的支持者，但柏林并不是纳粹的据点。"运动的首都"是慕尼黑，而精心策划的纳粹党集会则在纽伦堡举行。

　　纳粹主义的"千年盛世"实际上只维持了12年，而在最后三年里，纳粹政权主要是在为自己的生存而战。纳粹给柏林带来的主要影响是他们惨败后的废墟。然而，从法西斯城市建设的角度，我们应该注意到这样两件事：第一，在纳粹自治统治的九年里切实发生的变化，第二，希特勒和斯佩尔计划在1950年之前完成的"世界首都日耳曼尼亚"计划。

　　纳粹城市主义在柏林的第一个表现形式是政治大众剧场。第一场表演时间是1933年1月30日晚，身穿军装的步兵手持火炬，穿过勃兰登堡门，向柏林市中心的街道进发，目的地是相当于伦敦"白厅"政治地位的、庄严肃穆的威廉大街和总理办公室，希特勒只能出现在总理办公室的窗边——因为当时没有阳台。最著名的是1933年的五一劳动节展演，这一天成了全国劳动日，工会也被诱导加入了这场政治秀，结果第二天工会就被解散了。如卢斯特花园这样的一些市中心广场，在纳粹掌权之前多数都是公园，而不是开放式广场。而威廉广场经过翻新和路面铺设，用作集会场所。新翻修后的帝国总理府马上就会建好阳台，听众可以在威廉广场亲耳听到希特勒的声音。

　　建设集中在威廉大街及附近的政府区。1934年5月，可能是偶然因素导致，最先开工的大规模项目是德意志帝国银行拓建工程，瓦尔特·格罗皮乌斯和密斯·凡·德·罗参加了这项工程最后一次公开竞标，希特勒认为无人胜出。结果该建筑采用了一种纪念性的现代主义风格，这幢长长的、厚重的五层横线条建筑物立面素净、没有装饰。新政权对该区域内其他三处建筑有更大的期待，这三处建筑分别是取代了原来普鲁士军部的规模庞大的航空部大楼，这比德国的航空运输本身更能代表赫尔曼·戈林的权力和自以为是；其次是由约瑟夫·戈培尔担任部长的国民启蒙宣传部的大楼，此外就是由斯佩尔为希特勒修建的新总理府，斯佩尔还参与了魏玛共和国新闻办公室的改扩建工程，该工程是为了满足戈培尔的需要。虽然帝国总理府被战争胜利者彻底摧毁，但德意志帝国银行大楼和各政府部门的大楼得以保留，战后别做他用。最初，在共产党领导的东柏林，德意志帝国银行大楼用作中央委员会办公楼，航空部大楼成为内阁办公地点，之后柏林统一，航空部大楼又成为新政府联邦各部办公地，其中就包括外交部。为了举办1936年奥运会，建造了一个大型体育场，至今仍在使用。

1937年1月，阿尔伯特·斯佩尔被任命为首都整修工程中负责建筑物翻新工程的总监，这是一个为他量身定做的新职位，不过这个头衔与大约一个世纪前伟大的普鲁士建筑师卡尔·弗里德里希·申克尔的职位有异曲同工之处。他成为柏林总设计师，直接听命于希特勒，不受柏林区的纳粹领导人戈培尔的管辖，也不受纳粹新市长的领导，这位市长是纳粹老党员，对希特勒和斯佩尔之宏大工程的财务状况持怀疑态度。

柏林市中心另一个得以保留至今的变化是为规划建设的、穿过庞大的蒂尔加滕花园的宏伟的东西轴心路所做的前期准备，具体说就是移走了1864年动工、1873年揭幕的普鲁士胜利纪念柱，纪念柱原址离德意志帝国议会大楼有一定距离，后来移到了穿过公园的大道上的环岛处，这条大道通往西柏林的阿道夫·希特勒广场，该广场现更名为特奥多尔·豪斯（西德自由民主党第一任总统）广场。

纳粹时期的柏林到处都是纳粹党的"卐"字标志：公共建筑上，电缆塔上，旗帜上。但几乎没有新建的古典式政治纪念碑。新建的帝国总统府内院中有一处例外，两座巨大的裸体男性铜像，手持火炬，象征着纳粹党和军队（纳粹德国国防军）。地名的变化不多，一般也不是主要街路或重要的广场。阿道夫·希特勒广场虽然重要，但知道这个名字的人并不多。弗里德里希·艾伯特（社会民主党魏玛共和国总统）大街更名为赫尔曼·戈林大街，这里虽然不是关键场所，但也成为政府驻地的一个组成部分。还有一条街道是以 20 世纪 20 年代初纳粹殉道者霍斯特·威塞尔的名字命名的。

然而，即使是经过翻修和树碑立传，对希特勒来说，柏林的规模还是不够。为了即将到来的横跨挪威到意大利北部的日耳曼帝国，为了未来德国在全世界的统治，他设想了一个新的首都——日耳曼尼亚，为此，柏林市中心的大部分地区都要被拆毁。1937 年，斯佩尔受命制定详细的计划，预计在 1950 年前实现。斯佩尔和他的办公室制作了许多令人叹为观止的设计模型，希特勒视察后被深深吸引。虽然拆除了一些房屋，但几乎什么也没建起来。1942 年春天，斯佩尔说服希特勒暂停了建设工程，把建筑生产力集中在备战上。

新的帝国总理府和日耳曼尼亚计划是德国法西斯建设的最高标准。1939 年外交使团的新年招待会就是在新的帝国总理府举办的，日耳曼尼亚计划只是模型而已，被小心翼翼地隐藏在公众视线之外，只供希特勒最亲密的伙伴们观摩，这可能是因为他们的自大妄想从政治角度上或许都令人尴尬。斯佩尔年迈的父亲也是一名建筑师，看过模型，他的反应是："你们全都彻底疯了"。[18]

然而，在未来实现之前，还有当下：在希特勒看来，现有的总理府或任何备选建筑都完全无法满足他的需求。从 1935 年开始，法西斯政权开始巧妙而谨慎地迫使靠近威廉大街旧总理府的沃斯街上的各家公司搬家。1938 年初，斯佩尔接到命令，要在一年内建造一座新建筑，或者更确切地说，是一项扩建工程。希特勒告诉斯佩尔："成本无关紧要"。[19]

帝国总理府立面采用的是与纪念碑同样材质的花岗岩，两层楼高的大门采用了现代派的石柱，新扩建的部分其规模和立面都受到原有楼体的限制，因此对于权力的体现都集中在室内。来访者首先进入的是一个长长的、昏暗的荣誉堂，尽头是另一个巨大的石制大门，穿过大门，访客必须从室外楼梯上楼，穿过 17 英尺高的双层门，再继续穿过两个接待大厅，之后就到了希特勒和斯佩尔最引以为傲的一处所在——一个 480 英尺高的大理石画廊，该画廊是凡尔赛宫镜厅长度的 2 倍。希特勒高兴地说道："从接待大厅一路长途跋涉，他们将领略到德意志帝国的力量和伟大"。① 该建筑对建筑学上"权力基本原理"中的几个元素做出了完美的诠释，挪威建筑师和理论家托马斯·希斯－埃文森确切阐述了这些元素：建筑物的沉重感和封闭感，建筑大门和房间门的规格，以及最重要的一点，庭院的距离以及大理石画廊的长度。[20]

在实现日耳曼尼亚计划之前，这座总理府只是暂时使用。1936年末，希特勒提出了他对尚未命名为日耳曼尼亚的新首都的设想，其中包含了三个关键的想法。其一是一条从北向南穿过柏林市中心的"光辉大街"，这条大街的设计灵感来自于香榭丽舍大街，但设计初衷当然是要超越香榭丽舍大街的规模——"光辉大街"宽130码。其二，一个高400英尺的巨大凯旋门。其三，一座可以容纳15万人的圆顶会议大厅。按照斯佩尔的设计，"人民大厅"的内部体积是圣彼得大教堂的16倍，建筑结构仿造罗马万神庙。[21] 大厅穹顶以一只德国鹰为装饰，鹰爪没有抓着"卐"字标志，1939年夏天，希特勒指示斯佩尔，鹰爪抓住的应该是地球。大厅四面环水，将施普雷河引入湖中，大厅的南面将建设中心广场，即阿道夫·希特勒广场，广场上是新总理府和元首宫。附近是军队和政府大楼。[22]

在人民大厅和凯旋门的设计中，我们看到了建筑权力基本原理中的另一个元素的着重体现，即建筑物的高度。一张照片中模拟展示的勃兰登堡门和德国国会大厦与人民大厅的高度对比，根本没有可比性[23]，想要将勃兰登堡门和德国国会大厦夷为平地的是斯佩尔而不是希特勒。另一方面，在宏伟的大道两旁，不会有摩天大楼[24]——想必这些想法对于占主导地位的、帝国纪念碑式的设计理念而言仍然过于现代派了。在风格上，日耳曼尼亚在很大程度上模仿了法兰西第二帝国，避免了意大利法西斯主义的现代主义流派——这种体现在EUR区设计上的风格正是希特勒所憎恶的。希斯－埃文森所提出的第六个设计特点就是建筑物对称性，其体现虽然并不像斯佩尔自述的那样明显，不过帝国总理府荣誉堂的布局确实是对称的。

---

① 参见斯佩尔著《第三帝国内幕》第158—159页。墨索里尼的办公室设在威尼斯宫一座文艺复兴建筑风格的"世界地图"大厅中，大厅20米长的马赛克地板也符合法西斯标准。

法西斯主义痴迷于通过令人印象深刻和威吓人心的方式展示其力量。乍一看，可能令人感到惊讶，这不正是所谓民族主义色彩浓厚的政权所关注的吗？目的是给外国人、外交官、访客和游客留下深刻印象，同时又密切关注国外城市，以期赶上并超越其他国家。1925年元旦之夜，墨索里尼阐述了他对罗马的看法："五年之后，全世界人民都会看到令人惊艳的罗马"。新的帝国总理府的距离和规模都将会体现德国在世界上的地位，希特勒在1939年初因此而欢欣鼓舞。[25] 世界范围内帝国主义游戏中，法西斯主义自认很有竞争力，对此我们也无需感到惊讶。斯佩尔在1939年就已经明白，对希特勒来说，地球比纳粹党所用的万字符更重要，而墨索里尼权力的顶峰是他宣布建立意大利帝国之时。

宏伟的街道对法西斯城市主义非常重要，如罗马的"罗马广场大街"，它的旁边是"胜利大街"；日耳曼尼亚的南北轴线路；以及在此之前，柏林西边十分重要的夏洛滕伯格大街，即今天的"六月十七日大街"；以及为了架设电缆塔和安置旗杆，变得面目全非的菩提树下大街。这些街道自然不是用来散步的。浪荡子是典型的非法西斯城市居民，但街道不只是为意大利黑衫军或德国褐衫军阅兵准备的，街道上应该有车队，还有汽车穿梭。速度、汽车交通和航空是法西斯对现代权力狂热崇拜的一部分；城市道路、交通枢纽、通往市内和通往市外的机动车道以及机场都是法西斯城市议程的关键问题。①

相比之下，集会广场是次要的，而且大部分已经是建好的，就像威尼斯广场和坦佩尔霍夫广场一样，但有时也会翻新以作他用，比如柏林的卢斯特花园广场和威廉广场。

权力中心的建筑随着政体的改变而进行翻新，如威尼斯宫以及扩建并翻新的帝国总理府。首都现有的建筑并不足以展现新的权力：意大利人建设了E42区（也称EUR区），初衷是将其作为罗马新的中心，而德国人则计划建造"世界之都日耳曼尼亚"。

---

① 伟大的建筑史学家及理论家斯皮罗·科斯塔夫曾经做出如下总结：墨索里尼统治下的罗马，其代表特征就是"交通与荣耀"（参见巴萨著《道路与废墟》）。最重要的法西斯领导人中有两位狂热的航空爱好者——伊塔洛·巴尔博和赫尔曼·戈林。

第七章 权力的神化：法西斯主义和类似的独裁统治

法西斯主义意识形态有几个简单的核心信条：恶毒的民族主义、强势的社会达尔文主义（在纳粹主义中包括反犹太主义）、帝国主义，以及对其成功至关重要的一点，准备向其宿敌马克思主义劳工运动学习（主要学习其群众组织和对社会问题的关注）。对于其他方面，最高领导人集体相当务实——在他们的核心圈子里，希特勒和戈培尔拿罗森堡和希姆莱的雅利安神秘主义开玩笑——偶尔也对其无情嘲讽。恩斯特·罗姆是希特勒最亲密的四个战友之一，这四个人可以对希特勒不用敬称，但当恩斯特·罗姆坚持要用冲锋队武装代替军队时，还是被杀了。法西斯主义有自己的领袖和政党徽章，但没有奠基人，没有伟大的先驱思想家，也没有权威的文本阐述。虽然确实有过一些"殉道者"，但法西斯主义历史不长。所有这些都意味着对可采用的法西斯主义形象的局限。法西斯主义确实有自己的民族历史，但民族国家已经有了自己约定俗成的模式。帝国主义对民族历史的解读是一条出路。意大利法西斯主义自然要追溯到罗马帝国，赋予其征服埃塞俄比亚之后、具体的20世纪殖民形式。纳粹主义认为自己是中世纪神圣罗马帝国和威廉帝国的继承者。纳粹德国在隐瞒其统治世界野心的同时，确实也建立了一个殖民部。

政党标志——束棒和"卐"字标志，以及领袖的肖像都大量展示，但很少是永久性的。意大利法西斯主义根据自己的纪年确定建筑的年代，1922年为元年，同时也会根据基督教的纪年确定建筑的年代。早期的民族国家已经建设完工民族纪念碑，法西斯首都城市几乎没有新建设的纪念碑。1937年，奥古斯都和平祭坛两千年纪念日之际，有人野心勃勃地想要宣称墨索里尼是奥古斯都皇帝现代的继承者，但鉴于领袖的衰落和颓势无法挽回，这种说法很快就变得荒唐可笑。纳粹狂热崇拜集中在纽伦堡，而不是柏林。斯佩尔接到一项任务，要在未来建设一个能容纳40万人的巨大的集会场所。很久以后，斯佩尔在他出狱后的回忆录中十分详尽地写到，这块地及其周围建筑在规模和体量上都将超越罗马竞技场、波斯波利斯和胡夫金字塔。①

---

① 巴萨，《道路与废墟》，第112页及其后。该项工程与日耳曼尼亚一样，并未开工建造，但20世纪30年代末期，斯佩尔为了建筑用地确实做出了很大努力。

除了独裁主义权力建筑基本原理，没有合适的法西斯式建筑风格。沉重的、毫不花哨的现代派纪念碑式的建筑可以说是罗马和柏林主流法西斯主义建筑风格的共同特征。希特勒对严格意义上的、后装饰主义现代主义秉持着19世纪典型的厌恶态度，与之相反，意大利法西斯则采用了纯粹的现代主义（在意大利被称为理性主义）潮流。意大利建筑师中最忠实的法西斯主义者之一朱塞普·特拉尼就属于现代主义设计师。正如人们所料，法西斯领导人和城市规划者都是奥斯曼男爵的崇拜者，对他野蛮摧毁人民居住区的做法满心向往。

从经济角度而言，法西斯国家的首都罗马和柏林都是今天所谓的公私合作伙伴关系，只不过把鬼祟的法西斯国家称为"公众的"是不合时宜的。日耳曼尼亚市内的大道中，有三分之二都将留给私人商业建筑。[26] 1931年的一项罗马总体规划曾进行过公开讨论，一些法西斯主义的大项目，比如党部利托里奥宫的选址和风格也曾经进行公开讨论，但其他一些项目都是在决定之后才为人所知。另一方面，斯佩尔为日耳曼尼亚设计的模型甚至对大多数纳粹要人都是保密的，其巨大成本也被隐藏在"创造性会计"的计划之下。法西斯主义罗马和柏林到底在多大程度上也同时体现了资本主义的力量呢？精练和准确的答案是：至少和法西斯统治前的罗马和柏林一样。

1931年的《罗马总体规划》依靠的是未来外围的土地租赁投机活动，然而，其规定很快就被私人利益、"特定"计划和特别的政治干预压倒了。[27]

在柏林，排挤和完全没收犹太人的资本是为了"雅利安"的利益。希特勒对日耳曼民族资本家阿曼充满了钦佩，阿曼代替乌尔斯坦成为德国媒体的霸主。[28] 柏林的（非犹太人）大实业家和银行家都保住了自己的财产，并在重整军备的热潮中事业蓬勃发展。战争期间，他们必须遵循战争生产的政治命令，美国和英国的情况也是如此。

现代军事独裁

传统法西斯主义确实产生了一系列现代独裁城市主义的主题，但基本上没有详细计划。在这一节中,我将简要概述法西斯主义的"近代继承者们",即形式各异的军事独裁。虽然这些军事独裁政权通常明确包括新法西斯主义思潮,但主要的继承者们从传统领导人的务实机会主义和他们的失败中吸取了教训。但在此之前,先来看看传统法西斯主义在当代的"表亲"——佛朗哥统治下的西班牙。

20世纪30年代下半叶,西班牙是法西斯主义和反法西斯主义的主战场。来自北大西洋地区的工人和进步知识分子自愿加入国际纵队,保卫西班牙共和国,而法西斯势力则向法西斯一方派出军队、坦克和空军飞行中队。1939年3月,大元帅弗朗西斯科·佛朗哥的军队向战败共和国的战败首都马德里进发。胜利者确实考虑过将首都从"不忠诚"的马德里迁出,新领导人调查了塞维利亚成为首都的可能性,但最终还是放弃了。1938年,建筑师大会在佛朗哥控制下的布尔戈斯召开,目的是策划马德里的法西斯化:这座城市不应再以巴黎为目标,而应以埃斯科里亚尔王宫和托莱多古城为榜样。新的政治中心应该拥有皇家气度,由三个主要建筑组成,分别是阿卡萨城堡,这座中世纪城堡在18世纪重建,成为一座皇宫;地处阿卡萨城堡南面的大教堂是19世纪后期开始建造的,当时没有完工;还有新的长枪党党部。这三大建筑意在代表祖国、宗教和现代法西斯势力。

这些设想多数都是空中楼阁。第二次世界大战的公报很快就清楚地表明,法西斯主义完全就是一匹脱缰的野马,该政权强化了其军事保守主义的神职性质。新的党部大楼从未开工过,皇家宫殿也从未启用过。20世纪50年代早期,甚至"皇家气度"的概念也被两座大型私人商业建筑所破坏,这两座建筑分别是马德里塔楼和西班牙大厦,其建设是得到了在任市长支持的。私人资本在保守联盟中扮演着重要角色。太阳门广场得以保存下来,这里曾是宣布西班牙共和国成立的地方,也曾被佛朗哥的追随者们谴责。

但规划的其他部分得以实施。马德里的东北方向仍然矗立着为佛朗哥的将士们建设的凯旋门。往那边走,你会经过航空部,这是军事上的王宫所在。再往东,1944年的法西斯计划取代了1929年将主要街道向北延伸的想法。当时这条大街被称为元帅大道,就是今天的卡斯蒂利亚大道。在共和国体制下,这条街道不过就是国家公共设施的一条大道而已,代表了共和及民主。新的分区使其成为"特殊或政治代表"区域的一部分。新的各部办公楼建筑群完工了。虽然由于民主政治的影响，这片建筑群为历史上的社会主义领导人修建了壁画像，但由于该建筑群还保留了马德里市内最后一座佛朗哥骑马雕像，其价值还是受到了质疑，直到 2000 年年中，社会主义者萨帕特罗政府开始执政，雕像才被拆除。几座贵族宫殿在战后被拆除，取而代之的是大型商业建筑。从 20 世纪 70 年代开始，卡斯蒂利亚大道的北端成了西班牙金融资本最钟爱的地点。[29]

西班牙内战是一场持续了近三年的血腥战争，充满了强烈的仇恨和痛苦。佛朗哥政权最具有纪念意义的收获是一座庄严的纪念堂，名为"英灵谷"，最初由共和党囚犯于 1941 年至 1959 年间在马德里北部山区建造。"英灵谷"特别能够体现佛朗哥政权的天主教信仰。在一个巨大十字架下面的山体中，是一个很大的岩洞，教皇在 1960 年仁慈地将其赋予宗座圣殿的地位，该建筑群内还有一座本笃会修道院。各种图像绝大多数是天主教形象。圣殿中的四个巨人代表军队，分别是陆军、海军、空军和"各军种的民兵"。佛朗哥是作为国家元首埋葬在那里的。据我观察，唯一明确体现法西斯主义者的部分是圣坛底部的一座坟墓——何塞·安东尼奥·普里莫·德里维拉祭坛，他是西班牙法西斯主义政党长枪党的创始人。①

萨帕特罗任命的一个历史委员会提议，将这座纪念堂视为国家悼念内战双方死难者的场所，但 2011 年当选的右翼拉霍伊政府拒绝了这一提议。另一方面，2015 年当选的激进派市政府已经宣布了一项计划，要将马德里市内与佛朗哥及其党羽相关的地名全部取消，有一些街道名称是为了纪念法西斯一派在内战中的将领、佛朗哥的追随者们（此类街路名称多达 100 多个）和那些参加了纳粹进攻苏联战役的蓝色步兵师阵亡将士。[30]

佛朗哥主义不得不从 20 世纪 30 年代中期法西斯主义的辉煌中走出来。后来的独裁者在掌权之前就已经十分清楚历史在 1945 年做出的裁决。智利（1973—1989 年）的残暴军事独裁在许多方面都是最具独创性的。1975 年

---

① 除了佛朗哥和何塞·安东尼奥的墓，其他都是无名墓。官方游客指南是桑丘编写的《游客指南：英灵谷的圣十字》(马德里：马德里国家遗产出版社，1996 年)

第七章　权力的神化：法西斯主义和类似的独裁统治 | 229

9月11日，在当时新修建的祖国祭坛前举办的仪式上，奥古斯托·皮诺切特将军发表了演说，其辞藻之华丽，其内容之真诚，足以媲美1776年《独立宣言》，那些奴隶主和无情的"印第安野蛮人"狩猎者在宣言中声称："不证自明的是：人人生而平等"。皮诺切特说："今天，在世界面前，智利点亮了自由的火焰。这样做是因为相信智利是光明的先锋，是在黑暗中漫无目的游荡的世界之希望"。[31]军政府的四名成员随后手持火把，在被炸毁的总统府对面的一个巨大石碗里点燃火炬。军政府无视原总统府的残壁颓垣，迁入附近一座新的现代化建筑，该建筑是在萨尔瓦多·阿连德执政期间为联合国贸易与发展会议修建的，而后以19世纪30年代智利保守派统治者埃迪西奥·迭戈·波塔莱斯的名字重新命名。在2006年的一场大火之后，这座建筑进行了彻底翻新，成为加夫列拉·米斯特拉尔文化中心。总统府修复后，恢复民主用途，而军政府在公民广场上设立的"自由之火"已经熄灭。

智利人民团结联盟执政时期，当地法西斯分子的涂鸦经常被称为"雅加达"。他们联想到的是：1965年，印尼的一群低级军官发动了一场拙劣的政变，军方借机夺权，并唆使一批暴徒屠杀了数十万、甚至上百万手无寸铁的共产党人。希姆莱可能会赞赏这种冷血无情，彼时雅加达还几乎没有法西斯分子，不过就是印尼的将军们及其下属和追随他们的那些信奉伊斯兰教的平民而已。

雅加达"新秩序"的立国理念被镌刻在新建的一座名为"鳄鱼塘"的纪念碑上。该建筑规模庞大，位于城市东南部，纪念碑顶是一只巨大的迦楼罗（印尼民族神话中的神鸟），翅膀张开，比纳粹鹰的形象更令人心生敬畏。纪念碑下面有一个讲坛，上面刻着反共石雕，讲坛上是七名军官的全身像，他们死于神秘却无能的第一次政变制造者之手，他们是新秩序的殉道者，也是对平民共产主义者和疑似共产主义支持者进行报复性屠杀的理由。他们身后是一个洞，隐喻扔这七个军官尸体的那口废井，但洞里什么也看不见。1969年建造的纪念碑于1981年进行了扩建，增加了政府的宣传博物馆"神圣的潘查希拉"，意为国家的建国原则，1990年又增加了"共产党叛国博物馆"。

印尼政府建设的第二座民族主义纪念碑不那么剑拔弩张，即美丽的印度尼西亚缩影公园，俗称"迷你"。这座大型的民俗公园展示了这个多元化大国的建筑和文化。这种设计理念与近一个世纪前建设的斯德哥尔摩斯堪森博物馆类似，但缩影公园因园内诸多高楼大厦的复制品而更显富丽堂皇，而斯堪森博物馆朴实无华、到处林立的都是原汁原味的农民和工匠的小屋。³²

"发展之父""哈托父亲"在其政治生涯的巅峰接替了"革命的战友""家诺兄弟"。资本主义发展是苏哈托政权的动力，尽管苏哈托任人唯亲，腐败严重，但也并非没有成绩。在谭林大道——苏迪曼路这一南北轴线周围，办公大楼和购物中心取代了苏加诺时代的国家象征。从经济和社会角度来说，这个政权显然是崇尚现代主义的：禁止三轮车在首都的街道上通行，将穷人尽可能地驱逐出市中心，在整个城市修建高架路，这些高架路就建在甘榜居民区上方。这一发展计划并非没有质疑的声音，人们称其为"城市退化"和"城市主义突破"的终点。³³

右翼军事政权典型的文化保守民族主义在雅加达随处可见，同时全球主义商业现代化也蓬勃发展。苏加诺是一位反帝国主义的民族主义者，在建筑风格选择上却是一位国际现代主义者，他曾明确地提出过纽约和莫斯科的城市建筑，尤其是莫斯科的建筑风格。新秩序的建筑师明确表示，他们不希望印尼的城市"与纽约、洛杉矶和华盛顿一样"。³⁴民族主义建筑在资本主义发展丛林中的影响是有限的，但也是确实存在的，例如，修复后的淡目清真寺类似亚洲的佛塔，而不像西亚的清真寺，印度尼西亚大学的主楼也体现了这种影响。³⁵

虽然不像希特勒和斯佩尔那样疯狂追求浮夸的建筑风格，不过在保密这方面，近年来却有一个首都与其不相上下，甚至有过之而无不及，完全实现了军事统治者对于新首都的梦想，这就是内比都。该市 2006 年成为缅甸的官方首都。内比都的基础建设完全是秘密进行的，选址在缅甸国家版图的中心位置。建设过程中曾经有传言说要建立新的军事中心，除此之外，人们一无所知。2005 年 11 月 6 日上午，军用卡车车队开始从前殖民首都仰光向北驶去，次日，新闻部长宣布设立一个"新的行政首都"，"以确保

第七章 权力的神化：法西斯主义和类似的独裁统治

更有效地管理国家建设活动"。没有透露新首都的城市名。直到2006年7月12日，一位上将才宣布"根据即将通过的新宪法，内比都将成为国家首都"。像首尔和阿斯塔纳（哈萨克斯坦首都）一样，"内比都"一词即为"首都"的意思，但该词属于古语，意指前殖民地时期国王的王座。①

迁都的原因仍是一个不解之谜，最合理的解释是为了确保军事上的安全，从而不受仰光当地潜在危险分子威胁，还可以避免美国及他国入侵。内比都的建设与希特勒指示斯佩尔建设新的帝国总理府时的财政政策类似："成本无关紧要"。预算没有公示。另外值得一提的是，短短几年之内完成的城市建设着实是城市工程的非凡成就，尤其还是这样一个贫穷的前殖民国家。

缅甸新首都建成10年后，仍然让外国游客一头雾水。城市的妄自尊大并不是体现在建筑上，而是城市布局的规模以及街路规模。内比都一般的城市街道有8车道，而主干道有20条车道之多，完全超过了日耳曼尼亚大道，而实际上这些街道上都没有汽车。公职人员按照职位、级别和婚姻状况由政府分配住房，他们从住所乘大巴上班，但多数地方几乎都没有公共交通。内比都执行严格的分区制度，市内有带餐厅的酒店、一个素雅的国家地标公园、缅甸最大的动物园和若干高尔夫球场——高尔夫球是军方领导人最喜欢的运动。

政府办公楼通常是东南亚现代主义风格的建筑，各个建筑都是封闭的，有一定距离，并以此作为区分。有趣的是，内比都市政厅是仿照仰光市政厅建设的，而政府各部基本都位于远离街道100米左右的地方，而且都用铁门隔开。国会大厦是一个巨大的横向建筑群，由东南亚的多层屋顶塔楼组成，与周围的环境隔着一条护城河。这里没有壮观的建筑，但国际会议中心、运动场和机场的建设，使得当地原有的亚洲风格得以补充。

城市整体形象受宗教影响，特别是佛教的影响。这座城市的地标性建筑是内比都大金塔，该塔仿造仰光世界和平塔所建，但比仰光世界和平塔

---

① 对于该事件的重要历史分析摘自貌昂秒的《通往内比都之路》（亚洲研究所工作论文79，新加坡：亚洲研究所，2006年，第3—4页）。最初拉丁文的官方译法是"*Naypyitaw*"，有时也写作"*Nay pyi Taw*"，但是"*Naypyitaw*"的译法已成为惯例，而且也比较符合发音规则。

矮 30 厘米。作为国家象征，还有三座巨大的前殖民时期缅甸国王的鎏金铜像，铜像与仰光国家博物馆（1996 年，国家博物馆在军政府统治期间扩建）外的铜像别无二致，但内比都的这三座雕像是竖立在军事部门的练兵场上，因此平民无法近距离接触。在 2010 年访问时，我只能从远处依稀辨认出这些雕像的轮廓，而且他们也没有出现在 2010 年的内比都官方名录中。[36]

现代军事独裁统治下的首都中，我们选择了一些典型的例子，在结束对这些城市的分析并总结其独特影响之前，有必要在这份清单上列出第五个城市，对其做以简要介绍。1976 年至 1982 年间统治阿根廷的军政府因其酷刑和残暴而被世人所知，他们甚至还将受害者扔进辽阔的拉普拉塔河。军政府统治遵循新自由主义模式，不过是新瓶装旧酒，管理国家的方式是屠杀和戏法，这个戏法就是在 1978 年足球世界杯上大放异彩，体育场进行了翻新，城市进行了改造，建设了娱乐公园，增加了公园里的绿植。军政府把国家托付给武装部队的各个部门。布宜诺斯艾利斯落到了空军手里，一位精力充沛的退役空军将领奥斯瓦尔多·卡夏托雷受命担任市长。他的两项首要任务是建设城市高速路（他计划建设 8 条，成功建设了 2 条）和"清洗"城市中的穷人及他们居住的"贫困村庄"，在这项任务中他取得了 96% 的成功。[37] 为了隆重庆祝重新夺回马尔维纳斯群岛（英国人称其福克兰群岛），进行了精心的准备工作，结果阿根廷战败，也结束了军政府的统治。反倒是在河边留下了一座大型雕像纪念馆，让人民铭记南美洲最血腥的军事独裁统治及其恶行，同时缅怀遇难者。

暴力、排外、民族主义及资本主义发展

首当其冲的是军政府通过极端暴力的方式接管政权，在这一点上与法西斯主义没有可比性，法西斯主义在德国和意大利实际上主要是通过宪法渠道和平接管政权的。在圣地亚哥，总统府遭到炮轰。如果不把法西斯战争中的遇难者和大屠杀受害者计算在内，被军政府杀害的人数超过法西斯主义杀害的人数。在大约一年的时间里，印尼政权杀害了大约 50 万到 100

万人，这相当于 20 世纪 30 年代在纳粹德国杀害约 30 万人。阿根廷军政府杀害了 3 万人，这相当于德国的 7.5 万人被害。

第二次世界大战后，除了 1994 年卢旺达种族灭绝事件之外，没有什么暴行可以与最严重的军事暴力相提并论。更为重要的是，军事城市化意味着城市恐怖。苏哈托称将被害者尸体扔在街上是"休克疗法"。[38]

传统法西斯主义之所以成功，是因为在其民族主义——帝国主义体系中，法西斯主义认真对待就业、社会保障、休闲和娱乐等大众关切的问题。意大利还设立了一个管理大众休闲娱乐的特别机构，名为"Dopo Lavoro"（意为下班后），而纳粹设立的"Kraft durch Freude"（享受的力量）更是青出于蓝。汽车显然是当时中产阶级的兴趣所在，就像高速公路建设一样，汽车产业也得到了发展。纳粹政权对住房问题认识不足，有局限性，但是法西斯城市主义通常是与权力的着重展现联系在一起的。在奥斯曼一贯的传统中，独裁主义，自上而下推行的拆除工作是城市统治的一种方式。

第二次世界大战后，军事城市化排外倾向更加严重，从圣地亚哥到雅加达的许多城市都接受了美国倡导的新自由主义资本主义。智利政权在圣地亚哥郊区实施了一项超大规模的公共住房计划，同时，从 1979 年至 1985 年间，将 2.9 万个贫困家庭，共计 17.2 万人，从圣地亚哥中部驱逐到东部边远地区。[39] 布宜诺斯艾利斯和雅加达的军国主义分子明确表示要把穷人和乡下人赶出城市中心，其中以布宜诺斯艾利斯尤甚。后来成为布宜诺斯艾利斯市长的住宅部部长德尔·乔波宣布，只有那些"在文化上做好了居住准备"的人才能在布宜诺斯艾利斯生活。贫民窟的人口急剧减少，非官方数据显示从 1976 年的 21.4 万人减少到 1983 年的 12.6 万人。[40] 雅加达的军事长官说缺乏"城市理性"的人无权在雅加达生活。[41] 现代军事独裁政权同 19 世纪的保守主义一样害怕平民（即印尼语中"massa"一词），这种畏惧是墨索里尼、希特勒和戈培尔等人所不熟悉的，他们对自己煽动群众的本领很有信心。

民族主义与法西斯主义、现代军国主义以及 19 世纪主流思潮有共同特征。军事民族主义几乎没有什么明显特征，但它对宗教（无论是基督教、伊斯兰教还是佛教）的依附，将其与法西斯主义区分开来。其民族象征来源于传统的民族主义，因此不需要新发明如束棒和"卐"这一类的徽记。鉴于其地缘政治背景，战后军事独裁政权中，没有任何一个发展成为帝国主义民族主义，这一点是可以理解的。阿根廷对马尔维纳斯/福克兰群岛的侵略以失败告终，马岛战争不过是19世纪至20世纪初民族统一主义的翻版而已。20世纪80年代至90年代，印尼的民族主义风格建筑本质上并非军国主义产物。

本书中所列军事独裁统治的五个实例分别是，西班牙佛朗哥政府、缅甸军政府、智利皮诺切特政府、印度尼西亚"新秩序"政府和阿根廷军政府，这些实例对其国家及其首都的资本主义发展都是至关重要的。在佛朗哥的追随者们看来，马德里的城市发展"二战"后才开始，未免有些为时过晚，但20世纪60年代，马德里城市发展速度很快。在本书成书过程中，缅甸的军政府统治已经结束，城市发展是国家主导的，而且依赖于与中国和印度的双边国家协议。对后来的佛朗哥主义以及早期圣地亚哥、布宜诺斯艾利斯和雅加达的军事政权来说，资本主义发展和现代化都是政府议程的重要内容。从城市化的角度来说，这意味着城市更加开放，要向私有企业开发商开放，也要开放现有的高速公路、购物中心、办公楼和多功能塔楼建设项目。现代主义的巴西利亚由巴西的军事独裁政权保留为国家首都，毫无疑问，这个城市当年享受着与世隔绝的宁静，远离里约热内卢的民众，但由于向私人开发商拨款进行湖滨建设，城市规划的一个重要部分没有完工。尽管如此，为了证明巴西政治——甚至是军事政治——和文化的复杂性，军政府还是邀请了正牌的共产主义者尼迈耶来设计军政府巴西利亚总部，尼迈耶同志如期完成了该项工程。后期的佛朗哥主义对于马德里的现代化影响依然存在，卡斯蒂利亚大道延长工程就是其体现。在缅甸，内比都仍然是政治和行政首都，所以新经济时代主要在旧都仰光体现，仰光仍然是经济中心。

雅加达、圣地亚哥和布宜诺斯艾利斯，基本是依次在军事统治下取得了决定性的资本主义发展，将其推向了全球化的方向，主要表现形式包括外国投资、商业服务扩张、购物中心、摩天大楼动工、设置门禁、信贷消费、私家车和拥堵的高速公路。① 其经济遗产是受美国里根－布什政权启发的新自由主义资本主义。得以幸存的民主化也都是伤痕累累，唯一一例对民主化的彻底否定发生在 2001 年的阿根廷，人民起义之后产生了一位民粹主义总统，此人目前已被撤职，取而代之的是新总统毛里西奥·马克里，他曾担任布宜诺斯艾利斯市长，其家族是市政服务军事私有化的主要受益者。[42] 雅加达在军政府统治下实现了"城市化的突破"。2012 年，雅加达迎来了一位颇受欢迎的改革派市长佐科维，他目前担任印尼总统。佐科维确实让雅加达朝着更加社会化的方向发展。20 世纪 90 年代，圣地亚哥的贫困人口显著减少，从 1990 年占人口总数的 28.5% 降至 2000 年的 12.7%，但是，收入不均的基尼系数却增加到了 0.59。[43]

民主的反应和继承

在罗马，尽管一些法西斯主义的图标悄无声息地得以保留，但据我所知，罗马并没有对法西斯专政的公开纪念或博物馆展出。马德里也没有佛朗哥主义博物馆，不过目前执政的左翼市政府已经宣布彻底清理剩余的佛朗哥一派相关图像。在苏哈托大屠杀问题上，官方一直保持沉默，直到 2016 年初，才正式召开了有关大屠杀的研讨会。② 另一方面，德国纳粹主义引发了大规模的批判，对其彻底否定。

斯佩尔设计的帝国总理府和德国总理在波恩居住的小屋形成了鲜明对比，这也正好体现了民主的反应。总理现住所很小，是玻璃幕墙透明建筑，地处公园内，与一条安静的街道只以很低的树篱隔开。统一后的德国设在柏林的总理办公室因为有一个很大的掩体，所以建筑高大了许多。总理办

---

① 关于圣地亚哥的情况，也可以参见米格尔·劳德所著《圣地亚哥，智利首都地区》（圣地亚哥：共和国总统出版社，2004 年）；关于布宜诺斯艾利斯和雅加达的情况，分别参见古特曼和科恩共同编纂的《全球化时代拉丁美洲建立百年纪念》以及库斯诺所著《后殖民时代背后》。下文中我们将回到全球时刻。

② 乔舒华·奥本海默拍摄的纪录片《杀戮演绎》令人印象十分深刻，受雇佣的杀人强盗们在影片中对其 1965—1966 年大屠杀中的所作所为进行叙述和展现，这部影片被禁止公开放映，却通过互联网流媒体被广泛观看。

公室前面有一扇铁门。但是建筑正面采用了玻璃幕墙，建筑设计轻巧，从德国国会大厦穿过一片开放的区域，公众可以很容易到达总理办公室，这都有力地体现了对重量、封闭和距离的反对，而且该建筑巧妙地隐藏了它的体量。此外，柏林的反纳粹纪念建筑也不一而足，从恐怖地带博物馆，到各种受害者纪念建筑，如丹尼尔·李博斯金设计的犹太博物馆，美国大使馆提议建设、彼得·艾森曼设计的抽象建筑"欧洲被害犹太人纪念碑"，还有一些不知名的建筑，包括纪念被害吉普赛人的，还有蒂尔加滕花园角落中纪念受迫害的同性恋者的建筑。在这个世界上，没有任何地方像柏林那样有如此多的纪念建筑用以进行自我批评。

在拉丁美洲，布宜诺斯艾利斯和圣地亚哥都公开反思血腥的独裁统治并纪念其受害者。巴西利亚因为情况不同没有进行公开纪念与反思（巴西利亚的情况也确实没有那么血腥）。布宜诺斯艾利斯在市中心选择了很多地方举行了一次大规模的纪念活动，缅怀军事"国家恐怖主义"的受害者。一本2009年的旅游指南涵盖了203处纪念场所。其中最重要的是2007年开放的记忆公园，这是一处位于河边的大型景观纪念建筑群，用以缅怀在六年的军事独裁统治中遇难的3万名受害者。

在圣地亚哥，两个重要的纪念馆分别是1997年建设的格里马尔迪公馆和平公园，选址是皮诺切特安全警察曾使用的刑讯中心，另一个是2010年开放的记忆及人权博物馆。前者关注的是1974年至1977年间在这座公馆中遭受酷刑和被杀害的4500名受害者。后者结合了对独裁统治的回顾和对人权更宽泛的认知，有一个展厅专门展示智利土著居民的情况。

第八章 共产主义与城市发展

共产主义是 20 世纪的里程碑之一，两次世界大战的爆发促使其产生。共产主义对任何一部权力现代史都具有划时代的意义。共产主义对城市历史的意义，特别是对 20 世纪的首都及其权力的象征有何意义，这正是我们将在本章中探讨的。

布尔什维克革命在彼德格勒开始，彼德格勒当时是沙皇俄国两个官方首都中地位较高的一个。莫斯科是旧都，仍是加冕礼举办的地点，但自 18 世纪初以来，就不再是宫廷和政府的驻地。革命政府搬到莫斯科纯粹是为了军事安全考虑。

尽管自 1812 年拿破仑入侵以来，沙皇政权使用了许多民族主义语言概念——如祖国战争和象似性——来支持他们的专制主义，但沙皇俄国不是一个民族国家，而是沙皇的世袭国家。基本上，俄国是欧洲通往现代化道路的一部分。实现现代化之前的俄国王朝与英国和德国的皇室联姻。俄国工人阶级运动是马克思主义性质的、欧洲式的运动，俄国社会民主党的布尔什维克派和孟什维克派都是第二国际的成员。

但自彼得一世以来，知识渊博的俄国统治阶级敏锐地意识到，相对于欧洲列强，俄国发展缓慢。感应型现代化是进步沙皇彼得一世和亚历山大二世议程的一部分，也在保守的尼古拉斯二世的斯托雷平政府考虑范围内，还是列宁和斯大林所要谋求的目标。在第一次世界大战前夕，俄国仍是欧洲欠发达地区，自 1870 年以来，不仅割让土地给英国和德国，甚至还割地给斯堪的纳维亚、匈牙利、意大利和西班牙。其人均 GDP 实际上与保加利亚持平，但如果将识字人数和婴儿死亡率考虑其中，俄国人类发展指数明显更低，在与阿根廷、智利和日本做比较时，情况也是如此，而与巴西、墨西哥和印度相比,情况稍好。[1] 俄国发展的大幅落后(与欧洲相比较而言)意味着人民民族主义相对欠发达,国际主义者布尔什维克利用这种情况来推行他们的社会主义计划。

俄国的现代化之路是欧洲的发展和上层阶级推行的感应型现代化共同作用的产物。1917 年的"二月革命"之后,俄罗斯民族国家确实短期存在过,类似于法国 1792 年的情况,抛弃了君主制,但"二月革命"后建立的政府继续参加"一战",以支持其西方盟友。高举反民族主义(和反帝国主义)的"和平"旗帜,"十月革命"让这个"二月革命"后建立的民族国家彻底消失。取而代之的显然是一种现代的国家概念,而不是民族国家:苏维埃社会主义共和国联盟成立。布尔什维克选择了在一个国家建设社会主义,而这是一个多民族的民族国家,其中俄罗斯民族占主导地位。由于之前俄国的欠发达,再加上内战和外国军事干预,进一步加深了俄国的不发达程度,这种社会主义只能从上层开始建设,由工业阶级工人、工程师和新培养的管理人员共同完成。

中国清政府的感应型现代化以失败告终,既有保守的宫廷内斗导致的内部软弱因素,更有以日本为首的外部势力的打击影响。1911 年的辛亥革命造就了一个民族共和国,但仍然是一个由帝国主义港口城市"租界"和海关管制所统治的半殖民地国家,而且国内不断发生动乱和武装冲突。20 世纪 30 年代,日本侵略中国,中国开始了长达十年的抗日战争,战争期间政府不得不退守东南一隅的重庆。

在走向现代化的道路上,中国感应型现代化一半都是失败的,中国这个半殖民地国家受到俄国革命的鼓舞,1920 年中国共产党发起成立早期组织,成为反帝国主义的指路明灯。20 世纪 20 年代,中国共产党得到了共产国际干部和意识形态的大量投入,但不是所有的投入都是明智的。通过毛泽东的改造,中国共产党成为 20 世纪最大的有组织的社会变革力量。1949 年共产党人的胜利被视作民族的胜利,这与单纯的布尔什维克革命有所不同。但中国共产党还是将自身看作是共产主义领域的一个重要延伸,其他国家也是这种想法。

虽然进一步探讨这一假设超出了本章的范畴,但我确实认为,共产主义的两个重要中心都出现在通往现代化和民族国家的道路都特别复杂和混乱的国家里，这绝非偶然。共产主义者在残酷的阶级剥削和阶级斗争的泥潭中脱颖而出，但无论是俄国共产党还是中国共产党，都没有遇到成型的现代民族国家。相反，两党都必须建立一个多民族国家，而且在将不发达国家改造成可以想象的最高发展水平，即社会主义和共产主义的规划中，两党建立的国家是实现这一终极目标过程中的一个阶段。两国幅员辽阔，使其有可能在一个充满敌意的世界中生存下来。

共产主义从这两个中心辐射向全世界，苏联首先对全世界产生了影响。第二次世界大战后，东欧出现了几次很有影响的本土共产主义运动，阿尔巴尼亚、保加利亚、捷克斯洛伐克、希腊、南斯拉夫这些国家共产主义运动的力量和群众基础，很大程度上都是源于苏联红军成功抵御了纳粹德国的胜利氛围。同样，包括越南、马六甲、印度尼西亚和菲律宾这些国家在内的东亚共产主义，即使是在当时强大的民族氛围下，其民众支持程度也要归功于中国的榜样。特别是朝鲜和越南，两国能够取得最终的胜利，苏联和中国的物质支援居功至伟。

20世纪70年代至80年代，苏联和中国的共产主义成为发展中国家的榜样，特别是从贝宁到莫桑比克的这些非洲国家，诞生了独特的马克思列宁主义。时至今日，马普托仍然保留着纪念马克思、毛泽东和金日成的街头标语。

古巴的革命也很有特点。古巴革命主要是民族主义和反帝国主义革命。卡斯特罗主义者的革命口号是："祖国或死亡"。古巴转向马克思列宁主义，是作为对1961年美国挑起的"猪湾事件"的回应。作为真正的人民革命者，古巴革命领导人和革命干部深深知道他们需要认真对待新建立起来的共产主义。哈瓦那属于一般意义上的共产主义首都，但亚的斯亚贝巴和布拉柴维尔情况则不同。

共产主义与城市

布尔什维克革命是以彼得格勒为中心的城市革命，彼得格勒原名圣彼得堡，"一战"期间更名，这里不仅是政治中心，也是俄国首屈一指的工业城市。1917年，莫斯科布尔什维克接二连三地赢得选举，同年9月，在地区选举中获得了多数席位，但他们紧跟彼得格勒领导的脚步，点燃了革命之火。经过一周的武装斗争，布尔什维克控制了莫斯科。此后，考虑到首都在外国势力支持下的内战中的安全问题，1918年3月，布尔什维克领导人决定将首都迁往莫斯科，在克里姆林宫安营扎寨，但这从来都不是他们的目标。

"十月革命"并没有建立起一个多民族的社会主义民族国家，而是一个泛苏维埃社会主义共和国联盟，任何苏维埃共和国都可以加入也可以退出。芬兰白军要脱离苏联获得承认，英国支持的波罗的海白人农民与布尔什维克工人阶级和德国贵族自由军团开战，之后波罗的海三国独立，这也标志着经过局势复杂的斗争，布尔什维克在波罗的海地区的失败。在高加索和中亚地区，布尔什维克继续保卫古老帝国的边界，对抗各种各样的地方民族主义者。

革命的莫斯科视自己为世界革命临时的首都。列宁和他的同志们敏锐地意识到俄国的欠发达，他们最初只是希望在引发一场世界革命的同时守住这个堡垒，而这场革命很可能以德国为中心。1919年，总部设在莫斯科的共产国际因此成立。受托马索·康帕内拉所著《太阳城》中乌托邦的启发，列宁在"十月革命"后很快就规划出一个"不朽的宣传"计划。该计划包括墙上和其他地方的政治铭文，以及各种各样的雕像。1918年4月12日，布尔什维克政府颁布了一项法令，法令中提到："为历任沙皇及其官吏建立的纪念碑以及没有任何历史或艺术价值的纪念碑，（将）搁置起来（或）做一些具有实效的用途。到五一节，"反映革命的俄国劳动人民思想和情绪的新标识"将取代原有的"铭文、徽记、街道名称以及部队徽章"。[2]

1918年国庆日，革命的普世主义概念在莫斯科得到了充分的体现。列宁的致辞提到了各国的先贤，比革命的马克思主义传统具有更加广泛的国际化视野。其中包括古代的叛逆者，如斯巴达克斯和布鲁图斯；启蒙哲学家伏尔泰和卢梭；乌托邦社会主义者康帕内拉、欧文和傅里叶；法国革命者丹东和马拉；拜伦勋爵；国家民主党人加里波第；俄国无政府主义者巴枯宁和克鲁泡特金；犹太复国主义者亚历山大·赫尔岑；法国当代社会主义者饶勒斯（此人反对第一次世界大战，1914年逝世）；画家卢勃廖夫和塞尚；外国作家如但丁、狄更斯和莎士比亚；伟大的俄国作家陀思妥耶夫斯基和托尔斯泰。①

虽然从一开始"不朽的宣传"就是共产党的重要政策，但布尔什维克不曾有过社会主义城市主义的详细概念，苏联共产党领导人也从未对其进行发展。革命开启了一个充满激情的时代，对城市理论和城市规划都有着深远影响，同时建设了大量的现代主义建筑。1930年前后，莫斯科和俄国成为当时现代主义建筑最重要的国际标杆。勒·柯布西耶在那里进行了几次访问，许多德国知名建筑师也在那里工作，其中包括恩斯特·梅、汉斯·梅耶（被解雇前曾任包豪斯学校校长）、埃瑞许·孟德尔松等人。第五届国际现代建筑大会计划于1934年在莫斯科召开。

知名建筑物包括维赛宁兄弟设计的《消息报》报业大楼（灵感来自瓦尔特·格罗皮乌斯的《芝加哥论坛报》报业大楼设计竞标入围作品），莫伊谢伊·金兹伯格和伊格纳迪·米尔尼斯共同设计的人民财政委员会员工宿舍，康斯坦丁·梅尔尼科夫设计的工人俱乐部和当地的文化宫（维赛宁兄弟也参加了这些建筑的设计），此外，那些重要的公共机构投资建设的大楼也都十分宏伟。20世纪20年代至30年代初的苏联时期在现代主义建筑史上占有重要地位。从"十月革命"到第二次世界大战期间，莫斯科最有影响力的建筑师是阿列克谢·休谢夫，他是一位无党派人士，设计了那个年代最重要的纪念碑——列宁墓，他还设计了实用性非常强的农业部大楼。②

苏联的革命先锋在阐述对于城市的理念时喋喋不休，反而没有给人留下深刻印象，他们一方面对乌托邦式的公共宿舍事无巨细的精心管理趋之若鹜，另一方面，又将莫斯科的大部分人口去城市化，并将他们疏散到"绿色"花园村庄。③1934年，苏联与国际建筑现代主义的联系正式中止，

---

① 参见V.邦内尔著《权力的肖像学》（伯克利：加州大学出版社，1997年，第四章）；S.米哈尔斯基著《公共纪念碑》（伦敦：反应出版社，1998年，第109页）。20世纪90年代末，我参观克里姆林宫时，仍旧能够在克里姆林宫一侧的纪念牌匾上发现该计划的蛛丝马迹。

② 理查德·帕雷与让·路易·科恩的《迷失的先锋》（纽约：莫纳塞利出版社，2007年）提供了苏联建筑现代主义的精美摄影记录。参见T.库尔顿著《莫斯科：治理社会主义大都市》（剑桥，马萨诸塞州：贝尔纳普出版社，1995年，第214—246页）。

③ 富有同情心的苏联建筑"建构主义"史学家阿纳托尔·科普明显对苏联建筑缺乏都市现实主义而感到沮丧。参见阿纳托尔·科普著《城镇与革命：1917—1935年的苏联建筑与城市规划》（伦敦：泰晤士与哈德逊出版社，1970年）。

原计划在莫斯科举行的国际现代建筑大会被"推迟"。苏联的现代主义者虽幸免于难，但是1937年的全联盟建筑大会正式提出社会主义现实主义，除了反现代主义这一明确要求，社会主义现实主义这个概念从来没有过明确界定。建筑风格上的差异越来越小，但是1937年，国会邀请了蜚声国际的弗兰克·劳埃德·赖特，他委婉地批评了苏联建筑的左倾和右倾设计风格，而后谨慎地表达了自己的设想，他希望苏联能"从本国利益中解放出来"，为包括美国在内的全世界各国创造一个新的建筑典范。[3]当时人们可以公开进行辩论，同时西欧城市社会主义出现，在这种情况下，革命城市先锋的失败对发展一套新的社会主义和共产主义城市主义是致命的打击。在各种乌托邦思想相互竞争的乱象中，斯大林主义横空出世，成为人们普遍认同的意识形态以及实用的历史现实主义。

关乎成败的莫斯科总体规划于1935年完成，规划以1932年的最高指导方针为基础。[①]1934年，斯大林给予规划制定者高度评价，称该计划战胜了"那些否定城市基本原则，想把莫斯科变成一个大村庄的人"，也战胜了"类似资本主义城市，拥有摩天大楼和超大规模人口数量的超级城市的支持者"。1932年，时任斯大林政府莫斯科基建负责人的拉扎尔·卡冈诺维奇宣布，社会主义城市主义应该"首先从现存城市历史上已经形成的模式着手，按照我们时代的要求重建城市"。[4]

一项审慎、务实的计划为共产主义城市主义设定了框架。该计划传达的主要信息朴素而谦虚：警惕激进的乌托邦；尊重历史，但不局限于历史。事实上，在整个共产主义历史上，这一想法一直都是受到重点关注的，只有平壤是个例外，这座城市在朝鲜战争中已被美国完全摧毁。勃列日涅夫在1971年苏联共产党大会上，称莫斯科应该成为一个"共产主义模范城市"，但没有说明这将意味着什么。他忠诚的副手维克多·格里辛没有什么实质性的补充，他说："共产主义模范城市是那些文化和意识水平高的人所居住的城市，一个公共秩序的模范城市"。[5]

---

① 卡尔·施勒格尔第一本关于莫斯科的重要著作德文原版名为《读懂莫斯科》，他在书中"不情愿地"承认了"在对历史遗产保护和进行必要的改变之间存在着一种平衡，而总体规划或许破坏了这种平衡"（莫斯科，剑桥：剑桥大学出版社，2008年，第63页）。

1950年，苏联城市官方向一个东德研究代表团提供了有限的一些指导，其中一些系统化的经验于1950年作为16项"城市规划原则"纳入德意志民主共和国法律体系。这些原则首先强调城市的代表性功能："城市是人们的政治生活和民族意识在结构和建筑形式上的表达（原则1）。社会主义现实主义朝着"人民民主"方向的转变意味着建筑应该有"民主"内容和"民族"形式（原则1及原则14）。主要关注的应是城市中心，即"城市中起关键作用的核心地带"和"政治示威、游行和民众庆祝活动"的地点，以及"最具纪念意义的建筑"（原则6）。这是从政治功能和民用功能对城市中心的重新定义，与美国把中央商务区作为城市中心的理念完全不同。"城市的面貌"有其自身的基本原则（原则9），是由"广场、主要街道和街道上的重要建筑"决定的。原则10是关于住房的详细规定，住房应集中在住宅区，并为多层公寓楼，周边有花园、幼儿园、学校，并能够提供满足"人民日常需要"的"供应品"。住宅区内禁止车辆通行。标准对"过度"的城市发展提出了警告，并否定了把城市变成花园的尝试。城市的意思是"都市化"的生活。[6]

　　共产党对城市主义和城市历史的贡献，远比它在20世纪权力体系中扮演的角色要低调得多。然而，其贡献实际上远远超出官方的说辞。[①] 共产

[①] 从建筑学的角度来看，（至少）有两本重要著作关注的都是东欧。一本书是已故瑞典建筑史学家安德斯·阿曼撰写的《斯大林时代东欧的建筑与意识形态》，该书1987年以瑞典语首次出版，1992年翻译成英文后由位于马萨诸塞州剑桥市的麻省理工学院出版社再版，这本书堪称先驱。另一本是英国建筑评论家欧文·哈瑟利的《共产主义的景观》（纽约：新出版社，2016年）。据我所知，几乎没有什么鸿篇巨制是从更广泛的城市主义意义上分析共产主义城市的，却有很多追溯历史的书籍，这其中的一些书籍十分重视城市历史。其中我觉得最值得一读的两套书分别是《社会主义实现后的城市：后社会主义社会中城市和地区的变化与冲突》（伦敦：布莱克威尔出版公司，1995年），这套合订本由格里高里·安德鲁斯、迈克尔·哈洛依以及伊凡·塞伦尼共同编辑完成，还有伊恩·汉密尔顿、卡里奥帕·迪米特罗夫斯卡·安德鲁斯以及娜塔莎·皮克勒·米兰诺维奇合作编辑的《中东欧城市变革：走向全球化》（纽约：联合国大学出版社，2005年）。昔日的社会主义城市也清晰地出现在索尼娅·赫特2012年出版的《铁幕》（牛津：牛津大学出版社，2012年）一书中，该书以保加利亚首都索非亚为中心，但也涉及了后社会主义东欧的其他城市。以西欧语言撰写的历史作品中，必读书目是维拉格·莫尔纳尔的《建设国家》（纽约：劳特利奇出版社，2013年），该书以东德和匈牙利为关注对象。还有布丽吉特·勒·诺曼德的《为铁托设计首都：贝尔格莱德的城市规划，现代主义和社会主义》（匹兹堡：匹兹堡大学出版社，2014年），书中对贝尔格莱德的情况进行了透彻的论述。

党对于城市历史的贡献不仅局限在首都,对现代工业化城市,也做出了自己的贡献,以乌拉尔河沿岸城市马格尼托格尔斯克作为开端,一直持续到"二战"之后,还有影响波兰新胡塔和东德艾森许腾施塔特(原名斯大林斯塔特)的斯大林主义,时至今日,这两座城市的建筑、文化馆和绿地布局,种种细微之处都表明工业现代主义已经被后工业化资本主义盖过了风头。①

执政共产主义的四个方面

要了解城市中共产主义的含义,特别是首都城市共产主义的含义,我们必须了解首都的定位、权力基础、权力背景和权力结构。

共产主义的定位是工人阶级和贫苦农民的运动。共产主义是无产阶级的先锋队。1917年的布尔什维克起义是由城市工业工人发动的,纵观历史,各地的共产主义者都密切关注着其政党的阶级构成以及他们所统治的国家机构。他们总是试图在工厂组织中巩固自己的权力,而且经常像在德意志民主共和国和捷克斯洛伐克那样,组建武装工人民兵组织,作为其政权的阶级警卫。

然而,从第一次世界大战之前开始,列宁和布尔什维克/共产党就敏锐地意识到,他们是在一个多民族和多国组成的世界中运转的,这种情况的形成正是因为他们反对的沙皇时期的俄国帝国主义是一个多民族组成的帝国。执政的共产主义其权力基础始终是一个现代化联邦,但却与这个沙皇俄国有着密不可分、千丝万缕的联系。列宁和斯大林对一个多民族帝国的"民族问题"进行了认真的研究。布尔什维克的基本原则是各民族不能被简单划分为不同阶级,这与其他激进的马克思主义思潮形成鲜明对比。在把俄国多民族帝国改造成苏维埃社会主义共和国联盟的过程中,他们立足于民族文化、民族发展和民族自决,将其作为基本原则。

在斯大林执政时,后者显然隶属于沙皇俄国的地缘政治范畴,重新主张国家边界,包括波罗的海诸国和比萨拉比亚地区。但是斯大林从未忘记

---

① 艾森许腾施塔特小镇现在基本上就是一个城市博物馆,镇上的后斯大林时代现代建筑里住的都是工人阶层。新胡塔作为克拉科夫的郊区也得以保留。列宁钢铁厂生产规模大幅缩小,成为印度跨国公司安赛乐米塔尔旗下一家子公司。

列宁主义关于民族重要性的训诫。它被奉为社会主义现实主义的根本宗旨："形式上是民族的，内容上是社会主义的。"[7] 第一次世界大战后，共产主义欧洲被民族化；19 世纪的最后 25 年里，保加利亚和罗马尼亚也实现了民族化。但它们既不是统一的民族国家，从其内部驱动力和起源来看，也不是真正意义上的欧洲国家。和希腊一样，他们的民族国家地位主要仰仗于欧洲的地缘政治以及奥斯曼帝国、哈布斯堡王朝和霍亨索伦王朝的失败。各国边界问题，特别是波兰、罗马尼亚、匈牙利和保加利亚的边界问题，以及各国国内民族关系问题——例如塞尔维亚人与克罗地亚人的关系或捷克人与斯洛伐克人之间的关系——被普遍认为是有偶然性和随意性的，而且往往是不公正的。

"二战"后执政的东欧各国共产党在其民族根源和法律地位上存在着差异，严格来讲，这种差异在阿尔巴尼亚、保加利亚、捷克斯洛伐克和南斯拉夫是十分明显的，在东德和匈牙利，这种差异虽然影响深远但是明显是由少数民族自决造成的，而在罗马尼亚和波兰，这种差异完完全全是少数民族自决造成的。莫斯科指示东欧各国要把最大的注意力放在民族问题上——当然，同时也要避免任何批评苏联的民族主义。即使是影响不大的运动也有值得研究的根源或成就：如德国反法西斯传统，当时第三帝国的许多重要官员、法官、商人和专业人士已经融入西德；匈牙利人与战前保守主义以及与法西斯主义"箭十字"党的决裂；罗马尼亚人成功地占领了特兰西瓦尼亚；一直受到德国右翼打击的波兰向奥德河－尼斯河线的西进扩张，可以说掩盖了波兰在东部的损失，包括丢掉了现在的利沃夫市。

在充满敌意的民族主义和帝国主义地缘政治的世界里，共产主义政权的大环境是经济发展的相对滞后。共产党领导人都非常清楚这一点；列宁非常坦白明确地承认了这一点。各国共产党政府正在与经济欠发达做斗争，与那些有竞争力、敌对的资本主义中心相比，他们的资源较差。无论是经济上还是军事上的追赶，都需要持续的关注并将是不断的束缚。这意味着任何社会城市化发展都要背负沉重的贷款。工业投资和对抗资源丰富得多的敌对势力所需的武器装备总是沉重地压迫着共产主义的社会空间，只是各国压力程度不同。

总之，这几个因素——工人阶级定位、对民族重要性的看法、由于历史原因造成的经济欠发达的国家现实——为共产主义城市主义提供了一个解释框架。各执政党对于这些因素的关注点各有不同，尤其是在不同的执政时期，侧重点更是不同。

莫斯科模式

革命前的莫斯科是沙皇行加冕礼的地方，作为旧俄国的文化中心以及东正教的中心，俄罗斯比圣彼得堡更加保守，尤其是莫斯科大批的旧礼仪派信徒经济上日益成功，这里受其影响也愈发保守。莫斯科的天际线都是由克里姆林宫周围的教堂尖塔和穹顶占据，王室搬出克里姆林宫后，这里就成了教会的重要场所。但到了20世纪初，莫斯科也成为一个主要的工业城市，特别是纺织业非常发达，60%的人口是工厂工人和手工匠人。莫斯科还是一个前卫的艺术现代主义之都，只有圣彼得堡可与之相媲美，但还是达不到莫斯科的水平。根据当代社会学研究，莫斯科被称为"欧洲居住条件最差的城市"。[8]

因在彼得格勒受到白军和西方势力的严重威胁，1918年3月，布尔什维克政府迁往莫斯科。布尔什维克政府不愿在克里姆林宫安顿下来，却也没有合适的替代方案。克里姆林宫内教会使用的空间进行了缩减，但并没有完全取缔。在共产党执政期间，圣母升天大教堂、①圣母领报大教堂和大天使大教堂都得以保存。[9]在布尔什维克执政的头十年里，这座城市并没有进行太大的改变，在此期间，由于内战的影响，城市迅速衰落。莫斯科人口数量下降了40%。情况的变化始于斯大林掌权，在农业集团化体制的支持下，通过快速工业化，启动了势头迅猛的追赶进程。在莫斯科，特有的熏香和教堂钟声遭到了来自各方的攻击。教堂、寺院和修道院全部关闭或炸毁，其中也包括19世纪后期的地标性建筑——基督救世主大教堂，这是

---

① "Dormition"的字面意思是"入睡"（即俄语中"uspenie"一词），意指圣母玛利亚的死亡。圣母升天大教堂的英文名有时也译作"Assumption Cathedral"，意指圣母升天。这座教堂是克里姆林宫最古老的教堂也是沙皇行加冕礼的场所。

沙皇时期为了纪念战胜拿破仑而建设的纪念性建筑。

莫斯科总体规划是在20世纪30年代初制定的，并于1935年得到正式批准。该计划是经济发展和赶超他国宏伟计划的城市主义附属品，经济发展和赶超可以使莫斯科成为"世界无产阶级的首都"，成为与纽约或巴黎齐名的现代化大都市。但正如莫斯科最伟大的历史学家卡尔·施勒格尔所指出的，该计划应被视为一种"应急产物"，是在应对农村人口涌向城市所带来的巨大问题时创造出来的。[10]在第一个五年计划开始时，莫斯科已经恢复了革命前的人口规模，从1930年到1932年，人口增长了近50%，从200万增加到了300万人。

莫斯科总体规划因战争而中断，从而未能全面实施，但在斯大林去世前，并没有承认这一点。因此，该规划为红军胜利后的东欧共产主义提供了蓝本。该规划衍生出了三个超大型项目：其中一项工程史无前例——建设一座巨大的苏维埃宫，楼顶的钢质列宁塑像高达75米。另外两项工程是运输项目，分别是作为城市和国家经济发展组成部分的莫斯科-伏尔加河运河项目和莫斯科地铁项目，地铁建设开支巨大，使用了最先进的全套装备。[11]两个运输项目都完工了，但苏维埃宫计划搁浅，为了建设苏维埃宫而炸毁的基督救世主大教堂留下的空地在20世纪50年代变成了室外游泳池。苏联解体后，莫斯科市政府重建了大教堂。

莫斯科总体规划的其他特点包括大规模扩建市中心公共空间，比如计划将已经扩大了的红场面积再扩大一倍，不过这也没有实现。得以实现的一项重要改建工程是将通往特维尔和圣彼得堡的老路改造成一条市中心大动脉，游行队伍可以经由这里抵达红场，沿路有豪华公寓楼和夜生活娱乐场所，既有低矮的民用建筑，也有得到捐赠的高楼大厦。特韦尔斯卡娅大街更名为高尔基大街，由20米拓宽至60米，并进行了相应的房屋拆除[12]。高尔基大街的设计初衷是要成为莫斯科市内纵横交错的宽阔林荫大道中最重要的一条街路，大部分街路都被遗忘了，但是大量的绿地出现了。莫斯科总体规划没有忽视住房建设和消费者服务，在10年内建设了1500万平方米的居住空间，还建设了学校、电影院、医院和新的供水系统、污水排水系统等基础设施。[13]但是，与权力的展现和经济发展相比，这些显然都是次要的。莫斯科的人均居住面积直到1971年才超过1920年9.5平方米的记录。1940年，人均居住面积最低，只有4.1平方米。[14]

研究这一总体规划和莫斯科模式之时，当代的观察家很可能会问，其中是否有社会主义或工人阶级的因素。其社会主义因素是综合性的，所有城市进行城镇规划的方式，不需要考虑在市中心大型开放空间随处可见的私人财产和私人土地租赁。其阶级因素则要温和得多。负面影响是，没有银行，没有中央商务区里各公司的办公室，也没有上层资产阶级居住区。布尔什维克领导人住在非常简朴的克里姆林宫公寓里，有严格的开支规定。[15]那些声名远播的工人，可以分配到令他们满意的住房，莫斯科米克拉扬住宅区对居民社会成分保持高度警惕，以抵消可能出现的阶级分化。[16]阶级因素也意味着社区公寓的出现，也就是将大资产阶级城市公寓公共化，在住房始终短缺的情况下，将其拆分为共用厨房和浴室的多户公寓。

1935年莫斯科总体规划传递的信息无非是建设一个工人阶级社会主义城市并不是唯一目的，还要建设可以媲美纽约的现代化大都市，纽约的洛克菲勒中心和无线电城音乐厅在鲍里斯·约凡脑海中灿若星辰，此人曾作为助手参与设计过巨大的维托里亚诺纪念堂的设计，也是庞然大物苏维埃宫的设计者。1937年，尤里·皮梅诺夫创作了一幅肖像画《新莫斯科》，画中的一名年轻女子开着一辆敞篷车，面对着厚重的新建筑，和其他车辆一同穿过一座城市。① （这些建筑的厚重感让我们知道这幅画刻画的城市一定在苏联。）

第二次世界大战胜利后不久，莫斯科成为大都市的动力得到了进一步加强，"七姐妹"摩天大楼拔地而起，其中包括两座政府部委办公楼，两家酒店，两座公寓楼和一所大学，所有建筑都坐落在宽敞的环境中，建筑风格异曲同工，都是"婚礼蛋糕"式的厚重，有着宏伟的立面，建筑完全对称，对外人完全封闭，这一切都表明了其集权的属性。此外，建筑都采用了丰富的装饰图案，这些图案都是折中混搭风格。[17]原本是要建设八幢大

---

① 这幅画在施洛格尔的《恐怖与创伤》第73页得以重现。

楼，每幢大楼代表莫斯科走过的一个世纪，纪念莫斯科800年历史，同时也是为了将这个城市现代而非功能主义的一面装扮一新，从而展现血腥杀戮的战争后这座历史之都的崛起。

1954年12月，时任苏共总书记尼基塔·赫鲁晓夫正面抨击了斯大林主义对表象的关注。他从两个方面对其进行了猛烈抨击：一是因高质量的材料和手工生产导致的巨额浪费，二是忽视了普通人对于住房的迫切需求。1955年11月，苏联政府和党中央委员会发表了《关于消除规划和建设中夸大现象的决议》。政府的态度出现了180度的大转弯，"苏联建筑的特点必须是简单的、形式朴素的，设计经济合理的"。[18] 民众住房建设是新的建设重点。低层、预制板结构的三到五层公寓楼在苏联遍地开花，通常将其称为"赫鲁晓夫住宅"。苏联共产党逐渐回归其阶级本源。

然而，如果提到国际共产主义的印记，莫斯科最具历史意义的建设成果是1950年前后完工的斯大林主义城市景观。它传递了什么样的权力讯息呢？主要政治地标是什么呢？客观公正地讲，我认为主要有两点信息：其一，这种力量是民族的，属于一个强有力的大国；其二，它以群众动员为基础。这些信息都永久地镌刻在地标建筑上。

当然，"民族性"的体现首先是指俄国历史上的中心，清除了沙皇时代民族象征的克里姆林宫。作为体现大国民族力量的大都市，莫斯科是参照世界上其他大都市来衡量自身位置的，尤其是要和纽约做出比较，当然不是简单地照抄照搬，而是要以自己独特的风格跻身世界。这正是为了纪念莫斯科经历过的八个世纪而建设的"七姐妹"建筑群的意义所在，这里面的某些建筑设计灵感明显受到了20世纪二三十年代美国摩天大楼的启发，而莫斯科的知名建筑师们对这些摩天大楼也都很熟悉。1931年苏维埃宫设计竞标邀请了帝国大厦的首席设计师威廉·兰姆。① 社会主义现实主义的所有建筑工程与其说是体现社会主义风格的，倒不如说是为了寻找一种独特

---

① 参见法比安·贝拉特著，《美国—苏联：建筑之争》（巴黎：尼古拉斯·乔顿出版社，2014年，第82页，第164页及其后）。这种建筑之争在乌克兰和圣彼得堡的各酒店设计中体现最为明显，此外舒尔茨–韦弗设计公司设计的纽约各大酒店也能体现出美苏建筑之争，其中以华尔道夫酒店最为典型。

的现代民族风格。

　　红场在苏联时期得到重建以适应现代的大规模检阅活动。表现主义的列宁墓及领袖检阅台是红场突出的中心。阅兵场必须有自己的行进路线，用现代空中交通术语来说，就是支线。从克里姆林宫到圣彼得堡的道路起点特韦尔斯卡娅大街自然是最好的选择。1932年至1933年，这条大街以伟大的作家玛克西姆·高尔基的名字重新命名，成为高尔基大街，也成为共产主义城市主义的标志性街路，其宽度增加了一倍，有些设计方案甚至将街路宽度增加两倍，高尔基大街也是街路设计的范本，沿街建筑立面成为街路空间设计考虑的主要因素。特别是在游行的时候，街道和建筑立面上悬挂的旗帜、大字报、列宁和在世领导人的巨幅画像都在规劝人民走向正确的政治方向。

　　莫斯科和社会主义现实主义权力的第三个方面在专题性学术论著中并没有得到充分的论述。一方面，社会主义现实主义纪念性建筑造价昂贵、装饰华丽、设施豪华；另一方面，1935年至1936年间，斯大林主义反紧缩政策出现了重大转变，二者之间此唱彼和。早在1931年，斯大林就开始反对"左派"大锅饭制度，他主张工资水平应有所区别。1935年11月，在一次对斯达汉诺夫式的工人楷模们的演讲中，斯大林宣称，"生活变得更加快乐"。饱经创伤、全力以赴的工业化过后，抵抗农业集体化造成的饥荒过后，工人楷模和忠诚的党员官员享受生活的时候到了。[①]这并不是资本主义，而是与新发展主义精英阶层最近的崛起相对应的——他们都服务于国家——是五年计划中高等教育大规模扩张的产物。经历过恐怖的"大清洗"运动，这一阶层在党和国家中迅速崛起。斯大林主义信条让他们知道他们理应得到（并没有保障的）薪酬、漂亮的住房、鱼子酱和香槟。

---

　　① 斯大林主义者转向消费主义，这不仅是宣传口号，而且标志着配给供应时代的结束，代表团还被派去学习美国百货商店的模式。详细内容参见大卫·霍夫曼的《斯大林主义价值观》（伊萨卡，纽约：康奈尔大学出版社，2003年，第126页及其后）。20世纪30年代中期，对平均主义和勤俭节约的明显背离以及"新莫斯科"昂贵的公共住宅这二者之间的关系在莫尼卡·卢瑟斯的"教授资格"论文《莫斯科建筑》第84—85页，第95页有所体现，这篇论文内容翔实且观察敏锐。尤卡·格罗瑙所著《鱼子酱配香槟》（牛津：牛津大学出版社，2003年）从那个时代众多怪诞而荒谬的矛盾中挖掘出了斯大林式奢华主义的主题。

这些人显然受益于这些富丽堂皇、造价高昂、具有代表性的建筑，即使按照现代标准，这些建筑质量也很高，其中包括提供全方位服务的公寓建筑群，内设酒吧和饭店的豪华酒店，高尔基大街沿街的奢侈品商店以及为著名的莫斯科罗蒙诺索夫国立大学师生员工配备齐全的各种设施。[19] 社会主义现实主义标准街道和公寓楼体现了新发展主义精英的到来：斯达汉诺夫极大触动了工人、工程师、经理、科学家以及由斯大林主义现代化造就的忠诚的艺术家们。

隐藏在新莫斯科宏伟远景之下的是普通工人的住房，而这也更确切地证实了新的阶级权力结构。据哈佛大学莫斯科政治科学历史学家科尔顿说："斯大林时代，莫斯科的普通工人家庭"每户住在社区公寓的一个房间里。[20] 1960 年，60% 的莫斯科人似乎都住在公共公寓里。[21]

东欧

从 1945 年到 1950 年，莫斯科是全世界共产主义者的圣地，他们对红军战胜法西斯主义感到自豪和激动。资本主义大萧条时期，苏联实施第一个五年计划期间，苏联左翼势力远远超出了共产党员干部核心群体的范畴，产生了广泛的影响。其影响之深远无法估量，与此同时，到处都有反共产主义者，有些人全副武装，与波罗的海和乌克兰境内的德国纳粹并肩作战，在波兰境内继续着他们"二战"期间的斗争。显然我并无意深入研究"二战"后的东欧历史，不过是将东欧对于莫斯科传递的城市化信号是如何接受的做一个定位。

东欧建筑和城市主义体现了强烈的左翼现代主义思潮，加入了战前现代主义流派组建的国际现代主义建筑协会。在包豪斯的发源地东德以及捷克斯洛伐克、波兰和塞尔维亚/南斯拉夫，情况尤其如此。东欧早期的重建往往以现代主义模式开始，这一点并不令人奇怪，尽管在此之前，重建华沙旧城以及改建东柏林具有历史意义的菩提树下大街时，民族历史性重建也曾被给予高度重视。

1948 年至 1949 年间冷战的坚冰，对希腊亲共产主义反法西斯运动的武装镇压，捷克斯洛伐克（和平）的共产主义革命，以及苏美英法四国对柏林的分区占领，在全世界造成了一道鸿沟，欧洲是冲突最集中的地区。建筑和城市主义也不能幸免。苏联在遭受巨大损失和破坏后在"二战"中以微弱优势获胜，而美国完全没有遭受战争打击，并拥有核武器，因此被苏联视作巨大威胁。从中传递出的信息不再是世界革命——这只是左翼现代主义的希望，而和平与民族防御才是民心所向。东德首席建筑师库尔特·李卜克内西宣称："我们反对包豪斯风格建筑，因为功能主义是帝国主义世界主义的最高峰，"他还补充说，像格罗皮乌斯和凡·德·罗这样的人选择留在美国非常具有代表性。[22]

1949年至1950年，新纲领确定了下来，其内容是社会主义的，形式是民族主义的，新纲领是在苏联统一模式的压力下，以典型的斯大林主义确定的。东德社会党主席瓦尔特·乌布利希和波兰共产党领袖波莱斯瓦夫·贝鲁特这些关心城市规划的领导人促成了新纲领的确立。从日常设计的角度来看，战后从苏联归国的一些建筑师迅速成为城市的中坚力量，这里面包括德意志民主共和国的李卜克内西、波兰的埃德蒙·盖尔德赞特和匈牙利的伊姆雷·佩雷尼。

但是，如果把东欧共产主义国家的首都简单看作是苏联影响的产物，那就错了。还有另外两个关键因素：各国共产主义者对苏联的崇拜，以及战后的城市重建相关数据。

1948年12月18日是斯大林的70岁生日。苏共各个职级的领导人都出席了在莫斯科大彼得罗夫大剧院举行的庆祝活动。各国的献礼都不同凡响，东柏林有斯大林大街，布达佩斯市长将市内的主干道安德拉什大街以斯大林的名字重新命名，布拉格、布达佩斯和布加勒斯特市内修建了巨大的斯大林雕像，从保加利亚、罗马尼亚到东德的许多城市建筑都是以斯大林的名字命名的，即将建成的华沙文化与科学宫也是以斯大林的名字命名的。应当注意的是这些提议并不是苏联号召的，事实上这些提议也并非直接源自莫斯科模式。尽管莫斯科有一些地区有纪念这位伟大领袖的纪念碑，"二战"后也有人提议，要为斯大林建设巨大的纪念碑，但莫斯科既没有地标性的斯大林雕像，也没有街路改名为斯大林大街。莫斯科的主干道是以马克西姆·高尔基之名命名的。

聪明的苏联斯大林主义者从未忘记列宁和斯大林提出的民族教训。1951年12月,两名苏联评论家批评东德的斯大林大街过于照搬苏联模式。[23] 1953年9月,苏联正统意识形态的代表米哈伊尔·苏斯洛夫严厉斥责了苏联在波兰出版的一本红军刊物的编辑,这位编辑为了刊物发展辩解道:"那么波兰的国家主权呢?波兰人自己应该建设社会主义,他们应该学习如何书写我们的成就和经验"。[24]

这些新建设的首都之间确实有一些共同的特点,但无论是与莫斯科相比还是相互之间进行比较,都还是有很大的不同。与布达佩斯相较而论,他们都是经历过国与国战争的民族国家的首都,要么是获胜国家联盟的受益者(如布加勒斯特、索非亚、贝尔格莱德、布拉格和华沙),要么是战败帝国的民族首都(如后霍亨索伦时期的柏林,布达佩斯在某种程度上也属于这种情况)。这些国家的边界不确定且有争议。除了柏林以外的各国首都在立国之前其主要民族特征都发生了改变,且都是欧洲中东部地带多民族地区的一部分,这一区域位于普鲁士和俄罗斯中间地带,从芬兰湾延伸到黑海。[25] 但城市和建筑却没有任何相似性。

华沙给人留下的主要印象是文艺复兴时期的古老皇城,到处都是贵族居住的巴洛克和洛可可式的豪宅。华沙占统治地位的文化传统是天主教和军人/贵族传统,在两次世界大战期间,军人独裁者统治了波兰的大部分地区。中世纪时期,布拉格有着辉煌的历史;从15世纪的扬·胡斯开始,基督教改革和异端邪说是当时的主流文化;充满活力的新艺术资本主义伴随着劳工运动出现了;此外还有共和现代主义在两次世界大战之间的思潮,其中就包括前卫的建筑立体派。布达佩斯于19世纪70年代崛起,成为哈布斯堡王朝奥匈帝国光荣而日渐奢华的马扎尔人民族首都。布达佩斯在议会大厦中大肆展示其民族自豪感和新积累的财富,力争超越威斯敏斯特的规模,可以媲美多瑙河对岸布达山上的王室城堡。布达佩斯市中心的英雄广场与维也纳的英雄广场难分伯仲,布达佩斯还是欧洲第二个拥有地铁的城市。贝尔格莱德、布加勒斯特和索非亚曾经是奥斯曼土耳其帝国的权力中心,这三个城市都试图忘却并湮灭这段历史。

东欧共产主义国家首都管理遵循的模式都很类似，但其表现形式却截然不同，其原因有三：第一，1944年至1945年的城市景观；第二，民族形式和传统，这种模式所要求的对于民族形式和传统的维护和利用；第三，当政者，虽然这些人经过了同一个熔炉的锻造，但不是克隆出来的。

华沙和柏林在战争中被摧毁，华沙一片残壁颓垣，1945年到1947年间，损失较少的纺织业城市罗兹实际上承担起了共产主义波兰首都的功能。罗兹是波兰的工人阶级和劳工运动中心，似乎曾经也讨论过将首都迁至这样一个以工人阶级为主的城市是否合适。[①] 尽管华沙有其夸张招摇的贵族特征，但华沙是波兰民族国家的首都。因此，用共产党领导人贝鲁特的话来说，共产党政府迁回华沙，其目标是"通过工业的发展，将华沙变成生产中心，工人之城。"[②]

贝尔格莱德受损严重，布达佩斯和索菲亚情况也相差无几，布加勒斯特受损较少，如果不是纳粹占领期间造成的损失，布拉格基本上是完好无损的。在华沙和柏林，必须建设新的政治中心，在贝尔格莱德和索菲亚，显然也是这种情况，而在历史悠久的布拉格和布达佩斯，并不能确定是否要做出同样选择。布加勒斯特从两次世界大战之间的几届右翼政府那里继承了一个新的具有里程碑意义的政治中心，这几届右翼政府因罗马尼亚在第一次世界大战中的获胜而心满意足。与此同时，共产主义的城市规划意味着无论政治中心是新是旧，都必须尊重民族遗产，如有必要，还必须对民族遗产进行重建。在华沙，第一项重大城市决议是重建旧城，不过直到20世纪70年代，皇家城堡才在新领导人任职期间得到修复。在东柏林，逐步重建柏林优雅的古典街道——菩提树下大街，是第一批建设工程项目之一。

根据社会主义现实主义的建筑准则，新的纪念性建筑必须具备"民族形式"。这也促成了柏林和布达佩斯占主导地位的新古典主义风格，华沙

---

① 2015年9月，我与罗兹市的城市历史学家阿加塔·齐西亚克进行了交谈，他的这一见解让我受益良多。

② 参见大卫·史密斯的《社会主义城市》，这篇文章收录在格里高里·安德鲁斯等人编辑的《社会主义实现后的城市》（伦敦：布莱克威尔出版公司，1995年，第85页）一书中。类似情况在苏联时代乌克兰建国之初也曾发生，乌克兰首都最初是工业中心哈尔科夫，后来迁都到基辅。

和布拉格的文艺复兴时期风格，索菲亚和布加勒斯特的拜占庭元素。就像华沙文化宫建筑表现形式一样，民族形式通常主要通过只有建筑爱好者才能识别的装饰性图案表现出来。[26] 斯大林与南斯拉夫共产党的决裂使贝尔格莱德无须照搬苏联模式。[27]

华沙第一个重要的政治建筑是党中央委员会大楼，出人意料的是，其中心建筑选择了白色的古典主义建筑，该建筑地处耶路撒冷大街及新世界大街的交叉路口，但是为了与莫斯科模式保持一致，该建筑并不是新政治中心的地标。承担华沙地标这一角色的是巨大的文化宫建筑群，该建筑群由苏联建筑师列夫·鲁德涅夫按莫斯科风格设计，由苏联工人建造，不过设计者是仔细研究过波兰民族历史主题的。党中央委员会大楼前面是承担政治功能的阅兵场。主干道是皇家大元帅路，① 位于党中央委员会大楼的一侧，这条主干道一直通往文化宫，道路尽头就是重建后的华沙市的主要居住区和购物区，即 MDN 区。平行的另一侧是各部委大楼。这些建筑都建在战前政治中心南面相隔几个街区的地方，再向南就是老城。

布拉格这座保存完好的历史古城得以重新利用。共产党历任总统和政府在原哈布斯堡王朝的城堡里办公，而共产党总部则坐落在伏尔塔瓦河旁一处阴森的旧部里。1948 年，克莱门特·哥特瓦尔德在老城广场金斯基宫的阳台上宣布就职。五一节游行和其他政治游行在瓦茨拉夫广场举行，这里是传承下来的另一个具有历史意义的集会场所。

在捷克斯洛伐克，共产党人将其自身与扬·胡斯的民族改革传统联系起来，扬·胡斯被视为异教徒，1415 年在康斯坦茨被处以火刑。1949 年，他曾布道的伯利恒教堂得以重建。② 捷克总统托马斯·马萨里克曾有机会反对为自己修建陵墓，他的陵墓在"二战"前完工，哥特瓦尔德墓是仿照其

---

① 这条路名所指的大元帅是 18 世纪中期的那位皇家大元帅，他领导一个重要的城市委员会。在共产主义时期，华沙的主要街道基本沿用了之前的街路名称，不过偶有例外，如撒克逊广场更名为胜利广场，银行广场脱胎换骨成为费利克斯·捷尔任斯基广场，费利克斯·捷尔任斯基是苏联安全警察组织——契卡的第一位波兰裔领导人。

② 除苏联以外，欧洲各国的教堂并没有关闭，包括苏联化的波罗的海诸国（阿尔巴尼亚除外）的教堂也都没有关闭，但受损教堂的重建往往需要很长时间。路德教会的东柏林大教堂在 20 世纪 70 年代中期才得以重建。

形制修建的，远离维特科夫山上共产党人的雕像群，胡斯党人的军事指挥官扬·兹尔斯卡的骑马雕像于1951年安放在维特科夫山上。对面更高的山上竖立着一座斯大林雕像，身后是一小队向前挺进的苏联人和捷克斯洛伐克人。这组雕像群1955年完工，不到一年后，赫鲁晓夫转而反对斯大林主义。1961年，捷克斯洛伐克共产党人亲手炸毁了这组雕像。尽管进行了各种尝试，但没有能找到对这一大块场地和场地中间坚实平台的合理用途。

布达佩斯城堡在最后一场城市保卫战中遭到严重破坏，反动派摄政王霍尔蒂·米克洛什上将曾在此居住过，之后的法西斯箭十字党领导人萨拉希·费伦茨也曾在这里居住过一段时间。修复工作始于20世纪50年代初，不过最终改建成了博物馆。布达山附近的桑德尔宫战前曾作为首相办公室，战后一度荒废了，这里现在是总统的办公室。匈牙利社会主义工人党（1989年10月改名为匈牙利社会党）驻扎在多瑙河的佩斯一侧，佩斯的中心是仿照威斯敏斯特宫建设起来的宏伟的议会大厦，政府各办公室、各部委都在此办公，社会主义工人党中央委员会和政治局的办公地实际上是在附近的一条小巷中。原计划在前共产主义时代的伊丽莎白广场修建一个新的政治阅兵场，并开辟一条游行路线，并在多瑙河上建设观景台，但和当时的其他许多计划一样，一切都无果而终。[28]

临时建筑都发挥了最大功用。这座城市最漂亮的街道安德拉什大街是以19世纪晚期一位著名贵族政治家的名字命名的，这里一度成为举行重大游行活动的地点，"二战"期间曾以斯大林的名字命名，1956年后，则是取了"人民共和国"这一名字。这条大街通往匈牙利民族主义重要的纪念建筑群——英雄广场。共产党人把弧形柱廊中哈布斯堡王朝所有统治者的雕像都拆除了，取而代之的是历史上反哈布斯堡王朝的领袖雕像，其中也包括特兰西瓦尼亚的王子们，新的雕像群以1848年匈牙利革命中的英雄拉约什·科苏特的雕像结束。第一次世界大战后的复仇主义符号和碑文也被去除了，但广场上却没有共产主义和共产主义者的任何痕迹。相反，在对具有政治象征意义的建筑物进行拆除的过程中，有一个非常聪明的举动，就在英雄广场的前面，安德拉什大街尽头向右延伸出另一条街路，这条路拓宽后重新命名，路上还建设了领袖讲坛。新名称充满了民族历史意义。1945年5月之前，其路名是为了向伊斯塔万·韦布克契致敬，这位16世纪贵族政治家和立法者镇压了农民起义。在共产党执政时期，这条街是以那次起义的领导人吉尔吉·多萨的名字命名的。1945年5月一座巨大的韦布克契雕像被毁。六年后斯大林雕像竖立起来，不过这座雕像寿命也不长，1956年反共起义中也被推倒。①

铁托和南斯拉夫共产党人都是热忱的斯大林主义者，他们在没有红军直接帮助的情况下解放了贝尔格莱德，他们也因此而感到自豪。这座城市在两次世界大战中都被占领并受到严重破坏。总体而言，贝尔格莱德仍然是一个巴尔干城市，市内都是只有一层的传统房屋，在21世纪的中心城市这种房屋依然可见。共产党制订了伟大的计划。城市的中心和国家首都的中心将迁到萨瓦河对岸的沼泽地，那里将要建设一个完全现代化的城市。规划的灵感来自于国际现代建筑协会《雅典宪章》，这份文件是由一些南斯拉夫建筑师参与制定的。但在这个饱受战争蹂躏的国家，实施这一计划的资源非常稀缺，1948年，斯大林偏执地与铁托决裂后，资源进一步减少。

新贝尔格莱德的计划几经修改和推迟，但其现代主义主旨从未有所改变。在20世纪50年代至60年代期间，新贝尔格莱德逐渐成为一个具有现代化面貌的城市，虽然城市设施质量和环境舒适度方面还不尽如人意，但新贝尔格莱德并未成为独立的城市和国家中心。相反，尽管其地位十分重要，也只是贝尔格莱德的一部分。新贝尔格莱德不仅是一个现代主义住宅区，在某种意义上，它是南斯拉夫的渥太华或华盛顿。它是联邦政府大楼和执政党中央委员会所在地，而首都的大部分职能仍保留在河对岸，其中许多政治机构，都在革命大道两侧。[29]

布加勒斯特和索菲亚都具有20世纪早期巴尔干乡村特征，拥有一块具有纪念意义的中心飞地，但这两个首都是截然不同的，其所属国家也迥

---

① 起义被镇压后曾试图建一座列宁像，但时移世易，这座雕像后来也黯然退场，最初给出的理由是"进行修缮"。有关英雄广场的更多信息，参见安德拉什·格罗著《发展中的匈牙利社会》(布达佩斯：牛津大学出版社，1995年，第11章)；有关斯大林时代布达佩斯市内吉尔吉·多萨大街和其他共产主义纪念碑的更多信息，可以参见鲁本·福克斯的文章《斯大林主义匈牙利的社会主义空间建设中纪念性雕塑的作用》，这篇文章收录在D.克罗利和S.里德共同编辑出版的《社会主义空间》(牛津：牛津大学出版社，2002年)一书第65—84页。

然不同。罗马尼亚是一个土地所有者剥削贫苦农民的国家，有一小部分受过法国文化熏陶的城市上层阶级商人和房地产投机商①，而大量贫穷的犹太人是恶毒的反犹太主义的目标。保加利亚是一个农民为主的国家，从奥斯曼土耳其帝国独立过程中，俄国起到了关键作用，自此以后，保加利亚一直是亲俄的；国内有一小部分亲德的政治精英，在两次世界大战中都属于德国阵营。罗马尼亚共产党在红军加入之前无足轻重，而共产党是保加利亚的中坚力量，但是没有像阿尔巴尼亚或南斯拉夫那样有共产党指挥的军队。1940年，布加勒斯特有97.3万居民，是索菲亚人口两倍多，而索菲亚在20世纪30年代是巴尔干半岛发展最快的首都。[30]

在两次世界大战期间，布加勒斯特市中心建成多条现代主义林荫大道，并在"二战"前修建了大量具有纪念意义的公共建筑。[31]市内还专门建设了具有重大意义的胜利大道和胜利广场，以纪念对奥斯曼土耳其人的胜利。虽然一些部委办公大楼在战争中被炸毁，但1944年至1945年间，布加勒斯特的大部分建筑仍然屹立在那里，其中包括现代的纪念中心和分散的村庄式定居点，这些定居点中，只有一半城市化程度较高的房屋有电力和自来水供应。[32]罗马尼亚共产党人并没有优先考虑建设新的中心，而是要在现有中心的基础上建设一个具有里程碑意义的建筑，使其成为宏伟的远景。"火星楼"应运而生，该建筑是共产党的报社和出版社大楼，以列宁在俄国革命前创办的报纸《火星报》（两种语言所采用的词语都是"火星"的意思）命名。这是一个巨大的建筑群，装饰细节十分丰富，楼顶有炮塔，但该建筑群比莫斯科的那些大厦更加整齐、古典。[33]该建筑群位于胜利大街的北端，处于市中心远端。罗马尼亚共产党人从很早的时候就开始关注周边地区的工业和住房建设，对于建设新的中心反而不那么关心。[34]

在各国共产党中，保加利亚共产党最钟情于苏联。索菲亚市中心并没有受到猛烈轰炸，但它缺乏布加勒斯特那种被历史分隔的辉煌，整个城市也没有任何未曾间断的历史传统。因此，保加利亚共产党向他们的苏联同

---

① 保罗·莫朗所著《布加勒斯特》（巴黎：普隆出版社，1935年/1995年）一书细致展现了"美好年代"时期的"东方巴黎"。

志征求意见，希望建立一个新的政治中心，凌驾于还在原地的皇家政治中心之上。最初的想法是要重点建设莫斯科模式的高楼大厦。但时任共产党领袖格奥尔基·季米特洛夫去世了，所有的精力都集中在建造他的陵墓上，陵墓是用古典主义的白色大理石建造的，尽管离举行葬礼只有很短的时间，但陵墓建造得很坚固。1989年后，反共分子想要将其拆除，他们进行了四次爆破尝试，最终在1999年才完成拆除工作。

在季米特洛夫墓完工后，新的政治中心建筑群设计方案确定下来，以党部大楼（拉格大厦）为核心：这是一个三角形建筑，有柱廊立面，楼顶的塔楼上有一颗红星。在拉格大厦前的长方形广场两侧，是两座狭长、庄重的部委大楼，楼内有宏伟的前厅。与东德形成鲜明对比的是，保加利亚新政治中心设计的核心特征得以实现，不过即便是在颇具威权性的政府统治下，他们也不得不屈从于城市的反作用力和政治艺术的复杂性。列宁和季米特洛夫的雕像没有按计划建设，也没有因需要为内阁腾出空间而拆除皇宫。[35]即使是在斯大林时代，索菲亚市中心的主路也都是以沙皇时期的民族解放者名字命名的，如帮助保加利亚人获得独立的亚历山大二世。①

"二战"结束时，地拉那是一个只有约6万人口的小城。城市中心设计成一条长长的林荫道，供佐格国王使用。正如一位法国评论家所写的那样，这是"一条没有城市的林荫道"，意大利法西斯占领阿尔巴尼亚期间，这条林荫道进行了加长。战后的共产主义领导人恩维尔·霍查坚持实施具有民族形式的项目并建设具有代表性的政治行政中心，但附加条件是"建筑必须是水平的，而不是高耸的"。战前计划建设的中央广场被保留下来，主要建筑是一座平层的文化宫，广场上还有阿尔巴尼亚中世纪民族英雄斯坎德培的骑马雕像（霍查去世后，为了纪念他，广场上高高竖起了他的雕像，不过到了1990年，共产党政权已经快要垮台了）。沿着那条林荫道建起了新的政府大楼。[36]

柏林是个特例。起初四个同盟国将其分成四个区，分区统治，1948年同

---

① 亚历山大二世也是俄国农奴的救星，被看作是芬兰的朋友。除了在索菲亚，赫尔辛基也矗立着他的雕像。在红色芬兰革命运动、白色芬兰抵抗革命运动以及芬兰和希特勒一起对抗苏联的"继续战争"中，这些雕像都得以幸存。

盟国彻底分裂，此后柏林又分裂成了两个城市，西柏林和东柏林。1949年，德国分裂成两个国家，东柏林成为民主德国的首都，而处在民主德国包围中的西柏林，由莱茵兰的波恩管辖，西柏林在美国的保护下，对于西德联邦共和国而言享有特殊地位。无论是东德还是西德都需要建立一个新的首都。对于东欧共产主义来说，东柏林作为冷战时期的"前线"城市有着特殊的意义。

东柏林包含旧城中心，但威廉大街已经炸毁，受损严重的国会大厦地处西柏林，古老的帝国城堡已经成为废墟，东柏林的中心地位使其成为柏林被破坏最严重的地区。

在清理完所有的废墟之后，新上任的市领导给自己设定了三项主要任务。第一是开始修复这座城市民族遗产的最核心部分，也就是要重建菩提树下大街、弗里德里希大街和博物馆岛。第二是以一种有代表性的方式，通过建设新的住房，将市中心与东部的工人阶级地区连接起来。最好的选择是改建现有向东辐射的法兰克福大道，1949年10月，新国家宣布成立后就开始建设。同年12月，斯大林70岁生日时，法兰克福大道重新命名为斯大林大道，阴差阳错地成为斯大林主义柏林的主要建设成果"第一条社会主义街道"，而最初的计划是把从斯大林大道和亚历山大广场到勃兰登堡门的这条东西路线变成城市的"中轴线"。之所以改变了计划因为第三项主要任务比预期的要复杂得多，该计划根本没有完全实现，而大多数得以实现的部分都是在25年后才完工的。这第三项任务就是柏林市和民主德国的政治中心。

市中心设计构想有两个重要组成部分：一个巨大的"示威广场，在那里我们人民的斗争意志和建设愿望可以得到展示"，① 还有一个"中心建筑"，建在示威广场的一端。广场是比较容易建设的部分。炸毁威廉皇宫的废墟后，宫殿广场变成了一个比莫斯科红场大60%的阅兵场，据称1951

---

① 统一社会党领导人沃特·乌布里希，摘自B.弗列勒的《柏林的中心地区——社会主义中心性在空间上的展现》，这篇文章出自G.费斯特、F.吉乐斯和B.弗米塞共同编辑出版的《1945—1990年艺术文献》（柏林：SBZ/DDR图书出版公司，1996年，第321页）。本书中有关东柏林的内容，我参看了《1945—1990年艺术文献》一书的第三部分，这部对东德艺术与建筑进行历史研究的鸿篇巨制对我帮助巨大，书中弗列勒对社会主义政治中心建设项目的兴衰变迁做了重要论述。

年 5 月的马克思恩格斯广场容纳了 100 万人。

这座"中心建筑"的设计初衷是要成为城市皇冠,这个想法是激进的德国建筑师布鲁诺·陶特在 20 世纪 20 年代初提出的,他是大教堂和巴洛克宫殿时代的现代世俗主义和共和主义传承者。20 世纪 40 年代末至 50 年代初的东德建筑师提出了将人民之家作为中心建筑的草案。人民之家不仅是政治领袖和代表的聚集地,也是普通人的文化和娱乐场所。人民之家是欧洲劳工运动的重要机构。这一设想自然没有引起瓦尔特·乌布里希和其他领导层的兴趣,他们认为地标性建筑应该是一座高层政府大楼,就像同时期莫斯科建设的那些高层建筑一样,政府大楼和矮一些的(没有实权的)立法部门大楼相连。就像在莫斯科和除索菲亚外的大多数东欧国家一样,党中央委员会和中央政治局的最高领导人办公地点都被安排在非市中心的位置,1959 年以后,中央委员会和中央政治局都被安顿在前德意志帝国银行大楼。

这个项目以及广场上计划建设的马克思－恩格斯纪念碑究竟为何没有动工,其原因不为人知,甚至连历史学家布鲁诺·福里尔这样的内部人士都无从得知其原因。[37] 与莫斯科未动工的苏维埃宫如出一辙,东柏林政治中心的设计做了重大调整,最初的设计理念只有部分得以实现,这种情况充分说明即使是信奉斯大林主义的城市建设者也不是无所不能的。福里尔提到,在具体设计、选址和各纪念性建筑之间的关系上,规划者、艺术家和共产党官员之间产生了内部分歧。但不断变化的政治和经济因素肯定也产生了一定影响。1953 年 6 月,共产党政权的高风险投资和建设计划遭遇了严重危机,当时斯大林大道的建筑工人举行罢工,反对再次提高工程标准。由于当局处理不当,却又不愿做出让步,罢工升级为起义示威,最终被镇压下去。乌布里希勉强保住了权力,在此之后如果再给自己树碑立传恐怕不合时宜。1954 年秋,赫鲁晓夫对斯大林主义纪念碑式的建筑发起了攻击,这是一个不容忽视的明确信号。1961 年,民主德国经历了一场新的严重危机,结果柏林墙建了起来。

1958 年,在又一次错误开端之后,政府用房和城市象征这两个问题都逐渐找到了解决办法。60 年代中期,现实的政府用房问题首先得到解决。在马克思－恩格斯广场的南端,内阁得到了一座规模壮观却又不引人注目的平层大楼，大楼门廊仿照前帝国城堡的入口，1918年11月，卡尔·李卜克内西曾在这里宣布成立社会主义共和国。内阁办公楼西边不远处的外交部大楼是标准的现代化长方形办公楼。

斯大林利大道的总建筑师赫尔曼·亨瑟尔曼的"城市皇冠"设计出人意料：亚历山大广场附近一座高高的电视塔，位于原中心以东。共和国宫最终成为中心建筑，该建筑是马克思-恩格斯广场东侧一幢不高的现代主义大楼，楼体立面装饰着有色玻璃，这里是大众娱乐和文化场所，也是毫无勤勉可言的民主德国立法机关所在地。人民之家的概念最终得以实现。马克思-恩格斯纪念碑在广场上无处安放，1986年，被安置在共和国宫东侧的一个公园里，周围是展现劳工运动历史斗争时期的浮雕群，这里就是马克思-恩格斯论坛。20世纪70年代，即便曾经作为阅兵场，马克思-恩格斯广场最终还是被废弃了，卡尔·马克思大道（即之前的斯大林大道）取而代之，成为阅兵场。马克思-恩格斯广场成了柏林市中心的主要停车场。民主德国最后十年的建设工作集中在大众住房建设和租金极低的预制板公寓楼大规模建设上，其政治理念是"社会和经济政策的统一"。

东亚

中国的民族国家诞生于1911年辛亥革命。然而，中华民国既不能统一民族，也不能巩固国家，大大小小的内战持续不断，共和体制千疮百孔，日本军队又雪上加霜。但中华民国确实开启了现代中国进程，把北京从一个以皇帝为中心的城市变成了民族国家首都。皇家京城是城墙环绕的不同区域，内城和外城是隔离的，不同阶级居住在不同城区。紫禁城是中心，多数人是无法进入的。紫禁城属于皇宫和朝廷，四周环绕着护城河和十米高的红墙，共有四扇门：一扇只为皇帝而设，另外三扇门是各级官员使用的。紫禁城外是皇城，居住着满族贵族和朝廷重臣，皇城四周的城墙也有四座城门，其中一座城门也是专门供皇帝使用。皇城外是内城，为满族八旗子弟（满族清王朝的军事守卫者）居住，有灰色的城墙和九扇门。最后是外城，城墙没有颜色，这里是汉族居住的地方。

中华民国政府开放了隔离各区域的城墙,把紫禁城变成了一个公共博物馆,还把北京变成了一个属于全体市民的城市,实行统一的市政管理。大量的屏障、栅栏、城门和皇城城墙都被拆除,长安街得以开放。然而,由于这个新的民族国家的脆弱性,北京无法发展成为一个民族首都。1928年,中央政府迁往南京,南京成为国民党在南方的权力基地。1935年,包括北京(当时称北平)在内的华北地区很快被日军完全占领。[38]

1949年1月31日,中国人民解放军和平解放北平(京),1949年10月1日,毛主席在天安门宣布中华人民共和国成立。天安门曾是圣旨昭告天下和三年一度的科举考试放榜的地点。为了举行开国大典,天安门广场进行了扩建,但其规模对于一个大国的新政权来说还是不够的。20世纪50年代,天安门广场扩大了四倍,从11万平方米扩大到44万平方米,比红场面积的五倍还要多。

1949年,苏联专家应邀就城市规划问题提出意见。议事日程上有三个主要问题。最重要的是,作为新首都,北京的政治中心应该建在哪里?当时中国最杰出的建筑师梁思成等人主张在历史上的政治中心西侧建设新的政治中心,同时保留老北京中心城区作为一个城市大博物馆。在苏联的支持下,毛泽东决定留在老城区,即皇城的中南海公园区。其次,苏联专家强烈要求北京成为一个工业化、工人阶级的城市。毛泽东原则上同意了这一建议,于是大型工业区就出现了,但中央政府没有批准北京市政府的工业目标。[39]第三点就是控制城市发展和控制人口的问题,这也是苏联专家所坚持的。这一提议被接受了,但上级部门仍在不断地修订政策。20世纪50年代,北京经历了战后第三世界发展的典型历程。[40]控制城市发展已经制度化,实行了农村和城市户口登记制度。

由于其重要意义,优先考虑天安门广场和长安街的建设。天安门,意为"天国的和平之门",是古老皇城的南向大门之一。天安门前方是一个T形区域,中间有一条只有皇帝才能使用的御道,两侧各式的屏障和栅栏后面是朝廷各部。中华民国政府将这个区域向公众开放,天安门广场成为民族主义和反日游行的集会场所。1919年5月4日,这里爆发了反对《凡尔赛条约》将原德国青岛租界移交给日本的游行。天安门变成了民族论坛,国父孙中山和他的继任者蒋介石的画像都曾悬挂在这里。1949年后，梁思成说服毛泽东将天安门作为新国徽的中心图案，毛泽东的画像取代了蒋介石的画像悬挂在天安门城楼上。公众政治肖像文化无疑是起源于苏联的，民国政府和国民党在20世纪20年代初与苏联政府有着重要联系。

在封建社会，长安街只是天安门前一条东西走向的横街：西方与秋天、死亡、刑罚和军事联系在一起，而东方则象征春天，与成长、商业和庆典有关。民国政府将长安街建成了一条大道，而新中国政府则将其建成了北京最宏伟的一条大道，拆除了东长安门和西长安门，长安街两侧逐渐建起了各种具有纪念意义的建筑。这些建筑都在一定程度上体现了古老文化的象征意义，比如东长安街建起了国际俱乐部、外交公寓、国际贸易中心、东方广场购物中心。1949年，长安街从15米拓宽到32至50米。[41]

"长安"的意思是"长久的安宁"，"长安"也是汉朝（公元前202年至公元220年）和唐朝（公元618年至907年）的都城。明朝将"长安"这一名称带到了北京。民国政府对现代街道（重新）命名，这是城市民族统一的体现，新的街路名称取代了完全本地化且通常是"粗俗"的名称。[42]虽然中央商业街王府井大街一度更命名人民大街，但是对于中国共产党来说，新政权对于街路命名的影响并不十分明显。[43]

中国没有为皇帝塑像的传统。据我回忆，当时北京唯一的户外雕像是为了纪念农民起义的。但是按照1949年的设计构想，天安门广场上必须有一座人民英雄纪念碑。其形式是庄严的，其内容是民族的。纪念碑是传统的石碑或石柱形状，上面有碑文：正面是毛泽东的题词，背面是周恩来题写的碑文。石碑底座的八幅浮雕展现了中国革命的八个重要事件。

列宁在内战时期的莫斯科提出了"不朽的宣传"这一理念，人民英雄纪念碑与之形成鲜明对比。前者具有国际性、普适性和独特性，从斯巴达克斯到达尔文和克鲁泡特金。人民英雄纪念碑完全是民族性质的，展现的是集体的群众运动。纪念碑比较全面地展现了反帝国主义思想，并没有表现20世纪工人阶级斗争。正面的浮雕描绘了"胜利渡长江"，表现的是1949年中国共产党取得最后胜利的开端。对历史的追溯从"虎门销烟"开始，之后是1851年太平天国；1911年的武昌起义，中华民国成立；1919

年，抗议《凡尔赛条约》将租界出让给日本的"五四运动";1925年5月30日的反殖民"五卅运动";1927年"南昌起义",人民解放军成立;最后是抗日战争。这八个主题中有四个体现的是反帝国主义主题:一组表现反对英国强迫中国从印度进口鸦片的浮雕,两组表现反对日本强权的浮雕,还有一组同时反对日本和英国强权的浮雕。① 在共产主义革命史这一概念的背景下,五一节游行在1970年前后取消,不再是国内重大事件,这一点应该也不足为奇。

在建筑方面,中国共产主义的贡献主要体现在1959年为建国十周年而建设的"十大建筑"上。其中两座建筑位于天安门广场两侧,分别是:广场西侧的人民大会堂,这里可以召开重要会议,也是国家立法机关全国人民代表大会开会的地点;广场东侧的中国历史博物馆,博物馆以鸦片战争为时间界限分为两个馆。这十座建筑大多是苏联欧洲古典风格,没有模仿莫斯科七姐妹建筑群的装饰风格,建筑多采用中式屋顶和其他民族元素。这十大建筑中有五座博物馆,三座接待外国领导人、华侨和少数民族的国宾馆,一座火车站,还有人民大会堂。[44]

没有什么宏伟的工程是为执政的共产党建造的,党中央委员会和政治局是在封闭的中南海大院内工作的,中南海地处古老皇城的西部。毛泽东和中国最高领导人都接受过共产国际干部的教育,也接受了苏联城镇规划者的建议,但他们对中华帝国的伟大传统也知之甚深,这种传统也让他们印象深刻。在这一传统中,有一句来自公元前3世纪的谚语:"统治者的方式在于不被人所见的东西,其功能在于不为人所知的东西。"[45]

毛泽东时代的建筑群以天安门广场上的毛主席纪念堂作为收尾,广场两侧的两座宏伟建筑与其风格一致(到目前为止,其规模尚有差距)。毛主席纪念堂两侧是革命战士的两列雕塑。在纪念堂内部,主席出现了两

---

① 参见巫鸿著,《再造北京》(芝加哥:芝加哥大学出版社,2005年,第1章)。1925年5月30日的"五卅运动"实际上确实是以上海工人阶级的罢工开始的。但这是一次相当特殊的罢工,因为中国商会给罢工者支付了酬劳。罢工发生在一家日本纺织厂,冲突导致一名工人被杀害。1925年5月30日,工人和学生组织了一场大规模的示威游行,英国警察向游行人群开了枪,造成另外10人死亡。这又导致了随后两个多月的罢工,中国商人们对罢工者提供了支持。参见伊丽莎白·佩里的《上海罢工:中国劳工的政治》(斯坦福,加州:斯坦福大学出版社,1993年)。

次：一处是类似林肯纪念堂设计的毛泽东主席坐像；另一处类似列宁墓，陈列在水晶棺中经过特殊防腐处理，可以瞻仰遗容。毛主席纪念堂1977年举行落成典礼。[46]

越南曾是法国殖民地，河内是整个法属中南半岛的首都。华人聚居的堤岸是殖民地时期越南最大的城市，堤岸曾一度和规模相对较小、越南人聚居的西贡合并组成双联市，其城市规模更是数一数二。作为殖民时代中心，河内的建筑富丽堂皇，可与其地位相匹配，后来，在前卫城市设计流派关键人物之一欧内斯特·埃博昂的指导下，前卫的城市设计在河内也占有一席之地。大约在五百年前，河内曾是越南王国的首都，这座殖民城市是在旧皇城的核心要塞地区发展起来的，与当地的商业区"三十六行街"有明确的界限。[47]在第二次世界大战期间，越南和河内一直处于日本占领之下。

越南民族国家的形成始于1945年8月的权力真空时期。日本已经投降，但是日本军队还没有从越南撤离，法国的军队也还没有重返越南。与日本勾结的一些人打着反共的旗号试图夺取政权，但缺乏民众的支持。共产党人集结了城市人民，占领了有战略意义的重要建筑物，宣布成立革命政府。不费一枪一弹，[48]听命于殖民者的傀儡皇帝保大退位。1945年9月2日，胡志明在这座殖民城市中心广场的一个小论坛上宣读了越南民族独立宣言。

民族独立已势不可挡，然而，纳粹的占领并没有让法国的政治和军事精英明白这一点。1946年秋，法国殖民者的陆军和海军卷土重来，1946年12月，发动了第一次印度支那战争，不久就重新占领了河内，直到1954年，法军才最终战败。但是越南一分为二，成为北越和南越。美国很快取代法国成为"保护国"，并否决了和平条约规定的全国大选。随后爆发了一场新的游击战，1965年，美国对北越发动了全面战争。十年后，美国战败，不得不从越南撤离，尽管冷战外交和苏联的不介入政策在很大程度上让河内幸免于难，但越战造成了大量的人员伤亡，国家满目疮痍。

由于众所周知的原因，1975年以前，在河内不可能实现任何宏大的计划。市内建造了许多低层公寓楼，其中许多是苏联式的两户或多户合住的公共住宅。首先改变的是街路命名。日本人曾经着手更改法国殖民时期的街道和地区名称，允许越南人的名称出现。共产党人开始进行大规模的地名更名，使其具有政治含义。最大的变化是地处前殖民中心的巴亭广场，1945年在这里宣布越南独立。法国人曾以传教士主教皮吉涅之名对广场命名；19世纪80年代，反法起义后，越南人将其改称巴亭广场。巴亭广场成了河内的"红场"，巴亭区成为政府办公区。

和许多前殖民地首都一样，1954年之后，曾经的殖民地总督官邸稍作调整，成为主席官邸。胡志明主席不同意在此居住，而是住在仆人居所。后来，政府在富丽堂皇的花园里按他在家乡居住的高脚屋原样为他重建了一间。

广场附近是胡志明纪念堂，该建筑风格肃穆，类似欧洲神庙，神庙的灰色大理石方形石柱耸立在水泥平台上，纪念堂的建造完全违背了胡志明的遗愿，也没有按照中央委员会和国会的要求建设。[49]陵园分成几个部分，这可能契合了越南共产党的建筑理念：现代、文雅、庄重以及简洁。[50]

20世纪90年代之前，河内显然更多地受苏联影响。其殖民历史也塑造了整个城市，这种影响既体现在得以保留的建筑上，也体现在对于殖民历史的排斥上。列宁像的安放地点曾经是法国阵亡将士雕像竖立的地方。尽管巴亭广场多数时间里都是一个相当荒凉的所在，但河内仍保留着一种令人感觉亲近的魅力。2010年，河内建市千年之际，市内修建了定都河内的李太祖的塑像。在新的体制下，河内可能会被西贡（现正式定名为胡志明市）的经济实力盖过风头。2000年前后，西贡不仅城市规模超过河内，也明显更加繁荣。但是政府正在努力把河内发展成为一个经济中心，而且也取得了一定成功。[51]

平壤可以说是第三世界城市中较现代化的：干净整洁，秩序井然，（至少表面上看）到处都是维护得当的高楼大厦，让人联想起新加坡（当然，也让人想起其竞争对手首尔），还有许多十分具有创意的现代主义体育场馆和文化建筑。平壤还拥有世界上可能最壮观的酒店之一——柳京饭店，这是一座105层的蓝色玻璃外墙金字塔形建筑。

考虑到外国媒体的描述，平壤的第二个给人留下深刻印象的地方就是为数众多的伟人雕像，雕像都十分高大，表现了对伟人的狂热崇拜，这种狂热崇拜也体现在各种大型壁画以及地名上。其影响非常广泛。

朝鲜建筑传达了双重信号，其指导方针来自金正日的《论建筑》，书中提到："我们的建筑模式是以人民大众为中心的建筑"，"必须着力体现领导人的革命观点"。①

在日本殖民时期，与首都首尔相比，平壤没有受到足够的重视，所以1945年的首要任务是要建设一个新的首都。有五个重点建设项目：政府大楼、党报大楼、一所大学、一间医院以及社会保障房。[52]在1950—1953年期间，平壤和首尔一样，城市基本被摧毁。

平壤的中央广场是金日成广场，主体建筑是具有纪念意义的朝鲜风格现代建筑朝鲜人民大学习堂，这里既是图书馆也是文化中心。广场两侧是朝鲜劳动党中央委员会和外贸部大楼，两座建筑都是欧洲新古典主义风格。广场与大同江遥遥相望，主体思想塔就在大同江畔。在广场前面，与大同江平行的方向是举行游行的主要场所胜利大街。1973年，一条地铁线路建成通车，地铁车站开放区域有丰富多彩的壁画装饰，其造价之高昂堪比莫斯科地铁站。（地铁站部分区域可以作为防空洞，不对公众开放。）

20世纪80年代是朝鲜向国际开放的一段时期，朝鲜大规模引进国际现代主义，目标是为了办好1989年的世界青年节，1988年汉城奥运会之后，汉城（现名首尔）也做着同样的努力。从那时起，平壤的天际线被一些酒店占据，其中大部分都在营业。不过，最具代表性的地标建筑仍旧是万寿台山上的金日成巨型雕像，雕像后面是一幅宏伟的壁画，雕像所在的广场两侧有两组雕像群，上面雕刻了红旗下前进的战士。金日成墓是市中心以外地区的另一个政治地标，2012年后金正日也长眠在此处。实际上，这两位朝鲜领导人的墓地——锦绣山太阳宫不仅曾是朝鲜劳动党

---

① 此处引自菲利普·梅瑟所著《平壤建筑指南》（柏林：DOM出版社，2011年，第2卷，第191页及193页）。原文先从朝鲜语翻译成德文，然后由我从德文翻译成英文，因此译文只是大意相近。

的议事堂，也是金日成生前的办公地。① 朝鲜对于规模宏大的建筑颇为推崇。

古巴

哈瓦那是西班牙美洲帝国的重要港口，18世纪中叶，哈瓦那是美洲第三大城市，仅次于总督区城市墨西哥城和利马。⁵³ 1959年革命期间，哈瓦那人口约130万。武器广场周围的哈瓦那殖民中心基本上保持完整，哈瓦那的现代中心普拉多大道有着浓郁的西班牙特色，居民都是来自几个特定地区的外来移民（如加泰罗尼亚人，加利西亚人等），这里还有一个"阿拉伯人之家"。

城市以西地区，美国的影响力体现在一些名为"乡村俱乐部"、"比特摩尔"之类的社区，也体现在美国黑手党教父梅耶·兰斯基的里维埃拉酒店这类的地方。1899年，美国窃取了古巴独立的胜利成果，并占领了古巴岛。美西战争即将结束时的一段小插曲之后，从1906年到1909年，古巴再次被美军占领，直到1934年，根据所谓的《普拉特修正案》，古巴不得不遵守美国的一系列规则。20世纪30年代，哈瓦那成为重要的美式娱乐中心。第二次世界大战后，国际现代建筑协会主席何塞·路易斯·塞尔特作为总设计师，为哈瓦那制定了规模宏大的建设计划。其中包括在哈瓦那滨海走廊马雷贡海滨大道外围建造一座人工岛，岛上有赌场和豪华酒店。⁵⁴ 人们没有注意到现代主义建筑的这种低潮信号。②

1959年1月，没有遭遇抵抗就占领了哈瓦那的游击队革命者，没有明确的城市构想。碰巧这座城市里崭新的大型市民广场，正等待着他们，广场四周环绕着新的政府大楼，有些已经完工，有些基本完工，甚至还有一

---

① 参见莱克所著《伟大领袖之墓》第76页及其后。两卷本的《平壤建筑指南》文字内容丰富、照片精美，使我受益匪浅。我在柏林萨维尼广场的一家经营艺术图书的书店发现了这本书，书中的内容让我确信务必要去访问平壤。

② 塞特在他写给勒·柯布西耶的《雅典宪章》序言中，再次对"少数人滥用贪婪、投机和资源开发"的反抗表示同情。《雅典宪章》，纽约：克罗斯曼出版社，1973年，章节未知。

座现成的古巴独立英雄何塞·马蒂的民族纪念碑。最大的一座建筑，设计初衷是要将其建成宏伟的古典主义风格正义宫，该建筑后来成为新政府办公地——革命宫。最高的建筑原计划是作为市政厅大楼，但现在成了革命武装力量部办公楼。建筑师们最中意的政府办公楼是一个明亮、优雅的长方形办公楼，装着一排排的遮阳板。建筑立面有一个略成凹型的整块混凝土结构作为电梯间，这是内政部大楼。1967年开始，这幢没有窗户的电梯墙变成为革命领袖切·格瓦拉肖像作画的画布，先是在1967年他去世后，用一幅巨大的肖像照晚间守夜，而后从1996年开始，以同一照片为蓝本，制作了一个格瓦拉头像的铁线雕塑。

据我所知，菲德尔·卡斯特罗从未被偶像化也没有为其树碑立传。除了切·格瓦拉，另一位古巴革命家卡米洛·西恩富戈斯的铁线雕塑也挂在了革命广场，他在1959年10月的一次空难中丧生。

1961年4月，在美国入侵古巴失败、古巴宣布进行社会主义革命之际，该广场被重新命名为"革命广场"。没有任何一个政权和政治领导人像菲德尔·卡斯特罗那样如此大规模地利用集会广场。前总统府改建成革命博物馆，国会大厦成为活动中心，这里同时也是科技部办公地点。立法机构重新建立后，开始在哈瓦那西部一个新的会议中心举行短期会议。

苏联于古巴革命没有任何助力，但美国不断施压，卡斯特罗政权转向苏联寻求经济支持，以及可能的军事保护。这意味着古巴的意识形态和政治自发的苏联化，而其苏联化程度也越来越高，1975年达到了最高峰，当时执政的共产党在哈瓦那召开了第一次党代会。在哈瓦那市中心，几乎找不到任何苏联化的痕迹，但在南部郊区，一个巨大的列宁公园已经设计完成。其中大部分区域是供大众和孩子们娱乐的，但公园里确实有一座由已故苏联著名雕塑家列夫·科贝尔设计的、巨大的列宁纪念碑，以及一座纪念切·格瓦拉的、意识形态坚定的"先驱者之家"。20世纪80年代，苏联的影响力开始减弱。

尽管存在种种困难，古巴革命还是熬过了20世纪90年代那段孤独无助的"特殊时期"，在新千年里，至少恢复了部分国力。在古巴社会主义最危难的时刻，国际旅游业是其生命线，这是社会主义经济领域中不为人知的一个部分，但对革命前的古巴却至关重要。哈瓦那以非凡的创造力抓住了这个机会。1993年，政府以官方名义委托城市历史学家欧塞维奥·莱亚尔建立市属企业，与外国投资者进行贸易。城市中心的联合国教科文组织世界文化遗产景点已经年久失修，任何愿意将其进行修缮的人士都可以与政府合作，可以将原有建筑翻新为酒店，翻新后的建筑可以部分作为商业用途，筹集的资金可用来提高养老金、改善住房条件。这一举措大大改善了哈瓦那旧城的条件。新的城市规划还包括一些具有里程碑意义的举措，这些举措对世界上几乎任何一个城市来说都是别出心裁的。共产党执政时期的哈瓦那不仅向特蕾莎修女致以敬意，还向戴安娜（威尔士亲王王妃）也致以敬意（建设了一座小花园，里面的抽象花卉雕塑可能是由英国大使馆应邀捐建的），2000年，为了向约翰·列侬表达敬意，建造了他的铜像，雕像以沉思的姿势坐在公园长椅上。①

  古巴政府在教育、医疗和文化方面取得了令人瞩目的成就，然而，具有创新精神的哈瓦那在住房政策、城市基础设施和服务管理等方面的表现却完全不能与上述成就同日而语。改革的第一步是将城市房屋租金削减一半，自此以后，房屋租金一直保持在极低水平，结果造成房屋修缮可使用的资源极为匮乏，城市服务也从未得到优先考虑。20世纪60年代，由于支援农村和省级城市建设，在很大程度上忽视了首都建设。古巴革命后，资产阶级回到了迈阿密，他们在哈瓦那西部的许多豪宅都改建成了学校和幼儿园。仆人们留下来居住在其他的一些豪宅里，并邀请他们的朋友和家人同住。还有一部分豪宅由新政府的官员接管。政府不时地在住房建设方面做出一些重大努力，包括在哈瓦那东部建造新的住房，也经常推动合作自建房项目。革命结束后，拆除了条件最差的棚户区，居民被重新安置到新的住房中。但是房屋质量无法得到保障，新屋区的公共服务机构经常不是拖拖拉拉就是人手不够。后来，棚户区进行了水、电、学校等服务的改造升级。

---

 ① 约翰·列侬雕像上有一句译成西班牙语的歌词："也许你会说我爱做梦，但我并不孤单"。约翰·列侬的这句歌词无疑传达了微妙的政治信息。

在"特殊时期",来自贫困农村的人口再次扩大了棚户区规模(尽管按照拉丁美洲的标准,这些棚户区规模尚小),公共交通也因缺乏运营车辆和燃料而瘫痪。此后,随着中国公交车和委内瑞拉汽油的进口,情况有所改善。20世纪90年代,在沉重压力下,社区改造研习班的举办得到鼓励,通过当地的旅游项目和与国外非政府组织的合作,设法为社区发展取得一些资源。就其有限的规模而言,这些尝试显然是相当成功的,并在1998年伊斯坦布尔联合国人居峰会上被选为"最佳实践"项目。①

古巴在文化和医疗领域成绩斐然,但经济上仍然贫穷落后,尽管如此,如果与古巴圣地亚哥相比,哈瓦那仍然是一个享有民族特权的城市。

社会的真实写照和共产主义首都的权力地形图

有人说,住房是城市的真实写照。[55] 共产主义在这方面取得了一项显著成就:提供廉价住房。大约在2000年左右,经济合作与发展组织成员国中的富裕资本主义国家,每个家庭在住房和公用事业(水、电等)上的平均支出占其家庭收入的四分之一至三分之一。1989年的共产主义欧洲,每个家庭在这方面的开销占家庭收入的6%。[56] 但是,东欧家庭的居住面积比西欧小得多,即使是在亚洲的发达资本主义国家,其家庭居住面积也相当可观。斯大林去世后,大规模的住房建设才得以发展,在昂纳克"经济政策和社会政策统一"的口号下,民主德国即使已经不堪重负,却还在进行建设。为了与西欧的发展能够并驾齐驱,房屋质量参差不齐,但也有一些高质量的项目,比如东柏林的"马察恩"。②

---

① 参见斯卡帕奇等著《哈瓦那》第144页;吉尔·汉姆伯格及马里奥·科尤拉著《哈瓦那城市报道》(手稿未标明日期),第15页。我在城市规划和住房方面所了解的情况大多数都出自马里奥·科尤拉的论述,这位最杰出也最耿直的古巴当代建筑师,曾获得2001年国家建筑奖和2004年国家人居奖。在与他人共同完成的著作《哈瓦那:安的列斯岛大都市的两张面孔》中,他负责撰写城市规划和住房的相关章节。大概是在2005年前后,我以个人名义拜访他的时候,他给了我一份未注明日期但最近刚刚完成的手稿。我们当时的谈话虽然简短,但让我受益良多。

② 我以前的学生马丁·富勒正在做马察恩的人种志研究,他在这方面让我深受启发。

表2 部分共产主义和资本主义国家或城市人均居住面积

（单位：平方米）[57]

	1924	1940	1950	1961	1985	1992	2000
莫斯科	6	4		6	11		
布加勒斯特			6				17
布拉格							18
索菲亚							15
西欧							36
北京						9	
达卡						4	
中国香港						7	
雅加达						10	
新德里						9	
首尔						13	
东京						16	

社会空间隔离是一个重要的社会镜像，但由于其历史跨度很长，很难进行比较，也很难在城市之间进行比较。然而，大多数研究表明，共产主义欧洲的社会空间隔离有所减少。[58]在莫斯科，毫无疑问也包括平壤，所有或几乎所有的住房都是政府所有的，而在捷克斯洛伐克和波兰只有60%的住房是政府所有，在民主德国，这一数字只有40%。在匈牙利、保加利亚和古巴，私人所有的房屋在全部存量住宅中占70%至85%。[59]

城市的多样性及其随时间的变化使冷战时期的"极权主义"这一说法显得荒谬且不合时宜。但是关于共产主义权力这一点，这些首都告诉了我们什么呢？首先，它们强调了民族城市传统由来已久的重要性和韧性，而这正是共产党的原则中一直强调的。莫斯科是一个样板，但莫斯科模式没有复制到任何地方，也没有被复制的计划。如果说民族多样性是普遍存在的，那么工人阶级社会主义工程就是"普遍存在的共同性"。它以多种方式进行表达，但从未真正契合社会主义者的梦想。

共产主义国家首都最引人注目的共同点是没有资本主义性质建筑，没有中央商务区、银行区、浮华的公司总部大楼或投机房地产公司塔楼，这一切不过是在街道和公共场所对于私人财富的炫耀，以及为了迎合这种财富而形成的商业圈。这些共产主义国家首都里也没有任何贵族和资产阶级豪宅遍布的上流社会住宅区。即便资产阶级豪宅曾经存在过，也都已经荒废了，曾经的住户也都消失无踪。废除地租使得重建的城市能够拥有宽敞的市中心，莫斯科、北京、柏林、河内、平壤和华沙都是如此，但在诸如布达佩斯、布拉格和哈瓦那等老城中，情况则不尽然，这些城市之所以能在革命来临之际拥有新的宽敞市中心，是因为革命不允许将市中心建设得过于拥挤。

第二次世界大战前的建筑现代主义及《雅典宪章》没有关注城市身份或城市的中心身份功能。"二战"期间至战争结束后，吉迪恩，勒·柯布西耶和塞尔特这些国际现代建筑协会的负责人，都认为这是一种错误、一种缺失，他们的现代主义"新纪念碑性"主张后来在印度昌迪加尔得以实现，这一城市规划是由勒·柯布西耶完成的。[60]（东欧共产党人从战前的莫斯科规划中认识到了城市中心的重要性，因此着力将城市中心打造成为公民政治中心，而不是商业中心。）

各国首都的关注点都是城市的工业化和建立工业工人阶级。工业工人阶级的一部分上层领导得以入住条件最好的崭新住宅。人民群众文化和娱乐场所随处可见，从东德的共和国宫到朝鲜的人民大学习堂，这类工人俱乐部和各类文化宫成为活动中心。共产主义城市是以工作单位为中心的，而不以街道和消费为中心。人们经常从工作单位获得住房，和同事一起参加文化、娱乐和政治活动，并经常和同事们一起度假。

工人阶级城市概念自然是反对美国式的中产阶级郊区城市化的，即杂乱无序的以家庭为单位的居住模式。民主德国的《城市规划原则》对紧凑型城市做出严格规定，但是在此居住的"都市人"并不都是工人阶级。相反，十分需要被马克思主义者称为"小资产阶级"的城市组成部分，包括：小商店、工匠、咖啡馆、酒吧、餐馆。20世纪70年代至80年代，因为条件限制，布达佩斯的共产党统治者对城市生活的这一方面基本上置之不理。

与资本主义强国的竞争过程中，欠发达是执政的共产党人最为苦恼的。到 1970 年左右，共产主义欧洲在经济和人类发展方面确实赶上了西欧，但资源相对稀缺一直是个困扰。[61] 在追赶投资和大众消费之间总是存在着尖锐的矛盾。住房供应因此受到影响。欠发达也意味着许多大规模住房建设项目质量都无法得到保证，而只有少数人能够入住高尔基大街或斯大林大道沿街的高质量住房中。具有公共服务规划的"米克拉扬"住宅这一出色的设计理念，最初是由美国的克拉伦斯·佩里在 20 世纪 20 年代提出的，广泛应用于"二战"后的社会民主规划，莫斯科规划也接受了这一理念，但项目往往半途而废或未曾实施。

威权共产主义的特征很难从城市景观中辨认出来，这一点在卡尔·施洛格尔拍摄的极富感染力的蒙太奇中得以体现，影片表现的是 1937 年处在高压之下的莫斯科。[62] 你必须仔细观察那些建筑物和那些封闭消失的公寓，还要仔细观察城市电话簿和其他城市记录中删除的内容。但威权主义的证据是可以找到的。大规模的领袖崇拜是证据之一，即使是多数国家和社会都乐于歌颂他们的领导人、庆祝他们的胜利，还是应该谨慎对待这种领袖崇拜。柏林、布达佩斯和布拉格的斯大林雕像，以及平壤的金日成和金正日雕像，一直以来都传递出权力崇拜的信号。尼古拉·齐奥塞斯库破坏了布加勒斯特市中心的重要建筑，这里曾经是美英政治精英们十分中意的地方，不符合共产党的标准，而他风格奇特的宫殿也许才是最有力的表现形式。但在整个共产党时代，城市规划虽然总是受到内部分歧和冲突的影响，偶尔也会像 20 世纪 30 年代的莫斯科规划那样，大规模地公开展示，但却不允许任何自治运动的出现。20 世纪 90 年代末的哈瓦那研讨会是一个新鲜事物。

第九章　民族城市中的全球时刻

全球时刻就是我们所生活的时代。曾经有过多次的全球化，但全球时刻就是我们的时代。[1] 我不会通过政治经济学和世界资本主义这个常见的角度来探讨这个问题。这不是否定。尽管我有充分的理由摒弃世界资本主义的一些结论[2]（我们将在本书的最后讨论这些结论），但我仍旧认为这个角度不仅有效，而且是一种宝贵和重要的方法。它是政治城市化的另一个选择。

当前城市历史的全球时刻有两个主要组成部分：一个是风格，另一个是权力。"风格"在这里指的是城市设计风格，包括但不限于建筑风格。建筑风格在很大程度上是一种世界性现代主义，是20世纪30年代"国际风格"的变体。通过计算机辅助设计的帮助，它甚至从欧洲建筑体系的现代主义创新中解放了自我。它通过全球建筑公司进行运作，这些公司通常以北大西洋或东亚作为基地，但不再像全球化民族主义时期那样传播任何民族模式，也不在地球战场上展开竞争。专员和建筑师的共同目标是全球地标，而不是民族象征。[3] 在基督教东正派信徒的圈子之外，圣像是相当罕见的——而且必须安排得井然有序，才能发挥作用。在当前的全球时刻，独具特色的城市风格可以由三个更为笼统的范畴更好地体现出来，即垂直性（摩天大楼）、新颖性（商业区和购物中心）以及排他性（门禁和其他手段）。

权力属于跨国资本、后工业资本、金融资本、房地产资本和商业资本，及这些资本的中上层客户。不能将这种权力视作某种客观的外在力量，它很可能是地方和国家的行动派促使全球化成为积极动词的努力，他们努力登上通往财富和权力的全球飞机。全球化城市的基本原理是财富的创造、展示和消费。1991年，伦敦规划咨询委员会强调："世界性城市的地位是由财富的创造推动的"。[4]

企业大厦、购物中心，以及作为特权守卫者的门禁和警卫，都是全球时刻的象征。吸引创造财富的专业人士和有消费能力的游客只是其中一种追求，除此之外，还有其他一些特征，比如奢华的文化机构、全球化的娱乐产业和多元文化的美味佳肴。

风格和权力都与民族城市产生正面冲突。下面我们将看到风格和权力究竟取得了多大成功，在何地取得成功及其成功原因。但我们将从现代社会第一次全球化开始探讨，即民族主义的全球化，更具体地说，是民族首都城市的全球化。

全球化城市民族主义

始于1851年伦敦"万国工业产品博览会"的世界博览会，有意识地将国际维度引入了城市发展。短命的伦敦水晶宫之后，为1889年世博会建设的埃菲尔铁塔是现代世界第一个永久性的全球标志性建筑，当时的民族知识分子普遍都对埃菲尔铁塔十分憎恶。世界博览会使全球经济竞争成为一场世界性的展演，很快便开始为国际科学、知识和政治网络提供重要的舞台。英国和欧洲大陆劳工组织在1862年伦敦博览会上建立了联系，第一工人国际由此诞生。[①] 第二国际的建立不过是为了陪衬1889年巴黎举行的法国大革命百年纪念展。

"世界城市"的概念在第一次世界大战前就开始在欧洲传播。在德国，这个概念用来表明柏林作为一个国际大都市的崛起，而巴黎和伦敦显而易见是国际大都市。[②] 在19世纪的后三十几年里，人们开始普遍承认欧洲"文

---

① 国际联盟诞生于1864年，当时英法工党支持波兰民族主义反对沙皇俄国。
② 在只使用英语的文学作品中，人们公认是英国城市学家帕特里克·盖迪斯1915年首次使用了"世界城市"一词，将其赋予了灵魂。参见彼得·霍尔著，《世界城市》（纽约：麦格劳－希尔出版公司，1966年，第1页）。但德语"Weltstadt"一词，早在"一战"前就在使用。参见A. 利斯撰写的《德国人想象中的柏林》，文章收录在G. 布伦与J. 罗艾莱克共同编辑出版的《柏林……大都会一瞥》（埃森：赖马尔·霍布出版社，1989年，第46页）一书中。实例参见利奥·科尔兹所著《柏林百货商店》一书［柏林：1989（1908），第一章］。

明"和城市辉煌。欧洲殖民主义把伊比利亚教会传播到马尼拉和澳门；启蒙时期的欧洲引进了中式风格的皇家园林和贵族气派的室内装潢。但殖民城市通常具有殖民国和本国的双重特征，欧洲进口的不过是一些时髦的玩意儿，而包括中国、日本、伊斯兰核心地带和非洲内陆地区在内的庞大非殖民世界仍然没有受到影响。

受到威胁的传统帝国、经过几十年动乱的拉丁美洲民族国家的平定以及巴尔干半岛的民族化，三者共同作用于感应型现代化，产生的结果是"与民族匹配的首都"概念的全球化。

埃及的赫迪夫·伊斯梅尔想让埃及成为欧洲的一部分，在效仿第二帝国巴黎的尝试中，他毁灭了自我也毁灭了他的国家。日本知识分子创造了"走出亚洲"的口号，明治时期的统治者们邀请了欧洲和美国的建筑师，告诉他们不要尊重日本的传统。日本的风格更类似于伦敦而非巴黎，三菱集团用红砖建造了一座"伦敦城"。在朝鲜陷入日本帝国主义占领前，朝鲜民族主义者建造了巴黎凯旋门的一个简版仿品——"独立凯旋门"，"独立凯旋门"建在首都边界上，朝鲜政府曾经在这里迎接中国宗主的驾临。曼谷弧形的中央大道拉查达蒙路（意为皇家游行路）连接着原有的古老皇家宫殿和新建的意大利式宫殿，据说这条路是受了格林公园里女王步道的启发。[5] 在中国，上海成为一座国际化城市，沿江的外滩也呈现国际化风貌，而北京的欧式风格主要还是局限于各国使馆区。伊斯坦布尔在19世纪末开始欧洲化，由引进的奥地利和德国建筑师设计的日耳曼风格建筑成为后苏丹时代安卡拉的公众形象代表。1929年，命运多舛的阿富汗国王阿曼努拉致力于现代化进程，他邀请德国建筑师重建喀布尔。奥斯曼对巴黎的改造成为拉丁美洲各国首都的榜样，墨西哥城、布宜诺斯艾利斯、圣地亚哥、里约热内卢以及布加勒斯特纷纷效仿。巴黎提供了令人印象深刻的城市设计，伦敦则提供城市工程、污水和自来水系统、天然气工程和公共交通方面的专业公司，这些公司被派往世界各地，包括夏威夷、敖德萨、布宜诺斯艾利斯、贝鲁特、孟买和士麦那（又称伊兹密尔）等地。[6]

这就是全球化的民族国家主义，旨在为民族国家或民族王朝提供一个"与民族匹配"的首都城市。它是以国家为导向和中心的，由民族力量驱动，这些民族力量自认为是代表本民族在国家权力和威望体系中与其他民族竞争的。世界博览会的城市竞争也是以国家和民族为中心的，各个城市都具有象征性地标。在讨论民族首都的形成时，我们曾经在上文提到过这种全球主义。

当前的全球时刻有着截然不同的动力，但是却与经常兜售的观点相反，没有哪个首都城市切断了与民族国家的联系，也没有哪个城市被任何随心所欲的"全球城市"压垮。

设计全球城市：现代主义建筑师的尝试

深入研究当前全球时刻的权力推动力之前，出于对城市基本概念的尊重，我们应该首先研究全球城市设计和建筑的历史发展。这里提到的城市基本概念认为城市是已经建成的适合人类居住的环境，而不仅仅是代表着企业势力和当权者的一串"邮政编码"。当前的全球时刻确实需要一种以"国际风格"企业摩天大楼为主导的特殊的城市主义风格。这些摩天大厦的发展轨迹是复杂且具有讽刺性的现代主义建筑史，即便只对其进行粗浅的研究也是很有价值的，因其已经远远超出了建筑史学的专业范畴。

在建筑上，全球时刻的确立可能始于1932年，纽约现代艺术博物馆举办了"国际风格"建筑展。极具影响力的"国际风格"基本上就是指包豪斯和勒·柯布西耶的欧洲现代主义风格，这种风格的特点是没有装饰，使用简约的流线型线条，这与20世纪20年代纽约高层建筑所采用的奔放的装饰派艺术风格截然不同，装饰派艺术建筑风格在冷战初期被斥责为斯大林主义"糖衣炮弹"。美国资本家率先建造了摩天大楼；欧洲现代主义建筑师为战后的世界设计了更大胆、更时尚的摩天大楼，使之成为全球企业实力和雄心的象征。

当时，国际上有一群现代主义建筑师试图改变世界。1928年，他们成立了自己的国际组织——国际现代建筑协会（CIAM），该组织之所以能够成立主要是因为现代主义设计师对学院派的抗议。在当时欧洲著名的政治家，法国人阿里斯蒂德·白里安的大力支持下，学院派在国际联盟日内瓦总部大楼的竞标中取得了胜利。CIAM 是一个国际性组织，下设执行局、各国分支机构和由各国代表及个人会员组成的代表大会。勒·柯布西耶是其不知疲倦的精神领袖，但该组织主要由瑞士建筑评论家、历史学家希格弗莱德·吉迪恩管理，他在 1928 年至 1957 年间担任协会秘书长；1931 年至 1947 年，阿姆斯特丹首席城市规划师康乃利斯·范伊斯特伦任协会主席；自纳粹接管事务之后，包豪斯学校创办人、协会副主席瓦尔特·格罗皮乌斯一直流亡各国，先是到了英国，之后去了哈佛；之后从 1947 年至 1957 年，流亡至哈佛大学的加泰罗尼亚城市规划师约瑟夫·路易斯·塞特担任协会主席。

这是一场非凡的知识分子运动，不仅激发创意，还产生了城市设计——但这些往往都被忽视了，比如勒·柯布西耶主动为阿尔及尔和波哥大提供的城市设计，其中包括住房、交通和空间城市布局规划。与文学、绘画和音乐领域的先锋派运动相比，国际现代建筑协会历史很长，直到 1959 年，才在成立三十多年后解散。除了美国本土出生的美国人，该协会吸引了世界上大多数现代主义建筑师和规划师。①

尽管 CIAM 不过是对于改变世界的一次"尝试"，但绝不仅仅只是一个激进的谈话场所。1941 年，该协会毫无夸大地自豪宣布：

> 阿姆斯特丹的城市规划由该组织主席负责；斯德哥尔摩正在根据 CIAM 原则发展其杰出的社会结构；巴西和阿根廷邀请 CIAM 成员举办城市规划讲座并为重大规划制定基础方案；芬兰已委托 CIAM 的芬兰代表担任其重建工作的负责人……哈佛大学……把建筑和城市规划教授职位授予了 CIAM 的另一位副主席格罗皮乌斯[7]。

诸如此类，不胜枚举。

第二次世界大战后，CIAM 的创意直接造就了印度的昌迪加尔和巴西

---

① 芒福德在《关于城市主义的 CIAM 论述》一书中讲述了关于 CIAM 的历史，吉迪翁在《空间、时间、建筑》（剑桥，马萨诸塞州：哈佛大学出版社，1982 年，第 696—706 页）一书中也对 CIAM 的历史做出了简要总结。

首都巴西利亚，巴基斯坦首都伊斯兰堡和尼日利亚首都阿布贾的城市规划多多少少也受到了 CIAM 的影响（具体情况参见本书"形成国家的基础"一章内容）。曾担任洛克菲勒中心设计师的华莱士·哈里森担任了纽约联合国总部大楼的总设计师，其团队成员有勒·柯布西耶和包括奥斯卡·尼迈耶在内的其他四名 CIAM 成员。奥斯卡·尼迈耶似乎从勒·柯布西耶的一个想法中得到了至关重要的设计构想。

CIAM 成员其政治立场各有不同，从意大利法西斯主义者朱塞普·特拉尼到共产主义者安德烈·卢尔卡特、汉内斯·迈耶、汉斯·施密特、海伦娜·希尔库斯和西蒙·希尔库斯等，还包括改革派斯堪的纳维亚社会民主党人。勒·柯布西耶本人在公开场合的政治立场模棱两可，但他关系亲密的私人圈子属于法国极右势力。[8]他曾经参与莫斯科苏维埃宫的竞标。1941年，他与维希政权接触，并发表了 CIAM 的纲领性文件《雅典宪章》，当时适逢"民族革命的时刻"（1957年版《雅典宪章》将第一版定位为"对于建筑使用的深刻分析"）。[9]撇开勒·柯布西耶人格的迷宫不谈，CIAM 的普世主义可以从其在建筑史和政治史上的定位中得到体现。

就建筑风格而言，CIAM 属于先锋派，也确实取得了一些成功——尤其是在魏玛德国、荷兰、早期的苏联和斯堪的纳维亚更是如此。1927年在日内瓦竞标失败后，CIAM 重整旗鼓，1930年斯德哥尔摩博览会之后，在各地都大放异彩。纳粹势力将 CIAM 的建筑师流放到世界各地，从莫斯科到马萨诸塞州的剑桥市，从安卡拉和达累斯萨拉姆到上海，到处都有他们的身影。资产阶级学院派和历史决定论是其城市规划设计的主要竞争对手。

从第一次代表大会开始，CIAM 的建筑设计主要关注点就是住房。第二次代表大会的主题是低成本住房，能够保障"最低标准的居住条件"。政治上，20世纪20年代，工薪阶层住房议题成为欧洲各国的主要议事日程，以劳埃德·乔治政府为例，主要议题是"确保反对布尔什维克主义和革命"，[10]或者如阿姆斯特丹和维也纳的构想，探讨如何将其作为建设工人阶级城市的一部分。（见"民众时刻"一章）

尽管在20世纪30年代初的大萧条之前就已经开始发起了成立 CIAM 的倡议，但是协会真正成立却是在大萧条时期。此时，右翼自由主义这个重要的非传统主义思潮正是没落时期,因此没有影响到 CIAM。人们普遍认为,要摆脱资本主义市场自我毁灭的混乱局面,就有必要进行规划。苏联的计划甚至吸引了右翼社会民主党人士,比如韦伯这些人。苏联在 20 世纪 20 年代就拥有前卫的现代主义艺术和建筑,且仍在不断发展。意大利法西斯主义涵盖了明显的现代主义思潮,尤其是"理性主义"建筑,而且在入侵埃塞俄比亚之前,意大利法西斯主义在欧洲很多地区仍然受到推崇。纳粹主义的出现和西班牙战争并没有在法西斯主义和反法西斯主义之间划清界限。

为了实现社会主义现实主义风格,斯大林主义者很快就放弃了现代主义。1932 年,吉迪恩给斯大林发了两封电报,对苏维埃宫的招标结果表示抗议(勒·柯布西耶和其他现代派设计师落败),称这是"对俄国革命精神和实现五年计划的侮辱"。[11] 斯大林本人可能没有接到电报,这对恩斯特·梅和其他当时在苏联工作的西方建筑设计师而言,应该算是一种幸运。[12] CIAM 的第四次代表大会原计划于 1933 年在莫斯科召开,结果被苏联当局"推迟",取而代之的是一场从马赛到雅典,又从雅典回到马赛的宏大巡游,期间,在希腊政府的支持下,在雅典进行了为期一周的庆祝活动。即便如此,CIAM 与苏联也并没有完全决裂。1949 年,在贝尔加莫举办的 CIAM 第七次代表大会上,共产主义华沙的建筑师与 CIAM 资深设计师海伦娜·希尔库斯对社会主义现实主义极力维护。而且人们也没有忘记本源。意大利东道主皮耶罗·博托尼在其开幕式致辞中缅怀了法西斯主义者特拉尼和吉安·路易吉·班菲,特拉尼在对苏联的战斗中丧生,而吉安·路易吉·班菲则是一名犹太意大利抵抗战士,在纳粹集中营中被杀害。[13]

然而,尽管 CIAM 奉行谨慎的外交策略,其主要针对目标仍旧是某种特定的社会主义城市主义。吉迪恩是一位社会主义者。他写给斯大林的电报是"本着俄国革命的精神",但在 1933 年秋天,他明白了做事不能大张旗鼓的道理。由于被捷克斯洛伐克左翼分子卡雷尔·泰格激怒,他给勒·柯布西耶写了一封信,信中他为 CIAM 的公开立场提供了两个选择:"技术人员还是政治家?"他的回答如下:

1. 技术人员：目前唯一具有国际影响力的可能性。但当真正的社会发展变得确实有效时，我们会立即被淘汰，这一点毋庸置疑。2. 政治家：目前我们不可能对任何重要人物产生影响。唯一能够产生影响的途径就是社会主义条件。[14]

1933年的《雅典宪章》是CIAM最著名的文件，它明确描绘了社会城市化的蓝图，勒·柯布西耶在CIAM第四次代表大会上对其所做的维希修订精简版论断内容也是如此，这次修订的整体框架是"机器时代"现代主义。在城市的"四大功能"中，住所或住房（排在休闲、工作和通讯/交通之前）是最重要的。作为第一次工作会议的CIAM第二次代表大会，议题是低薪阶层的住房问题。改变住房的阶级结构是重中之重：

> 本规定不容侵犯，任何人都无权违反，只有少数人可以例外，他们可以受益于健康和有序的生活所必需的条件。（第15条）
> 因此，居住区必须占据城市空间的最佳位置。（第23条）
> 住宅区的选择首要考虑的因素必须是公共卫生。（第24条）
> 从前，开放空间存在的理由不过是少数特权阶层寻欢作乐的场所。现在，赋予这些空间用途新意义的社会观点还没有出现。（第30条）
> 即使在开放空间规模合适的情况下……如果远离工人阶级居住区……实际上，这些地区对于群众而言还是禁区。（第31条）
> 工作地点……在城市综合体内的位置不合理。
> 住宅和工作地点应该距离很近，用"绿地"分隔成平行地带。（第46条及47条）
> 必须为行人提供通行道路，而不是只能使用汽车道。（第62条）
> 曾经的狭隘崇拜绝不能造成对社会正义规则的漠视。（第67条）
> 在具有重要历史意义的地区建设新建筑物时，以美学标准作为托词，使用旧式风格，这种做法会产生不良后果。（第70条）
> 由利己主义和利益诱惑所驱使的、私人利益凌驾于一切的现实，正是这种可悲情况的根源所在，在这种情况下，绝大多数城市根本没

有实现其目标,完全无法满足……城市人口的需要。(第72条及71条)

城市化是一门三维的……科学。引入高度元素,并利用由此创造的开放空间,可以解决现代交通和休闲问题。(第82条)

每个城市都应该制定自己的规划,并颁布法律,使其规划得以实施,这是一件极其紧迫的事情。城市的灵魂将由清晰的计划赋予生命。(第86条)

应该引起城市学家注意的第一个功能是住房——以及优质住房。(第89条)

要从理论过渡到行动,仍然需要以下几个因素的结合:一种可能如人们预期的政治力量——有见识和诚挚的信念,并决心实现那些能够得以改善的生活条件……开明的人民,他们将会理解、渴望并要求实现专家们为其勾画的蓝图;以及使之成为可能的经济形势。

建筑主宰着城市的命运……建筑是一切的关键。(第92条)

多年来,在各个方面……对于城市改善的尝试都与僵化的私有财产法产生激烈冲突……无论何时,只要是涉及整体利益,就应该进行广泛的群众动员。(第94条)

私人利益应该服从集体利益。(第95条)

以上所述均出自勒·柯布西耶编写出版的1933年《雅典宪章》的95条规定。[15]

CIAM最初并不是一场现代主义建筑运动。这是一场现代主义社会城市设计运动。这场运动要求城市"在机器时代"成为"民享"之城,而不是"民治"之城,结果造成这场运动公开的政治倾向模糊不清,以及现实情况下,技术专家的普世主义。

这种城市主义目标明确,将私人利益和私人财产置于次要地位,优先考虑工人和低收入人群的生活和工作条件,这对于在美国长大并适应了美国生活方式的建筑师没有什么吸引力,这一点不足为奇。20世纪20年代至30年代,最有影响力的美国城市设计师,纽约的罗伯特·摩西与CIAM的观点完全背道而驰。他死后声名狼藉,因为他要尽各种花招,使得一般意义上的穷人,尤其是非洲裔美国人,无法进入公共公园和公共海滩,他还把绿化带上空的桥梁建设得高度很低,这样公共汽车就无法通过。[16] 尽管如此,现代主义建筑与当前的全球资本主义时刻还是有联系的。它贯穿了"国际风格"。

现代主义、摩天大楼和"国际风格"的突变

美国建筑历史学家卡罗尔·威利斯写道:"摩天大楼是资本主义的终极建筑"。[17] 它们无疑已经成为全球资本主义的里程碑。在20世纪80年代的伦敦,全球资本主义方向的胜利最具代表性的产物就是催生了金丝雀码头大量的公司塔楼,完全改变了原码头区遗留的部分,在右翼市长鲍里斯·约翰逊执政期间,这些塔楼成为整个城市的符号,隶属于卡塔尔的"碎片大厦"甚至掩盖了圣保罗大教堂这一民族象征。在巴拿马城,民族首都聚集在旧殖民中心,截止到2015年11月,那里的市民仍在进行斗争,竭力遏制企业"开发商",使之举步维艰。近期所建的塔楼主要用于洗钱和其他银行业务,也有豪华酒店、企业办公室和高档购物中心,这些建筑将这一地区完全占领了。

建筑的现代主义并不等同于摩天大楼。相反,最初不仅存在着一种隔阂,现代主义者甚至还曾经反对摩天大楼的建设。正是在1932年纽约现代艺术博物馆举办的、具有划时代意义的"现代建筑国际展览"上,"国际风格"的概念开始成形,当时只有两座摩天大楼参展。亨利·拉塞尔·希区柯克和菲利普·约翰逊共同出版了一本书,书中明确界定了"国际风格",而这二人对当时已经建成的大多数摩天大楼都不屑一顾。[18] 博物馆馆长阿尔弗雷德·巴尔在该书序言中满意地指出,由于"国际风格"的形成,美国影响着"从强调垂直到强调水平这一过程,而这种变化在大量近期建设的大都市建筑中都有体现"。[19]

摩天大楼是美国土木工程和房地产资本的发明,最早出现在19世纪80年代至90年代,芝加哥一马当先,之后纽约也迎头赶上。所需的技术前提包括:以英国作为先驱的工业钢铁生产;可以追溯到第二法兰西帝国的

电梯生产。芝加哥历史和地形背景下的社会经济条件同样重要。芝加哥是一个蓬勃发展的工业大都市，1871年那场毁灭性的大火后不得不在一小块商业区的基础上开始重建，这块区域东临密歇根湖，北边和西边是芝加哥河，南部与铁路站场和已经建成的工业区毗邻。[20] 在这种情况下，当代著作《建筑纪录》的智慧就是："办公大楼的主要目的和唯一目标就是为其所有者带来最大限度的回报，这意味着办公大楼必须呈现可出租空间的最大可能性"——这显然意味着高层建筑。[21] 1913年至1930年间世界上最高的建筑——纽约伍尔沃斯大厦的建筑师卡斯·吉尔伯特将摩天大楼定义为"一种让土地赚钱的机器"。[22] 20世纪20年代，欧洲建筑师，尤其是法国和德国的建筑师，迷恋上了建设摩天大楼。在巴黎，奥古斯特·佩雷特和勒·柯布西耶推动了高层塔楼的设计。1925年的瓦赞规划（汽车制造商瓦赞是赞助商）是最大胆的，计划在巴黎市中心新建一个拥有200米高建筑的商业区。在德国，密斯·凡·德·罗也在20世纪20年代开始设计摩天大楼。路得维希·希贝尔塞默是这类设计最多的德国设计师，他的福利城市大厦模型诡异地预见到了20世纪60年代至70年代欧洲各地建设的巨大住宅综合体，这个模型1927年在斯图加特被列入展览目录。[23] 但模型设计并没有实际建造。

入选纽约现代艺术博物馆"国际风格"展的四位明星是勒·柯布西耶、瓦尔特·格罗皮乌斯、荷兰人雅各布斯·约翰内斯·皮埃特·奥德（他1960年去世，但20世纪20年代之后，基本没有什么设计问世）和密斯·凡·德·罗。希区柯克和约翰逊的图片目录中，绝大多数都是带有明显水平感的低层建筑。巴尔和其他作者表达了对早期摩天大楼建筑师路易斯·沙利文的敬意，但他的追随者们要么强调塔式垂直，要么迷恋历史主义，因此并没有收到如他一样的尊重，以吉尔伯特的作品为例，其体现就是新哥特式或装饰派艺术。简而言之，巴尔、希区柯克和约翰逊发现，典型的美国式摩天大楼是品味低下的表现。尽管这次展览及展出目录确实注意到了欧洲前卫人士对大众住宅的社会关注，希区柯克和约翰逊那本颇具影响力的书却把重点放在了风格和美学理论上。[24]

后来，"国际风格"的美学理论被财力雄厚、雄心勃勃的企业摩天大楼建筑商及其建筑师所采用，而 CIAM 的社会城市化计划正在消亡。在现代艺术博物馆的展览上，美国最杰出的商业建筑师之一雷蒙德·胡德已经向"国际风格"的方向迈进；即将上任的洛克菲勒房屋设计师华莱士·哈里森很早就已经奉行"国际风格"的设计理念，其影响在 30 年代末具有纪念意义的洛克菲勒中心可见一斑。

前卫的国际建筑和美国资本第一次结合的作品是高 154 米的联合国秘书处大楼。这栋大楼建于 1947 年，1952 年完工，建筑用地由洛克菲勒捐赠，在华莱士·哈里森的日常指导下建设完成，但建筑设计基本上由勒·柯布西耶和奥斯卡·尼迈耶完成。刘易斯·芒福德对该建筑深感震惊：

> 对于边远地区民族来说，这类建筑是他们所恐惧和憎恨的事物的固有象征，包括我们灵巧的机械化、我们可怕的力量、我们对尚未适应美国生活方式的弱小民族居高临下的态度。[25]

密斯·凡·德·罗在"二战"后成为标志性的摩天大楼建造者，芝加哥的湖滨公寓和纽约的西格拉姆大厦都是他的杰作。早期公司建筑带来的产物是一家设计极具"国际风格"商业建筑的大公司，直至今日，该公司设计的建筑仍然具有明显的国际风格，这就是总部位于芝加哥的跨国公司斯基德莫尔－奥因斯－梅里尔设计师事务所，其早期设计作品包括 20 世纪 50 年代的标志性建筑，位于纽约的利华大厦和大通曼哈顿银行。[26]

欧洲前卫建筑的终结、格罗皮乌斯和凡·德·罗等激进人士不再作为美国资本设计师，这些事实都是欧洲通过法西斯主义进行自我毁灭这一更广泛进程的重要组成部分，也推动了美国在 20 世纪中叶的崛起。

密斯·凡·德·罗曾是"德国十一月组织"（1918 年）的一员，这是由坚定的艺术家组成的革命团体。他设计的第一座著名建筑是一座富有表现力的墓碑，纪念被谋杀的革命家罗莎·卢森堡和卡尔·李卜克内西。在担任哈佛大学设计研究生院院长之前，格罗皮乌斯流亡至英国，在此期间他做出了妥协。1934 年，他写信给 CIAM 秘书长，信中说道："我已经决定……尽可能不要从为工人提供社会住房入手，而是要在富人阶层做出突破"。[27]

现代主义建筑还有另一重轨迹，颇具讽刺意味的是，这一轨迹中也充满了曲折。如上所述，平等主义的低收入住房是最初CIAM项目的核心部分。其中很多房屋都不是建于"二战"前，但仍保留着荷兰的传统，就如同建筑师奥德设计的一排排整洁、色彩鲜艳的工人阶级住宅和大众城市住宅一样。汉斯·夏隆的"城市景观"设计理念是掩映在草地和树木之间的低层公寓楼，比如1930年柏林建设的"西门子聚落城"，这种设计仍然代表着斯堪的纳维亚城镇及城市内部非中心地区的市容特征，其中也包括我的家乡小镇卡尔马。"二战"以后，现代主义在这方面也取得了胜利，不过这一胜利不仅为时过晚，也颇具讽刺意味。对斯堪的纳维亚福利性国家建筑的贡献仍是其首要成就（参见"民众时刻"一章）。

始于20世纪50年代中期的东欧和西欧大规模住房项目则更为重要，这些项目位于首都（如巴黎）和其他大城市的周边地区。这些项目没有明确的建设目标，只是专注于提供低成本的现代住房，以尽快满足不断攀升的大众需求。但正如哈维尔·蒙克鲁斯和卡门·迪埃兹·麦蒂娜近期所指出的那样，其灵感来源于CIAM及《雅典宪章》的某些部分。[28] 西欧街路两旁整齐的石质建筑、东欧的木质建筑都被混凝土板式建筑和塔楼的城市风貌所取代。在东欧，这是尼基塔·赫鲁晓夫倡导的平等主义战胜了等级森严的斯大林主义现实主义的成果；在西欧，这是对"二战"前的社会抱负和社会传统的诠释。

然而，这是一场得不偿失的胜利，尤其是在离莫斯科更远的西欧。查尔斯·詹克斯有句名言："1972年7月15日，现代建筑在密苏里州的圣路易斯消亡"，曾任纽约世贸中心设计师的山崎实设计的普鲁蒂-艾戈居住区在那一天被炸毁。[29] 三十年后，詹克斯自己提出了一个更宽泛的观点，带有某种程度的自嘲，但也没有什么更大的说服力。[30] 高层大众住房不是欧洲现代主义先锋派对于住房问题主要关注点的内在组成部分，而且诸如奥德在荷兰的胡克和鹿特丹设计的建筑，密斯·凡·德·罗在斯图加特设计的"魏森霍夫"住宅区，夏隆在柏林设计的"西门子聚落城"住宅区以及20世纪20年代末恩斯特·梅在法兰克福设计的大规模住房项目，这些在"二战"前完工的住房中也没有高层大众住房。

普鲁蒂-艾戈居住区的拆除和伦敦罗南角公寓的倒塌,其背景不是现代主义建筑,而是盎格鲁-撒克逊人的住房理想和社会现实。在美国和英国,单户住宅都是理想的住宅类型,即便英国工人阶级的住房都是密密麻麻的挤在后街上,厕所甚至都是在后院里,可人们也还是宁愿住在这样的单户住宅里。在城市住房压力下,这当然是一种缓慢的反应,而且也开始尝试公寓楼建设。普鲁蒂居住区里都是 11 层高的公寓楼,建于 20 世纪 50 年代中期,是为白人中产阶级建造的,但预算紧张,成本和质量都低于设计水平。起初,该居住区的功能与预期相符,但后来中产阶级迁出,电梯停止运转,社会腐败开始产生,楼体也开始松动。本书中,我们无须关注住房的螺旋式上升和社会衰退的因果顺序。在为穷人设计的盎格鲁-撒克逊"现代主义"建筑的大多数其他案例中,主要问题不是建筑风格,而是穷人、瘾君子和不正常的家庭集中在建筑质量低劣、维护不善的公共住宅区,因此放大了自我毁灭的倾向。将这些悲惨的经历用于对建筑风格的争论似乎有些不入流。

从 20 世纪 60 年代开始,大规模建造 5 至 20 层中等高度大众化住宅成为东欧、西欧各大城市周边建设的一大特色。在东欧,这些住房不像穷人居住的盎格鲁-撒克逊公租房项目那样,社会口碑差,但基本也都是草率规划、仓促建造,服务承诺没有兑现或搁置一旁。在东欧,这些住房中的住客社会成分复杂,而在西欧,房客很多都是社会闲散人员或是移民。这些社区显然不是最理想的居住地,这些项目及其住户极易受到迅速变化、猛烈抨击的大众媒体舆论的影响,特别是在柏林和巴黎更是如此。[①] 其中一些项目,例如瑞典的"百万项目",最近已着手重建,并取得了一定成功。廉价现代主义属于那些被认为是廉价的人,而这成了身价高昂的建筑评论

---

① 弗洛里安·厄本在其有关大众住房当代史的著作中给出了一些典型案例:从 1966 年至 1968 年,西柏林北部地区的麦基希斯住宅区如何从标杆演变为噩梦。参见厄本著《塔楼与板楼》62 页及其后;在畅销报刊的一篇报道中,由格罗皮乌斯亲手操刀设计的、位于西柏林南部地区的格罗皮乌斯施塔特被描述成寸草不生之地。巴黎郊区的几个大型住宅区也落得了同样的指摘(49 页及其后)。

家们的廉价目标。但大规模现代主义住宅的故事并没有在欧洲结束。

后来，20层或更高的高层建筑成为东亚地区中产阶级大众住宅的模式，不仅在香港和新加坡等人口密集的城市如此，在首尔等因农村移民导致住房严重短缺的民族国家大都市也是如此。在经历了一些失败的案例之后，高层住宅在首尔吸引了大量中产阶级，这得益于其新的"西式"设施，包括中央供暖、浴室、抽水马桶和实用的厨房、美式客厅以及幼儿园、学校、操场和商店等欧式社区服务。1988年的奥运村提供了一个时尚的典范。[31] 东亚的独立高层公寓在东西欧都产生了影响。截止到2016年初，世界上已完工的25座最高建筑中，有5座是住宅建筑，其中2座在美国，3座在阿拉伯联合酋长国。西欧最高的建筑是伦敦碎片大厦，该建筑至少有部分是用作住宅功能的。[32]

所有这一切带来的第一个教训是，建筑无法战胜社会学。相反，建筑是以建筑形式体现的社会学。另一个教训是建筑现代主义的讽刺。其最激进的建构主义最终提供了企业资本主义权力所钟爱的形式。其社会变革的政治野心被质疑为社会流浪者的温床。第三个教训是，建筑是全球城市时刻的重要组成部分。

背景与偶然性：伦敦之战

虽然我们既可以看到资本主义发展的动力，也可以看到初步的历史前奏，但当前城市历史上全球时刻的到来，既不是一种自然演变，也不是必然的结果。这是在斗争的偶然性中决定的。伦敦是至关重要的竞技场，东京是失败的预言家，纽约的转变维持了平衡。

20世纪80年代，日本似乎正努力成为全球经济强国。[①] 乐观的预期形成大规模的城市规划，最终目标是将东京湾纳入城市生活圈，并将东京定位为一个全球城市。东京的建筑大师丹下健三为东京湾项目拟定了建设计

---

① 这也是当时美国学者的观点（参见傅高义著，《日本第一》，纽约：哈珀出版集团，1979年）。

划，其规模之庞大、想法之大胆，可谓前无古人。20世纪80年代，东京正处于房地产繁荣时期，奉行民族主义的日本首相中曾根康弘和东京都知事铃木俊一称东京为"世界城市"并"将引领世界"。[33] 这种说法最终基本没有实现，因为日本在20世纪90年代初经济停滞不前，东京深陷泥潭，经济十分不景气。

20世纪70年代，纽约陷入了困境，直接面临着宣布破产的迫切需要。1977年后，纽约成功地摆脱了金融窘境，在金融业和房地产业的推动下，经济和人口再次开始增长。这一转变是后工业化、金融驱动的资本主义的第一次重大胜利，这次胜利足以支撑起充满活力的都市文化。为日后逐渐崛起的其他世界城市制定了议程。其政治背景是由里根总统在全国范围内决定的，而不是由任何重大的城市斗争决定的。

为什么是伦敦呢？毕竟，在第二次世界大战结束之前，伦敦是旧世界之城，统治着地球上最大的帝国，在那里太阳永不落山，工资从不上涨（爱丽丝·安士敦）。即使在大英帝国的影响力基本消失之后，伦敦仍然是全球金融交易中心。然而，伦敦不仅仅是金融城的"一平方英里"，不是"金融城"这个称谓所能简单描述的。最重要的是，伦敦是复杂的民族社会和民族国家的首都，世界上第一个工业化国家也是工业化程度最高的国家的首都也是伦敦。英国是一个寡头统治国家，深受君主及贵族习俗和礼仪的影响，这些人居住在乡间别墅，通过繁忙的现代首都实现其统治，而首都主要由贵族地主进行设计，其所有权也属于这些人。

以富裕的核心国家中工业就业比例作为衡量指标，资本主义工业主义在1970年前后达到顶峰。正如马克思所预言的那样，就政党成员、投票权和工会组织几方面而言，工业资本主义的鼎盛时期，也是工人阶级运动的鼎盛时期。没有社会主义革命，但是有工党政府和大规模罢工成功的例子。问题是工党的时间不够。经济史即将转向各资本主义中心国家的去工业化，这严重削弱了工人阶级的工业核心地位。资本主义反扑的条件正在形成。玛格丽特·撒切尔曾承诺要成为工会主义和劳工主义的"死亡天使"。工业斗争的分裂给了她很大的帮助，起到决定性作用的是英国的选举制度，虽然她的支持率从未超过三分之一，但她获得了绝对的权力。

与柏林或英国北部的中心城市不同，伦敦从来就不是一个强大的工业工人阶级城市，[34] 其政治倾向也在不断变化。伦敦曾经有过人数众多的蓝领阶层，但在20世纪70年代至80年代，其数量大幅减少，造成了结构性失业。这种经济变化的部分原因是新的集装箱运输方式造成了东伦敦各码头的关闭。1967年东印度码头关闭，1982年，最后一个码头——皇家码头关闭。[35] 随后又出现了更多的失业工人。

20世纪80年代，伦敦社会问题日益严重。但这也是20世纪60年代"摇摆的伦敦"成熟的体现：多元文化、多种族、多性别以及新左派如今都从最初的Soho中心向外扩张，并在无数的运动中变得更加强硬。1982年，工党在大伦敦市议会中获得多数席位，这是1965年以来，中央政府向城市民主做出的一次让步，精力充沛的肯·利文斯通领导下的新左翼联盟掌权。大伦敦市议会几乎没有什么权力和资源，却竭尽全力地试图用理念、象征性项目和公民参与来弥补权力和资源的不足。

两派泾渭分明。右翼的中央政府，只有少数人的支持，但宪法赋予它几乎无限的权力，中央政府坚决打压任何工党或民众对新自由主义计划的反对，新自由主义计划还包括清除被视为懒惰和低效的寡头"老家伙"。左翼的市政府几乎没有什么权力，主要依赖于与伦敦33个行政区的结盟，不过这都是凭借激进主义迅猛的势头（这种势头很快就衰落了）和形形色色的想法和倡议。

首都城市的定位正处在紧要关头。1983年，大伦敦市议会声明："投机建筑在社会主义伦敦没有立足之地"。[36] 决定性的战场是东伦敦的码头区，历史上这一地区十分贫穷，如今破旧不堪，失业者众多。显然，这是城市中需要改造的地方。那么究竟需要做些什么呢？

左派关心的是地方和人民，从人民参与规划的意义上来看，关注的中心是就业、社会服务、住房和民主。最好的实例应该算是皇家码头人民计划，具体包括设法保留一些码头，开发建设水果和木材仓库，支持货物处理，促进公共住房和公共服务以及建设儿童娱乐设施。[37]

右派只关心国家，完全无视全球主义的经济发展、办公室和商业联系，诸如城市机场和码头区轻轨这些工程完全不在他们关注范围内。1982年，设立了免税"企业区"。民主是一个问题，因此保守党政府在大英帝国以及英国的"新城"中，重新使用了英国城市政策的原有手段，受指派成立的"发展公司"只对中央政府负责。伦敦码头区再开发公司成立于1981年。撒切尔政府坚定地相信所谓的资本独裁。码头区地方当局的反对可以被驳回，因为他们都是"由共产党人管理的"。①

尽管东伦敦的普通民众发起了各种运动，并得到了大伦敦市议会的后勤和宣传支持，但面对肆无忌惮的政治权力和国际资本的强大力量，并不十分团结的东伦敦民众无力与之对抗。1985年，撒切尔政府宣布竞选中获胜的伦敦政府解散，同时，由一家美国－瑞士银行财团发起的码头区开发项目"金丝雀码头"成为全球瞩目的项目。截止到1987年，该项目事实上已经破产，来自丹吉尔的莱克曼三兄弟收购了该项目，他们名下的奥林匹亚与约克公司总部在加拿大。他们在伦敦东部规划了一个新的商业中心，斯基德莫尔－奥因斯－梅里尔设计师事务所负责设计。此外，阿根廷裔美国建筑师西萨·佩里还设计了一座地标性建筑，他曾设计过吉隆坡的石油双塔，还为莱克曼兄弟设计了纽约的世界金融中心。奥林匹亚与约克公司很快就陷入了财务困境，2004年，金丝雀码头由摩根士丹利公司负责管理，该公司随后将其出售给了"歌鸟"财团，该财团由莱克曼三兄弟其中之一和一位沙特王子共同管理。[38] 后来，中国投资有限责任公司成为歌鸟房地产的大股东。2015年初，歌鸟房地产被卡塔尔投资局和总部位于多伦多的布鲁克菲尔德房地产公司共同收购。

金丝雀码头是全球城市的典范：由外国资本规划，外国开发商设计，采用外国技术和材料建造，整个地区高楼林立，由外国建筑师设计的地标建筑采用了国外范本。清洁工来自第三世界以及东欧，由于整个地区都是私有财产，2004年，这些清洁工被剥夺了集会的权利。[39] 经过四分之一世纪之后，金丝雀码头似乎已经纳入了城市遗产以及国家遗产范畴内。[40] 这标志着全球时刻的成功到来。战后，伦敦人口一直下降，1989年，这一下

---

① 原文引自迈克尔·赫塞尔廷的回忆录，参见休·布朗尼尔和格伦·奥哈拉共同完成的《从规划到机会主义？重新审视伦敦码头区再开发公司的创建》（文章收录在《规划视角》2015年30：4期，第550页）。赫塞尔廷是政府里的温和派，后来领导了反对撒切尔的政变。

降趋势逆转为人口增长。

金丝雀码头是伦敦新全球化转型的城市主义支点。但在20世纪80年代，还有其他一些重要的决定和计划。在经济上，最重要的是1986年伦敦金融城的去监管化，伦敦证券交易所向七大洋的金融巨鳄敞开大门，这些巨鳄吞噬了一个前新自由主义保守党统治的国家中的古怪绅士。政治上，伦敦民选政府的废除催生了一家具有世界城市愿景的政府咨询公司。

伦敦规划咨询委员会（简称LPAC）是根据废除了民选政府的同一法案设立的。1988年，它为伦敦提出了一个中规中矩的"四重愿景"：

- 为所有伦敦市民提供高质量环境的文明城市
- 国际贸易和商业的全球中心
- 人人都有机会的城市
- 城市里拥有稳定和安全的居住社区，有能力维持社区发展

然而，真正的问题是"伦敦作为世界城市的未来"。1990年，LPAC聘请了普华永道和德勤两家会计师事务所来回答下列问题："伦敦作为一个世界城市，未来的竞争力是什么？如何通过正确的城市政策框架来保持和提高这一地位？"[41] 咨询公司最重要的报告《伦敦：世界城市》由皇家出版局于1991年出版，同年，萨森的书出版。

1999年，LPAC就伦敦的高层建筑和战略观点提出了战略规划建议。委员会注意到"伦敦作为欧洲杰出的世界城市，其成功的关键就在于提升高层建筑的地位"，[42] 此后，委员会坦率地提出如下观点：

> 研究中并没有发现有明显的证据表明，为了确保、维持或增强伦敦作为世界城市的重要性，有需要或是诉求通过增加高层建筑，从而彻底改变伦敦的天际线。伦敦的特色已经有明确的界定。不需要新的高楼大厦来把自己定义为世界城市。[43]

肯·利文斯通在2000年重新掌权，他承认了新时代的到来。2004年

的《伦敦规划》包含了经济全球化的内容，规划定稿的内容没有初稿那么夸张，规划中提到："《伦敦规划》实际上无法逆转这些根深蒂固的强大因素，市长也不希望规划产生这样的作用"。① 重归利文斯通领导下的伦敦推出了具有重大意义的社会议程、公共议程以及最为重要的环境议程，具体内容包括建设人民负担得起的日托和一些住房和公共空间。例如，关心政治且勇敢无畏的市民不时在特拉法加广场集会，造成广场环岛交通的拥堵，改造后将为步行的市民和游客专设公共区域；此外，还将对伦敦市内的汽车征收拥堵费，并改善公共交通。

利文斯通的宿敌托尼·布莱尔对2012年伦敦奥运会的成功申办给予了不遗余力的支持，其目的是以一种全球主义的方式为东伦敦的社会发展提供资金。[44] 但是一个资本主义世界城市项目当然要提出合法的无理要求。21世纪的第一个十年里，企业界获得了与市长联系的特权，各公司大楼拔地而起。[45]

在经历了2007年金融危机的短暂波折后，伦敦很快变得比以往更加商业化，——连"碎片大厦"项目的新东家都是如此——随着平民百姓紧缩政策的推行，金融危机的影响逐渐消退。在鲍里斯·约翰逊担任市长期间，伦敦的摩天大楼以前所未有的速度激增。到2014年3月中旬，伦敦媒体获悉，有236座20层以上的新建筑正在建设或在计划建设中。其中大部分是住宅：伦敦的新兴中产阶级正追随东亚中产阶级的脚步，把家搬进了摩天大楼。

约翰逊取消了利文斯通的公共空间规划，最先取消的是国会广场重建计划，并搁置了经济适用房的具体提议。新住宅开发项目的"经济适用性"指标被削减，这意味着房屋售价达到市场价格的80%，住宅楼还设置了单独的"穷人入口"，这些住宅的价格远远超出大众阶层的经济能力。社会住房建设随着撒切尔主义的终结而结束。伦敦将要赶超洛杉矶，建设全世界最大的外来移民住宅，其规模将达到9万平方英尺（约8400平方米）。

---

① 参见戈登著，《规划20世纪的首都城市》（第9—10页）；梅西著，《世界城市》第86页。多琳·梅西是一个激进的城市规划学家，利文斯通的第一次当选就与她有密切关系。她书中有洞察力且敏锐的分析背后也隐晦地表达了一种听天由命的情绪。

伦敦房地产市场的价值大约相当于巴西的 GDP。①

> 这位保守党市长的两个主要目标显然都是基于全球主义的：
> 伦敦必须保持并巩固其作为全球范围内三大商业中心之一的世界城市地位。伦敦务必要成为人民愿意定居之处，企业愿意开办公司之城……无论你的年龄和背景如何，伦敦一定是世界上最宜居的城市之一。46

（假设你不需要依赖大西洋地区的中等收入。）应该注意的是，约翰逊在其"市长愿景"中避重就轻，没有提到他所谓的"大众之城"中住房问题如何解决。47

不过，保守党领导下的伦敦并不是巴拿马城。约翰逊在 2011 年版的《伦敦规划》中提出，高层和大型建筑的申请应包括"城市设计分析"，证明该项目可以满足 9 个必要条件。48 作为古老的世界之城，伦敦正在以某种方式实现全球化。2016 年 5 月，巴基斯坦裔工党政治家萨迪克·汗当选伦敦市长，从这一点中或许可以看出伦敦的全球化趋势。在竞选中萨迪克·汗以明显优势击败保守党候选人，保守党的这位候选人在竞选中含沙射影地攻击伊斯兰极端主义以及反犹太主义。

作为这个世界上最大的金融赌场，伦敦也不是一个没有民族维系、没有国家依靠的全球城市。伦敦金融和房地产市场依赖于英国的国家保护，包括针对欧盟侵权行为的保护，无论这种保护多么微不足道，也是客观存在的，而且金融和房地产市场的贸易条款也都是由国家立法机构规定的。伦敦的基础设施，无论是尚在规划中的还是已经完工的，都依赖于国家许

---

① 严肃的新闻报道提供了对伦敦房地产市场的宝贵见解。在这里，我要感谢《金融时报》的建筑评论家埃德温·希思科特，我参考了他撰写的《伦敦的心脏之中产阶级化及僵化》一文（参见 2015 年 6 月 17 日的《金融时报》）。我还借鉴了《每日电讯报》专栏作家雷尼·艾杜－洛奇的文章；2014 年 10 月 28 日的《纽约时报》；斯蒂芬妮·柏岑等人完成的《大都市无情》（2015 年 3 月 22 日的《星期日世界报》）；2014 年 12 月 13 日和 14 日，露丝·布卢姆菲尔德刊登于《金融时报》的文章；2014 年 12 月 9 日，彼得·霍尔德曼刊登于《纽约时报》的文章。在此一并表示感谢。

可和国家共同融资,其中包括伦敦地铁、横贯铁路、希思罗机场、泰晤士河口规划等。正如女王登基 60 周年庆典上的大规模人群所展示的那样,伦敦的民族维系不仅仅是经济上的枷锁。这种维系是人民的抉择,是人民完全可以感受到的。另一方面,似乎永远不会枯竭的"开发商"群体造成了当前的建筑浮华,在这种浮华的背后,正酝酿着一次爆炸性的改变。阿拉伯石油大亨、俄罗斯寡头,这些来自各大洲的外籍大亨们拥有巨大而奢华的豪宅,而这些豪宅大部分时间都是空置的;孟加拉国、东欧和发展中国家移民过来的大量贫困人口;伦敦本地的大众阶层逐渐被驱逐或边缘化,以上种种都在酝酿着巨大的社会变革。用一句时髦的话来说,这根本就不是可持续发展。①

"伦敦之战"举足轻重,因为它不仅将民族大众利益与全球资本利益对立起来,而且还将一个全球城市的两个目标相互对立起来,虽然这种对立不像利益冲突那么针锋相对,但一个全球多元文化主义城市与一个全球资本城市仍旧是对立的。在这两个问题上,全球资本都是赢家。

在东京也发生了类似的较量,不过政治上的冲突不那么明显。20 世纪 70 年代,在时任东京都知事美浓部亮吉的领导下,东京迎来了民众时刻。美浓部亮吉 1971 年当选时的竞选标语是"开放的广场和蓝色的天空",鼓励民众参与到"开放的广场"这样的城市规划中。之前政府关注的是为奥运会建设的高速公路和立交桥,美浓部亮吉政府关注的是低收入家庭的住房、学校和公园的建设,并提出满足体面生活的"公民最低标准"。20 世纪 80 年代中期,东京发展目标转向"世界之城",当时正是 1979 年首次当选东京都知事的铃木俊一的第二个任期,1986 年,他颁布了第二个《东京都长期综合规划》。而后从 1990 年至 1992 年,日本金融泡沫破灭,世界之城的梦想受到沉重打击,东京湾填海造地的宏伟工程受到了极大影响,私营企业发展方面受到的影响相对较小。1995 年的选举暂时埋葬了世

---

① 鲍里斯·约翰逊的"伦敦计划"第六项方案目标是:"为所有人建设一个轻松、安全且方便的城市,人人都有工作和机遇,人人都能使用各种设施",而实际上伦敦的发展与其目标背道而驰。萨迪克·汗能将发展方向做出多大转变还有待观察。有一点是人们需要知道的,相比于东京都知事,伦敦市长的权力资源是非常有限的。

界之城的野心，不过保守派石原慎太郎 1999 年赢得选举后，立志要将东京打造成一个"举足轻重的世界之城"。不过，应该注意的是，石原慎太郎并非盎格鲁－撒克逊新自由主义者，他是一位日本民族主义者，他敢于为了民族城市利益而获取企业权力。他反对国家政府和商业游说团体，但凭借无可挑剔的右翼党派资历，他成功地在东京推行了对银行利润征税的政策，而 20 世纪 70 年代的进步派东京都知事并没有能够通过这项政策。[49]

萨斯基娅·萨森指出全球城市在不同的历史、文化和政治背景下蓬勃发展，她的这一观点是正确的，[50]但是盲目同意她观点的人没有注意到全球城市中一直存在的截然不同的建筑物，因此也没有注意到各全球城市间截然不同的经历和功能。

全球资本下的城市时刻

当前的全球时刻是全球资本的时刻。对于民族国家的首都来说，这是一种特别的挑战。这些首都是失去了自己的民族特色，还是被更容易接受新权力体系的城市边缘化了？

首先，我们必须评估"全球化"的各种地缘政治含义。在东亚、南亚和北亚，"全球化"是一个积极的动词，指的是一种经过筛选的政策选择，而不是像大多数欧美全球化论述中所说的那种必须适应的某种外部力量。[51]这种要实现全球化的选择在中国是最为明确、最为显著和最为热烈的。20世纪 90 年代后半叶，为了实现现代化并融入世界，建设"全球城市"成为中国政坛的一股热潮。多达 43 个城市公布了全球城市规划！[52] 作为成为"现代国际城市"计划的一部分，在获得中央政府批准后，北京市决定在城市东部中心建设一个 CBD（中央商务区）。设计方案是通过两次国际招标产生的。官方的总体规划很好地抓住了当前全球时刻的精神："中央商务区的核心区设计集中了大量摩天大楼……设计目的是创造完美的城市形象，有着突出的标志性建筑，并能够在众多的高层塔楼中形成一个焦点。"[53] 朝阳区 CBD 于 2004 年投入使用。此后，北京在天安门以西的西城区建起了第二个商业区——金融街。

在"新北京,新奥运"的口号下,全球化项目得以推进,北京进行了大规模的房屋拆迁以及地铁扩建,标志性建筑拔地而起。在竞标过程中,各种民族主题脱颖而出。雷姆·库哈斯设计的中央电视台大楼、保罗·安德鲁设计的国家大剧院表演艺术中心、赫尔佐格和德梅隆设计的鸟巢体育场,这些方案的入选确实令人感到惊叹。后来落成的两座地标性建筑是北京市官方网站上展示的两座城市建筑。

2006年,首尔市政府明确地提出了一项全球计划:

> 在未来的社会中,城市竞争力决定着国家竞争力……各民族的影响力将大幅下降,而10个超级城市将主宰世界政策……过去,各国形成了使城市正常运转的方法……但是现在,是各个城市为自己设定具体愿景的时候了。[54]

城市智库已经明确了城市竞争力的含义:

> 为切实保障城市增长和发展,近年来所做的这些努力可概括为城市之间为成为国际中心而进行的竞争,这是在公司、劳动力、资源和金融构成的网络中的一个节点。各城市之间正在进行一场激烈的竞争,希望成为经济、政治、文化以及运输和电信中心,为了实现这一目标,需要吸引跨国公司总部、高水平服务功能、高质量的劳动力以及举办国际活动。①

然而,应该指出的是,这种成为"国际中心"、"吸引跨国公司"和争夺"国际活动"主办权(包括举办各种大会、大型国际体育比赛)的战略,

---

① 参见首尔发展研究所2003年11月发布的《首尔能成为一个世界城市吗?》报告。这份报告介绍了一项详细的研究,该研究是与日本金融公司野村证券的分析团队一起进行的,研究目标是要对"首尔能成为一个世界城市吗?"这个问题给出政策性解答。当时,首尔的热血派和顾问们都在玩弄所谓的"Beseto"设想,即在北京、首尔和东京之间建立一个网络连接的超级城市中心。我在采访城市规划人员时发现,这个设想在北京和东京没有什么吸引力。

是民族主义情绪强烈的前殖民国家的民族首都所采取的策略。1995年1月，时任韩国总统提出："全球化是在未来一个世纪将韩国建设成为一流国家的最快方式。"[55] 2011年，首尔选出了一位更关心社会问题的市长朴元淳（2014年他再次当选），他取消了一些具有全球知名度的项目。

城市历史上的全球资本主义时刻意味着城市权力的重大改变以及城市景观的巨大变化。但是，最重要的权力转移不是从民族层面转移到全球层面。这是一种从人民、公民到首都、民族和全球的转变。全球城市的主要目标不是城市居民的满意度，全球性首都城市的目标并不是要代表其民族和公民，而是吸引外国资本和消费者支出，为民族首都的某些领域带来利益，并与其他城市竞争资本主义"世界小姐"的称号。

时至今日，不应将城市全球主义视为一个固定范畴，而应将其视为一个变量，任何一个城市都或多或少地向这个方向发展。城市全球主义通常不能独立统治。在民主城市，市长和市政府必须由当地居民选举产生。各国政府密切关注国家利益，大多数国家还必须面对不确定的选举结果。

在探讨全球资本主义的城市印记时，我们可以使用两组变量，一组是城市介入全球资本主义或是与之产生联系的程度，另一组是城市对全球商业的开放性或是对全球商业的系统性从属地位。这里所说的"系统性"是用来区分市场体系和任人唯亲及共谋盗贼统治模式的。为了能够进行大范围的比较，对于第一组变量，本书中我将利用彼得·泰勒和他的同事们研究出的城市经济网络分析中的部分指数，他们的研究基于由中国牵头进行的一项规模宏大的项目，该项目主要研究全球城市竞争力，目前已经完成了两组重要报告。[56] 他们称之为"全球互联互通"：根据《福布斯》的说法，世界上最重要的跨国公司在选择其办公地点时，优先考虑的城市是有排行榜的，这种排名基本可以体现一个城市在全世界是否处于中心地位。[57]

由于综合城市竞争力指数的设计者是进步学者，而不是精明的商人或商业理论家，因此该指数包含了一些与资本主义盈利情况没有直接关系的内容。因此，为了实现本书分析资本主义权力的目的，我们必须参照其他指标。① 美国传统基金会和《华尔街日报》是自由资本主义的忠实拥护者，他们所研究出的"经济自由度指数"是我发现的最好的参照系数。[58]

本书中我将使用其十大类指数中的两类。一类我们可以称之为资本主义开放程度，包括各国的贸易、投资和金融自由度的平均指数。另一类我称之为免税自由，不过原本是称其为"财政自由"的。在完全不征税的国家，这一指数达到了"自由"的顶峰。② 值得注意的是，这两个指数都指向整个国家层面，而不仅仅是首都城市，尽管个别城市可能提供特殊的减税优惠和服务，但国家仍旧是当代全球资本主义的组织方式。

首先，我们将通过考察民族国家首都在全球资本互联互通和全球资本权力这两组变量上的得分，来分析其融入全球资本主义触角的程度。

表3 全球资本主义下的首都：联系最紧密的25座城市

（单位：%）

城市	全球企业互联互通	全球资本权力	
		流动性	免税自由度
新加坡	0.976	0.85	0.91
伦敦	0.966	0.86	0.65
东京	0.957	0.71	0.69
北京	0.849	0.44	0.70
巴黎	0.847	0.77	0.48
莫斯科	0.745	0.43	0.82
首尔	0.728	0.75	0.74

---

① 第一版《竞争力报告》中有一项名为"市场体系"的地区指标，这个指标的三个项目中有一项是地方收入与国家收入的比率，虽然这一项缺乏相关性，但这个指标可能还是有用的。不过在第二版报告中，没有任何解释就将这个指标去掉了。

② 另外还有一个有用的指标——"劳动自由"，由于贸易自由是与劳动对立的，因此"劳动自由"指标认证了真正的资本主义，根据这个指标，沙特阿拉伯和阿拉伯联合酋长国的劳动自由比德国和瑞典程度高。但这个指标是几个项目的组合，而不是与工人自由完全相反的。美国的"劳动自由"指标甚至比阿拉伯半岛国家还要高些，因为美国的工会虽然经常受到骚扰，但并不是非法组织，而阿拉伯半岛国家的劳动力几乎全都是没有权利的移民。

续表

城市	全球企业互联互通	全球资本权力	
		流动性	免税自由度
马德里	0.725	0.81	0.58
曼谷	0.710	0.63	0.81
布宜诺斯艾利斯	0.660	0.42	0.66
墨西哥城	0.633	0.70	0.75
华沙	0.624	0.78	0.76
吉隆坡	0.581	0.67	0.85
布达佩斯	0.576	0.78	0.79
布鲁塞尔	0.572	0.78	0.44
雅加达	0.568	0.60	0.83
都柏林	0.570	0.83	0.74
布拉格	0.527	0.83	0.83
维也纳	0.525	0.83	0.51
智利圣地亚哥	0.525	0.81	0.75
雅典	0.505	0.61	0.64
德里	0.498	0.49	0.77
开罗	0.468	0.55	0.86
斯德哥尔摩	0.464	0.84	0.44
马尼拉	0.457	0.65	0.79
柏林	0.415	0.83	0.62
华盛顿	0.403	0.76	0.66

注释：所有指数的最大值都是 1。重要的跨国企业对于办公地点的优先选择排位中，一个城市的排名即为其"互联互通"指数。"流动性"指数代表对于贸易、私人投资和金融流通没有障碍。"免税自由度"指数既包括最高税率，也包括 GDP 中税收总量所占的份额。[59]

欧洲各国首都仍然处于全球资本主义网络的中心，在25个首都城市中占12个席位。相比之下，只有9个亚洲国家首都、3个拉丁美洲国家首都、1个北非/阿拉伯国家首都入选，而撒哈拉沙漠以南非洲大陆各国的首都城市，一个都没有入选，其中，内罗毕得分最高，为0.2分，在撒哈拉沙漠以南非洲大陆各国的非首都城市中，约翰内斯堡的得分为0.442，拉各斯得分0.211。纯粹的政治首都并没有与世界资本主义完全纠缠在一起。华盛顿尤其如此，其指数为0.403，排在华盛顿之后的渥太华为0.284，惠灵顿为0.247，都远远高于安卡拉、巴西利亚、堪培拉、伊斯兰堡、比勒陀利亚和海牙的得分。阿布贾和阿斯塔纳甚至没有进入名单。在与全球企业联系最紧密的美国城市中，华盛顿位列第四，仅次于纽约、洛杉矶和休斯敦。

资本主义对后共产主义国家首都的渗透令人印象深刻：在欧洲，有四个原社会主义国家首都的指数超过了柏林和罗马，六个排在里斯本前面。但这个指数的可靠性有的时候也并不完全透明，例如，河内的指数是0.314，其得分显示河内与全球资本主义的联系要比西雅图或底特律更为广泛。①

欧洲资本流动的自由度非常高。在得分最高（超过0.80）的九个最有价值首都城市中，有六个是欧洲国家首都，伦敦得分最高。令人惊讶的是，斯德哥尔摩、维也纳和柏林等福利国家城市给予资本的自由度超过了华盛顿。资本家在东京、巴黎和布鲁塞尔也遇到了更多的障碍。把这两个资本权力指数综合在一起，不考虑新加坡实力强大的国家资本主义，新加坡成为理想的资本主义城市，紧随其后的是布拉格、布达佩斯、都柏林、智利圣地亚哥和华沙。由于税收问题，伦敦在综合权力指标中排名靠后，但与除都柏林以外的所有西欧城市相比，伦敦的免税自由度更高。

在当今的全球化时刻，城市权力的表现形式主要有三种：垂直性、新颖性和排他性。摩天大楼的垂直高度已经成为全世界大势所趋的体现，是渴望成为世界强国的信号，或者说至少体现了对于国际声望的追求。今天的摩天大楼与19世纪末全球民族主义时期的宏伟大道如出一辙。虽然这些

---

① 对于指标设计者们如何处理星巴克和通用汽车的全球性这个问题，我并不了解。

摩天大楼中有一小部分是住宅楼，但这并不是住宅的垂直性，而是奢华、财富和权力的垂直高度。这些摩天大楼造价极其昂贵，其建造者告诉全世界，他们有建造这些大楼的资本。在土地价格昂贵的成长型城市，每平方米土地面积都要保证超大的建筑面积，如果落成的建筑能够出售或出租，那么这些建筑的利润格外丰厚，然而实际情况远非如此。

与当下的大肆宣传相反，世界城市不一定是改革创新的重要孵化器，这些城市既没有产生电子革命，也不是生物医学革命的兴起之地，但这些城市是新颖事物的中心，新事物及其财富被吸引到这里，并得以展示。就城市景观而言，新的商业和购物区是最为新颖的所在。本书中我们将讨论与垂直性有关的新颖性。但我们也要关注新的、非民族的、全球性城市地标的建设，以及它们对新的民族形象相对重要的意义。

排他性是全球城市时刻的第三个显著特征。这并不是说要封闭城市，因为这些城市十分需要收入微薄的"服务阶层"，也十分需要新到来的、有抱负的人才："排他性"在这里意味着将城市分割成几个专用部分。门控是最有效的控制手段，但在成长型城市中，不受监管的市场定价也是非常有效的手段。

2003年4月25日，在东京森大厦举办了"六本木之丘"揭幕仪式，仪式由森大厦株式会社主办。主题为"全球城市"的揭幕仪式展览了一些国际城市景观的模型，以"展示全球城市在'垂直增长：迈向天空'的口号下所采取的发展方向"。这次展览是该公司会长兼首席执行官森稔所阐述的纲领性目标的一部分，他提到："我们必须把东京这个水平密集的城市变成垂直的城市区域"。[60]

考虑到我们此前的发现，即摩天大楼的崛起是为了在城市建设中实现利润最大化，以及资本主义者对公共权力和声望的诉求，高层建筑的历史向我们展示了这些诉求在全球范围内的显著转变。1940年，世界上最高的100座建筑全部都在北美（确切地说都是在美国）。到20世纪50年代中期，最高的100座建筑的名单有了一些变化，其中7座位于莫斯科，这7座建筑中最高的是240米的罗蒙诺索夫大学主楼，除此之外，还有206米高的乌克兰酒店[61]、苏联建造的231米高的华沙文化与科学宫，以及位于墨西哥城,由保险公司投资建设的拉丁美洲塔(高182米)。圣保罗和布宜诺斯艾利斯也各有一座140多米高的塔楼。当前全球化浪潮高涨之前,北美的摩天大楼数量(虽然美国不是北美唯一拥有摩天大楼的国家,但其数量仍然具有绝对优势)已经开始下降,1980年占全世界总数的81%,1990年则下降到80%。而后逐年下降,2000年占50%,2010年占30%,到2015年降至17%。[62]

表4 摩天大楼的地理位置与美国城市资本主义的相对衰落:世界上100座最高建筑的地理位置,1940—2015年

年份	地理位置	100座最高建筑的数量
1940	美国	100
1990	北美	80
2000	北美	50
2015	美国	17(包括第四高的建筑)
	东亚	51(包括第二高的建筑)
	(中国大陆)	32(包括第二高的建筑)
	阿拉伯半岛及海湾地区	25(包括第一高和第三高的建筑)
	东欧(莫斯科)	4(包括第33高的建筑)
	西欧(伦敦)	1(第79名)
	南美(智利圣地亚哥)	1(第98名)
	南亚	0
	非洲	0

注释:通信塔不计入其中。[63]

根据中国政府规划显示,到2020年,世界上最高的100座建筑中将有61座在中国。[64] 美国的霸主地位显然受到了猛烈冲击,1998年以后,美国资本退出了争夺世界最高建筑的竞赛。1998年,马来西亚国有资本投资建设的石油双塔取代了芝加哥西尔斯/威利斯大厦,成为世界最高建

筑。2004年，台北金融中心——台北101大楼取代了吉隆坡石油双塔，成为世界最高建筑。之后，2010年，迪拜哈利法塔超越台北101大楼，而在建的沙特王国吉达塔很快就会成为全世界最高的摩天大楼。

尽管摩天大楼是"城市资本主义"权力和追求的衡量指标，而且为了实现赶超资本主义的目标，斯大林主义者曾经努力建设摩天大楼，但把摩天大楼作为资本权力指标，本质上并不十分可靠。苹果、微软和沃尔玛等全球最有影响力的企业，都将总部设在乡村，但这些地点沟通联系都十分便利，而且其总部都不是摩天大楼，建筑物明显向水平方向发展。

现在让我们看看城市全球化是如何影响民族首都城市的。

表5 民族首都中的摩天大楼数量（2015年）

城市	高层建筑总数量[65]	200米及以上建筑数量
东京	207	23
雅加达	201	23
新加坡	155	27
首尔	141	14
莫斯科	119	14
伦敦	95	5
马尼拉大都会[a]	92	18
墨西哥城	91	3
曼谷	88	9
北京	87	8
巴拿马城	78	21
吉隆坡	68	16
巴黎郊区[b]	43	1
安卡拉	42	0
海牙	42	0

续表

城市	高层建筑总数量[65]	200米及以上建筑数量
巴黎市内	39	1
布宜诺斯艾利斯	36	0
柏林	33	0
布鲁塞尔	24	0
华沙	23	2
德黑兰	23	0
开罗	22	0
维也纳	21	2
布拉迪斯拉发	21	0
雅典	20	0
马德里	19	4
智利圣地亚哥	19	1
河内	18	4
加拉加斯	17	2
利马	15	0
基辅	14	0
圣多明各	14	0
巴库	13	1
阿斯塔纳	13	0
内罗毕	13	0
奥斯陆	13	0
贝鲁特	12	0
比勒陀利亚	12	0
波哥大	11	0

续表

城市	高层建筑总数量[65]	200 米及以上建筑数量
布加勒斯特	11	0
里加	11	0

注释：a. 马尼拉大都会没有明确的城市和郊区的法国分界，所以马卡蒂、曼达洛永和塔吉格等城市与马尼拉的数据合并在一起。

b. 这里的巴黎郊区指的是库尔贝瓦和皮托的西郊，包括巴黎的商业区拉德芳斯。

本书中，我们只关注民族国家的首都城市，但在更仔细地研究这些城市之前，我们应该将其与世界上的其他城市联系起来。拥有摩天大楼最多的六个城市都不是首都城市，只是经济发展程度非常高的城市，其中纽约遥遥领先，有 1226 座登记建筑，香港 582 座，芝加哥、多伦多、上海和迪拜分列第 3 至第 6 位，迪拜 200 米以上的建筑数量最多，有 64 座，香港有 63 座，纽约 58 座。300 米以上的摩天大楼数量，迪拜一枝独秀，有 18 座，其中最高的哈利法塔高 828 米，而纽约 300 米以上的建筑只有 7 座。

在 2000 年之前，世界上最高的建筑绝大多数都是办公楼，从早期美国建设的大楼开始，这些建筑通常不是专属的公司总部，而是部分用于或主要用于公司租赁。到了 21 世纪，多功能摩天大楼数量迅速增加，并融合了办公、公寓、酒店、购物和娱乐等功能。截止到 2012 年，世界 100 座最高建筑中只有 49 座只做办公使用，18 座主要用于住宅使用。[66]

全球资本下的民族首都

东亚各国首都的摩天大楼数量之多是意料之中的，但其分布之广远远超出了传统的世界城市范畴。雅加达有 15 座超过 210 米高的摩天大楼，其中 14 座是在 2005 年至 2015 年石油和大宗商品交易繁荣时期建造的。尽管曼谷和马尼拉的民族情况不同，但二者在吸引和接受外国投资方面都有着丰硕成果。吉隆坡也在努力将自己定位为全球玩家，但其发展更多的是受民族国家资本主义的驱动，其地标性建筑——马来西亚国家石油公司双子塔就体现了这一点。值得注意的是德里没有位列其中,印度的摩天大楼都集中在孟买,不过孟买还是排在中国的五个城市之后。德里已经宣布了"世界级城市"的雄心,但迄今为止,国大党的传统仍将全球主义资本抱负限制在一定范围内。另一方面,后共产主义的河内,像莫斯科和北京一样,已经接受了全球的"摩天大楼"游戏。但作为国家的政治中心,北京选择追随而不是引领中国的城市化进程,并处于第六梯队,在国家层面上,上海的摩天大楼数量处于领先水平。

摩天大楼不应被简单理解为资本主义对房屋面积比率的计算。在唐纳德·特朗普的形象和行为中也体现出摩天大楼的一个重要地位,即竞争要素。特朗普是许多特朗普大楼的建造者和所有者。例如,1980 年建成的特朗普大楼是当时"世界上最高的住宅楼",其高度超过纽约联合国秘书处大楼,直到最近,其地位才被其他大楼超越。这说明大楼的高度成了一种地位的象征,重要到需要人为干预操纵。"特朗普大楼"的官方高度超过了高层建筑委员会专家的测量值。这座大厦楼层数的增加略过了一些数字,大楼的 90 层实际上是第 72 层。[67]

摩天大楼已经成为考察当代资本主义状况的一个重要指标。它预示着资本主义的繁荣,通常也预示着繁荣即将终结,帝国大厦和莫斯科联邦大厦就是这一时期的产物。最重要的是,它向我们揭示了特定地区资本主义的一些特征。总的来说,我认为无论是从当前的经验还是从历史角度来看,一座城市的摩天大楼越多,其资本主义就越睥睨一切。

一位日本建筑师在《全球城市名录》中写道:"欧洲的城市一直保持沉默,同时世界各国城市正在"天空"这个新的舞台上竞争,他们都想成为世界上最高的城市"。的确,这场竞赛主要在东亚各国和阿拉伯国家之间展开,美洲各国远远落后,西欧各国则不能望其项背。

在争夺世界城市的战役中获胜后,伦敦成为西欧全球主义资本公认的中心,而阿拉伯石油巨头和俄罗斯寡头们则对此不以为然。在法国,巴黎市区和巴黎郊区是两个完全不同的社会实体,但即使一个傲慢的斯堪的纳维亚人试图将其合二为一,伦敦的优势地位仍旧不可动摇。1973 年,巴黎市动工修建了 209 米高的蒙帕纳斯大厦,此后,保守派总统瓦莱里·吉斯卡尔·德斯坦叫停了高层建筑。虽然巴黎市议会意见产生了分歧，但巴黎市长社会党人安妮·伊达尔戈终于还是在 2015 年 6 月 30 日，促成了 180 米高的三角大厦项目，这座办公楼由赫尔佐格和德梅隆设计，位于巴黎西南部凡尔赛门国际展览中心。安妮·伊达尔戈将这个由法国－荷兰商业地产投资商出资的项目作为"一件艺术品"出售，这件艺术品为宏伟的巴黎建筑收藏增色不少。

缺席高层建筑俱乐部并不意味着完全没有高层建筑，只是数量上少了一些而已。如果我们将目前欧洲仍旧相当可观的财富考虑进来，确实有相当多的城市没有高层建筑。这一份城市名单凸显出欧洲对高层建筑全球主义这一危险信号的强大抵抗力。其中最典型的是罗马，罗马依旧是民族政治首都和天主教的世界中心，而米兰和都灵也在名单中。①

在四个北欧福利国家的首都中，只有石油资源丰富的奥斯陆参与了摩天大楼的游戏。这四个城市的公共城市规划传统都十分深厚，舆论和法律工具完善，有以农村和农民为主的悠久历史传统。摩天大楼和其他浮夸建筑一直受到严格监管，以确保这些建筑能够与周围环境保持协调。但这并没有阻止这些城市在 20 世纪中期产生一些具有创新意识的建筑师，他们也被委以重任，如赫尔辛基的阿尔瓦·阿尔托，斯德哥尔摩的贡纳尔·阿斯普朗德和斯文·玛克留斯，哥本哈根的阿恩·雅各布森，此外，还产生了现当代主义设计师，如奥斯陆的斯努赫塔，哥本哈根的亨宁·拉尔森、施密特·哈默·拉森和 BIG 建筑事务所。尽管斯德哥尔摩的政治家们正积极尝试将其统治的城市打造成"斯堪的纳维亚首都"，但赫尔辛基当地民众抵制政府与古根汉姆基金会签署一项代价高昂的协议，这十分能够代表当地民众对于全球主义天花乱坠的宣传的态度。

---

① 原始的罗马资本主义的面孔通常是隐藏起来的，事实上它是滋生腐败和"黑手党资本"的温床。2008 年至 2013 年，右翼市长贾尼·阿莱曼诺任期中，腐败盛行。左派政客伊格纳西奥·马里诺继任市长后，在他的任期内爆出丑闻，伊格纳西奥·马里诺为人还算正直，可惜缺乏任公职的经验和政治基础。在首相的公开打压下，他被迫辞职。2016 年 6 月，来自民粹政党"五星运动"的一位年轻律师维吉尼亚·拉吉当选新市长。她上任短短两个多月后，行政矛盾的突然出现以及阴魂不散的腐败的阿莱曼诺政府让罗马又爆发了一场新的危机，这让她颜面扫地。在各种老生常谈的困难中，市区服务是难上加难，尤其是城市公交公司及垃圾回收更是困难重重。

爱尔兰成功地将自己定位为美国资本进入欧洲市场的跳板,但都柏林市比爱尔兰各银行的打算更为谨慎,都柏林市也没有公开加入这场"空中竞赛"。尽管非法所得大量涌入瑞士,但瑞士基本上还是一个谨慎而克制的老派资本主义国家,著名的苏黎世商业街班霍夫大街就是典型代表。无论是首都伯尔尼,还是瑞士其他三个主要商业中心(巴塞尔、日内瓦、苏黎世)中的任何一个,都没有参与摩天大楼建设的竞赛。里斯本也没有加入这个行列,不过雅典却在这个队伍中,这表明了半边陲南欧资本主义国家之间存在一些值得关注的差异。雅典的摩天大厦似乎主要是轻率的军政府时期(1967 年至 1974 年)的产物,在 2004 年奥运会筹备期间并没有太多投入。里斯本较为保守,1974 年革命后曾短暂出现过反资本主义倾向,丘陵地貌和边陲国家的现实导致该市对于公司办公室的需求并不十分强烈,1998 年里斯本世博会上推广了符合海洋主题的一座水平建筑。①

统计数据显示雅典的摩天大楼数量多于马德里,这是由于人为因素影响,取决于临界点的选择。尽管雅典登记的摩天大楼比马德里多一座,但马德里 100 米以上的建筑比雅典多 13 座。实际上,马德里是欧洲摩天大楼建设的先驱之一,其中最具代表性的是 20 世纪 60 年代建设的"有机主义者"白塔大楼。这是一座高 71 米的塔楼,由 8 个圆柱形建筑组成,带有半圆形阳台,现在外观有些破败,但其创意还是令人印象深刻。②

摩天大楼的超长垂直度通常与城市的新颖事物联系在一起,并以中央商务区的形式得以呈现。在欧洲,巴黎最先进行了尝试。1951 年,市议会否决了一项提议,1956 年,又启动了一个新的商业区项目,由公共机构拉德芳斯区域开发公司(简称 EPAD)进行开发。地处巴黎市西部的拉德芳斯破土动工。EPAD 的初衷是将其建成一个具有里程碑意义的建筑群,在过去几十年里,这一目标确实得以实现,在吉斯卡尔·德斯坦就任总统后,

---

① 感谢我的朋友兼同事,来自希腊的索克拉斯·科尼乌尔多斯及来自葡萄牙的何塞·路易斯·卡多佐提供了此条资料。为 1998 年世博会建设的一栋独立的、相对中等高度的高层建筑没有能够吸引到足够多的租客来租赁办公室。

② 这座建筑是由西班牙建筑师弗朗西斯科·哈维尔·萨恩斯·德·奥依萨为一家名为华尔特的私有房地产公司设计的。大楼里有公寓、办公室还有一个屋顶泳池。

公众舆论叫停了更多摩天大楼的建设，但对高层建筑的商业需求不断增加，拉德芳斯的优势进一步凸显。[68] 人们发现拉德芳斯的商业大厦破坏了香榭丽舍大街和凯旋门的景致，这使其成为公众关注的焦点。蓬皮杜总统的介入才挽救了该商业区建设的构想，"拉德芳斯之门"项目由此产生，这是一座建筑学上的入口。不知名的丹麦建筑师约翰·奥托·冯·施普雷克尔森在竞标中胜出，他的设计简洁，但颇为人性化，他设计了一个白色的"中空立方体"，两侧是"带盖子的办公室板式楼"[69]，这一设计与凯旋门遥相呼应，人们称其为拉德芳斯大拱门。在全世界范围内，该建筑都可以称得上是将新的商业区与一座历史名城联系起来最成功的范例。

拉德芳斯大拱门被纳入法国前总统弗朗索瓦·密特朗为巴黎设计的"宏伟工程"中，其目的主要是为了更新巴黎作为 19 世纪世界（确切地说是西方世界）文化之都的地位。作为当代全球时刻的一部分，这一工程取得了一定成就，但就全球形象而言，该工程比不上前几任法国总统倡导建设的两处工程。一处是保罗·安德鲁设计的戴高乐机场，机场设施并不是十分便捷，尤其是扩建之后，情况更是如此，但戴高乐机场仍旧是世界上最具独创性的机场。另一处是"博堡"，即蓬皮杜中心，菲利普·约翰逊在与其他评审专家进行了激烈讨论后，确定了伦佐·皮亚诺和理查德·罗杰斯的设计方案，这一设计也成为后现代主义的全球范本。不过，密特朗还是亲自选定了一座举世瞩目的纪念碑，其设计大胆、不属于民族风格，但却优雅、低调，这座玻璃金字塔由贝聿铭设计，建在历史悠久的罗浮宫庭院中，其功能是博物馆入口的顶篷。

接下来要提到的是马德里的新商业中心。这一计划是在佛朗哥独裁统治时期最后十年中制订的，而实际动工时间是 1940 年，是按照马德里总体规划实施的。该商业中心名为 AZCA，A 代表参与了元帅大道商业区发展中的各企业协会。早期民族主义者称之为"元帅大道"的这条路是马德里的南北大动脉，此后，这条路一直都被称作卡斯蒂利亚大道。AZCA 南接卡斯蒂利亚大道，1996 年投入使用时，其标志性建筑是由菲利普·约翰逊和约翰·伯吉设计的两座向内倾斜的双子塔楼，名为"欧洲之门"，之后陆续建起了一座座规模宏大的商业塔楼，其中包括由山崎实（他还设计了纽约世贸中心双塔）设计的毕加索大厦，该矩形塔楼外观呈现白色条状。2007年，房地产业泡沫破裂前夕，又对该区域进行了扩建，修建了四大楼商业区，知名建筑师诺曼·福斯特和西萨·佩里参与了该商业区设计。尽管马德里市民对于摩天大楼异常反感，AZCA商业区和四大楼商业区还是很好地融入了马德里的城市景观，既没有争夺城市中心的地位，也没有成为浮华的飞地，反而成为城市的延伸。

尽管该商业区具有全球主义色彩，但它仍然根植于民族之中。从旧的市中心向这一区域进发的途中，你会经过世上罕见、甚至可以说是独一无二的宪法纪念碑，该纪念碑群是为了纪念后佛朗哥民主时期的1978年版宪法。在进入由科威特投资局建设的"欧洲之门"前，你所处的位置就是为极右翼政治家何塞·卡尔沃·索特洛修建的"西班牙"纪念碑，在下达了又一次暗杀命令之后，他被杀害，他去世时的紧张局势导致了1936年军事起义和西班牙内战。2016年，新当选的左翼市政府拆除了为索特洛建设的这座纪念碑。

自第一次世界大战结束以来，维也纳一直是一个没有大国背景的大城市。第二次世界大战结束，1955年和平条约签订后，奥地利政府和维也纳市政府共同努力，要把维也纳改造成一个国际化大都市，并使其成为联合国办事机构驻地。本着这一精神，维也纳国际中心于1979年投入使用，这标志着维也纳成为多瑙河上的一个联合国办事处驻地。自20世纪90年代末以来，维也纳国际中心已经扩建成为集商务娱乐为一体的"多瑙城"，由奥地利多家银行组成的财团在这里建起了一幢幢摩天大楼。

值得注意的是，1920年以后，社会民主党开始执政，正是在这一时期维也纳发生了所有的战后变革。1930年，一本社会民主党的杂志自豪地宣称"'红色百万城市'[69]是世界上所有资本主义国家劳动人民的希望和进步所在"。[70] 2004年，办公大楼照片的旁边，维也纳将城市定位成"最佳办公地点"。1994年，"多瑙城"被树立为标杆，是"应该把国际投资者吸引到维也纳的大型项目"。2004年，维也纳停建了公共住房。

上述三个项目虽然越来越多的服务于全球化客户，但主要还是由国家私有或公有资本建设的，伦敦金丝雀码头的新商业中心与之相反，正如我们在前文中提到过的那样,虽然该项目得到了保守党国家政府的大力支持,但项目从一开始就是全球性的。

我们还将考察两个欧洲国家的首都,在这两个城市,当前的全球时刻没有国家政治关注点那么重要。海牙和柏林都没有过多地参与全球资本主义。然而,这两个城市最近都以各种雄心勃勃和妙趣横生的方式做出了改变。

鉴于海牙有限的城市规模和相对保守的状态,其摩天大楼数量之多值得关注。这是具有重大意义的荷兰高层建筑城市化的组成部分,在鹿特丹和阿姆斯特丹更为明显,而在斯堪的纳维亚半岛则基本不存在,或只是刚刚萌芽。海牙本身就很了不起,原因有二。首先,就一般的城市改造而言,海牙可以说是所有重要历史城市中内城改造最成功的典范,至少在欧洲如此,在全世界也应该是数一数二的。在 1990 年到 2010 年的 20 年里,作为一个充满活力的城市,海牙完成了城市改造,国家对于盎格鲁-撒克逊式的内城失去了兴趣,中产阶级移居郊区。在中央车站周围,一个高层建筑现代主义区域已经建成,另外一部分更具历史意义的市中心地区没有高楼大厦,将二者联系起来的是一个精致的后现代主义街区,名为"住客",这里的建筑中等高度,形状各异。车站旁高楼大厦林立的"葡萄酒港区"由美国建筑师理查德·迈耶设计,"住客"区由卢森堡建筑师罗伯·克里尔设计。由本土建筑师设计的 42 层住宅楼双塔——"铁",生动体现了海牙为争取全球地标殊荣所做的努力。[71]

其次,这座城市新建的大多数高层建筑和其他现代化建筑不是公司大楼,而是公共建筑。市政厅新楼是一个相当普通的功能主义综合体,但国家政府建设了若干摩天大楼自用,偶尔也与商业租户共用。司法部和内政部占据了最高却也是最无趣的建筑,而教育部和福利部则坐落在最引人注目的大楼里,该建筑由纽约公司科恩·佩德森·福克斯建筑事务所设计。1984 年,外交部搬进新址,这是一个规模很大却不显奢华的中等高度建筑,其外形呈曲面,看起来像中产阶级的公寓。①

---

① 参见范欧本 2012 年出版的精美画册。我也很幸运能够得到阿姆斯特丹地理学教授赫尔曼·范·德·乌斯滕及我的荷兰朋友唐·卡尔布的指点。

作为专门的政治和行政中心,海牙从来不是激进政治的大本营——但海牙市政府和在此办公的中央政府(20世纪90年代,中央政府是在中立派工党领导下的联合政府)依旧表明,即使在一个向全球资本开放的国家,城市也有不同的选择。

柏林是欧洲孤独的心脏,地理位置处在中心,但没有交通枢纽;为欧盟经济流通提供动力,但本身是一个相对贫穷的首都,因此,对年轻的艺术家和作家来说,柏林仍然低廉的房租极具吸引力。与其说柏林经历的全球时刻是西德合并东德后统一的德国所带来的,不如说它正在经历一个新的民族时刻。柏林的世界城市之争是在20世纪的前20年进行的,之后就再没有过相关议题。①

柏林有一些高层建筑,但在拥有100米以上高层建筑的城市排名中,柏林在欧洲各国首都中仅排名第九,排在柏林前面的有莫斯科、伦敦、巴黎、华沙、布鲁塞尔、马德里、基辅和维也纳。在统一后的新首都的重建过程中,对建筑物的高度实行了严格的监管,无论是建筑师提出的具体设计方案,还是开发商提出的建筑设想,各种摩天大楼的建设提案都被否决了。柏林官方1992年发布的《城镇规划原则》正式承认:"效仿世界领先城市的高层建筑城市模式之后,对具有形象意识建筑特征的办公空间的需求压力增大",鉴于这种情况,有必要关注城市的"高度轮廓"。但是,必须以不同的方式来处理这一问题。在市中心,25米为最高限高,尽管在非市中心地区可以看到高楼大厦,但这些建筑必须符合"典型的柏林(建筑)要素"视图。[72]事实证明,对柏林市内办公空间的需求很快就得到了满足。柏林的城市规划者没有将柏林打造成全球性商业城市的迫切追求,他们专注于打造中产阶级城市的各种不同版本。[73]由于一些建筑师和开发商不断施加压力,最近,前东柏林中心亚历山大广场及其周边地区的限高规定有所松动。到目前为止,建设结果并不令人满意:一处呈半圆形的中等高度建筑群和一座42层的酒店板式楼,这座酒店板式楼的屋顶景观勉强算得上

---

① 1999年9月6日,德国最具影响的政治周刊《明镜周刊》应付差事般地刊登了名为"进军世界城市"的封面故事,但故事内容却并没有对这个想法进行详细说明。

唯一的可取之处。

积极广泛的民意和政见都认为应该对柏林市战前和纳粹统治前所留下的文化遗产给予历史尊重。在决定重建威廉帝国皇宫时，这一观点的阐释方式十分怪诞。最终，找到了一个貌似合理的妥协方式：宫殿建筑立面将会重建，但该建筑将成为文化机构——洪堡论坛建筑群的一部分，宫殿广场由佛朗哥·斯泰拉设计完成，全新的设计将该广场改造成了一个巨大的文化庭院。

重新统一后的柏林，最大的两个建筑项目没有包括 CBD 项目。其中一个项目是建设一个新的政府中心，另一个项目是波茨坦广场区域建设项目，这里曾是德国东部战前的社会和交通中心，在战争中遭到破坏，后来由于城市分裂而变成了荒地。政府大厦的设计是根据纳粹主义下台后西德开发民主建筑的原则进行的，这些建筑都是轻型、透明玻璃建筑，且便于民众进出，摆脱了西德那种典型的、质朴的小规模建筑特色，能够更好地适应伟大德国的需求。总理办公室的狭窄玻璃幕墙掩盖了办公室内部巨大的隆起；市民和其他游客可以走在国会大厦新的玻璃圆顶上面，俯视国会议员；在国会大厦和总理办公室之间的开阔草地上，孩子们可以踢足球，这是该设计理念最精华的部分。西德的政治精英是塑造德国权力新建筑的决定性因素。德国前总理科尔在新总理办公室提到的关键词是"信心、谦虚、尊严"，前总统赫尔佐格在新总统官邸提到："一栋不会弄错却又不引人注目的建筑"。[74]

波茨坦广场项目由市政府牵头，旨在将分裂为东西两部分的城市核心区重新整合。按照一套公开的指导方针（及法定的建筑高度规定），该项目由四家不同的私人开发商负责，不过一些规模相对较小的高层建筑还是得到了批准。两处最大的工程分别由戴姆勒-奔驰公司和索尼公司负责，两处集办公、购物及娱乐于一体的社区风格迥异，其中一个设计方案是欧洲城市传统的（后）现代版本，由伦佐·皮亚诺设计完成，在我看来，他的设计很成功。另一个设计方案由德裔美国建筑师赫尔穆特·扬完成，其设计理念受到美国商业中心的启发。第三处工程是拜斯海姆中心，要将其建成升级版富人区，由宁静的居住空间、低调的专业化办公区和两家豪华的中等规模酒店组成。

当然，柏林的第二个民族时刻有一个标志性的维度。至少在前25年里，其关注点并不是国家统一，遑论民族荣誉。相反，它以一种惊人独特的方式，专注于全民族的悔恨和羞愧。相继建设了丹尼尔·李博斯金设计的犹太博物馆；彼得·艾森曼设计的抽象建筑"欧洲被害犹太人纪念碑"，这个纪念碑群坐落于市中心重要位置，在勃兰登堡门附近，由一大片混凝土板构成；此后，又在蒂尔加滕花园的一个角落里，为被谋杀和迫害的罗姆人和辛提人建设了一座相对不太重要的纪念碑；再后来又建设了一个规模小得多的纪念堂，悼念被纳粹迫害的同性恋者。"恐怖地带"博物馆成为系统展现纳粹镇压和种族灭绝罪行的博物馆项目的收官之作。民族柏林是民族赎罪和忏悔的独特表现。

在新的全球格局下，自由资本主义新的民族变体可以得到发展。根据伟大的英国流行病学家迈克尔·马默特爵士的说法，资本主义的"复兴"，导致了1989年至1999年间，苏联增加了400万的死亡人口。[75]一方面，通过攫取石油、天然气和矿产等以前的公共资产，私人获得了巨额财富；而另一方面，形成了大规模失业和贫困。正是在这个时候，莫斯科市长于1999年宣布，在未来15年内，将建造60座40层的高层建筑。（方便的是，市长夫人叶莲娜·巴图林娜名下的建筑和房地产公司是莫斯科最大的公司之一。）

尤里·卢日科夫于1992年至2010年间担任莫斯科市长，后来因欺诈被俄罗斯总统梅德韦杰夫解职，他所设计的莫斯科曾是俄罗斯帝国资本主义的一座城市。旨在将莫斯科打造成全球资本主义金融中心的同时，城市设计也与东正教重新联系起来，东正教如今是俄罗斯政治生活的浮华载体，基督救世主大教堂得以重建，为了建设苏维埃宫，斯大林曾将其炸毁，结果苏维埃宫也没有动工兴建。按照沙皇俄国的传统，建造了沙皇彼得大帝一世的巨大雕像，雕像就耸立在莫斯科河河畔的一艘混凝土材质的船身上。现在的电视节目里，克里姆林宫内部装饰和礼仪都复原成沙皇时期的状态，进行充分展示。坐落于莫斯科北部的巨大住宅楼"凯旋宫"让人想起俄罗斯另一个传统，该建筑是斯大林主义现实主义的资本主义变体，与20世纪40年代的七姐妹摩天大厦建筑群很相似。

然而，沙皇主义的复兴、国家与教会联姻传统的复兴以及俄罗斯民族传统的复兴，都只是资本主义莫斯科的一个方面。其另一面是现代主义，或者说是后现代主义。[76] 20世纪90年代初，市长提出了"莫斯科城"项目，由莫斯科著名建筑公司承建。2010年，由于经济原因，该项目暂停建设，从俄罗斯目前的经济形势和前景来看，该项目似乎规模太大了。但几座高层建筑已经完工，其中包括欧洲目前最高的OKO塔，该建筑由美国斯基德莫尔－奥因斯－梅里尔设计师事务所承建，出资方是俄罗斯房地产开发公司"资本集团"。"莫斯科城"已经建成了四座300米以上的大楼。由莫斯科另一家房地产公司出资建造的联邦大厦双塔之一的"东方塔"，按计划要成为欧洲最高建筑，已于2016年完工。

欧洲新建商业区基本体现的都是民族资本的全球抱负，而不是全球资本的民族抱负，"莫斯科城"尤其如此，不过金丝雀码头是个例外。"莫斯科城"开发商都是本土公司，无论国内还是国际的建筑和工程都在莫斯科，但都没有依赖于知名人物。这些建筑试图发展特定的形式，但其主要竞争优势是建筑物的高度。[77] 这些核心建筑都将成为集办公、豪华公寓和高端娱乐为一体的多功能建筑，他们是企业投资，而不是品牌企业总部。"莫斯科城"高层建筑的命名具有明显的民族特色，如联邦大厦、欧亚大厦、首都之城双塔（指莫斯科和圣彼得堡这两个官方首都）。

后共产主义时代的华沙拥有一座标志性的斯大林主义摩天大楼——文化与科学宫，该建筑由列夫·鲁德涅夫设计，他也是莫斯科国立大学的设计者。20世纪50年代，这两处建筑曾是美国以外，世界上最高的两座摩天大楼。尽管拆除文化与科学宫不是件易事，且花费颇高，而且它还履行了诸多文化功能，但还是有强烈的反共压力要求将其拆除。最终，市政府选择将其湮没在一片资本主义摩天大楼的丛林中。但这一目标的实现似乎缺乏必要的经济手段，抑或是缺少起决定性作用的政治推动力，而事实上华沙已成为该地区一个重要的金融中心。如今，文化宫周围建起了一座座高层建筑，既有酒店也有企业办公楼，新建的大楼显然更现代化，但却没有文化宫那样引人注目，而且在高度上没有一座建筑能超过文化宫。文化与科学宫仍然是华沙一个主要的文化中心,似乎也被人们广泛接受,成为一个历史地标。作为一个城市的标志,文化与科学宫仍然是无可匹敌的。

东欧摩天大楼的榜单上没有贝尔格莱德、布达佩斯和布拉格这三个城市,而布拉迪斯拉发的上榜则与之形成鲜明对比,本书需要对此发表一些简要的评论。1980年以来,贝尔格莱德陆续建设了三座超过100米的建筑,却未能很好地实现全球化,这是因为由于美国的干预,塞尔维亚在南斯拉夫解体战争中战败。迄今为止,贝尔格莱德再没有建造新的摩天大楼。1989年以前,布拉格和布拉迪斯拉发都有两座100米以上的摩天大楼,在外国投资的推动下,这两座城市都进入了资本主义高速增长时期。21世纪前十年,布拉迪斯拉发的崛起引人注目,它没有布拉格和布达佩斯的辉煌历史,但以购买力平价衡量,在欧盟最繁荣地区排名中,布拉迪斯拉发已成为第六名,排在布拉格和斯德哥尔摩之前。布拉迪斯拉发在21世纪前十年建成了三座100米以上的高楼。在英属泽西岛、布拉格和布拉迪斯拉发均设有办事处的Penta投资公司与扎哈·哈迪德签约,要在新的市中心建设一座多功能建筑。该工程原定于2019年完工,但其建设规模已经缩减,在哈迪德去世后,这个项目也许可能放缓建设步伐。布达佩斯严格执行55米的建筑限高,为了与当代保守的民族主义政府保持一致,高层建筑的提议都被否决了。[①] 最高的建筑是1903年建设的国会大厦,高96米。就像狂热的斯大林主义一样,后共产主义的全球化也有其民族多样性,欧洲的城市传统仍然压迫着东欧狂热的资本主义首都。

殖民资本主义尤其急功近利——或者说就像是暴发户,其特征就是急于在一个新的国家赚取巨额利润。正如我们在上面所看到的,摩天大楼源于美洲,从纽约和芝加哥发展到蒙特利尔和多伦多,在除苏联以外的欧亚大陆各国或非洲站稳脚跟之前,又慢慢发展到墨西哥城、圣保罗和布宜诺斯艾利斯。然而,大英帝国和之后的殖民政治促成了新的、专业化的、非资本驱使的政治首都的出现。

---

① 我访问布达佩斯时,尤迪特·博德纳和她当时的研究生尤迪特·维尔是对我很有帮助的向导。

在华盛顿特区，美国国会至今一直保持着严格的建筑限高规定，这里的政治权力仍令商业开发商望而却步，这在美国的大城市中，可能也是唯一一例。但是，正如我们在前文中所看到的，与其他专门的政治首都不同的是，华盛顿也明显融入了全球企业网络。作为世界银行和国际货币基金组织的所在地，华盛顿还是全球经济管理最重要的"指挥部"。

拉丁美洲的现代主义之都巴西利亚没有摩天大楼，这一点值得注意，这突显了我之前的观点，即建筑现代主义与摩天大楼并没有本质上的必然联系。巴西利亚已经成为一个大城市，但它是巴西这个全国都以自我为中心的大国的民族首都。和柏林一样，巴西利亚拥有美好的民族生活，却没有全球化的向往。与巴西利亚相反，自2010年以来，巴拿马已经建设了18座200米以上的摩天大楼。这些高楼大厦或是美国出资或是海外金融投资抑或是闲散资金投资建设的，他们淹没了这个民族中心所在的半岛。

在西半球的所有城市中，墨西哥城当仁不让，成为拉丁美洲城市垂直高度的体现。尽管布宜诺斯艾利斯和圣保罗在20世纪20年代至30年代率先建设了拉丁美洲第一批100米以上的高层建筑，但是20世纪50年代中期以后，隶属于保险公司的"拉丁美洲塔"在很长一段时间里一直是拉丁美洲最高的建筑，其楼体之坚固，即使在1985年大地震时，也基本上毫发无损。1988年，新自由主义回潮，1994年，签订北美自由贸易协定，在二者的共同作用下，墨西哥城面临的全球推力具体体现在两个方面，一是新商业区圣达菲的建成，二是城市主干道之一的改革大道上建设起了一座座摩天大楼，正如官方旅游指南所书，改造后的改革大道"完全代表了这个城市和这个国家想要在现代呈现的形象"。[78] 这并不是夸大宣传。如前文所述，在19世纪的最后三十几年中，改革大道被改造成具有民族主义和自由主义象征意义的阅兵场。哥伦布和阿兹特克末代皇帝瓜特穆斯的巨大雕像竖立在改革大道中间；人行道两旁低矮基座上的一些小雕像刻画的是墨西哥自由民族主义的一众先贤。为了纪念反抗西班牙起义一百周年，雕像历史天使更名为独立天使，耸立在改革大道一处高高的基座上。后来又宣布将基座改称祖国祭坛。毗邻改革大道的还有1952年为献礼经济民族主义而建设的纪念碑——石油的泉源,这座纪念碑是用来纪念1938年石油工业国有化的。1984年到2003年间,墨西哥最高的建筑是墨西哥国家石油公司的行政大楼。

今天,或许该将这条宏伟的大道称为全球主义之民族主义大道。最好是在周日不堵车的时候,从西蒙玻利瓦尔街心花园出发,沿着林荫大道向西南方向走,你可以看到具有民族意义的地标建筑是如何逐渐被国际酒店和企业摩天大楼淹没的。① 以歌手艾迪特·皮雅芙演唱的《玫瑰人生》命名的玫瑰区曾经不受传统束缚,如今已经成为企业竞争的战场,这个地区虽然没有争夺世界最高建筑比赛的冠军,但也是在争夺地区性或至少是全国性的高层建筑冠军。从2003年到2010年,市长大楼一直是拉丁美洲最高建筑,直到2016年才降级为墨西哥最高建筑。该建筑是由保罗·莱克曼开发的,此人正是参与金丝雀码头开发的奥林匹亚与约克公司的开发商莱克曼兄弟其中之一。2016年2月,西班牙对外银行毕尔巴鄂比斯开银行在附近建起了商业银行金融大厦,该建筑在原设计规划的基础上增加了5米,超过了市长大楼,成为墨西哥最高建筑,不过可能也只是将这个头衔维持了几个月而已。紧锣密鼓建设中的改革塔比商业银行金融大厦高10到11米,将会成为墨西哥最高建筑。

正如在伦敦以外的欧洲城市那样,我们在墨西哥也发现,由于民族力量与利益的支持,全球力量与利益可以与之融合。市长大楼的开发建设是在与当时任墨西哥联邦地区政府首脑的左翼市长安德烈斯·曼努埃尔·洛佩斯·奥夫拉多尔(简称AMLO)的合作下完成的,正如我们所看到的,AMLO领导的政府也经历了民众时刻。与AMLO举行的联合记者会上,莱克曼声称他建设的塔楼是墨西哥经济力量的物质体现。[79] 即将完工的改革塔的开发商毫不掩饰地夸耀他们建设的钢铁摩天大楼就是"墨西哥建筑"的体现,绝不是所谓的"国际建筑"那种"大片玻璃"外墙的设计。事实上,最令人信服的说法应该是:"该建筑内的企业将会享有的声望和声誉是

---

① 参见卡洛斯·马丁内斯·阿萨德记录林荫大道的大作《改革大道上的聚居地》(墨西哥城:经济文化基金会出版公司,2005年)

只有这样宏伟的建筑才能传递的。"①

墨西哥城西部的新商业区圣达菲项目于20世纪70年代进行规划,80年代动工,90年代飞速建设,其商业意义远不如改革大道西南端商业区重要,但圣达菲显然是有针对性的商业区。这片区域是为私家车而建,其中一片公共步行区的存在受到质疑。区域内确实有几座设计风格有趣的建筑,更加注重时尚,而不是建筑高度,但本人在为其中一座建筑拍照时,立即遭到了一小群私人警卫的阻拦,他们索要胶片,称其为"私人版权"。相对独立的商业和住宅建筑相互间是封闭的。然而,尽管圣达菲具有排他性和私有特征,但它是由国家政府和市政府组成的一个公共财团发起的项目,区域内的第一座建筑是一所进步的耶稣会大学。

如今,拉丁美洲最高的建筑是2014年竣工的智利大圣地亚哥塔,高300米。该建筑由智利一家老牌建筑公司建造,由西萨·佩里与本土设计师共同设计。圣地亚哥也专门设立了"创业城",这里比圣达菲更适合游客,但却没有什么引人注目的建筑。其中只有30%的企业是跨国企业。

波哥大对建筑高度的追求更加国际化。西班牙资本为即将到来的高度冠军——260米高的酒店及多功能大厦"波哥大市区巴卡塔尔大楼"提供资金。波哥大目前的最高建筑是科尔帕特里亚大厦,虽然名字没有什么联系,但这幢大厦实际上是加拿大丰业银行的一部分。排名第二的是世界贸易中心,科尔帕特里亚大厦和世界贸易中心都已于1979年完工。利马是一座没有受到高层建筑现代主义影响的历史名城,但在过去20年里,利马经济增长势头迅猛,建设了几座国际化大厦,但是最高也不过120米。值得注意的是,1976年至2001年,秘鲁最高的建筑是高102米的利马市民中心。

20世纪20年代至30年代,富裕却自傲的布宜诺斯艾利斯是除美国以外高层建筑建设的先驱之一,其"二战"后的发展没有那么引人注目,不过2001年的崩盘却让人印象深刻。布宜诺斯艾利斯没有参加200米及以上

---

① 建筑设计师本杰明·罗曼诺是墨西哥人,但是在墨西哥以外的拉丁美洲地区有过一些设计作品。

高层建筑的比赛。近年来，主要的城市规划项目是一个滨水项目——马多罗港的建设，其灵感部分来源于巴塞罗那奥运会开发项目的成功。该地区确实建设了一些商业大厦，但主要关注点是休闲和住宅，其中包括高层公寓。与圣达菲类似，马多罗港是由国家政府和市政府组成的联合机构开发和管理的，该机构有一位轮值主席。多年来，该地区似乎变得更具有民族性，而国际性的体现越来越少。

拉丁美洲移民一直在努力争取被第一世界国家、他们的祖国以及他们北方的"老大哥"和第一世界"全球城市"所承认，被他们正式接纳为成员。尽管"成员"这个定义是一个非常模糊的概念，但几乎没有人会认为，拉丁美洲的任何一座城市已经完全实现了这一目标。① 在团结各方力量的过程中，城市规模较大的一些拉丁美洲国家首都（如墨西哥城和布宜诺斯艾利斯）在对待公众参与者、民族参与者以及地方参与者的重要性上，似乎更类似欧洲国家首都的态度，而与美国城市有所区别（除华盛顿以外）。他们对于高楼大厦的追求形形色色，他们容忍甚至提倡不平等、种族隔离乃至生活质量严重分化，在这些问题上，他们都与其"老大哥"非常相似。

相似的殖民经历使非洲和亚洲走到了一起，他们都曾遭受帝国主义压迫，还受制于殖民国家的种族主义和现代化。争取民族独立的斗争和把帝国殖民地变成民族国家的任务殊途同归。在世界经济中的边缘地位是前殖民国家的共同之处，但这些国家应对这种局势的能力却大不相同，造成这种情况的历史原因过于复杂，想要在本文中解释清楚是十分困难的。在当前的全球时刻，撒哈拉以南非洲大陆和亚洲及北非这些前殖民地区之间，存在着一条鸿沟。

另一方面，民族经验将殖民地与通过感应型现代化而生存下来的国家区分开来。在当前的资本主义全球化环境下，这种区别已然不那么重要，而各个民族的发展仍然具有其自身特征，这些特征在亚的斯亚贝巴、曼谷、德黑兰和东京都有所体现，同时也体现在一些前殖民国家首都。

正如我们在前文中所看到的那样，开罗与全球资本主义的联系比斯德

---

① 主要争夺者应该是圣保罗。

哥尔摩更为紧密，马尼拉全球资本主义的参与度也比罗马更深入，而在撒哈拉以南国家首都中，只有内罗毕比明斯克与企业关系更为良好。即便如此，内罗毕的排名仍远低于惠灵顿，在全世界范围内排名垫底。

内罗毕是随心所欲的肯尼亚资本主义的首都，是联合国办事处所在地，也是联合国人居署总部所在地。2008年，内罗毕宣布了到2030年要成为"世界级非洲大都市"的宏伟构想。在拥有高层建筑最多的200个城市中，除了比勒陀利亚，内罗毕是唯一一个跻身其中的撒哈拉以南非洲地区国家首都。虽然内罗毕还有几处世界最大的贫民窟，但在21世纪初的十年间，内罗毕确实完成了城市升级改造，包括舒适的市内公交车、运转正常的公共电话和清洁的公共厕所。而购物中心有意设计成不适合步行前往，主要面向白人侨民。独立后的内罗毕一直有着恣意张扬的特点，市内有很多高层建筑。虽然将要建设的科威特哈兹纳塔将会成为市内最高建筑，但目前市内的高层建筑都是国有的，包括2015年完工的保险公司UPA塔、1997年完工的当地报纸《每日时报》报社大楼、1974年完工的隶属政府的肯雅塔国际会议中心，还有1973年完工的社会保障大楼。这些建筑高度都在100米以上，200米以下。

大约十五年前，我曾经从马里飞往科特迪瓦首都阿比让，经过了一个面积辽阔、尘土飞扬却友好和善的村庄，那里偶尔出现的一些公共建筑是几十年前由苏联、南斯拉夫和中国修建的，之后就到了位于潟湖上的阿比让中部高原，这里就像是非洲的曼哈顿。尽管在阿比让市中心行驶就像在一个正常的城市里行驶一样，而且对于一个斯堪的纳维亚人来说，甚至就像是在一个有着高楼大厦的城市里通行，但20世纪80年代的可可繁荣期还是终结了阿比让的宏伟蓝图，将西非法语区的中心地位拱手让给了达喀尔。阿比让确实有四座100米以上的建筑，其中两座是公共建筑，但都是1984年以前建成的。就全球资本主义互联互通而言，阿比让的地位已经变得无足轻重，不过目前这种情况正在改善。阿比让远远落后于阿克拉和马普托，垂直高度在100米以上的摩天大楼数量差异就是一个体现。阿比让的摩天大楼更多的是国家用途，而非全球性用途，因为阿比让两座重要的摩天大楼分属国家中央银行和另一家国家银行。在21世纪初繁荣期的推动下，拉各斯和内罗毕怀揣全球抱负，而且在撒哈拉以南非洲城市中，到处都可以看到全球灵感，但全球资本主义的全面铺开才刚刚开始改变撒哈拉以南非洲城市。即使在曾经冷清的达累斯萨拉姆，变化也是显而易见的，坦桑尼亚国家银行最近在这里为摩天大楼的发展提供了支持。[80]

与撒哈拉以南所有国家的首都不同，开罗与跨国公司领域有着紧密的联系，这大概是因为开罗是通往一个庞大而有偿付能力的阿拉伯市场的大都市门户。然而，开罗并没有参与阿拉伯半岛的全球竞赛。开罗的最高建筑是外交部大楼，这栋阿拉伯式中等高度建筑高143米，始建于1994年。在开罗最高的20座建筑中，只有两座是私有办公楼，有三座是公有办公楼，还有三座国际酒店，其余的都是城市南部住宅区的一部分。

由于本书中我们讨论的都是民族国家及其首都，因此我略去了体现阿拉伯半岛君主制国家王朝野心的那些摩天大厦，但是如上文所述，他们在城市天际线竞赛中处于领先地位。

南亚和东亚这两个亚洲人口最多的地区间也存在着明显的差异，这种差异更多地体现在垂直高度，而不是与企业之间的联系上。在亚洲最高的20座建筑中，有4座在阿拉伯半岛，其余都在东亚，其中10座在中国大陆。德里没有摩天大厦，这一点很不寻常。无线电杆姑且不计，德里最高的建筑是1368年完工的顾特卜尖塔。迄今为止，德里的工程更多的是为了国家建设，而非首都建设。

另一方面，在孟买，最近出现了资本主义及高层建筑热潮，自2009年以来陆续完工了19座173米及以上的高层建筑，最高的建筑是320米的住宅楼"皇家宫殿"（原文如此），但该建筑尚未完工，因此称其为最高建筑为时尚早。2016年，距德里不远的新商业城市古尔冈建成了一座178米高的大楼。位于阿拉伯半岛和泰国之间的亚洲各国首都摩天大楼较少，但也不是完全没有，这更突显出德里的与众不同，印度独立后，德里不再是一个专门的政治首都，而仅仅只是一个大都市。德黑兰162米的国际大厦于2007年完工；伊斯兰堡仍然是一个专门的政治中心，这里最近修建了一座200米高的酒店和一座100多米的电话公司大楼；自2006年以来，除了中央银行大楼，达卡又建设了4座办公大楼和银行大楼。

缅甸新首都内比都没有摩天大楼，却有三座中世纪国王的巨型雕像。在这个宽敞却常常空空荡荡的城市里，建筑的权力风格是由水平距离来体现的。包括市政厅在内的大多数公共建筑都用栅栏隔开，并且建在离公路相当远的地方。原首都仰光是一座有点破败的19—20世纪城市，2014年，希尔顿集团在这里开了一家高层酒店。

东亚地区的摩天大楼从曼谷开始，这里有五座200米以上的住宅楼和酒店，其产权归属不同，其中最高的一座是泰国国有建筑。曼谷非殖民地的历史通过其保皇主义（非建筑）形象得以大量展示。越南正热情洋溢地沿着资本主义道路追随中国的脚步。越南在河内指定了一个特别的国际商务区，区域内最高的建筑群由韩国所有，其中就包括比伦敦碎片大厦还要高约20米的地标大厦。

在大宗商品和已成为历史的"石油热"的推动下，东南亚地区的高层建筑建设工程一直处于狂热状态。2006年至2016年，雅加达建成了19座210米以上的摩天大楼，吉隆坡建成了18座200米以上的建筑，马尼拉大都会在2009年至2014年间建成了20座200米以上的建筑。这些建筑中很少有私有银行和公司的总部或区域办事处。其中许多建筑都是多用途大厦，集办公、住宅、酒店和/或购物等功能为一体。与曼谷类似，马尼拉和雅加达的推动力似乎来自国内外房地产投机商，他们公然无视设计规范。雅加达的私有资本主义发展也包括由私人开发商建造和管理的所有郊区城市。①

吉隆坡以其国家资本主义而备受瞩目。在两座双子塔的基础上，第三座双子塔已经建成，另一座由国家管理的新建筑——独立遗产大楼正在建设中，设计高度644米。吉隆坡的高楼大厦显然有建筑上的追求目标，西萨·佩里和诺曼·福斯特也为此做出了自己的贡献。但东南亚的建筑中心

---

① 雅加达"超级街区"在二至三项因素上违背了设计许可，有关信息参见H.凯恩斯和E.弗里德里希于2015年完成的《大洪水、硬基础设施和"软弱"的规划：超大城市的脆弱性及城市建设多样化手段的实例》，文章收录于萨斯基娅·萨森与吴缚龙等人共同完成的《转型中的城市：权力、环境、社会》（鹿特丹：NAi010出版社，2015年，146—165页）一书中。再好的公共土地规划都不能损害私有产权。2014年1月，我的一位朋友向我展示了她的花园，因为她的邻居修了一堵墙，她的花园没有日照了。她却投诉无门。

依然是国有资本主义建筑大师——新加坡,吉隆坡的这个近邻也是其高层建筑领域的竞争对手。新加坡滨海湾金沙娱乐城于2010年开业,整个建筑群最具特色的设计是三座主体建筑的顶端由"空中公园"连接在一起。政府制定了一套详细的开发具体要求,美国"赌王"谢尔登·阿德尔森中标,以色列建筑师莫瑟·萨夫迪设计方案获得通过。

在东北亚地区,权力格局多种多样,没有哪个地区是外国资本占主导地位的。一端是平壤,在这里国家掌控着一切。平壤没有公司大楼,但有二十几座高于100米的高层建筑,其中三座是酒店,其他都是公寓楼。住宅高层建筑以及一些精心打造的综合性体育场馆给城市带来了一种现代气息。在首尔和东京,摩天大楼林立确实体现了民族私有资本的财富和力量,这都要归功于首尔和东京的有效规划,以及资源独特的大都市政府。

韩国的上层阶层愿意住在山区的别墅里,但假设以墨西哥人的阶级标准来看,这些别墅并不奢华。其中一些别墅周围可以看到警卫,但是街区并没有封闭。我要求看看封闭的社区,就被带到了江南区(江南区是一个新的商业和住宅区,地处汉江以南,20世纪70年代中期开始建设)的高级住宅区,这是一幢有门卫的高层建筑,楼前有一个小运动场,即使像我这样明显是生人的来访者也可以进入这个社区。全球化的首尔其新奇之处首先是向南跨越汉江。南岸的江南区已成为大众文化和新的商业中心之"风格"所在。江南区的主要商业街原来是德黑兰路,这让人想起20世纪70年代初韩国进军国际建筑领域。在韩国,首尔是一个举足轻重的城市,类似曼谷、雅加达、吉隆坡、马尼拉,尤其类似东京。韩国目前最高的20座建筑中,只有七座在首尔,包括目前最高的建筑——556米的韩国乐天世界大厦,该建筑由科恩·佩德森·福克斯建筑事务所设计,以上数据证明了国家规划的作用。

如前文所述,北京似乎并没有十分积极地参与到中国各城市争夺天际线的激烈竞争中。目前,中国最高的20座建筑中没有一座在北京。然而,在全球标志性建筑数量上,北京则处于领先地位。为了迎接北京奥运会,诺曼·福斯特设计的新机场航站楼、赫尔佐格和德梅隆设计的鸟巢体育场、天安门附近由保罗·安德鲁设计的国家大剧院以及雷姆·库哈斯设计的中央电视台大楼相继落成。北京的建筑发展还有两个值得注意的特点。其一，与其他国家的首都不同，北京聘请了更多的国际知名建筑师（也有一些例外），其中既包括美国 SOM 和 KPF 这样的大型设计师事务所，也包括日本株式会社日建设计，还包括诺曼·福斯特、扎哈·哈迪德和约翰·波特曼这些知名设计师个人的公司。这当然是资源和抱负的产物。其二，中国媒体也偏爱选择摩天大楼作为办公地。北京最高的 20 座建筑中有三座是电视台大楼，一座是人民日报大楼。北京展现的更多的是政治全球化，而上海展示的更多的是国家和民族资本全球化。

东京是高层建筑世界之都。雅加达 200 米以上的建筑数量与东京一样多，但东京 100 米高层建筑的数量是 177 座，领先于雅加达的 109 座，东京 150 米高层建筑的数量是 117 座，而雅加达只有 60 座。摩天大楼并不是很早就出现在东京的，长期以来，东京一直是一座低层建筑为主的大城市。第一座高层建筑建于 1968 年，是一座普通实用的 36 层板式楼，位于行政机关所在地霞关。

1977 年，我第一次发现了东京丰富的、迥异于西方的城市生活，这使我对全球研究的痴迷更进一步，从中我也发现了两个相互矛盾的特点。首先是私有财产的力量，你可以从市中心街道上经常出现的奇怪的异质性建筑中注意到这一点：古怪的、不协调的建筑物一座挨着一座闪入你的眼帘。与之相反的是国家强制建设的和谐统一的巴黎式林荫大道，例如歌舞伎大道。作为东京的一名政治城市规划专家，你永远不会忘记首相官邸那座平层建筑：它坐落在一座低矮的山上，一家不知名的保险公司的一栋不起眼的高层建筑让这间平房也不那么引人注目了。这种私有力量的积极影响使得日本资本可以大规模、广泛参与到城市开发中，类似纽约洛克菲勒中心的建筑物数量成倍增长。与纽约模式类似，这些建筑都进行了细致规划，以文化为导向，面向公众，但更环保，例如由森稔集团建设，2003 年竣工的六本木之丘，由三井物产建设，2007 年竣工的东京中城，还有 2012 年竣工的东京晴空塔。

第二个值得强调的特点是东京市政府的资源丰富。正如我们刚刚看到的，这不是法律上的规划权，而是来自税收收入的资源。2010 年，伦敦、巴黎和纽约的预算总额约占各自国家预算的1%，而东京的预算占日本的13%。[81] 1959年，东京原来的政府中心就已经完工了，宏伟的政府大楼建筑群以及新的东京都厅大楼坐落在新宿，而所需建筑用地也恰好归政府所有，尽管如此，20世纪80年代，东京都知事还是决定要建设一个新的市政府机关所在地。新大楼由日本一流的知名建筑师丹下健三设计，他之前设计的原都厅大楼，现已拆除，他的设计完全体现了日本设计师对建筑的永恒性缺乏兴趣这一点。时至今日竞争依旧激烈的摩天大楼竞赛中，1991年竣工的东京都厅仍然是第三高的建筑，这座日本昔日最高的建筑，将这一纪录保持了16年。[82]

排他性和城市私有化

全球城市互联互通的同时，也是城市社会严重脱节的时刻。这种脱节最明目张胆和残酷无情的表现是门禁：建造围墙和栅栏，划分出特权飞地，即所谓的"门控社区"，然而这些地方可能都算不上一个社区。在国际都市文献中，这个概念在20世纪90年代开始引起人们注意。①

然而，全球主义与门禁排他性之间的联系必须谨慎处理。给世界各城市带来了多元文化音乐、时尚和美食的全球主义进程却产生了社会排斥，这一点并非是不言自明的。城市内部的门控是一种古老现象（如上文所述，在皇城北京曾广泛使用），是典型伊斯兰城市的特征。政府权力人物都有自己防护森严的住所，比如东柏林潘科的马雅可夫斯基环路和莫斯科郊外装有监控系统的别墅。20世纪30年代，"封闭式社区"这一术语及其现代实践首次出现，之后，从20世纪50年代末至60年代初，主要出现在美国地方主义最盛行的南加州社群中。[83] 没有人知道任何一个城市有多少"封闭式社区"，更不用说全世界有多少"封闭式社区"了，而且在如何界定

---

① 到目前为止，最好的实证综述和文学指南是由勾根·格莱茨、克里斯·韦伯斯特和克劳斯·弗兰兹共同编辑出版的文集《私人城市》（纽约：劳特利奇出版社，2006年）。还有一本由萨默·巴盖恩和奥拉·乌杜库共同编辑出版的文集《封闭社区》（纽约：劳特利奇出版社，2010年）以及蒂埃里·帕科特所著《富人的封闭社区》（巴黎：佩兰出版社，2009年）。

"封闭式社区"这个概念上也没有明确的共识。例如，两名英国学者声称，他们在英格兰发现了"大约1000个"封闭式社区。[84] 但是，这里所指的似乎不过是（也必然是）用钥匙或穿孔卡开门的住宅区，如果因此就将其定义为"封闭式社区"，未免言过其实。

本书中我提到的门禁主要指的是隔离开来的私人城市或私人城市区域，公众没有访问权限，而且这些区域的现代城市服务私有化，至少治安维护是私有服务，通常保洁、垃圾收集和公用事业这些服务也都私有化，有时幼儿园、学校和休闲设施也是私有服务。

这种门禁主要是20世纪末的一种现象，扭转了一个多世纪以来公共城市服务扩张的趋势。它有两个截然不同但偶然产生联系的原因。第一个原因是在一个日渐成熟的先驱者－定居者社会里中上层阶层特权的重新确立，其中包括南加州、亚利桑那州和美国其他"阳光地带"地区。[85] 美国城市法规软弱无力，在这种情况下，城市化圈地行为可以保持房价稳定、避免或减少房地产税、隔离低收入人群和有色人种。这些排外的"业主"协会是20世纪70年代臭名昭著的《加州第13号提案》的幕后推手，该提案使加州的税收制度瘫痪了整整一代人之久。

加州和美国的"阳光地带"是地方主义盛行的地区，却与后来的全球发展有关联，他们保护了中上层阶层的特权，并选择放弃与美国平民的任何共同之处。美国地方主义与全球时刻之间的第一个联系可能要追溯到20世纪70年代圣保罗郊区的封闭区域阿尔法城。圣保罗已经成为南美工业资本主义的中心，资金大量涌入，加剧了巴西历史上已经形成的严重不平等。布朗库堡高速路延长线将新郊区与中央商务区连接起来。另外一处历史上的联系出现在马尼拉，"二战"之前，这里一直是美国的殖民地。我第一次亲身体验私有化门禁城市就是在20世纪90年代的马尼拉，当时我注意到了那些封闭的街道和守卫。

全球的突破出现在20世纪90年代。以墨西哥城为例，1990年至2012年间建造的封闭式社区总计覆盖5万套住房单元。[86] 1990年至1998年期间，布宜诺斯艾利斯29%的私人投资都用来建设封闭式社区。[87] 许多以前的"乡村俱乐部"也被改造成封闭的中上阶层住宅，一个特殊的私有城市——诺德尔塔也已建成。在智利圣地亚哥，圈地浪潮在21世纪的头十年进入了高潮。[88]阿根廷虽然稍有落后，但在重新实现民主化之后也开始了圈地运动。马来西亚吉隆坡在1997年的金融危机和政府撤出住房建设项目之后，也开始了圈地进程。[89]在印度尼西亚，中国开发商是在苏哈托独裁统治的最后几年中开始这一进程的。[90]

20世纪90年代，后共产主义全球资本主义突然造访东欧等国，从而迅速引起上层阶层和中上层阶层的城市排外主义。[91]对东京、首尔以及西欧（马德里和里斯本也可以算在内[92]）的影响，似乎充其量也只能说是微乎其微。

为了衔接中央商务区和有门禁的封闭社区，有必要建设快速路，这一基础设施建设始于20世纪70年代末的布宜诺斯艾利斯，当时这座城市处于奥斯瓦尔多·卡夏托雷将军的统治之下。后来快速路建设在圣地亚哥、后共产主义时代的莫斯科、墨西哥城和吉隆坡进一步发展。在布达佩斯，新资产阶级开发了另一种排外的居住区，这种地处市中心的"住宅公园"不仅是封闭的而且门禁森严。2002年至2007年间，共修建了1.4万套这样的住宅。[93]

排他性城市门禁，以各种方式及各种相互关联的原因，已成为城市历史当前全球时刻的一部分。其全球主义重要体现是以美元计价及其命名方式，这种体现通常是超越民族性的。开罗新建的各个沙漠卫星城都是严格为特定阶层规划的，证券交易所已经搬到了卫星城，卫星城里的封闭区域或名为高尔夫城、或名为梦境、又或比弗利山庄。[94]

主要的全球因果机制有四种。最直接的是跨国公司对住房的需求，而这种需求又扩大范围，影响本土企业的需求。2000年左右，北京70%的"洋房"都是本地商人购买的。[95]第二点也是最重要的，全球化的媒体生动地传递着全球第一世界的威望和地位，使其成为世界城市中上层阶层心之所向。[96]与之相反，公共职能部门推卸责任，没有提供良好的城市服务，这一点在雅加达和吉隆坡等城市中体现得十分明显。在第三世界，普遍认为只有排外的私有社区才能提供第一世界的城市服务。第三，还有全球开发参与者的推动，这一点在非洲和开罗（来自迪拜和海湾地区）相当重要。[97]

最后一点，在这一切的背后，是全球中上层阶层对民众阶级的蔑视以及由此而导致的恐惧。在影响最为巨大的民众时刻之后，才是全球时刻的到来，或者从更广义的角度来说，全球时刻的到来出现在民众阶层最主要的世俗进步及其侵蚀或崩溃之后，例如西欧福利国家、美国新政、拉丁美洲民主化、感应型现代化国家、前殖民地区域反殖民大众运动以及南非种族隔离制度的结束。对犯罪的恐惧也是其中的一部分，但富人对穷人要更为恐惧。

中上层阶层对普通人的反感、蔑视和恐惧对于守旧的美国人乃至全世界守旧人士都是司空见惯的，二者之间的偶然性因果联系是他国中上层阶层对美国中上层阶层及其消费和"生活方式"的崇拜在全球范围内产生的影响。

垂直性连同新颖性及排他性不仅准确概括了城市历史全球时刻的特征，也没有湮没民族基础或是抹杀之前民众时刻的全部记忆。城市社会排外主义的表现在各民族之间仍然存在很大差异。

在西欧，帕特里克·莱·格勒斯和他的合作者们发现，马德里和巴黎的中上层管理人员扎根于各自的城市，并与市内的非封闭式社区保持密切联系。[98] 21世纪头十年，马德里、塔林和斯德哥尔摩的社会隔离问题日益严重，马德里和塔林成为欧洲隔离问题最严重的首都地区，斯德哥尔摩排在伦敦之后，位列第四。在12个城市和地区的排名中，奥斯陆的隔离程度最低。住宅差异与经济不平等有一定关系，但并不是紧密相关的。[99] 这种情况在拉丁美洲也有体现。在争夺收入最不平等城市称号的地区间激烈竞争中，布宜诺斯艾利斯并不是表现最差的城市之一，但这里受过高等教育的阶层却彻彻底底地将自己隔离起来（其差异指数高达0.414，而巴西利亚的指数不过0.258而已）。[100]

城市排他性和隔离是不平等的两个方面，这种现实存在的不平等与种族主义和性别歧视如出一辙。在过去几十年里，虽然进程快慢有所区别，但种族主义、父权制和性别歧视逐渐消亡，这在全世界范围都是大势所趋，然而城市门禁却与之背道而驰。与城市门禁同时出现的是日益加剧的民族内部经济不平等的全球趋势。

似乎没有足够可靠的数据来绘制出全世界城市经济不平等的度量表。

甚至联合国人居署的数据库都涵盖了一些令人难以置信的异常现象以及一些自相矛盾的数据。① 然而,还是可以大致看出一种明显的世界格局,呈现的是一幅妙趣横生却鲜少有人关注的画面。

表6　城市经济不平等的世界格局:首都城市②

最不平等[101]	中等不平等[102]	高度不平等[103]	极端不平等[104]
● 除莫斯科外的欧洲城市,或许是以哥本哈根和奥斯陆为首 ● 首尔和东京	● 莫斯科 ● 多数亚洲国家首都,包括德里和雅加达 ● 一些非洲城市,如布拉扎维、达累斯萨拉姆、哈拉雷、突尼斯 ● 一些拉丁美洲城市,加拉加斯、利马和蒙得维的亚除外	● 多数非洲国家首都,包括阿比让、亚的斯亚贝巴和内罗毕 ● 其他拉丁美洲城市,巴西利亚除外	● 华盛顿特区(0.61) ● 巴西利亚(0.67) ● 茨瓦内(比勒陀利亚)(0.72)

目前还不能计算出相关性,但值得注意的是,经济不平等程度最低的首都城市也是门禁排他性最不发达的。快速崛起的亚洲国家首都没有出现拉丁美洲的不平等现象,拉丁美洲不平等的历史成因是伊比利亚殖民主义和奴隶制,同时,反复出现的军事政权加剧了拉丁美洲的经济不平等。极端不平等的这三个诱因并不经常同时出现,在不平等达到顶峰时,三者的出现指向了另一个值得注意的现象,即当前的全球化并不是城市经济不平

---

① 例如,根据其最新的收入分配表和能找到的最新的《世界城市状况》(2012—2013年)报告来看,北京应该是世界上收入差距最小以及最公平的城市;同样的数据来源显示,布加勒斯特在收入、服务和性别地位几方面的平等程度排名应居世界第三位,而这显然与人居署的另一份报告《2013年转型中的欧洲城市状况》第175页的数据相矛盾。

② 联合国人居署发布的《不包括西欧、北美及亚洲和大亚洲的高度发达国家的收入分配表》(纽约:联合国,2014年),网址 http://unhabitat.org;拉丁美洲经济委员会发布的《2012年拉丁美洲城市状况》表2.6;《2015年亚洲及太平洋地区城市状况》表2.16;《2014年非洲城市状况》表5.8—5.9;《2008/2009年世界城市状况》第65页及79页;根据1999—2012年的数据推断,北京不平等程度的增长幅度与全中国持平。西欧和首尔的数据参见《2012/2013年世界城市状况》表1,平等指标,核对了首尔国民收入数据。参见2014年东亚论坛上发布的《韩国的不平等》报告,网址:eastasiaforum.org,可能会有异常。

等的驱动因素。以下三个城市都不是经济意义上的顶级"全球城市"。此外，尽管在阅读官方记录时必须考虑到误差范围，但这三个城市的经济不平等程度往往与本国的第一个全球城市相差无几。从统计数据上看，华盛顿的经济不平等程度似乎比纽约市高，[105] 茨瓦内的经济不平等程度略低于约翰内斯堡，巴西利亚的经济不平等程度高于圣保罗。[106]

影像资本主义和想象中的资本主义全球主义部落

我在上文提到了民族主义全球化进程中的一个历史性全球时刻，以及一个民族首都应该呈现何种面貌，才能"配得上这个民族"。第二个问题主要讨论19世纪后二十五年至20世纪头十年的历史，主要受到第二帝国的巴黎和奥斯曼男爵的启发。其重点是全面拓宽街道，以开罗、东京和首尔为例，这是"现代化"的一项核心任务，规划出宏伟的街道和交通枢纽，还要建设庄严的公共建筑，用来作为歌剧院、电影院等文化活动场所以及政治活动场所。巴黎的确是19世纪的世界中心。当前的全球时刻没有一个能与之媲美的城市。正在崛起的亚洲十分重要的榜样新加坡市堪与之一比。

在新的全球风格中，企业摩天大楼及其天际线在游客眼中的垂直高度，已经取代了宽阔大道的水平宽度以及城市漫游者游荡的宽阔人行道；私有购物中心已经取代了广场、咖啡馆和茶馆等公共空间；自信的上层阶级居住在宁静、宽敞的豪宅社区，随之而来的篱笆、围墙和带刺的铁丝网令人心生不安。当然，全球民族主义是由本国民族主义者推动的。更令人惊讶的是，我们发现当前的全球资本主义时刻及其宣称的、雄心勃勃的"全球"或"世界"城市的推动者主要是民族和本国参与者、民族开发商和银行家以及通常得到民族政府积极支持的地方城市政治家。通过研究摩天大楼的开发和新商业区的规划，我们在世界各地都能看到这种模式：在巴黎和马德里；在莫斯科和河内；在墨西哥、圣地亚哥和布宜诺斯艾利斯；在达累斯萨拉姆和内罗毕；在吉隆坡和雅加达；在东京和首尔，各地都是这种模式。唯一明显的例外是伦敦，尽管金丝雀码头项目最初得到了民族政府的重要支持，但该项目一直都是由全球资本和资本家推动的。

东亚的政治家和知识分子比北大西洋的政治家和知识分子更诚实或者说更清醒，他们将"全球化"明确地概念化为一种选择，而不是一种要么被动适应（自由主义解读）要么进行抵制（左翼的解释）的外部力量。

但为什么有那么多的民族参与者和本地参与者选择了全球主义呢？在这里，我认为将民族主义与全球主义进行比较是卓有成效的。本尼迪克·安德森在一部鸿篇巨制中提出了令人信服的论点，他认为民族主义的根本基础是将国家想象成一群从未谋面的陌生人，他还提出作为"想象的共同体"而出现的国家主要依赖于"印刷资本主义"[107]，更确切地说是依赖于书籍和报纸贸易，"印刷资本主义"使这种想象产生飞跃，不再局限于相互熟识的一群本地人。

同样，当前的城市全球主义与其说是外国资本或跨国资本对城市的统治，不如说是当地上层和中上层阶层及城市管理者和房地产开发商的一种努力，目的是要成为一个想象中的全球城市化共同体的一部分。或者，更确切地说，是要成为一个想象中的部落的一部分，这个资本主义全球化的部落等级森严，竞争激烈，进行"财富创造"、展示和消费。这个想象中的全球部落依赖于全球影像资本主义①，即通过卫星电视、全球营销、房地产网站、旅游影像、全景图库、Facebook、Instagram、电影以及 *Cosmopolitan* 和 *Vogue* 这类杂志进行影像贸易。这是一种发达国家"生活方式"的影像资本主义，拥有无限的消费能力、城市的垂直魅力、标志性的文化、类似于发达国家（中）上层阶层居住的那些远离当地民众的住宅、奢侈品牌和至少配备了高尔夫球场和游泳池的"世界级"休闲设施。

---

① 莫妮卡·格鲁鲍尔的文章《作为全球"类型"的高层办公塔楼》对资本主义摩天大楼的形象生成进行了深入分析。这篇文章收录在迈克尔·古根海姆和欧拉·索德斯特伦共同编辑出版的《重塑城市》（纽约：劳特利奇出版社，2010年）一书中。

第十章 完结篇：全球资本，民族首都及其人民的未来

首先，首都城市的未来将取决于民族国家的未来。与全球城市咨询公司的看法相反，我认为在可预见的时间内，这一前景是光明的。在撰写本文时，英国脱欧公投凸显了这一点。在这场公投中，保守党政府冒着党内分裂的风险，将英国民族国家的两个概念对立起来。即将离任的保守党伦敦市长鲍里斯·约翰逊支持"英国脱欧"，这不仅是对保守党政府的挑战，也使全球城市是否应该脱离其所属的民族国家的说法出现了令人十分尴尬的变数，而他的继任者萨迪克·汗积极推动英国留在欧盟也让保守党政府处于两难境地。

在欧洲大部分地区，移民的增加以及边境管制成为核心政治问题，其结果不仅是将重新绘制出的民族政治地图推向右翼，还让人们清楚地认识到，民族和民族国家对大多数人来说仍然很重要。新的民族国家正在产生，不幸的南苏丹是最近的一个（2010年）。新的民族国家独立的要求日益增长：欧洲的加泰罗尼亚和苏格兰、西亚的库尔德斯坦和一直在争取独立的巴勒斯坦，这些地区都是典型代表。对于克里米亚（克里米亚是一个俄语国家，大部分人是亲俄的，历史上克里米亚半岛曾归属俄国，20世纪50年代苏联国内重新划分边界，克里米亚划归乌克兰）并入俄罗斯版图一事，国际上以及克里米亚国内都存在反对意见，这也再次确认了国家民族主义的传统意识形态：[①]即使立国时间不长，领土的获得也具有偶然性，民族国

[①] 当然，普京不再承认苏联解体后乌克兰的边界，这一决定也再次确认了国家民族主义的传统意识形态。尽管"开明的"西方观点可能将其归因于某种特有的俄罗斯民族主义的回归或是对于沙皇俄国的强烈怀念。

家的领土依然是神圣不可侵犯的。新时期冷战发生在美国及其北约盟友和俄罗斯之间；同时，中国日益增强的民族自信及其引发的连锁反应也都说明当今世界是民族国家地缘政治的世界，而不是资本流动和商业服务的无国界世界经济。

虽然近年来的"全球化"对于资本主义民族国家的孤芳自赏是一种挑战，但是并没有将其资源和产能耗尽。2000年至2014年间，富裕的经合组织地区中，规模最大的六个经济体其公共支出总额占GDP的份额，从平均41.8%增长至46.2%。[1]在亚洲和拉丁美洲，公共社会支出大幅增长。尽管随着老龄化人口和贫困儿童人数的增加，对福利国家的需求增长得更快，但民族国家和福利国家都没有缩减。

首都和其他民族城市

一般来说，民族首都城市在城市等级和网络中都处于非常有利的位置，其国际地位和国内地位都很优越，而且这些城市在全球企业网络中沟通都十分顺畅。

表7 2013年全球企业互联互通程度最高的城市：指数价值[2]

排名前十的城市		其他城市 > 0.60	
纽约	1.000	马德里	0.725
新加坡	0.976	上海	0.717
伦敦	0.966	布宜诺斯艾利斯	0.660
中国香港	0.959	悉尼	0.634
东京	0.957	墨西哥城	0.633
北京	0.849		
巴黎	0.847		
莫斯科	0.745		
首尔	0.728		
圣保罗	0.726		

排名前十的城市中有七个是国家首都，只有纽约、中国香港和圣保罗不是首都城市。可能指数价值高于0.60的15个城市中，有10个是民族国家的首都。

并不是所有的首都城市都是所在国最有影响力的城市，但大多数首都城市都确实如此，其中许多首都城市的地位举足轻重，例如亚的斯亚贝巴、雅典、曼谷、布达佩斯、布宜诺斯艾利斯、开罗、达喀尔、达卡、雅加达、马尼拉、利马、巴黎、圣地亚哥、首尔、德黑兰和维也纳，这些首都城市的地位都至关重要。自大约八十年前圣保罗超过里约热内卢成为巴西最大城市以后，再没有第二个城市在人口或经济实力方面超过首都城市。相反，许多首都城市的优势地位得以巩固，如伦敦对英国北部工业城市的优势，东京对大阪的优势，以及东欧几乎所有后共产主义国家的首都对本国第二大城市的优势，包括莫斯科对圣彼得堡也是优势明显。一些原本专门性的政治首都已经发展成为多功能的大都市，如安卡拉、巴西利亚、德里和华盛顿。阿布贾和阿斯塔纳也正朝着这个方向发展。新建设的民族首都已迅速成为本国最重要的城市，例如博茨瓦纳的哈博罗内、毛里塔尼亚的努瓦克肖特和卢旺达的基加利。国家独立后建设的专门性首都，其未来有不确定因素，且依赖于民族政治的兴衰变迁，但其中一些首都所呈现出的韧性，已经超越了首都建设倡议者们有生之年的期许，坦桑尼亚的多多马和马拉维的利隆圭就很好地证明了这一点。

多中心和双焦点国家城市系统当然存在，在德国、意大利、荷兰、西班牙和瑞士等西欧各国尤其如此，在喀麦隆、中国、哥伦比亚、印度、利比亚和越南等国也是如此。以上所述国家中，首都构成了城市系统的一个重要节点，但是堪培拉和渥太华却不属于这种情况，茨瓦尼、华盛顿和惠灵顿并不十分符合这种情况。

综上所述，尽管首都城市呈现出令人饶有兴味的多样性，但其中绝大多数首都城市在本国社会、经济和文化各方面的地位都十分重要，绝不可忽视。同时，作为国家权力中心，这些首都城市还具有定义功能。此外，这种广泛意义下的重要性并没有减少。相反，其重要性往往是不断增加的。在政治经济方面，在任何可预见的未来，当今世界的运转是不会依赖于纽约、上海、中国香港或迪拜这些所谓的超越国家层面的全球城市的，其推动力首先是来自如华盛顿和北京这样的国家首都，还有柏林、德里、伦敦、莫斯科、巴黎和东京也是世界运转的动力来源，从更长远的角度来看，巴西利亚、雅加达、墨西哥城、首尔和其他一些民族首都也都能够推动世界发展。布鲁塞尔很可能仍然是一个发布重要决策的地方，但其定位不是超越国家层面的城市，而是一个国际交易和合作的场所。

全球时代的民族象征意义

民族和民族象征意义在文化更加多元的社会中失去了意义吗？民族纪念碑是否会像罗伯特·穆齐尔所虚构的"卡卡尼亚国"里那样被人忽视呢？这种情况很可能发生。我记得二十年前和巴西朋友在里约热内卢开车兜风时，看见了一些纪念性雕像，而我是唯一一个对这些雕像人物有所了解的人。然而，在可预见的将来，是不会对这一切完全遗忘的。柏林仍在形成其新的民族时刻，包括修复完成了一半的帝国城堡和洪堡论坛，还计划进行大型反共纪念活动。正如我们上文所述，后共产主义欧洲各国都在民族主义和民族宗教象征意义工程上投入了大量资金，马其顿首都斯科普里开始为以亚历山大大帝为首的民族人物疯狂建设纪念碑。

马德里正在清除城市内佛朗哥时代建设的纪念建筑。2016年9月，华盛顿的一座非裔美国人博物馆历经数年，终于得以开馆。布宜诺斯艾利斯、利马和圣地亚哥都在建设纪念碑，以牢记曾经的独裁和镇压。南非自由公园是21世纪世界各国民族象征主义的巅峰之作。

在世界上许多城市，政治城市象征主义仍然是极具争议的，这种争议的存在是其生命力和意义最可靠的标志。在上文中，我们注意到布达佩斯、马德里和基辅关于这种象征主义的争议一直没有间断。开罗解放广场的阿拉伯之春纪念碑，斯科普里的马其顿历史纪念碑，也都引发了争议。此外，关于渥太华是否应该纪念共产主义的受害者这一点也是存在争议的。法兰西第三共和国通过欧洲共产主义和后共产主义复兴之后，对于雕像建设的狂热可能正在衰退。但是，人们对大众象征展示和博物馆展示颇感兴趣，而且对国家和世界的历史与现状的叙述明显也是感兴趣的，而且在我看来，没有迹象显示这种兴趣会很快消失。

21世纪初的首都

这个世纪还很年轻，毫无疑问，在适当的时候，21世纪将充分发挥其带来惊喜和意料之外的转折的能力。但至少在21世纪最初的十五年里，如果要见证国家和全球城市化的机遇及其相互交织、相互影响的局面，以及21世纪初的政治经济形式及其相互作用，哈萨克斯坦的新首都阿斯塔纳是最佳的地点。

阿斯塔纳（哈萨克语中"首都"的意思）是苏联共和国中最不具民族主义色彩的国家规划项目。和其他位于中亚地区的苏联加盟国一样，哈萨克斯坦国内的城市在语言和文化上都主要受到俄罗斯的影响。哈萨克斯坦共和国原来的首都阿拉木图（曾以其速滑场地而闻名于世）地理位置十分偏远，哈萨克斯坦国土面积相当于西欧的面积，现有居民1700万，阿拉木图地处哈萨克斯坦南部边境，紧邻中国。1994年，出于民族政治和地缘政治利益的考虑，宣布了迁都的决定。其民族政治的潜在意图是要在哈萨克斯坦中部，主要讲俄语的地区建立一个哈萨克民族首都。

苏联时期哈萨克斯坦的最后一位领导人努尔苏丹·纳扎尔巴耶夫推动了迁都工程，他是20世纪末至21世纪初杰出的（以及独裁的）小国政治企业家中的一位，他与新加坡的李光耀、马来西亚的马哈蒂尔·穆罕默德和卢旺达的保罗·卡加梅齐名。石油业和矿产业的繁荣使迁都工程得到了必要的经济支持，但这种繁荣现在已经结束，并给阿斯塔纳蒙上了一层阴影。

北方草原上，19世纪俄国驻防城市阿克莫林斯克，即后来苏联时期的内陆城市切利诺格勒坐落在伊辛河（即哈萨克斯坦语中的"Esil"）上，赫鲁晓夫曾梦想着这片区域能够基本解决长期以来困扰苏联的农业问题，1998年起的约十五年时间里，这里开始了令人叹为观止的新首都建设工程。"新陈代谢"派日本设计师黑川纪章在总体规划的国际竞标中胜出，

第十章 完结篇：全球资本，民族首都及其人民的未来

但这份总体规划并没有起到十分重要的作用，而是有意将其作为有机增长的平台，从这个意义上来说，该规划类似于道萨迪亚斯为伊斯兰堡所做的构想，而不是像科斯塔为巴西利亚设计的"飞机规划"那样的城市蓝图。①

政府驻地位于东西主干道上，其设计与华盛顿广场有着明显的相似之处。该区域从重要的国有石油天然气公司总部大楼开始，这是一座基本呈圆形的传统苏联风格建筑，东面有一个拱门。而后，一条绿色的林荫路将你带到核心民族象征——巴伊捷列克塔前，这是一座高105米、造型优美的建筑，其象征意义取自一个古老的传说，代表着一棵树，树顶是一枚金蛋，象征着太阳。沿着林荫道两侧是各部大楼，最后的两座黄金塔标志着进入了紧邻的另一座广场，该广场的一侧坐落着议会和法院大楼，另一侧是总统办公楼和一个音乐厅，在这条主干道的尽头是阿克·沃达（白色营地）总统府，顶部是蓝色圆顶，该建筑像是双倍大小的华盛顿白宫。

这是一种不朽的民族主义，这种已经过时的想法显然受到了冷战双方两个超级大国的启发，后共产主义民族主义色彩更为浓厚。哈萨克斯坦的集中营和20世纪30年代残酷的集体化导致的饥荒仍历历在目。为民族守护者建设了一个巨大的里程碑式的建筑群，一侧呈现的是"二战"历史以及苏联对纳粹德国的防御，另一侧是为了纪念哈萨克游牧战士对沙皇俄国的抵抗。两座大型纪念碑是用来庆祝民族独立的：一座建于2008年，这座高高的柱子顶部是一只雄鹰，总统纳扎尔巴耶夫像立在柱基上；另一座建于2011年，造型是凯旋门。按照典型的斯大林主义传统，一些机构和建筑以总统的名字命名。20世纪90年代初，列宁雕像保存起来，取而代之的是哈萨克诗人阿拜的雕像；马克思和苏联领导人的雕像也从街头消失。20世纪80年代的共产党领导人金姆哈梅塔·库纳耶夫因腐败被米哈伊尔·戈尔巴乔夫撤职，戈尔巴乔夫很不明智地换上了一位俄罗斯族领导人（此时纳扎尔巴耶夫还没有上台），可奇怪的是，一条主要街道上的金姆哈梅塔·库纳耶夫的雕像居然幸存下来。

---

① 黑川纪章的设计方案更为重要也更为高效，他强调城市新陈代谢，特别是要优先发展供水和污水基础设施，还要种植环城森林带以缓和极端气候。

然而，这种民族主义只是阿斯塔纳故事的一部分。从一开始，这座城市就被视为全球主义项目，市内同时也建设了公司减税"经济特区"。部分城市民族主义项目实际上已经被承包出去了。政府广场上的第一个大清真寺努尔阿斯塔纳清真寺，由卡塔尔政府出资兴建。众议院办公楼是由一家土耳其公司建造的——阿斯塔纳是土耳其建筑和城市规划国家公约的成员国，参议院大楼由沙特阿拉伯出资建设。

小小的伊辛河已筑起堤坝，加宽成泰晤士河－塞纳河的规模，并在河边修建了一条滨河大道。2005年我首次访问阿斯塔纳时，第一轮民族建筑的修建给我留下的印象并不十分深刻，此后纳扎尔巴耶夫领导下的阿斯塔纳开始了全球化形象和地标建设，包括十分吸引人的形象资本主义工程"乡村俱乐部别墅"，这是一个"英语区"，也是一座"欧洲城"。诺曼·福斯特受邀参与两个大项目。其中一个项目是和平与调停宫，这是一座充满数字象征意义的金字塔，其远景要比近景和内部景观好得多，这里是跨宗教核心区的集会点，是纳扎尔巴耶夫宏大的国际项目之一。①诺曼·福斯特参与的另一个项目是标准的全球主义购物和娱乐中心，内设室内游泳池，还有一片沙滩，沙滩上的沙子是从马尔代夫运过来的，这个壮观的大帐篷，或准确地说是透明的帐篷，高达150米，名为"可汗之帐"，该购物中心地处政府轴线的最东端（与总统府隔水相望）。目前在建的大型建筑项目包括由海湾国家投资建设的新商业中心——阿布扎比广场及2017年世博会主体建筑，该建筑由芝加哥阿德里安·史密斯与戈登·吉尔建筑事务所设计。

阿斯塔纳拥有大量壮观的后现代主义建筑，其中大部分建筑是文化场所或体育场馆。其中一些最好的建筑是由本国建筑师肖科罕·玛奇亚别托夫设计的，他在2005年至2007年间担任首席城市建筑师。②

阿斯塔纳为数众多的宏伟建筑所着力展示的是可能出现的民族和世界

---

① 苏联解体后的哈萨克斯坦大约70%人口是伊斯兰教信徒，25%人口是基督徒（主要是东正教派）。其他的宗教影响很小，但一间著名的犹太教堂也出现在新的城市景观中。

② 2005年和2011年两次访问阿斯塔纳时，我拍摄了大量照片，在此期间，我的两位翻译塔帕尼·卡库里涅米和拉里萨·蒂塔连科为我提供了大量帮助，使得我能完成几次采访。文献不多，但是包括一本由菲利普·穆泽编辑的很棒的建筑指南——《阿斯塔纳：建筑指南》（柏林：DOM出版公司，2015年）。

纵横交错的关系。两者明显不同却未必不能共存。上文中我们注意到亚洲将全球化作为积极动词的概念是明智的。在亚洲实现全球化一直是各民族政治和商业领袖的选择。阿斯塔纳的统治者和建筑师比墨西哥或雅加达的摩天大楼开发商要有经验得多，正是出于这个原因，对于全球主义经济和民族主义政治象征主义如何能够共存这个问题，他们的证明更加令人信服。

纳扎尔巴耶夫政权现在正进入暴风骤雨之中。长期以来的大宗商品繁荣已经结束，人民显然对将国家土地长期租借给外国人的新合约非常愤怒，他们在 2016 年春天举行了抗议。后共产主义转向宗教的典型转变并没有阻止激进伊斯兰主义的出现。对于 2017 年的世博会是否会让阿斯塔纳成为一座"全球城市"，不确定因素日益增多。然而，阿斯塔纳已经成为世界城市化的一部分。诚然，阿拉木图仍然是哈萨克斯坦的经济和文化首都，但阿斯塔纳的发展已是既成事实。根据 2014 年的人口普查，阿斯塔纳居民人数已经增长到 83.5 万人，其中三分之二是哈萨克人，而 20 世纪 80 年代该市只有 25 万左右人口，哈萨克族只占六分之一。这个城市不太可能随着政权更迭而消失。它将永远是一座建筑的丰碑。

全球主义和人民的未来

全球主义、摩天大楼以及全球企业的未来，看起来相当确定且布局合理，这一切都将继续发展，而且其影响力和冲击力很有可能继续增加。主要的难题是人民的未来。在残酷的全球资本主义世界里，人民还有未来吗？毕生的政治承诺、观察和分析让我明白，不要指望肆无忌惮的资本主义会带来包容及平等主义，叛乱是无法预测的——但它们确实会周而复始、不断发生。

事实上，我认为有两个原因使我们可以对未来民众时刻的前景保持适度乐观的态度。

一个原因是近期大众城市革命的回归。民族镇压的国际代价已经增加，而且很可能继续保持这种高昂的代价。在统一的选举民主制国家，由民众街头抗议引发的革命或政权更迭不太可能发生，但在这些国家，这种街头抗议可能衍生出运动党派，而这些党派可能会在选举游戏中胜出。最近南欧一些尚未完全成形的实例表明，这种情况并未超出政治现实主义的范畴。如果不是在宪法完善、选举具有合法性的国家，最近获得成功的民众起义并不是完全没有重演的可能，而且这种趋势很可能蔓延到撒哈拉以南非洲地区，那里的武装暴动迄今已然产生了具有争议的政治结果。

另一个原因是城市改革主义的可能性。城市改革主义是由欧洲的"城市社会主义"倡导的，但近年来，激进的、具有社会变革意义的城市改革主义的主要推动力来自南半球，得益于蒙得维的亚和墨西哥城的长期投入，以及德里和雅加达最近的突破。这是一个非常脆弱的项目，依赖于国民经济，经常承受着对此怀有敌意的国家政府的压力，面对着摇摆不定的都市选民，这是因为历史上稳定的欧洲工人阶级基础基本上已经不复存在。但我们不应忘记"城市改革主义在南半球的重要成就都是21世纪取得的"。安德烈斯·曼努埃尔·洛佩斯·奥夫拉多尔、佐科维和凯杰里瓦尔所推动的项目在三大洲的扩展当然也不是不可能的。

在肯·利文斯通首次担任市长后，欧美城市政治变得谨慎得多。欧美城市政府通常受制于上级政府。例如玛努艾拉·卡梅娜领导的马德里政府将会有什么样的作为，对此我们拭目以待。然而，不能排除社会变革的可能性。普通人不会离开。他们将继续扰乱全球形象资本主义的愿景。他们在城市进行社会转型的机会要比在其他地方更多，对于城市社会变革而言，由权力都城变成转型城市很可能是具有决定意义的。

注　释

引言：城市、国家、民众和全球

1 Göran Therborn, 'Monumental Europe: The National Years: On the Iconography of European Capital Cities', *Housing, Theory and Society* 19 :1 (2002), 26–47.

2 Patrick Le Galès and Göran Therborn, 'Gities', in Stefan Immerfall and Göran Therborn (eds), *Handbook of European Societies: Social Transformations in the 21st Century,* New York: Springer, 2010, 59–89.

第一章　城市、权力与现代性

1 Lewis Mumford, *The Culture of Cities,* New York: Harcourt Brace, 1938, 3.

2 Lewis Mumford, *The City in History,* New York: Harvest, 1961/1989, 571.

3 Gary Cohen and Franz Szabo, *Embodiments of Power,* New York: Berghahn Books, 2008.

4 Leonardo Benevolo, *Die Geschichte der Stadt,* Frankfurt: Verlag Zweitausendeins, 1983 (orig. ed. *Storia della cittá,* Rome: Laterza, 1975), chapter 13.

5 Peter Hall, *Cities in Civilization,* London: Pantheon, 1998.

6 Charles Tilly, *Coercion, Capital, and European States, AD 990–1992,* Oxford: Oxford University Press, 1992 (1975).

7 Ibid., 190, 185.

8 Peter Hall, 'Six Types of Capital City', in J. Taylor, J. Lengellé, and C. Andrew,

Capital Cities/Les Capitales, Ottawa: Carleton University Press, 1993; Peter Hall, 'Seven Types of Capital City', in David Gordon (ed.), *Planning Twentieth Century Capital Cities,* London: Routledge, 2006. Most of the other chapters of Taylor et al. and Gordon are very interesting and useful.

9   Michel Foucault, *Les mots et les choses,* Paris: Editions Gallimard, 1966, 7.
10 Saskia Sassen, *The Global City,* 1st ed., Princeton, NJ: Princeton University Press, 1991; P.J.Taylor *World City Networks,* London, Routledge, 2004.
11 Lawrence Vale, *Architecture, Power and National Identity,* 2nd ed., New York: Routledge, 2008.
12 Wolfgang Sonne, *Representing the State,* New York: Prestel, 2003.
13 Vadim Rossmann, *Capital Cities: Varieties and Patterns of Development and Relocation,* New York: Routledge, 2016.
14 Deyan Sudjic, *The Edifice Complex,* New York: Penguin, 2006.
15 Rowan Moore, *Why We Build,* New York: Harper Design, 2014.
16 Owen Hatherley, *Landscapes of Communism,* New York: New Press, 2016.
17 Ingeborg Flagge and W.J. Stock, *Architektur und Demokratie,* Stuttgart: Hatje, 1992; Deyan Sudjic, *Architecture and Democracy,* New York: Te Neues, 2001.
18 Henri Lefebvre, *The Production of Space,* Oxford: Oxford University Press, 1991 (1974).
19 Spiro Kostof, *The City Shaped,* London: Thames and Hudson, 199, 209.
20 Mike Davis, *Planet of Slums,* New York: Verso, 2006, 95.
21 Simon Bekker and Göran Therborn (eds), *Capital Cities in Africa: Power and Powerlessness*, Cape Town: Human Sciences Research Council, 2012.
22 Thomas Thiis-Evensen, 'Arkitekturens maktgrammatik', in C. Kullberg Christophersen (ed.), *Maktens korridorer,* Oslo, Norsk Form, 1998.
23 Göran Therborn, 'Modern Monumentality: European Experiences', in James Osborne (ed.), *Approaching Monumentality in Archaeology,* Albany: SUNY Press, 337f.

24　*El País,* 23 November 2014, 18.
25　See, e.g., K. Marton, 'Hungary's Authoritarian Descent', *New York Times,* 4 November 2014, 6.
26　Ben Weinreb and Christopher Hibbert (eds.), *The London Encyclopedia,* London: Papermac, 1993, 444ff, 864, 986f.
27　Jacques Hillairet, *Dictionnaire historique des rues de Paris,* Paris: Editions de Minuit, 1963, 38.
28　Madeleine Yue Dong, *Republican Beijing,* Berkeley: University of California Press, 2003, 71ff.
29　On Teragini see further Aristotle Kallis, *The Third Rome, 1922–1943,* Basingstoke: Palgrave Macmillan, 2014, 57–8, 64ff.
30　Liah Greenfield, *Nationalism: Five Roads to Modernity,* Cambridge, MA: Harvard University Press, 1992,尽管她对于民族认同更感兴趣。
31　Quoted in Patrick Dillon, *The Last Revolution: 1688 and the Creation of the Modern World,* London: Pimlico, 2006, 212, 217.
32　Anthony Giddens, *The Consequences of Modernity,* Stanford, CA: Stanford University Press, 1990, 1.
33　Göran Therborn,'The Right to Vote and the Four Routes to/through Modernity', in Rolf Torstendahl (ed.), *State Theory and State History,* London: SAGE, 1992, 62–92.
34　Eugene Weber, *Peasants into Frenchmen,* Stanford: Stanford University Press, 1976.
35　N. Chanda, *Bound Together,* New Haven: Yale University Press 2007, 165.
36　Leopoldo Zea, *El pensamiento latinoameriocano*, Mexico City: Pormaca, 1965, vol. 1, 65ff, 103ff; cf. Antonio Annino and François-Xavier Guerra, *Inventando la nación. Iberoamérica. Siglo XIX,* Mexico City: Fondo de Cultura Económica, 2003.
37　A. Simpson and B.A. Oyètádé, 'Nigeria: Ethno-Linguistic Competition in the Giant of Africa', in Andrew Simpson (ed.), *Language and National*

Identity in Africa, Oxford: OUP, 2008, 172

38 Tariq Rahman, *Language and Politics in Pakistan,* Oxford: Oxford University Press, 1997, ch. 6.

39 D.Z. Poe, *Kwame Nkrumah's Contribution to Pan-Africanism: An Afro-Centric Analysis,* London: Routledge, 2003, 94.

第二章　形成国家的基础：欧洲——改变王城

1 Margaret Whitney, *Wren.* London: Thames & Hudson, 1971, 45.

2 Mark Girouard, *Cities and People,* New Haven and London: Yale University Press, 1985, 120ff.

3 A. Ságvari, 'Studien der europåischen Hauptstadtentwicklung und die Rolle der Hauptstädte als Nationalrepräsentanten', in T. Schieder and G. Brunn (eds), *Hauptstädte in europäischen* Nationalstädten, Munich: Oldembourg, 1983.

4 Jacques Le Goff, 'Le phénomène urbaine dans le corps politique français', in Georges Duby (ed.), *Histoire de la France urbaine,* vol. 2, Paris: Seuil, 1980, 322.

5 有关凡尔赛和巴黎关系的阐述，参见 Jean-François Solnon, *Histoire de Versailles:* Paris: Perrin, 2003; Joël Cornette (ed.), Versailles, Paris: Pluriel, 2012.

6 M. Riddle, 'Winchester: The Rise of an Early Capital', in B. Ford (ed.), *The Cambridge Cultural History of Britain,* Cambridge: Cambridge University Press, 265, 434.

7 L. Barea, *Vienna: Legend and Reality,* London: Pimlico, 1993, 39.

8 G, Brunn, 'Die deutsche Einigungsbewegung und der Aufstieg Berlins zur deutschen Hauptstadt', in Schieder and Brunn (eds), *Hauptstädte in europäischen.*

9 S. Juliá, 'Madrid – Capital del Estado (1833–1993)', in S. Juliá et al., *Madrid. Historia de una Capital,* Madrid: Fundación Caja de Madrid, 1995, chapter 2.

10 S. Rokkan, 'Cities, states, and nations: A dimensional model for the study of contrasts in development', in S.N. Eisenstadt and S. Rokkan (eds), *Building States and Nations,* vol. I, London: 1973.

11 Perry Anderson, *Lineages of the Absolutist State,* New York: Routledge, 1974.

12 Gilbert Gardes, *Le monument public français,* Paris: Presses Universitaires de France, 1994, 14, 24ff, 90ff.

13 Nikolaus Pevsner, *London I: The City of London,* Pevsner Architectural Guides, New Haven, CT: Yale University Press, 1957, 73.

14 M. Settele, *Denkmal Wiener Stadtgeschichten.* Vienna: 1995, 68–9.

15 Richard Cleary, *The Place Royale and Urban Design in the Ancien Régime,* Cambridge: Cambridge University Press, 1999.

16 在我的著作中对这一论点进行了阐述，参见 *The World,* Cambridge: Cambridge University Press, 2011, 54ff.

17 C. Amalvi, 'Le 14-e Juillet', in Pierre Nora (ed.), *Les lieux de mémoire, Vol. I, La République,* Paris: Gallimard, 1984, 424.

18 Hillairet, *Dictionnaire historique,* 38.

19 David Harvey, *Paris: Capital of Modernity,* New York: Routledge, 2003.

20 Claudine de Vaulchier, 'La recherche d'un palais pour l'Assemblée Nationale', in *Les Architectes de la Liberté,* Paris: Ecole Nationale Supérieure des Beaux-Arts, 1989.

21 Jean Favier, *Paris: Deux mille ans d'histoire,* Paris: Hachette, 1997, 301ff.

22 对后一个问题做出精彩回答的分别是 Linda Colley, *Britons: Forging the Nation, 1707–1837,* New Haven, CT: Yale University Press, 2005, 和 Krishan Kumar, *The Making of English National Identity,* Cambridge: Cambridge University Press, 2003.

23 Quoted in Dillon, *Last Revolution,* 239, 128.

24 Jean Hood, *Trafalgar Square: A Visual History of London's Landmark Through Time,* London: Batsford, 2005, 35.

25 Howard Nenner, *The Right to Be King: The Succession to the Crown of England, 1603–1714,* Chapel Hill: University of North Carolina Press, 1995, 248.
26 Norman Davies, *The Isles,* London: Macmillan, 1999, 629.
27 Colley, *Britons*, 216.
28 Pevsner, *London I*, 87–101.
29 Göran Therbom, 'Monumental Europe: The national years: On the iconography of European capital cities', *Housing, Theory and Society* 19(1), 2002: 26–47.
30 V. Gjuzelev, 'Die Hauptstadt-Entwicklung in Bulgarien', in Harald Heppner (ed.), *Hauptstädte zwischen Save, Bosporus und Dnjepr,* 145–70, Vienna: Bohlau, 1999, 159ff.
31 Eleni Bastéa, *The Creation of Modern Athens,* 18ff.
32 Gjuzelev, 'Die Hauptstadt-Entwicklung in Bulgarien', 163.
33 Tommy Book, *Belgrad,* Belgrade: Växjö, 1987, 130.
34 Herbert Wilhelmy, *Hochbulgarien II: Sofia,* Buchdruckerei Schmidt & Klaunig Kiel, 1936, 119.
35 Ioana Iosa, *Bucarest: L'emblème d'une nation,* Rennes: Presses Universitaires de Rennes, 2011, 35.
36 See Göran Therborn, *European Modernity and Beyond: The Trajectory of European Societies, 1945–2000,* London: SAGE, 1995, 43ff.
37 Z. Hojda and J. Pokorný, 'Denkmalkonflikten zwischen Tschechen und Deutschbömen', H. Haas and H. Stekl (eds), *Burgerliche Selbstdarstellung,* Vienna: Böhlau, 1995, 214ff.
38 R. Toman, *Wien: Kunst und Architektur,* Köln: Köneman, 1999, 164.
39 Carl Schorske, *Fin-de-siècle Vienna,* New York: Vintage, 1980, 29ff.
40 G. Kapnert, *Ringstrassedenkmäler,* Wiesbaden, 1973, 29ff.
41 See further Therborn, 'Monumental Europe'.
42 *La Civiltá Cattolica,* 28 December 1871, here quoted from A. Riccardi, 'La

Vita Religiosa', in Vittorio Vidotto (ed.), *Roma Capitale,* 'Bari': Laterza, 2002, 273.

43 L. Berggren and L. Sjöstedt, 'Legitimering och förändringspropaganda - monumentpolitik i Rom 1870–95', in *Kulturarvet i antikvarisk teori och praktik,* 45–71, Stockholm: 1993.

44 Dejanirah Couto, Histoire de Lisbonne, Paris: Fayard, 2000, 236–7; cf., on Madrid, Fidel Revilla González and Rosalía Ramos, *Historia de Madrid,* Madrid: La Librería, 2005, 151ff.

45 Andrea Ciampani, 'Municipio capitolino e governo nazionale da Pio IX a Umberto I', in Vittorio Vidotto (ed), *Roma Capitale,* 43ff.

46 Rokkan, 'Cities, states, and nations'.

47 Baron Haussmann, *Memoires,* Paris: Seuil, 2000 [1890–1893], 575, 705, 735.

48 Favier, *Paris,* 87.

49 Gunter Peters, *Kleine Berliner Baugeschichte: Von der Stadtgrundung bis zur Bundeshauptstadt,* Berlin: Stapp, 1995, 84.

50 M. Cacciato, 'Lo sviluppo urbano e il disegno della cittá', in Vidotto (ed.), *Roma Contemporanea,* 128, 147.

51 Thomas Hall, *Planuwg europäischer Hauptstädte,* Stockholm: Kunglign Vitterhots Historic och Antikuitets Akademien, 1986.

52 Haussmann, *Memoires,* 257

53 Ibid., 791.

54 Roy Porter, *London: A Social History,* Cambridge, MA: Harvard University Press, 1996, 321.

55 J. Hargrove, 'Les statues de Paris', in Pierre Nora (ed.), *Les lieux de mémoire, Vol. II, La Nation,* Paris: Gallimard, 1986.

56 S. Leprun, 'Exposition colonial internationale 1931', in B. de Andia (ed.), *Les Expositions universelles à Paris de 1855 à 1937,* Paris: 1989, 167–71.

57 H.V.D. Wusten, S. De Vos, and R. Deurloo, 'Les Pays-Bas Tropicaux:

L'imaginaire colonial dans la toponymie néerlandaise,' *Géographie et Cultures* 60 (2006): 97–98.

第三章　形成国家的基础：脱离宗主国

1 Joseph Passonneau, *Washington Through Two Centuries,* New York: Monacelli Press, 2004, 16ff.

2 Idem., chs 2–3.

3 Jeffrey Meyer, 'The eagle and the dragon: Comparing the designs of Washington and Beijing', *Washington History* 8(2), 1996:13.

4 Lucie-Patrizia Arndt, *'Imperial City' versus 'Federal Town',* Münster: Lit Verlag, 1998.

5 C.M. Harris, 'Washington's "federal city", Jefferson's "federal town"', *Washington History* 12(1), 2000:49–53.

6 Passonneau, *Washington,* 42.

7 Charles Dickens, *American Notes for General Circulation,* New York: Penguin, 2000 (1842), 129–30.

8 David Berman, *Local Government and the States,* Armonk, NY: M.E. Sharpe, 2003.

9 Frederick Douglass, *A Lecture on Our National Capital,* Washington, D.C.: Smithsonian Institution Press, 1978 (1875), 21.

10 Passonneau, *Washington,* 39.

11 Carl Abbott, *Political Terrain: Washington D.C., from Tidewater Town to Global Metropolis,* Chapel Hill: University of North Carolina Press, 1999, 50.

12 Constance McLaughlin Green, *Washington: Village and Capital,* Princeton, NJ: Princeton University Press, 1962, 399; E. Caretto, 'Italian Imprints', in Luca Molinari and Andrea Canepari (eds), *The Italian Legacy in Washington D.C.: Architecture, Desigt, Art, and Culture,* New York: Skira Rizzoli, 2007,

173.

13 McLaughlin Green, *Washington,* 221ff.
14 Christopher Thomas, *The Lincoln Memorial and American Life,* Princeton, NJ: Princeton University Press, 2002, 143.
15 Savage, *Monument Wars,* 292, 353n.
16 R. Bellamy, 'The architecture of government', in Jeff Keshen and Nicole St-Onge (eds), *Construire une capital–Ottawa: Making a Capital,* Ottawa: University of Ottawa Press, 2001, 435; cf. John Taylor, *Ottawa: An Illustrated History,* Toronto: Lorimer, 1986.
17 National Capital Planning Commission, *Capital in the Making–Bâtir une capitale,* Ottawa: Government of Canada, 1998, 12.
18 Ibid., 102.
19 Roger Pegrum, *The Bush Capital: How Australia Chose Canberra as Its Federal City,* Sydney: Hale & Iremonger, 1983.
20 Sonne, *Representing the State,* chapter 4.
21 Pegrum, *Bush Capital,* 184; Crowley and Reid, *Socialist Spaces.*
22 David Headon, *The Symbolic Role of the National Capital,* Canberra: National Capital Authority and the Commonwealth of Australia, 2003.
23 City of Pretoria, *Official Guide,* Pretoria: n.d., but probably from the mid-1950s, 90, 222.
24 Z. Nuttall, 'Royal ordinances concerning the layout of new towns', *Hispanic American Historical Review* 4(4), 1921: 743–53; cf. Porfirio Sanz Camañes, *Las ciudades en la América hispana: siglos XV al XVIII,* Madrid: Silex, 2004.
25 Alexander von Humboldt, *Ensayo político sobre el Reino de Nueva España,* Mexico City: Porrúa, 1966 [1822], 64, 79.
26 Patrice Elizabeth Olsen, *Artifacts of Revolution: Architecture, Society, and Politics in Mexico City, 1920–1940,* Lanham, MD: Rowman & Littlefield, 2008, chapter 6.
27 Raúl Porras Barrenechea and Edgardo Rivera Martínez (eds), *Antología de*

Lima, Lima: Fundación M. J. Bustamante de la Fuente, 2002, 11.

28 Ibid., 11ff, 412; Ortemberg, *Rituels du pouvoir.*

29 Gabriel Ramón, 'The Script of Urban Surgery: Lima, 1850–1940', in Arturo Almadoz (ed.), *Planning Latin American Cities, 1850–1950,* London: Routledge, 2002; and Anonymous, *Lima, Paseos de la Ciudad y su Historia,* Lima: Guías Expreso, 1998.

30 Herbert Wilhelmy, *Südamerika im Spiegel seiner Städte,* Hamburg: De Gruyter, 1952, 238; M. Rapoport and Maria Seoane, *Buenos Aires: Historia de una ciudad,* Buenos Aires: Planeta, 2007, 48.

31 Rapoport and Seoane, *Buenos Aires,* 167ff.

32 L. González, S. Condoleo, and M. Zangrandi, 'Buenos Aires festeja el Centenario. Periferias, conflictos y esplendedores de una ciudad en construcción', in Francisco Xavier González (ed.), *Aquellos años franceses,* Santiago: Taurus, 2012, 261ff.

33 Rapoport and Seoane, *Buenos Aires,* 182ff.

34 Horacio Salas, *El Centenario: La Argentina en su hora más gloriosa,* Buenos Aires: Planeta, 1960, 160ff.

35 Rodrigo Gutierrez Viñuales, *Monumento conmemorativo y espacio público en Iberoamérica,* Madrid: Catedra, 2004, 710.

36 Ramon Gutiérrez, 'Buenos Aires, A Great European City', in Almadoz (ed.), *Planning Latin American Cities,* 68ff.

37 Alfonso Ernesto Ortiz Gaitn, *Bogotá, El Dorado: Arquitectura, historia e historias,* Bogotá: Universidad de Gran Colombia, 2005, 72.

38 20世纪的人口数字来源于 Alan Gilbert and Julio Dvila, 'Bogot: Progress Within a Hostile Environment', in David Myers and Henry Dietz (eds), *Capital City Politics in Latin America,* Boulder, CO: Lynne Rienner, 2002, 30, 127.

39 Santiago Montes Veira, *Bogotá: La metrópoli de los Andes,* Bogotá: I.M. Editores, 2008, 38, 66.

40 Herbert Wilhelmy, *Südamerika im Spiegel seiner Städte,* Hamburg: De

Gruyter, 1952, 203.

41 Ramon Gutiérrez, *Arquitectura y urbanismo en Iberoamérica,* Madrid: Catedra, 2002, 289.

42 Gutiérrez Viñuales, *Monumento conmemorativo,* 618.

43 B. Vicuña Mackenna in 1870, quoted in Gustavo Munizaga Vigil, 'Les grandes étapes du dévéloppement urbain de Santiago', in *Santiago Poniente: développement urbain et patrimoine,* Santiago: Ministry of Culture and Communication, 2000, 34.

44 Carlos Lessa, O *Rio de todos os Brasis,* Rio de Janeiro: Editora Record, 2005, 71, 82.

45 Jaime Benchimol, *Pereira Passos: Um Haussmann Tropical,* Cidade do Rio de Janeiro, 1992, 36ff.

46 Ibid.; Berenice Seara, *Guia de roteiros do Rio antigo,* Rio de Janeiro: Globo, 2004.

47 Giovanna Rosso Del Brenna, O *Rio de Janeiro de Pereira Passos,* Rio de Janeiro: Routledge, 1985, 19.

48 就任典礼的节目单转载于 Laurent Vidal, *De Nova Lisboa à Brasília,* Brasília: UNB, 2002, 280–1.

49 James Holston, *The Modernist City: An Anthropological Critique of Brasilia,* Chicago: University of Chicago Press, 1989, 70.

50 Juscelino Kubitschek, *Por Que Construí Brasília,* Brasília: Senado Federal, Conselho Editorial, 2000 (1975), 31ff.

51 论巴西现代主义建筑，参见 Elisabetta Andreoli and Adrian Forty, *Brazil's Modern Architecture,* New York: Phaidon, 2004, chapter 3; on MoMa and Brazil, see Zilah Quezado Dekker, *Brazil Built. The Architecture of the Modern Movement in Brazil,* London: Taylor & Francis, 2001.

52 Kubitschek, *Por Que,* 7ff.

53 Vidal, *De Nova Lisboa à Brasília,* 238; Holston, *Modernist Czty,* 76ff.

54 Gustavo Lins Ribeiro, O *Capital Da Esperança: A Experiência Dos*

Trabalhadores Na Construço De Braslia, Brasília: UNB, 2008, chapters 2 and 4.

55　Lúcio Costa interviewed in Vidal, *De Nova Lisboa à Brasília*, 241; cf. Holston, *Modernist City*, chapter 6.

56　Lins Ribeiro, O *Capital Da Esperança*, 240.

57　UN Human Settlement Programme, *State of Latin American and Caribbean Cities 2012,* Nairobi: United Nations, fig. 2.6.

第四章　形成国家的基础：国家化的殖民主义

1　Jurgen Osterhammel, *Colonialism: A Theoretical Overview,* Kingston, Jamaica: Markus Wiener, 1997, 51.

2　Narkayani Gupta, 'Concern, Indifference, Controversy: Reflections on Fifty Years of Conservation in Delhi', in Véronique Dupont, Emma Tarlo and Denis Vidal (eds), *Delhi: Urban Space and Human Destinies*, New Delhi: Manohar, 2000, 167ff.

3　Krishna Menon, 'The Contemporary Architecture of Delhi: The Role of the State as Middleman', in Dupont et al., *Delhi,* 147.

4　See Jon Lang, Madhavi Desai and Miki Desai, *Architecture and Independence*, Oxford: Oxford University Press, 1997, and Khanna and Parhawk, *Modern Architecture.*

5　Sten Ake Nilsson, *The New Capitals of India, Pakistan, and Bangladesh*, Lund: Studentlitteratur, 1973, 134.

6　Lang et al., *Architecture and Independence*, 201ff.

7　Khanna and Parhawk, *Modern Architecture*, 33.

8　Denis Vidal, Emma Tarlo and Veronique Dupont, 'The alchemy of an unloved city', in Dupont, et al., *Delhi,* 20; B. Mishra, R.-B. Singh, and A. Malik, 'Delhi: housing and quality of life', in R.P. Mishra and K. Mishra (eds), *Million Cities of India,* Vol. I, New Delhi: Sustainable Development

Foundation, 1997, 204ff.

9 Ranjana Sengupta, *Delhi Metropolitan,* New York: Penguin, 2007, chapter 5.

10 Vidal et al., 'Alchemy of an Unloved City', 16.

11 Mishra et al.,'Delhi', 199; cf. P. Cadène, 'Delhi's place in India's urban structure,' in Dupont, et al., *Delhi.*

12 Constantinos Doxiadis,'Islamabad: The creation of a new capital,' *Towm Planning Review* 36:1 (1965): 17.

13 M. Hanif Raza, *Islamabad and Environs,* Islamabad: Colorpix, 2003, 71–81.

14 Kwaja, *Memoirs,* 944ff.

15 Ibid., 122.

16 Susan Abeyasekere, *Jakarta: A History,* Oxford: Oxford University Press, 1987, 154.

17 Jo Santoso, *The Fifth Layer of Jakarta,* Jakarta: Tarumanagara University, 2009.

18 See Lai Chee Kien, *Building Merdeka, Independence Architecture in Kuala Lumpur, 1957–1966,* Kuala Lumpur: Petronas, 2007, chapter 10.

19 关于双子星塔的详尽出版物，请参见 Gurdip Singh, *Sculpting the Sky: Petronas Twin Towers,* Kuala Lumpur: Petronas, 1998.

20 See Kwang-Joong Kim (ed.), *Seoul, 20th Century: Growth and Change of the Last 100 Years,* Seoul: Seoul Development Institute, 2003, chapters 2 and 3.

21 Soon-won Park, 'Colonial industrial growth and the emergence of the Korean working class', in Gi-Wook Shin and Michael Robinson (eds), *Colonial Modernity in Korea,* Cambridge, MA: Harvard University Asia Center, 1999, 47.

22 Ki-Suk Lee, 'Seoul's Urban Growth in the Twentieth Century: From the Pre-modern City to a Global Metropolis', in Kwang-Joong Kim (ed.), *Seoul, Twentieth Century,* 32, 47.

23 Ki-baik Lee, *A New History of Korea,* Cambridge, MA: Harvard University

Asia Center, 1984, 349, 351.

24 Schmid, *Korea Between Empires,* 172.

25 Andrei Lankov and Sarah L. Kang, *The Dawn of Modern Korea,* Seoul: EunHaeng NaMu, 2007, 216.

26 Sei-Kwan Sohn, 'Changes in the residential features of Seoul in the 20th century', in Kim (ed.), Seoul, *20th Century,* 240–1.

27 City History Compilation Committee of Seoul, *The Launch of Seoul as the Capital of the Republic of Korea (1945–1961),* Seoul: CHCCS, 2004, 124–5.

28 Kyo-Mok Lee, 'Seoul's urban growth in the 20th century: From premodern city to global metropolis', in Kim (ed.), *Seoul 20th Century,* 130.

29 Sohn, 'Changes in the residential features'.

30 Quoted in James Jankowski, 'Egypt and Early Arab Nationalism, 1908-1922', in Rashid Khalidi, Lisa Anderson, Muhammad Muslih and Reeva S. Simon (eds), *The Origins of Arab Nationalism,* New York: Columbia University Press, 1991, 263.

31 Raafat, *Cairo: The Glory Years,* Cairo: AUC Press, 2003, 71ff, 283ff.

32 Yoram Meital, 'Central Cairo: Street naming and the struggle over historical representation', *Middle Eastern Studies* 43:6 (2007): 857.

33 Al Jazeera, 2 January 2011.

34 Sarah Sabry, 'Informal housing: An Introduction', in Marc Anglil et al. (eds), *Housing in Cairo,* Berlin: Ruby Press, 2015, 243.

35 Zeynep Çelik, 'Post-Colonial Intersections', *Third Text* 13:49, 63–72.

36 See, e.g., Richard Hull, *African Cities and Towns before the European Conquest,* New York: W. W. Norton, 1976.

37 Charles-Robert Ageron and Marc Michel (eds), *L'Afrique noire française: L'heure des indépendances,* Paris: Biblis, 2010 (1992).

38 Cf. Michael Crowder, *Senegal: A Study in French Assimilation Policy,* Oxford: Oxford University Press, 1962, 4ff.

39 K. Twum-Baah, 'Population Growth of Mega-Accra – Emerging Issues',

in Ralph Mills-Tettey and Korantema Adi-Dako (eds), *Visions of the City: Accra in the 21st Century,* Accra: Woeli, 2002, 33.

40 The so-called Devonshire White Paper, quoted in Janet Hess, 'Imagining architecture: The structure of nationalism in Accra, Ghana', *Africa Today* 47: 2, 2000: 39.

41 See ibid.; Janet Hess, 'Spectacular nation: Nkmmahist art and iconography in the Ghanaian independence era', *African Arts* (Spring 2006): 16–21; and Ato Quayson, *Oxford Street, Accra,* Durham, NC: Duke University Press, 2014, chapter 2.

42 A. Bremer, 'Conflict moderation and participation – prospects and barriers for urban renewal in Ga Mashie', in Mills-Tettey and Adi-Dako (eds), *Visions of the City;* Quayson, *Oxford Street,* chapters 1 and 2.

43 Blackpast.org.

44 Adebawi, 'Abuja'.

45 Marie Huchzermeyer, *Cities with Slums*, Claremont, South Africa: Juta Academic, 2011, 101.

46 See further Adebawi, 'Abuja', 9Iff; Nnamdi Elleh, *Abuja: The Single Most Ambitious Urban Design Project of the 20th Century,* Berlin: Weimar Bauhaus University Press, 2001; Huchzermeyer, *Cities with Slums,* 95ff.

47 See Jerome Chenal, *The West African City,* New York: Routledge, 2014; cf. A. Dioup, 'Dakar' in Bekker and Therborn, *Power and Powerlessness.*

48 See Thomas M. Shaw, *Irony and Illusion in the Architecture of Imperial Dakar,* Lewiston, NY: Edwin Mellen Press, 2006.

49 A. Dubresson, 'Abidjan: From the public making of a modern city to urban management of a metropolis, in Carole Rakodi (ed.), The Urban Challenge in *Africa,* Tokyo: United Nations University Press, 1997, 285.

50 R. Kobia, 'European Union Commission Policy in the RDC', *Review of African Political Economy* 93/94 (2002): 431–43.

51 Filip De Boeck, 'La ville de Kinshasa, une architecture du verbe,' *Esprit*

330 (2006).
52 Fumunzanza Muketa, *Kinshasa d'un quartier à l'autre,* Paris: l'Harmattan, 2008, 61.
53 Marco d'Eramo, *The Pig and the Skyscraper – Chicago: A History of Our Future,* London: Verso, 2002, 44.
54 A. O'Connor, *The African City,* Cambridge: Cambridge University Press, 2007, 45.
55 Paul Bairoch, *Cities and Economic Development,* Chicago: University of Chicago Press, 1988, 430.
56 L. Nzuzi, 'Kinshasa: Mégacité au Cœur de l'Afrique', in A.-M. Frrot, *Les grandes villes d'Afrique,* Paris: Ellipses, 1999, 130.
57 Anja Kervanto Nevanlinna, 'Interpreting Nairobi', Helsinki: Finnish Literature Society, 1996, chapter 12; cf. S. Owuor and T. Mbatia, 'Nairobi', in Bekker and Therborn, *Power and Powerlessness.*
58 Davis, *Planet of Slums,* 92ff, 142ff.
59 Shadi Rabharan and Manuel Herz, *Nairobi, Kenya. Migration Shaping the City,* Maastricht: Lars Muller Verlag, 2014, 26ff; on favelas, see Lici Valladares, *La favela d'un siècle à l'autre,* Paris: Maison des Sciences de l'Homme, 2006, 20ff.
60 Cf. Caroline Wanjiku Kihato, 'Kibera: Nairobi's Other City', *Cityscapes* 3 (2013), 39–41.
61 Bernard Calas, *Kampala: La ville et la violence,* Paris: Karthala, 1998, 69.
62 Philippe Gervais-Lambony, *De Lomé à Harare: Le fait citadin,* Paris: IFRA, 1994, 385.
63 UN Habitat, *State of the World's Cities 2012/2013,* London: Routledge, 2013, table 2.
64 UN Human Settlement Programme, *State of the World's Cities 2008/2009,* Nairobi: United Nations, 2009, 111ff.

第五章　形成国家的基础：被动现代化

1. Quoted in Takii Kazuhiro, *The Meiji Constitution: The Japanese Experience of the West and the Shaping of the Modern State,* Tokyo: International House of Japan, 2007, 150.
2. Quoted in William Coaldrake, *Architecture and Authority in Japan,* New York: Routledge, 1996, 208.
3. Edward Seidensticker, *Low City, High City: Tokyo from Edo to the Earthquake,* San Francisco: Knopf, 1985, 26; Takashi Fujitani, *Splendid Monarchy: Power and Pageantry in Modern Japan,* Berkeley: University of California Press, 1998, chapter 2; Nicolas Fieve and Paul Waley (eds), *Japanese Capitals in Historical Perspective,* New York: Routledge, 2003.
4. Seidensticker, *Low City, High City,* 68, 98.
5. Fujitani, *Splendid Monarchy,* chapter 2; T.A. Bisson, 'The constitution and the retention of the emperor', in Jon Livingston, Joe Moore and Felicia Oldfather (eds), *Postwar Japan: 1945 to the Present,* New York: Pantheon, 1974, 24–8.
6. Coaldrake, *Architecture and Authority,* chapter 3.
7. Quoted in Koompong Noobanjong, 'Rajadamnoen Avenue: Thailand's transformative path towards modern polity', in Nihal Perera and Wing Shing Tang (eds), *Transforming Asian Cities,* London: Routledge, 2013, 39; see also Douglas Webster and Chuthatip Maneepong, 'Bangkok: Global actor in a misaligned governance framework', *City* 13:1 (2009), 80–6.
8. See Çelik, *The Remaking of Istanbul,* Seattle, University of Washington Press, 1986.
9. Toni Cross and Gary Leiser, *A Brief History of Ankara,* Vacaville: Indian Ford Press, 2000, 135ff.
10. S. Türkoglu Önge, 'Spatial Representations of Power: Making the Urban Space of Ankara in the Early Republican Period', in J. Osmund and A.

Cimdina (eds), *Power and Culture: Identity, Ideology, Representation,* Pisa: Plus, 2007, 89n.

11 Sibel Bozdogan, *Modernism and Nation Building: Turkish Architectural Culture in the Early Republic,* Seattle: University of Washington Press, 2001.

12 J.D. Gurne, 'The transformation of Tehran in the later nineteenth century,' in C. Adle and B. Hourcade (eds), *Téhéran Capitale Bicentenaire,* Leuven: Peeters, 1992, 38.

13 See, e.g., Ervand Abrahamian, *Iran between Two Revolutions,* Princeton, NJ: Princeton University Press, 1982, 73ff, 81ff.

14 On Pahlavi urban planning, see M. Habibi, 'Reza Chah et le développement de Téhéran (1925–1941)', in Adle and Hourcade (eds), *Téhéran Capitale Bicentenaire*; on its architecture, see Marefat, 'Protagonists,' 100.

15 B. Hourcade, 'Urbanisme et crise urbaine sous Mohammed-Reza Pahlavi', in Adle and Hourcade (eds), *Téhéran Capitale Bicentenaire,* 214ff.

16 Marc Angélil and Dirk Hebel, *Cities of Change: Addis Ababa,* Basel: Birkhuser, 2010, 207, 62ff, and 112, respectively.

17 José Luis Romero, *Latinoamérica: las ciudades y las ideas,* Buenos Aires: Siglo XXI Editores Argentina, 2001 (1976), 198ff.

第六章　人民的崛起：现代城市历史中的民众时刻

1 W. Vogel, *Bismarck's Arbeiterversicherung,* Braunschweig: Dr. Müller, 1951, 152ff and passim.

2 R. Roberts, 'Teoria, prassi e politica del socialismo municipale in Inghilterra, 1880–1914,' in Maurizio Degl'Innocenti (ed.), *Le sinistre e il govento locale in Europa,* Pisa: Nistri-Lischi, 1984, 146–66.

3 Tim Willis, 'Contributing to a real socialist community: Municipal socialism and health care in Sheffield (1918–1930)', in Uwe Kühl (ed.), *Der*

Munizipalsozialismus in Europa, Munich: Oldenbourg, 2001, 101–15.

4 H. Searing, 'With red flags flying: Housing in Amsterdam, 1915–1923,' in Henry Millon and Linda Nochlin (eds.), *Art and Architecture in the Service of Politics,* Cambridge, MA: MIT Press, 1978, 230.

5 最重要的论述，参见 Otto Neurath, 'Stdtebau und Proletariat', *Der Kampf,* June 1924, 236–42.

6 决定性的城市化研究，参见 Eve Blau, *The Architecture of Red Vienna, 1919–1934,* Cambridge, MA: MIT Press, 1999, quoted on page 46. 同样具有价值的研究，参见 Helmut Weihsmann, *Das rote Wien,* Vienna: Promedia Verlagsges, 2002.

7 R.Stremmel,'Berlin–Aspekte und Funktionen der Metropolenwahrnehmung auf Seiten der politischen Linken (1890–1933),' in G. Brunn and J. Reulecke (eds), *Metropolis Berlin,* Berlin: Bouvier, 1992, 93ff.

8 有关两个概述，参见 Degl'Innocenti (ed.), *Le Sinistre e il Governo locale in Europa,* and Kühl (ed.), *Munizipalsozialismus.*

9 P. Hedebol, 'Jens Jensen,' in Poul Nørlund, Erick Struckman and Erick og Thomsen (eds), *Köbenhavn 1888-1945,* Copenhagen: Biblioteksstämplar.

10 Blau, *Architecture of Red Vienna,* 228.

11 E. Bellanger, 'Les maires et leurs logements sociaux', *CAIRN Info* 3 (2008): 95–107.

12 Anne Haila, *Urban Land Rent: Singapore as a Property State,* New York: Wiley-Blackwell, 2015, tables 5.1. and 5.3.

13 See Florian Urban, *Tower and Slab: Histories of Global Mass Housing,* New York: Routledge, 2013.

14 Swenarton, Avermaete, and van den Heuvel (eds), *Architecture and the Welfare State.*

15 Kumiko Fujita, 'Conclusion: Residential segregation and urban theory,' in Thomas Maloutas and Kumiko Fujita (eds), *Residential Segregation in Comparative Perspective,* New York: Routledge, 2012, table 13.1.

16　E. Klein, *Denkwürdiges Wien,* Vienna: Falters, 2004, 40.

17　Vasconcelos, *Raza Cósmica.*

18　Marie-Danielle Demlas, *La invención política,* Lima: IFEA-IEP, 2003, 389.

19　Gutiérrez Viales, *Monumento commemorativo,* 482–83.

20　G. Schönwälder, 'Metropolitan Lima: A New Way of Making Politics,' in Daniel Chávez and Benjamin Goldfrank (eds), *The Left in the City,* London: Latin America Bureau, 2004.

21　巴黎狄德罗大学的丹尼尔·马尔图塞利首先提醒我利马的文化变化。我的朋友纳达尔·佐拉·埃尔南斯确认了我观点的正确性，并帮我联系了佩德罗·巴勃罗·科帕，他写了一篇很有见地的文章，名为 'Música popular, miprantes y el nuevo espiritú de la ciudad' [in *Colégio de sociólogos del peru, Los nuevos rostros de Lima* (2009): 113–40]，这篇文章提供了语境和文档参考，诗词引自他的文章，我对这些引用材料进行了解。

22　Anahi Ballent, *Las huellas de la poltica. Vivienda, ciudad, peronismo en Buenos Aires, 1943–1955,* Quilmes, Universidad Nacional de Quilmes, 2005.

23　有关这个恐怖故事的详尽描述，参见 Alejandro Grimson, 'Racionalidad, etnicidad y clase en los orgenes del peronismo', Desigualdades.net, Working Paper 93, 2011; Rapoport and Seoane, *Buenos Aires,* 729.

24　Göran Therborn, 'Moments of equality: Today's Latin America in a global historical context,' in Barbara Fritz and Lena Lavinas (eds.), *A Moment of Equality for Latin America?,* New York: Routledge, 2015, 13–28.

25　Economic Commission for Latin America and the Caribbean (CEPAL), *Social Panorama of Latin America 2014,* New York: United Nations, 2015, table I.A.3.

26　Benjamin Goldfrank and Andrew Schrank, 'Municipal neoliberalism and municipal socialism: Urban political economy in Latin America,' *International Journal of Urban and Regional Research* 33:2 (2009): 443–62.

27　Daniel Chávez, 'Montevideo: From Popular Participation to Good

Governance', in Chávez and Goldfrank (eds), *Left in the City.*
28 CEPAL, *Social Panorama of Latin America* 2014, table II A.2.
29 Asa Cristina Laurell, 'Health Reform in Mexico City, 2000-2006', *Social Medicine* 3:2 (2008): 149; Asa Cristina Laurell and A.I. Cisnertos Lujan, 'Construcción de un proyecto contra-hegemnico de salud: El caso del Distrito Federal, México', in C. Teitelboim Henrion and A.C. Laurell (eds), *Por el derecho universal a la salud,* Buenos Aires: CLACSO, 2015, 53–54.
30 See Justin McGuirk, *Radical Cities,* London: Verso, 2014, chapter 6.
31 Misagh Parsa, *Social Origins of the Iranian Revolution,* New Brunswick, NJ: Rutgers University Press, 1989, 78.
32 See Valladares, *La favela d'un sièclea l'autre.*
33 See Castells, *City and the Grassroots,* chapters 18–19.
34 Alan Gilbert (ed.), *The Mega-City in Latin America,* New York: United Nations, 1996.
35 See further Owuor and Mbatia, 'Nairobi', 129ff.
36 Davis, *Planet of Slums,* 102.
37 Jean-Louis van Gelder, Maria Cristina Cravino, and Fernando Ostuni, 'Housing Informality in Buenos Aires: Past, Present and Future?', *Urban Studies* 2015: 7.
38 See P. Lundin, 'Mediators of modernity: Planning experts and the making of the 'car-friendly city in Europe', in Mikael Hård and Thomas Misa (eds.), *Urban Machinery: Inside Modern European Cities,* Cambridge, MA: MIT Press, 2008, 257–79.
39 Jane Jacobs, *The Death and Life of Great American Cities,* New York: Vintage, 1961.
40 Schrag, 'Federal fight'. 在对比过其他几条原始资料后，我发现维基百科的"三姑娘桥"词条是阐述这一主题的很好的切入点。
41 Norma Evenson, *Paris: A Century of Change, 1878–1978,* New Haven, CT: Yale University Press, 1979, 285.

42　Klemek, *Transatlantic Collapse of Urban Renewal*, 139.

43　See further, Squatting Europe Kollective (ed.), *Squatting in Europe,* London: Minor Compositions, 2013; Hans Pruijt, 'The Logic of Urban Squatting', *International Journal of Urban and Regional Research* 37:1, 2013, 19–45.

44　有关这个故事的详细阐述，参见 Anders Gullberg, *City – drömmen om ett nytt hjärta* [City – The Dream of a New Heart], Stockholm: Stockholmia Förlag, 1998, 2 vols. 第二卷是我主要的资料来源。

45　L. Stanek, 'Who Needs "Needs? French Post-War Architecture and Its Critics', in Swenarton, Avermaete, and van den Heuvel (eds), Architecture and the Welfare State.

46　S. Malhotra and M. Comeau, 'Moscow', in Francesa Miazzo and Tris Kee (eds.), *We Own the City,* Hong Kong: Valiz/Trancity, 2014, 110–51.

47　F. Engels, 'Einleitung zu Karl Marx' and 'Klassenkämpfe in Frankreich 1848 bis 1880', 1895, *Marx-Engels-Werke*, vol. 22, Berlin: Dietz, 1970, 513, 520–2.

48　See George Katsiaficas, *Asia's Unknown Uprisings,* vol. 2, Oakland, CA: PM Press, 2013, chapter 2.

49　See, for example, Lincoln Mitchell, *The Color Revolutions,* Philadelphia: University of Pennsylvania Press, 2012, chapter 4, and Sakwa, *Frontline Ukraine,* 52ff, 86.

50　E. Porio, 'Shifting spaces of power in metro Manila,' *City* 13:1 (2009): 115.

第七章　权力的神化：法西斯主义和类似的独裁统治

1　Vittorio Vidotto, 'La capitale del Fascismo', in Vidotto (ed.), *Roma Capitale,* 390–91.

2　Ibid., 385.

3　The pre-Fascist "Nationalist" paper Idea Nazionale 1.11.1922, quoted in Vidotto 'La Capitale', 385.

4   Italo Insolera, *Roma moderna: Un secolo di storia urbanistica 1870–1970*, Rome: Piccolo biblioteca Einaudi, 1993, 143.

5   Italo Insolera, *Roma moderna: Da Napoleone I al XXI secolo*, Rome: Piccolo biblioteca Einaudi, 2011, 128.

6   Vidotto, *Roma contemporanea,* Barí: Laterza, 184.

7   Insolera, *Roma moderna: 1870–1970,* 136ff.

8   Vidotto, *Roma contemporanea,* 257.

9   *Corriere della Sera,* 18 April 2015, 13.

10 Antonio Cederna, *Mussolini Urbanista,* Rome: Laterza, 2006 (1979), chapter 7; Insolera, *Roma moderna: Da Napoleone I,* chapter 13.

11 Ingeborg Flagge and W.J. Stock, *Architektur und Demokratie,* Berlin: Hatje, 1992.

12 See Perry Anderson, *The New Old World,* London: Verso, 2009, 333ff.

13 Hitler, March 1942, quoted in Laurenz Demps, *Berlin-Wilhelmstrasse: Eine Topographie preussisch-deutscher Macht,* Berlin: Ch. Links, 1996, 231.

14 Peters, *Kleine Berliner Baugeschichte,* 175f.

15 Gitta Sereny, *Albert Speer: His Battle with Truth,* London: Picador, 1996, 225.

16 Engeli and Ribbe, 'Berlin in der NS-Zeit (1933-45)', in Wolfgang Ribbe (ed.), *Geschichte in Daten-Berlin,* Vol. II, Munich: Fourier Verlag, 1988, 952ff.

17 Alexandra Ritchie, *Faust's Metropolis: A History of Berlin,* New York: Carroll & Graf, 1998, 461.

18 Speer, *Inside the Third Reich,* 197.

19 Demps, *Berlin-Wilhelmstrasse,* 225ff; Speer, *Inside the Third Reich,* 157ff.

20 Speer, 159, On Thiis-Evensen see chapter 1, quote 22.

21 Speer, 118ff.

22 Ibid., chapters 10–12.

23 Shown by Peters, *Kleine Berliner Baugeschichte,* 171.

24 Speer, *Inside the Third Reich,* 158.
25 Vidotto, 'La Capitale', 397; Speer 1995, 115, 159.
26 Speer, 197.
27 Cederna, *Mussolini Urbanista,* chapter 4; Insolera, *Roma moderna: Da Napoleone I,* 434ff and chapter 14.
28 Ritchie, *Faust's Metropolis,* 428.
29 See Ramos and Revilla, *Historia de Madrid*, 223 and chapter VIII; Juliá et al., *Madrid,* 434 and chapter 10.
30 Dan Hancox, 'Race, God and Family', London Review of Books 37:3 (2 July 2015), 16; *El País*, 6 July 2015.
31 Quoted in *The Clinic,* Santiago de Chile, 28 October 2004, 7.
32 Cf. Nas, 'Jakarta', p. 117, above.
33 Hans-Dieter Evers, 'Urban symbolism and urbanism in Indonesia', in Peter Nas (ed.), *Cities Full of Symbols,* Leiden: Leiden University Press, 2011.
34 Kusno, *Behind the Postcolonial,* 72.
35 See ibid., 85ff, and Kusno, *Appearances of Memory,* 216ff.
36 See Donald M. Seekins, " 'Runaway chickens' and Myanmar identity", *City* 13:1(2009), 63–70; Naypyitaw Development Committee, *Naypyitaw Directory 2010,* Naypyitaw, 2010; Matt Kennard and Claire Provost, 'Burma's bizarre capital: A super-sized slice of post-apocalypse suburbia', *Guardian,* 19 March 2015, theguardian.com.
37 See Rapoport and Seoane, *Buenos Aires,* 2007, chapter VII.
38 Kusno, *Appearances of Memory, 57*; Margarita Gutman, 'Hidden and exposed faces of power in Buenos Aires'*, International Journal of Urban Sciences* 19:1 (2015): 20–8.
39 R. Hidalgo Dattwyler, 'La vivienda social en Santiago de Chile en la segunda mitad del siglo XX: Actores relevantes y tendencias especiales', in Carlos de Mattos, María Elena Ducci, Alfredo Rodríguez and Gloria Yáñez Warner (eds), *Santiago en la Globalización,* Santiago: SUR, 2003, 228.

40 Mario Rapoport and María Seoane, *Buenos Aires: Historia de una ciudad,* vol. 2, Buenos Aires: Planeta, 2007, 483.

41 Abidin Kusno, *Behind the Postcolonial,* London: Routledge, 2000, 108.

42 Rapoport and Seoane, *Buenos Aires,* 424.

43 Ramiro Segura, 'Conexiones, entrelazamientos y configuraciones socioespaciales en la (re) producción de desigualdades en ciudades latinoamericanas (1975-2010),' desiguALdades working paper 65, 2014, Table 1, desigualdades.net.

第八章　共产主义与城市发展

1 N. Crofts, 'Globalization and growth in the twentieth century', Washington, D.C.: International Monetary Fund, 2000, table 1.1.

2 V. Tolstoy, I. Bibikova and C. Cooke, *Street Art of the Revolution,* London: Thames and Hudson, 1990, document no. 1.

3 Karl Schlögel, *Terror und Traum: Moskau 1937,* München: Fischer Taschenbuch, 2008, 316–7.

4 Colton, Moscow, 277, 174.

5 Ibid., 391–2.

6 Peters, *Kleine Berliner Baugeschichte,* 320.

7 See Åman, *Architecture and Ideology,* chapter VII.

8 Blair Ruble, *Second Metropolis: Pragmatic Pluralism in Gilded Age Chicago, Silver Age Moscow, and Meiji Osaka,* Cambridge: Cambridge University Press, 2001, chapters 3 and 9.

9 Catherine Merridale, *Red Fortress: History and Illusion in the Kremlin,* New York: Picador, 2013, 312.

10 Schlögel, *Terror und Traum,* 80.

11 由于不能阅读很多俄罗斯第一手资料，我要强烈感谢 Schlögel, *Terror und Traum;* Monica Rthers, *Moskau bauen,* Vienna: Boehlau Verlag, 2007; Colton, *Moscow;* and Greg Castillo, 'Cities of the Stalinist Empire', in

Nezar AlSayyad (ed.), *Forms of Dominance,* Aldershot, UK: Avebury, 1992.

12 See Rthers, *Moskau bauen,* 75–150.
13 Schlgel, *Terror und Traum,* 70.
14 Colton, *Moscow,* 798.
15 Merridale, *Red Fortress,* 318.
16 *Colton, Moscow,* 417.
17 Ibid.
18 Åman, *Architecture and Ideology,* 218–9.
19 On the latter, Schlgel, *Moscow,* 30–1.
20 Colton, *Moscow,* 342.
21 Rüthers, *Moskau bauen,* 49.
22 Åman, *Architecture and Ideology,* 163; Molnár, *Building the State,* 41.
23 Åman, *Architecture and Ideology,* 61.
24 Patryk Babiracki, *Soviet Soft Power in Poland*, Chapel Hill: University of North Carolina Press, 2015, 196.
25 Therborn, *European Modernity and Beyond*, 43ff.
26 Åman, *Architecture and Ideology,* 115ff.
27 Le Normand, *Designing Tito's Capital,* 37ff.
28 Dr. Judit Bodnar, in conversation in September 2015.
29 See Le Normand, *Designing Tito's Capital* and the historical geography of the city by Book, *Belgrad.*
30 Joachim Vossen, *Bukarest – Die Entwicklung des Stadtraums,* Berlin: Reimer, 2004, 157; Hirt, *Iron Curtains,* 82.
31 Luminita Machedon and Ernie Scoffham, *Romanian Modernism,* Cambridge, MA: MIT Press, 1999.
32 Vossen, *Bukarest,* 232.
33 Åman, *Architecture and Ideology,* 135ff.
34 Vossen, *Bukarest,* 224ff.
35 Åman, *Architecture and Ideology,* 141ff.

36 See further Dorina Pojani, 'Urban design, ideology and power: Use of the central square in Tirana during a century of political transformations', *Planning Perspectives* 30:1 (2014), 67–94. The Hoxha quotation is from page 76.
37 Ibid., 327 ff.
38 See Madeleine Yue Dong, *Republican Beijing*, Berkeley: University of California Press, 2003.
39 Victor F. S. Sit, *Beijing: The Nature and Planning of a Chinese Capital City*, London: Belhaven, 1995, 95.
40 Ibid., 181.
41 Shuishan Yu, *Chang'an Avenue and the Modernization of Chinese Architecture*, Seattle: University of Washington Press, 2012, 17ff.
42 Yue Dong, *Republican Beijing*, 72ff.
43 Xuefei Ren, *Building Globalization: Transnational Architecture Production in Urban China*, Chicago: University of Chicago Press, 2011, 66.
44 Hung, *Remaking Beijing*, 108ff.
45 Han Feizi, quoted in ibid., 58.
46 Hung, *Remaking Beijing*, 126ff; Gwendolyn Leick, *Tombs of the Great Leaders*, London: Reaktion Books, 2013, 61ff.
47 Pierre Clément and Nathalie Lancret, *Hanoï, Le cycle de métamorphoses*, Paris: Editions Recherches, 2001; William Logan, *Hanoi: Biography of a City*, Seattle: University of Washington Press, 2000, chapter 3.
48 David Marr, *Vietnam 1945: The Quest for Power*, Berkeley: University of California Press, 1995.
49 Leick, *Tombs of the Great Leaders*, 54.
50 Logan, *Hanoi*, 200.
51 Ibid., 91ff.
52 Ahn Chang-mo, 'Koreanische Baukultur. Stadt-und Architekturgeschichte in Pjöngjang,' in Philipp Meuser (ed.), *Architekturführer Pjöngjang*, vol 2,

Berlin: DOM, 2011, 115.

53 John H. Elliott, *Empires of the Atlantic World*, New Haven, CT: Yale University Press, 2006, 262.

54 Joseph Scarpaci, Roberto Segre and Mario Coyula, *Havana: Two Faces of the Antillean Metropolis,* Chapel Hill: University of North Carolina Press, 2002, 83ff.

55 Scarpaci et al., *Havana,* 196.

56 Robert Buckley and Sasha Tsenkova, 'Urban Housing Markets in Transition: New Instruments to Assist the Poor', in Sasha Tsenkova and Zorica Nedovic-Budic (eds), *The Urban Mosaic of Post-Socialist Europe,* Heidelberg and New York: Physica, 2006, 180.

57 Liviu Chelcea, 'The "Housing Question" and the State-Socialist Answer: City, Class and State Remaking in 1950s Bucharest', *International Journal of Urban and Regional Research,* 36:2, 2012: 291; Kiril Stanilov, 'Housing Trends in Central and Eastern European Cities during and after the Period of Transition', in Kiril Stanilov (ed), *The Post-Socialist City,* Frankfurt and New York, Springer. 2007: 176; Yue-man Yeung, 'Housing the Masses in Asia: Two Decades after Habitat I', in Yue-Man Yeung (ed), *Urban Development in Asia,* Hong Kong: Chinese University of Hong Kong, 1998: 148.

58 Hirt, *Iron Curtains,* 87.

59 Yue-man Yeung, *Housing the Masses,* 148; Olga Medvedkov and Yuri Medvedkov, 'Moscowin Transition', in Ian Hamilton et al. (eds), *Transformation of Cities in Central and Eastern Europe: Towards Globalization,* Tokyo: United Nations University Press, 2005, 438; Hartmut Häussermann, 'From the Socialist to the Capitalist Cily: Experiences from Germany', in Gregory Andruz, Michael Harloe, and Ivan Szelenyi (eds), *Cites after Socialismy* Oxford: Blackwell, 1996, 228; Stanilov, *Housing Trends, 177.*

60 Eric Mumford, *The CLAM Discourse on Urbanism, 1928–1960,* Cambridge,

MA: MIT Press, 2002, 150ff.

61　Therborn, *European Modernity and Beyond*, chapters 7–8.

62　Schlögel, *Terror und Traum*.

第九章　民族城市中的全球时刻

1　Therborn, *The World*, 35ff.

2　G. Therborn, 'End of a Paradigm: The Current Crisis and the Idea of Stateless Cities', *Environment and Planning*, A, 43, 272–285; K. Fujita (ed.), *Cities and Crisis*, London: Sage, 2016.

3　Cf. Leslie Sklair, 'Iconic architecture and urban, national, global identities,' in Diane Davis and Nora Libertun de Duren (eds), *Cities and Sovereignty*, Bloomington: Indiana University Press, 2011, 179–95.

4　London Planning Advisory Committee (LPAC), 'London: World City: Report of Studies', mimeographed, London: LPAC, 1991, 5.

5　Nattika Navapan, 'Absolute Monarchy and the Development of Bangkok's Urban Spaces', *Planning Perspectives*, 29:1, 2013: 7.

6　Girouard, *Cities*, 341.

7　Le Corbusier, *The Athens Charter*, New York: Grossman Publishers, 1973, 37.

8　François Chaslin, *Un Corbusier*, Paris: SEUIL, 2014.

9　Le Corbusier, *Athens Charter*, 108 and xiii, respectively.

10　Peter Hall, *Cities of Tomorrow*, Chichester: Wiley Blackwell, 2014, 73.

11　Eric Dluhosch and Rostislav Svacha, *Karel Teige: L'Enfant Terrible of the Czech Modernist Avant-Garde*, Cambridge, MA: MIT Press, 1999, 243.

12　Mumford, *CLAM Discourse*, 73.

13　Ibid., 186–7, 193.

14　Ibid., 87.

15　Le Corbusier, *Athens Charter*, 43–105.

16 Robert Caro, *The Power Broker: Robert Moses and the Fall of New York,* New York: Vintage, 1975, 318–9.

17 Carol Willis, *Form Follows Finance: Skyscrapers and Skylines in New York and Chicago,* Princeton, NJ: Princeton Architectural Press, 1995, 181.

18 Henry-Russell Hitchcock and Philip Johnson, *The International Style: Architecture since 1922,* New York: Norton, 2001(1933), 33.

19 Ibid., 25.

20 有关芝加哥的背景，参见 George Douglas, *Skyscrapers: A Social History of the Very Tall Building in America,* New York: McFarland, 1996, chapters 1–2; D'Eramo, *Pig and the Skyscraper.*

21 Quoted in Willis, *Form Follows Finance,* 19.

22 Ibid., 19; see also David Nye, 'The sublime and the skyline', in Roberta Moudry (ed.), *The American Skyscraper,* Cambridge: Cambridge University Press, 2005, 255–69.

23 Jean-Louis Cohen, *Scenes of the World to Come,* New York: Flammarion, 1995, chapter 5.

24 C. Massu, 'Préface à l'dition française,' in Hitchcock and Johnson, *International Style,* 6–7.

25 Quoted in L. Vale, 'Designing global harmony: Lewis Mumford and the United Nations headquarters', pp. 256–82 in Thomas Hughes and Agatha Hughes (eds), *Lewis Mumford: Public Intellectual,* Oxford: Oxford University Press, 1990, 270.

26 Douglas, *Skyscrapers,* chapter 14; Hasan-Uddin Kahn, *International Style: Architektur der Moderne von 1925 bis 1965,* Köln: Taschen, 1998, 117ff.

27 Dluhosch and Svacha, *Karel Teige,* 240.

28 Javier Moncls and Carmen Dez Medina, 'Modernist housing estates in European cities of the Western and Eastern Blocs', *Planning Perspectives* 31:4(2016).

29 Charles Jencks, *The Language of Post-Modern Architecture,* New York:

Rizzoli, 1977.
30　Charles Jencks, *Critical Modernism,* London: Academy Press, 2007, 18ff.
31　Sohn, 'Changes in the residential features of Seoul', especially section VII.
32　Council on Tall Buildings and Urban Habitat, *Skyscraper Center,* 2016, skyscrapercenter.com.
33　Tokyo Metropolitan Government, '2nd long-term plan *1987*', quoted in A. Saito and A. Thornley, 'Shifts in Tokyo's World City Status and the Urban Planning Response', *Urban Studies,* 2003: 672.
34　Gareth Stedman Jones, *Outcast London,* London: Verso, 1971.
35　Sue Brownill, *Developing London's Docklands: Another Great Planning Disaster?* Thousand Oaks, CA: SAGE, 1990, 19.
36　Ibid., 124.
37　Ibid., 129–30.
38　Colin Lizieri, *Towers of Capital: Office Markets & International Financial Services,* New York: Wiley, 2009, 254.
39　Doreen Massey, *World City,* London: Polity, 2010, 139.
40　Cf. Richard Williams, *The Anxious City: English Urbanism in the Late Twentieth Century,* New York: Routledge, 2009, 163, 176ff.
41　LPAC, 'London: World City', Preface.
42　Ibid., Point 1.4.
43　Ibid., Points 1.7 and 1.9.
44　John Allen and Allan Cochrane, 'The urban unbound: London's politics and the 2012 Olympic Games', *International Journal of Urban and Regional Research* 38:5 (2014): 1616.
45　Gordon, *Planning Twentieth Century Capital Cities,* 11; Thornley et al., 'The Greater London Authority: Interest representation and the strategic agenda', Discussion Paper 8, London: London School of Economics, 2001.
46　Greater London Authority (GLA), 'The London Plan', 2011, Preface.
47　Ibid., 32.

48 Ibid., 217–8.
49 Toshio Kamo, 'Reinventing Tokyo: Renewing city image, built environment and governance system toward the 21st century', paper presented at Hong Kong Real Estate Developers Association Conference on Re-inventing Global Cities, November 2000, Faculty of Law, Osaka City University 2000; Asato Saito and Andy Thornley, 'Shifts in Tokyo's world city status and the urban planning response,' *Urban Studies* 40:4(2003), 665–85; Shun-ichi J. Watanabe, 'Tokyo: Forged by market forces and not the power of planning', in Gordon (ed.), *Planning Twentieth-Century Capital Cities,* 101–14.
50 Saskia Sassen, *The Global City,* Princeton, NJ: Princeton University Press, 1991, 4.
51 参考文献见 Göran Therborn, 'Europe and Asia: In the global political economy and in the world as a cultural system', in Göran Therborn and Habibul Khondker (eds), *Asia and Europe in Globalization,* Leiden: Brill, 2006, 292ff.
52 Ren Xuefei, *Building Globalization,* 12.
53 Quoted in ibid., 70.
54 Seoul Metropolitan Government, *Seoul, A Clean and Attractive Global City,* Seoul, 2006, 6.
55 Quoted from Gil-sung Park, Yong Suk Jang, and Hang-Young Lee, 'The interplay between globalness and localness: Korea's globalization revisited,' Seoul: Korea University, 2007, 8.
56 Pengfei Ni and Peter Karl Kresl, *The Global Urban Competitiveness Report 2010,* Cheltenham, MA: Edward Elgar, 2010; Pengfei Ni, Peter Karl Kresl, and Wei Liu (eds), *The Global Urban Competitiveness Report 2013,* Cheltenham, MA: Edward Elgar, 2013.
57 Ibid., 2013, 10.
58 Heritage Foundation, 'The 2016 Index of Economic Freedom', Washington D.C.: Heritage Foundation, 2015, www.heritage.org/index.
59 Ni et al., *Global Competitiveness Report 2013,* 10 (definition) and chapter

16 (data on connectivity); Heritage Foundation, '2016 Index'.

60 Roppongi Hills Opening Exhibition Catalogue, *The Global City,* Tokyo, 2003, 5, 97.

61 A. Latour, *MOCKBA 1890–2000,* Moscow, 1997 (Originally published in Italian as *Mosca 1890–2000,* 1992), 296ff.

62 Antony Wood, 'Introduction: Tall trends and drivers: An overview', in David Parker and Antony Wood (eds.), The *Tall Buildings Reference Book,* New York: Routledge, 2013, 6.

63 Council on Tall Buildings and Urban Habitat, 'Buildings', Skyscraper Center, 2016, skyscrapercenter.com.

64 *China Daily,* 19–25 September 2014, 5.

65 Council on Tall Buildings and Urban Habitat, 'Criteria,' www.ctbuh.org/HighRiseInfo/TallestDatabase/Criteria. 关于摩天大楼中心并没有给出任何明确的最低标准："它不仅仅是关于高度，而且关于它存在的背景。"文章接着说"一栋14层以上的建筑——或者超过50米（165英尺）——或许可以作为'高楼'的门槛"。房产调查机构安波利斯将35米和12层作为底线。根据高层建筑总数排名，榜单上排名在196之后的城市被排除。

66 Wood, 'Introduction', 6.

67 Jon Ronson, 'Breaking into the 800 club', *New York Times* 4–5 June 2016, 2.

68 Anthony Sutcliffe, *Paris: An Architectural History,* New Haven, CT: Yale University Press, 1993, 174; Simon Texier, *Paris Contemporain,* Paris: Parigramme, 2005, 166ff.

69 Sutcliffe, *Paris,* 192.

70 Blau, *Architecture of Red Vienna,* fig. 1.2, 4.

71 M. Grubbauer, 'Architecture, economic imaginaries and urban politics: The office tower as socially classifying device', *International Journal of Urban and Regional Research* 381 (2014), 336–59, fig. 2.

72 Quoted in Bruno Flierl, *Berlin baut um-Wessen Stadt wird die Stadt?* Berlin:

Verl. fr Bauwesen, 1998, 137.

73   Cf. S. Hain, 'Berlin's urban development discourse', in Matthias Bernt, Britta Grell and Andrej Holm (eds.), *The Berlin Reader,* 53–65, Bielefeld: Transcript-Verlag, 2013.

74   Quoted in Michael Wise, *Capital Dilemma: Germany's Search for a New Architecture of Democracy*, Princeton: Princeton Architectural Press, 1998, 72, 85.

75   Michael Marmot, *The Status Syndrome: How Social Standing Affects Our Health and Longevity*, New York: Owl Books, 2004, 196.

76   B. Schulz, 'Moskau 2002', in W. Eichwede and R. Kayser (eds.), Berlin-*Moskau,* Berlin, 2003, 27–34.

77   Cf. Peter Knoch, *Architekturführer Moskau,* Berlin: DOM, 2011.

78   Gobierno del Distrito Federal, *Gran Guía turística de la Ciudad de México,* Mexico City: 2003, 106.

79   C. Parnreiter, 'Formacin de la ciudad global, economía immobiliaria y transnacionalización de espacios urbanos. El caso de Ciudad de México,' *Eure 37* (2011): 15.

80   *Citizen* (Dar es Salaam), 8 August 2014.

81   For sources, see Góran Therborn, 'Global Cities', World Power, and the G20 Capital Cities', in K. Fujita (ed.), *Cities and Crisis,* London, Sage, 2013, Table 2.1.

82   See Coaldrake, *Architecture and Authority in Japan,* 266ff.

83   Mike Davis, *City of Quartz,* London: Verso, 1990, chapters 3–4; Klaus Frantz, 'Private Gated Neighbourhoods: A Progressive Trend in US Urban Development', in Georg Glasze, Chris Webster and Klaus Frantz (eds), *Private Cities,* London: Routledge, 2006.

84   Rowland Atkinson and John Flint, 'Fortress UK? Gated communities, the spatial revolt of the elites and time-space trajectories of segregation', *Housing Studies* 19:6 (2004): 875–92.

85 Davis, *City of Quartz*; R. Le Goix, 'Gated Communities as Predators on Public Resources', in Glasze et al., *Private Cities,* 76–91.
86 Michael Janoschka and Axel Borsdorf, '*Condominos fechados* and *barrios privados:* The rise of private residential neighbourhoods in Latin America', in Glasze et al., *Private Cities,* 102.
87 P. Cicciolella, 'Globalizacin y dualizacin en la Regin Metropolitana de Buenos Aires. Grandes inversiones y restructuración territorial en los años noventa', *Eure 25:76* (1999): table 1.
88 Axel Borsdorf, R. Hidalgo and R. Sánchez, 'A new model of urban development in Latin America: The gated communities and fenced cities in the metropolitan areas of Santiago de Chile and Valparaso', *Cities* 24:5 (2007), 365–78.
89 P.A. Tedong et al., 'Governing enclosure: The role of governance in producing gated communities and guarded neighbourhoods in Malaysia', *International Journal of Urban and Regional Research* 38 (2014): 112–28.
90 Harald Leisch, 'Gated communities in Indonesia', *Cities* 19:5 (2002): 341–50.
91 Wu Fulong and K. Webber, 'The rise of "foreign gated communities" in Beijing: Between economic globalization and local institutions', *Cities* 21:3 (2005), 203–13; Sebastian Lenz, 'More Gates, Less Community? Guarded Housing in Russia', in Glasze et. al., *Private Cities*; G. Giroir, 'The Purple Jade Villas (Beijing): A golden ghetto in red Chin', in Glasze et al., *Private Cities*; Mikhail Blinnikov, Andrey Shanin, Nikolay Sobolev and Lyudmila Volkova, 'Gated communities of the Moscow green belt: Newly segregated landscapes and the suburban Russian environment', *Geo Journal* 66 (2006): 65–81; P. Stoyanov and K. Frantz, 'Gated Communities in Bulgaria: Interpreting a new trend in post-Communist urban development,' *Geojournal 66* (2006): 57–63; Z. Cséfalvay, 'Gated Communities for security or prestige? A public choice approach and the case of Budapest',

International Journal of Urban and Regional Research 35:4 (2011): 735–52; S. Hirt and M. Petrovic, 'The Belgrade wall: The proliferation of gated housing in the Serbian capital after socialism', *International Journal of Urban and Regional Research* 35:4 (2011): 753–77.

92 K. Verhaeren and R. Reposo, 'The rise of gated residential neighbourhoods in Portugal and Spain: Lisbon and Madrid', in Glasze et al., *Priate Cities.*

93 Cséfalvay, 'Gated Communities for security or prestige?' 741.

94 观察笔记，2007 年。感谢萨米尔·利雅德教授以及他的妻子 M. 伊斯坎德尔带着我们四处参观。

95 Wu and Webber, 'Rise of "foreign gated communities" in Beijing', 212.

96 Verhaeren and Reposo, 'Rise of gated residential neighbourhoods'; Cséfalvay, 'Gated Communities for security or prestige?'; Tedong et al., 'Governing enclosure'.

97 Marianne Morange, Fabrice Folio, Elisabeth Peyroux and Jeanne Vivet, 'The spread of a transnational model: "Gated communities" in three Southern African cities (Cape Town, Maputo, and Windhoek)', *International Journal of Urban and Regional Research* 36:5 (2012): 890–914; Verhaeren and Reposo, 'Rise of gated residential neighbourhoods'.

98 Alberta Andreotti, Patrick Le Galès, and Francisco Javier Moreno-Fuentes, *Globalised Minds, Roots in the City,* New York: Wiley, 2015.

99 Szymon Marcinczak et al., 'Inequality and Rising Levels of Segregation', in Titt Tammaru et al. (eds), *Socio-economic Segregation in European Capital Cities,* London: Routledge, 2016, 369.

100 CEPAL, *Social Panorama of Latin America 2014,* table V.A2.3a.

101 Guideline: Gini index for income<0.40.

102 0.40>Income Gini<0.50.

103 0.50>Income Gini<0.60.

104 Income Gini>0.60.

105 Natalie Holmes and Alan Berube, 'City and metropolitan inequality on

the rise, driven by declining incomes', Washington, D.C.: Brookings Institution, 14 January 2016, brookings.edu.

106 UN Habitat, *State of the World's Cities 2008/2009 and State of African Cities 2014.*

107 Benedict Anderson, *Imagined Communities,* London: Verso, 1983.

第十章　完结篇：全球资本，民族首都及其人民的未来

1 经合组织在线图书馆，"一般政府开支统计数字"。相关经济体包含法国、德国、意大利、日本、英国和美国。

2 Ni et al., *Global Competitiveness Report 2013,* chapter 16.

图书在版编目(CIP)数据

城市的权力 /（瑞典）戈兰·瑟伯恩著；孙若红，陈玥译． — 北京：商务印书馆，2021
ISBN 978-7-100-20524-5

Ⅰ．①城⋯ Ⅱ．①戈⋯ ②孙⋯ ③陈⋯ Ⅲ．①城市社会学 Ⅳ．① C912.81

中国版本图书馆 CIP 数据核字（2021）第 245754 号

权利保留，侵权必究。

城市的权力
——城市、国家、民众和全球

〔瑞典〕戈兰·瑟伯恩 著
孙若红 陈玥 译

商 务 印 书 馆 出 版
（北京王府井大街 36 号 邮政编码 100710）
商 务 印 书 馆 发 行
艺堂印刷（天津）有限公司印刷
ISBN 978-7-100-20524-5

2021 年 12 月第 1 版　　开本 710×1000　1/16
2021 年 12 月第 1 次印刷　印张 24¼
定价：128.00 元